新公司法释义与解读系列

XIN GONGSIFA SHIYONG
YU ZUIGAORENMINFAYUAN GONGBU ANLI JIEDU

2023

新公司法适用
与最高人民法院公布案例解读

赵旭东　主　编
刘　斌　副主编

法律出版社 | LAW PRESS
北京

图书在版编目(CIP)数据

新公司法适用与最高人民法院公布案例解读 / 赵旭东主编 ; 刘斌副主编. -- 北京 : 法律出版社, 2024(2024.2 重印)
(新公司法释义与解读系列)
ISBN 978 -7 -5197 -8577 -2

Ⅰ. ①新… Ⅱ. ①赵… ②刘… Ⅲ. ①公司法－法律适用－中国②公司法－案例－分析－中国 Ⅳ. ①D922.291.915

中国国家版本馆 CIP 数据核字(2023)第 228477 号

新公司法适用与最高人民法院公布案例解读
XIN GONGSIFA SHIYONG YU ZUIGAO RENMIN FAYUAN GONGBU ANLI JIEDU

赵旭东 主　编
刘　斌 副主编

策划编辑 张　珺
责任编辑 张　珺
装帧设计 汪奇峰

出版发行 法律出版社
编辑统筹 法商出版分社
责任校对 裴　黎
责任印制 胡晓雅
经　　销 新华书店

开本 710 毫米×1000 毫米　1/16
印张 32.5　　**字数** 487 千
版本 2024 年 1 月第 1 版
印次 2024 年 2 月第 2 次印刷
印刷 永清县金鑫印刷有限公司

地址:北京市丰台区莲花池西里 7 号(100073)
网址:www. lawpress. com. cn
投稿邮箱:info@ lawpress. com. cn
举报盗版邮箱:jbwq@ lawpress. com. cn

销售电话:010 -83938349
客服电话:010 -83938350
咨询电话:010 -63939796

书号:ISBN 978 -7 -5197 -8577 -2
定价:136.00 元

新公司法适用
与最高人民法院公布案例解读

主　　编　赵旭东

副 主 编　刘　斌

撰 稿 人　(以姓氏拼音为序)

邓逸妍　刘　斌　刘牧晗
刘亚菲　刘雨霏　王秋沣
吴若璇　徐一伦　赵继明
赵旭东

主编助理　徐一伦

中国公司法三十年：照射进现实的理想主义

1993 年 12 月 29 日，第八届全国人民代表大会常务委员会第五次会议审议通过了《中华人民共和国公司法》。时隔整整三十年后的同日，2023 年 12 月 29 日，第十四届全国人民代表大会常务委员会第七次会议通过了第六次修改、第二次修订后的《中华人民共和国公司法》。修订后的新公司法删除了 2018 年公司法中 16 个条文，新增和修改了 228 个条文，其中实质性修改 112 个条文，是迄今为止规模最大的一次修改。时光移转，这部凝结了几代法律人心血的法律，转眼已然步入而立之年。在这三十年间，全国公司从寥寥无几发展至 4800 多万家，是中国经济快速发展的坚定支撑。正如立法机关在《公司法（修订草案）》审议说明中开门见山地指出，公司是最重要的市场主体。

1993 年公司法制定之后，1999 年、2004 年对个别条款进行了修正，2005 年进行了全面修订，2013 年、2018 年又对公司资本制度进行了两次重要修正。本轮公司法修改工作肇始于 2018 年。2018 年 9 月 7 日，第十三届全国人大常委会公布了立法规划，公司法被作为第二类项目列入修改日程，属于“需要抓紧工作、条件成熟时提请审议的法律草案”，由委员长会议提请审议。2019 年 5 月，全国人大常委会法制工作委员会组成了由各相关部门、部分专家学者参加的公司法修改起草组，并组成了工作专班，正式启动了第六次公司法修改工作。本轮公司法修改致力于实现公司法的结构性改革，是一项浩大的系统性工程。什么是公司法的结构性改革，如何实现公司法的结构性改革，都是非常宏大且充满挑战的问题。在立法任务繁重的背景之下，立法机关肩负着完善中国公司法的历史使命和责任，主动启动本轮公司法修订工作，致力于进行大刀阔斧的改革,凸显了这部市场经济基本法的重要价值与独特魅力。

"在几百年公司法的历史上,中国确是一个后来者。我们可能是世界上最年轻的公司法制定国,但在固守传统和崇信教条方面,我们又显得过于老成。我们本来没有传统的包袱和历史的积淀,但我们却无意地套上了传统和历史的枷锁,接受了过时的或不适于本土环境的法律规则。由此,更新观念,顺应时势,以现代理念和制度改革现行中国公司法制度已是大势所趋。"①这是一种照射进现实的理想主义,具有持续穿越时光的力量。三十年后的今天,第六次修改后的新公司法已经是一部中国特色现代企业制度的基本法,是一部被深度重构的现代化公司法。

理想的公司法是我们绘制新公司法画卷的原点。我们时常用"心中有山水,笔下存河川"来描述画家和画作之间的关系,画者心中山水不同,笔下河川各异。公司法亦然,"每个人眼中都有一部自己理想的公司法"。不同的前见很大程度上决定了大家对公司法修订的期待和愿景是迥异的。这里所说的"大家",不仅仅包括立法者和公司法学者,更包括公司领域的从业者、司法者、执法者、监管者,等等。究竟什么样的公司法是理想的公司法,得到的答案不一而足。

自 2005 年公司法修订以来,我国公司法领域呈现出了丰富的商事实践创新。对赌协议对公司资本制度带来了体系性的挑战,出资加速到期纠纷对注册资本认缴制本身带来了巨大冲击,公司并购市场的风云变幻,资本市场中董事、监事、高级管理人员等的卸责与苛责同时存在,营商环境优化为公司法修订提出了新的要求等。自 2012 年启动商事制度改革以来,广泛触及了证照制度、简易注销、强制注销、企业名称登记管理等诸多领域;国有企业改革的进一步深化,对公司治理的整体架构、组织机构设置、权力分配、责任承担等均有映射,公司法规范供给已然不足;资本市场中,协议控制架构(VIE)、中国存托凭证(CDR)、特殊目的收购公司(SPAC)等方兴未艾,其中涉及大量的公司治理和资本规则,尚需公司法协同推进。面对不断发展的商事实践,司法实践中也不断形成新的公司诉讼裁判规则,持续型塑着公司法律制度体系。

面对前述实践需求,本轮公司法修订始终贯穿着三条鲜明的价值主线,这是我们理解新公司法的三把钥匙,分别是坚持效率优先与放松管制、尊重路径

---

① 赵旭东:《中国公司法的修订与改革》,载《法学论坛》2003 年第 2 期。

依赖与适度创新、立足本土语境与务实修法。

首先，新公司法坚持效率优先与放松管制。自 1993 年以来，公司治理中“三会一层”的超稳定结构，在本轮公司法修订中被突破。本轮公司法修订引入了选择制基础上的单层制方案，公司组织机构是公司治理现代化改革的“基础设施”。在此基础上，通过“突出董事会在公司治理中的地位”，以董事会为中心的公司权力配置模式意味着更为自治、高效的公司治理架构。易言之，董事会中心主义是现代公司法的标准配置，也为里程碑意义的授权资本制奠定了公司治理的基础。基于单层制改革和董事会中心，董事义务的具体化、董事责任的扩张、监督权力的重新配置、法定代表人制度改革等始得展开。新公司法第 1 条开宗明义地增加“弘扬企业家精神”，作为公司治理核心的董事会和董事，是企业家精神最重要的践行者。新公司法中引入电子通信方式的会议与表决，增加公司的法定信息公示事项，肯认电子营业执照的效力，新增类别股、无面额股等，增加简易减资、简易注销、简易合并等简化规则，进一步放松管制，提升公司运行效率。

其次，新公司法尊重路径依赖与适度创新。面对巨量的现存公司，新公司法选择在尊重制度稳定的基础上进行审慎创新，避免给公司造成过高的制度转换成本。比如，当前有限公司和股份公司二分的公司类型格局已显迟滞面，产生了公司类型的改革需求。对此，新公司法基于对存量公司的尊重，并未将公司类型破旧立新，而是在具体制度上对二者予以细化完善，包括法定资本制与授权资本制的分别适用、将股东压制的救济措施引入封闭型股份公司、允许小型股份公司简化治理结构等，实质上优化了两类公司的区分安排。再如，包括新增股东压制时的回购请求权、查阅会计账簿的权利、增加股东双重代表诉讼和查阅权穿越行使制度、降低股份公司提案权比例、新增同比例减资的原则规定等，都是对我国公司法实践经验的系统总结和立法回应。

最后，新公司法立足本土语境与务实修法。自 2014 年修改公司法实施注册资本认缴登记制，取消出资期限、最低注册资本和首期出资比例以来，方便了公司设立，激发了创业活力，公司数量增加迅速。但实践中也出现股东认缴期限过长，影响交易安全、损害债权人利益的情形。对此，新公司法改采限期认缴制，明确全体股东认缴的出资额应当按照公司章程的规定自公司成立之日起 5 年内缴足。这是对实践中认缴制本身所产生的客观现实问题的理性回应。比如，新公司法将国家出资公司设专章规定，但章名明确为“组织机构的特别规定”，彰显了国家出资公司与普通公司在其他公司法规则上的一体平等适用。面对法定代表人制度所产生的选任范围过窄、抑制董事会权力等问题，新公司法通过扩大选任范围、明确辞任和补任规则、明确变更文件和签署主体、修改章程记载事项等，予以针对性地解决。再如，股份公司改采实缴制、催缴失权、加速到期、简化有限责任公司股权转让模式、明确股东变动模式、明确股权转让后的义务承担等，都是对本土问题的务实回应。

新公司法颁行后，整个社会将出现新一轮学习、宣传和阐释、研究新公司法的热潮，全国各地、各部门、各系统，尤其是公司企业、律师事务所、国家机关、法律院校等都将面临重新学习和实施、适用新公司法的任务，现有的各种公司法的教材和读物也都需要根据新公司法进行全面的修订和更新。值此时机，我们以新公司法的内容和结构为基础，组织编写了这套“新公司法释义与解读系列”丛书，从不同角度系统解析新公司法的法理基础、制度内涵与适用要义。本丛书共5本，每本书根据不同领域、不同专业背景和不同业务的读者情况和需求，按不同内容、不同体例、不同深度和不同风格分别编写，包括：《新公司法条文释解》、《新公司法重点热点问题解读：新旧公司法比较分析》、《新公司法讲义》、《新公司法适用与最高人民法院公布案例解读》和《新公司法诉讼实务指南》。

本丛书编写作者主要由中国政法大学公司法修改课题研究小组的老师和研究人员组成，同时为反映其突出的实务特色，特别邀请了全国人大常委会法工委、最高人民法院和地方高级人民法院、国家市场监督管理总局、中国证监会等相关国家机关及部分律师事务所的实务界专家参与本书编写。

经由本轮公司法修订，我国公司法已经开始从吸收和融合域外规则，走向基于本土资源的制度改革之路。本轮公司法的修订，不仅仅是对过去三十年中国公司法理论和经验的系统总结，更是奠定了未来十数年乃至数十年的司法适用和理论阐释的新起点。本丛书试图提供新公司法的解释体系，也是向中国公司法三十年的致敬与祝愿。

赵旭东　刘　斌
2024 年 1 月 10 日

凡　　例

文件名称	文号	发布/修订/修正日期	生效日期
《中华人民共和国民法典》(简称《民法典》)	中华人民共和国主席令第45号	2020年5月28日	2021年1月1日
《中华人民共和国民法通则》(2009年修正)(简称《民法通则》)(已废止)	中华人民共和国主席令第18号	2009年8月27日	2009年8月27日
《中华人民共和国公司法》(2023年修订)(简称新《公司法》)	中华人民共和国主席令第15号	2023年12月29日	2024年7月1日
《中华人民共和国公司法》(2018年修正)(简称原《公司法》或2018年《公司法》)	中华人民共和国主席令第15号	2018年10月26日	2018年10月26日
《中华人民共和国公司法》(2013年修正)(简称2013年《公司法》)	中华人民共和国主席令第8号	2013年12月28日	2014年3月1日
《中华人民共和国公司法》(2005年修订)(简称2005年《公司法》)	中华人民共和国主席令第42号	2005年10月27日	2006年1月1日
《中华人民共和国公司法》(简称1993年《公司法》)	中华人民共和国主席令第16号	1993年12月29日	1994年7月1日
《中华人民共和国民事诉讼法》(2023年修正)(简称《民事诉讼法》)	中华人民共和国主席令第11号	2023年9月1日	2024年1月1日
《中华人民共和国刑法》(2023年修正)(简称《刑法》)	中华人民共和国主席令第18号	2023年12月29日	2024年3月1日
《中华人民共和国反不正当竞争法》(2019年修正)(简称《反不正当竞争法》)	中华人民共和国主席令第29号	2019年4月23日	2019年4月23日
《中华人民共和国企业破产法》(简称《企业破产法》)	中华人民共和国主席令第54号	2006年8月27日	2007年6月1日

续表

文件名称	文号	发布/修订/修正日期	生效日期
《中华人民共和国证券法》(2019年修订)(简称《证券法》)	中华人民共和国主席令第37号	2019年12月28日	2020年3月1日
《中华人民共和国保险法》(2015年修正)(简称《保险法》)	中华人民共和国主席令第26号	2015年4月24日	2015年4月24日
《中华人民共和国会计法》(2017年修正)(简称《会计法》)	中华人民共和国主席令第81号	2017年11月4日	2017年11月5日
《中华人民共和国企业国有资产法》(简称《国有资产法》)	中华人民共和国主席令第5号	2008年10月28日	2009年5月1日
《中华人民共和国招标投标法》(2017年修正)(简称《招标投标法》)	中华人民共和国主席令第86号	2017年12月27日	2017年12月28日
《中华人民共和国拍卖法》(2015年修正)(简称《拍卖法》)	中华人民共和国主席令第24号	2015年4月24日	2015年4月24日
最高人民法院《关于适用〈中华人民共和国公司法〉若干问题的规定(一)》(2014年修正)(简称《公司法司法解释(一)》)	法释〔2014〕2号	2014年2月20日	2014年3月1日
最高人民法院《关于适用〈中华人民共和国公司法〉若干问题的规定(二)》(2020年修正)(简称《公司法司法解释(二)》)	法释〔2020〕18号	2020年12月29日	2021年1月1日
最高人民法院《关于适用〈中华人民共和国公司法〉若干问题的规定(三)》(2020年修正)(简称《公司法司法解释(三)》)	法释〔2020〕18号	2020年12月29日	2021年1月1日
最高人民法院《关于适用〈中华人民共和国公司法〉若干问题的规定(四)》(2020年修正)(简称《公司法司法解释(四)》)	法释〔2020〕18号	2020年12月29日	2021年1月1日
最高人民法院《关于适用〈中华人民共和国公司法〉若干问题的规定(五)》(2020年修正)(简称《公司法司法解释(五)》)	法释〔2020〕18号	2020年12月29日	2021年1月1日

续表

文件名称	文号	发布/修订/修正日期	生效日期
最高人民法院《关于适用〈中华人民共和国民法典〉合同编通则若干问题的解释》(简称《民法典合同编通则解释》)	法释〔2023〕13号	2023年12月4日	2023年12月5日
最高人民法院《关于适用〈中华人民共和国民法典〉有关担保制度的解释》(简称《民法典担保制度解释》)	法释〔2020〕28号	2020年12月31日	2021年1月1日
最高人民法院《关于适用〈中华人民共和国企业破产法〉若干问题的规定(一)》(简称《企业破产法解释(一)》)	法释〔2011〕22号	2011年9月9日	2011年9月26日
最高人民法院《关于适用〈中华人民共和国民事诉讼法〉的解释》(2022修正)(简称《民诉解释》)	法释〔2022〕11号	2022年4月1日	2022年4月10日
最高人民法院《关于人民法院民事执行中拍卖、变卖财产的规定》(2020年修正)(简称《执行拍卖变卖规定》)	法释〔2020〕21号	2020年12月29日	2021年1月1日
最高人民法院《关于印发〈全国法院民商事审判工作会议纪要〉的通知》(简称《九民纪要》)	法〔2019〕254号	2019年11月8日	2019年11月8日
《全国法院审理债券纠纷案件座谈会纪要》(简称《债券纠纷会议纪要》)	法〔2020〕185号	2020年7月15日	2020年7月15日
《中华人民共和国城镇集体所有制企业条例》(2016年修订)(简称《城镇集体所有制企业条例》)	中华人民共和国国务院令第666号	2016年2月6日	2016年2月6日
《中华人民共和国乡村集体所有制企业条例》(2011年修订)(简称《乡村集体所有制企业条例》)	中华人民共和国国务院令第588号	2011年1月8日	2011年1月8日
《中华人民共和国市场主体登记管理条例》(简称《市场主体登记管理条例》)	中华人民共和国国务院令第746号	2021年7月27日	2022年3月1日

续表

文件名称	文号	发布/修订/修正日期	生效日期
《中华人民共和国市场主体登记管理条例实施细则》(简称《市场主体登记管理条例实施细则》)	国家市场监督管理总局令第 52 号	2022 年 3 月 1 日	2022 年 3 月 1 日
《上市公司治理准则》(2018 年修订)	中国证券监督管理委员会公告〔2018〕29 号	2018 年 9 月 30 日	2018 年 9 月 30 日
《公司债券发行与交易管理办法》	中国证券监督管理委员会令第 222 号	2023 年 10 月 20 日	2023 年 10 月 20 日
《上海证券交易所公司债券上市规则》(2023 年修订)	上证发〔2023〕164 号	2023 年 10 月 20 日	2023 年 10 月 20 日
《深圳证券交易所公司债券上市规则》(2023 年修订)	深证上〔2023〕974 号	2023 年 10 月 20 日	2023 年 10 月 20 日
《中华人民共和国公司法(修订草案)(一次审议稿)》(简称《公司法(修订草案一审稿)》)		2021 年 12 月 24 日	
《中华人民共和国公司法(修订草案)(二次审议稿)》(简称《公司法(修订草案二审稿)》)		2022 年 12 月 30 日	
《中华人民共和国公司法(修订草案)(三次审议稿)》(简称《公司法(修订草案三审稿)》)		2023 年 9 月 1 日	

说明:正文中出现的法律文件简称规则同上或于文中第一次出现处标注。

目　　录

第一章　总　　则

第二章　公司登记

第三章　有限责任公司的设立与组织机构

第四章　有限责任公司的股权转让

第五章 股份有限公司的设立、组织机构、股份发行和转让

第六章　公司董事、监事、高级管理人员的资格和义务

第七章　公司债券、财务与会计

第八章　公司增资与减资

第九章 公司解散与清算

CHAPTER 01

第一章

总 则

案例 1 公司名称权的保护

《公司法》第 6 条解读

——中兆投资管理有限公司、秦皇岛市金华贸易有限公司擅自使用他人企业名称、姓名纠纷案①

【最高人民法院 2020 年再审案例】

《公司法》第 6 条

公司应当有自己的名称。公司名称应当符合国家有关规定。

公司的名称权受法律保护。

一、案情介绍

秦皇岛茂业控股有限公司华联商场分公司(以下简称茂业公司华联商场分公司)的前身为华联商厦,华联商厦自 1989 年成立以来历经改制、收购等多次变更,但华联商厦的名称、标识及经营地点未发生变动。2015 年 1 月 5 日茂业公司华联商场分公司经秦皇岛市工商行政管理局登记成立,其经营范围包括首

① 最高人民法院民事判决书,(2020)最高法民再 139 号。

饰、工艺品等，经营地点位于华联商厦内，且一直在其商场楼上使用华联商厦的企业标识。本案茂业公司华联商场分公司作为秦皇岛茂业控股有限公司分公司之一，由秦皇岛茂业控股有限公司将华联命名为其分公司字号。2015 年 6 月茂业公司华联商场分公司自营的黄金专柜由华联商厦 201 室迁至一楼后，秦皇岛市金华贸易有限公司（以下简称金华公司）入驻该室经营金店。因金华公司在广告宣传、门店招牌、内部装饰、销售票据、网络媒体等处使用“华联金店”、“华联黄金”、“华联珠宝”及“华联”等文字招揽顾客，茂业公司华联商场分公司认为金华公司的上述行为严重侵犯其企业名称权，构成不正当竞争，曾于 2016 年就金华公司构成不正当竞争向法院提起诉讼，（2016）冀 03 民初 257 号民事判决支持了茂业公司华联商场分公司的部分诉讼请求，该判决已生效并执行完毕。事后，金华公司将违法使用的华联金店中的“华联”及图标拆除，变更为繁体“华联及图标”，继续在广告宣传、门店招牌、内部装饰等处使用。茂业公司华联商场分公司主张金华公司的上述行为是攀附其华联企业名称，未经茂业公司华联商场分公司许可擅自使用其企业名称，构成不正当竞争。金华公司主张其享有繁体“华联及图标”的使用权，其经案外人天津华联商厦企业管理有限公司即商标权人授权其使用第 779258 号和第 14447252 号注册商标。为此，茂业公司华联商场分公司与金华公司就金华公司是否侵犯茂业公司华联商场分公司企业名称发生争议，茂业公司华联商场分公司诉至一审法院。

另查明，金华公司于 2017 年 3 月 1 日取得天津华联商厦企业管理有限公司的授权，享有繁体“华联及图标”即第 779258 号注册商标的使用权。2017 年 7 月 11 日，金华公司经工商行政管理部门审核批准注册了秦皇岛市金华贸易有限公司华联分店。

本案的核心争议为，金华公司是否侵犯茂业公司华联商场分公司企业名称权？

茂业公司华联商场分公司请求：（1）依法判令金华公司立即停止擅自使用茂业公司华联商场分公司企业名称的不正当竞争行为；（2）金华公司赔偿茂业公司华联商场分公司经济损失；（3）判令金华公司向工商行政管理部门申请注销秦皇岛市金华贸易有限公司华联分店的企业名称；（4）判令金华公司就侵犯茂业公司华联商场分公司名称权构成不正当竞争，在《秦皇岛日报》上连续 5 日发布道歉书。

金华公司答辩称：（1）金华公司不存在擅自使用茂业公司华联商场分公司企业名称的侵权行为，故不应赔偿其经济损失。（2）对于茂业公司华联商场分公司所谓的侵权行为给其造成经济损失的说法，不予认可。

二、判决结果与理由

1. 判决结果

河北省秦皇岛市中级人民法院作出（2017）冀 03 民初 134 号民事判决：（1）金华公司立即停止擅自使用茂业公司华联商场分公司企业名称的不正当竞争行为；（2）金华公司于判决生效之日起 15 日内向工商行政管理部门申请注销秦皇岛市金华贸易有限公司华联分店的企业名称；（3）金华公司于判决生效之日起 10 日内赔偿茂业公司华联商场分公司经济损失；（4）驳回茂业公司华联商场分公司的其他诉讼请求。

河北省高级人民法院作出（2018）冀民终 430 号二审民事判决：（1）撤销一审判决；（2）驳回茂业公司华联分公司诉讼请求。

最高人民法院作出（2020）最高法民再 139 号再审民事判决：（1）撤销河北省高级人民法院（2018）冀民终 430 号民事判决；（2）撤销河北省秦皇岛市中级人民法院（2017）冀 03 民初 134 号民事判决第 1 项、第 2 项；（3）维持河北省秦皇岛市中级人民法院（2017）冀 03 民初 134 号民事判决第 3 项；（4）变更河北省秦皇岛市中级人民法院（2017）冀 03 民初 134 号民事判决第 4 项为驳回中兆投资管理有限公司其他诉讼请求。

2. 判决理由

最高人民法院认为：

（1）从其历史沿革看，企业经营主体基本上是连续的，且企业名称中包含华联。经过多年的经营，“华联”作为公司企业字号在本地时间久远、具有较高的市场知名度和较好的市场信誉度，被相关公众所知悉和信赖，根据最高人民法院《关于审理不正当竞争民事案件应用法律若干问题的解释》第 6 条的规定，可以认定为 1993 年《反不正当竞争法》第 5 条第 3 项规定的企业名称，依法应当受到保护。

（2）金华公司享有该 201 室产权的事实并不意味着其可以在企业名称中使用华联字样，且该 201 室仅是与华联商厦相连，并非华联商厦的组成部分。此外，由于该室长期由茂业公司华联商场分公司经营金店，该公司搬出后，金华公司继续在该室经营金店，在多处使用“华联”相关标识客观上更能使相关公众产生混淆，误以为两者之间具有某种联系。

(3)虽然金华公司于2017年3月1日取得天津华联商厦企业管理有限公司的授权,享有繁体“华联及图标”即第779258号注册商标的使用权,但该商标的核定服务项目不包括超市公司零售业,金华公司将繁体“华联及图标”用在珠宝、首饰销售上,并无合法依据。鉴于以上分析,金华公司无合法依据,在其经营中使用茂业公司华联商场分公司享有一定知名度的华联公司标识,容易导致相关公众混淆误认,构成了不正当竞争。

(4)2019年5月28日,茂业公司华联商场分公司因总公司秦皇岛茂业控股有限公司资产重组调整,被工商部门注销,含有“华联”字样的企业名称不复存在,2019年12月30日,总公司秦皇岛茂业控股有限公司因被中兆投资管理有限公司吸收合并,亦被秦皇岛市行政审批局注销登记。故根据新发生的事实,自茂业公司华联商场分公司注销之日,茂业公司华联商场分公司对相应企业字号享有的民事权益不复存在,承继其权利义务的中兆投资管理有限公司当然亦对华联字号不享有民事权益,因此无须再判令金华公司承担停止侵权的民事责任,金华公司对茂业公司华联商场分公司注销之前的构成不正当竞争的行为仍应承担相应的民事责任。

三、案例解读

1. 法律规定

公司名称是公司的法定登记事项,可以使公司的法人资格具有特定性,对于公司对外进行法律上、经济上的活动都具有重要意义。本次修改前的《公司法》并未规定公司名称权规则,新《公司法》第6条规定,“公司应当有自己的名称。公司名称应当符合国家有关规定。公司的名称权受法律保护”。该条是新《公司法》首次对公司名称权的完整表述,公司名称权最早可以追溯至《民法通则》第99条第2款①,《民法典》第1013条②、第1014条③延续了相应的权利及

① 《民法通则》第99条第2款:“法人、个体工商户、个人合伙享有名称权。企业法人、个体工商户、个人合伙有权使用、依法转让自己的名称。”

② 《民法典》第1013条:“法人、非法人组织享有名称权,有权依法决定、使用、变更、转让或者许可他人使用自己的名称。”

③ 《民法典》第1014条:“任何组织或者个人不得以干涉、盗用、假冒等方式侵害他人的姓名权或者名称权。”

保护规定。

2. 法律适用

本案的核心问题是擅自使用他人企业名称的行为是否构成不正当竞争。本案判决确定的裁判规则是,无合法依据,在经营中使用他人企业名称中享有一定知名度的商业标识,容易导致相关公众混淆误认的,构成了不正当竞争。

要判断擅自使用他人企业名称的行为是否构成不正当竞争行为,需要厘清擅自使用他人企业名称不正当竞争行为的构成要件:第一,擅自使用他人企业名称;第二,企业名称具有一定影响;第三,产生引人误认为是他人商品或者与他人存在特定联系的后果。因此,本案核心争议问题的前提,就是要论证茂业公司华联商场分公司是否享有企业名称权。公司名称的专用性影响行为性质的认定问题。公司名称权在性质上属于商事人格权,新《公司法》第 6 条明确规定公司的名称权受法律保护,具体是指公司对其依法取得的名称享有的独占和排他的权利。公司名称经登记注册后,即取得该名称的专用权,在法律上具有排他的效力。这种排他性主要表现在两个方面:一是表现在排除其他登记、使用同一或相近似名称的权利;二是停止其他不正当使用同一名称的权利。凡是擅自使用他人已经登记注册的公司名称的行为,均构成对他人名称专用权的侵犯,本案中茂业公司华联商场分公司企业名称经合法注册,取得"华联"作为公司名称的专用权。金华公司使用繁体"华联"名称的行为违反了名称专用权的排他效力,构成侵权行为。

在新《公司法》出台前,本案各级法院论证公司名称权的正当性和效力的裁判思路具有分析价值:

一审法院从企业字号权利和不正当竞争的角度,分析了茂业公司华联商场分公司企业名称经合法注册并拥有华联字号,华联字号系《反不正当竞争法》规定的企业名称,应受到《反不正当竞争法》的保护,因此认定金华公司故意将其分店注册为华联分店是故意攀附茂业公司华联商场分公司的企业名称,金华公司注册华联分店的行为构成不正当竞争,违反了《反不正当竞争法》有关规定,故金华公司注册的带有"华联"字样的分店应依法予以注销。

二审法院针对本案是否构成不正当竞争进行说理,认为华联商厦在相关消费者中所积累的知名度显然并非源于茂业公司华联商场分公司的企业名称华联。其认为金华公司在本案中并未构成茂业公司华联商场分公司所主张的不正当竞争行为,因而无须承担停止使用企业名称并赔偿损失等民事责任。

最高人民法院支持了一审裁判的观点,对二审裁判观点进行纠正,实际上最高人民法院的裁判思路与新《公司法》第 6 条相吻合。最高人民法院支持茂业公司华联商场分公司对"华联"字样的企业名称享有的名称权,由于包含"华联"字号的名称系企业登记主管机关依法登记注册的名称,应当认定为茂业公司华联商场分公司的企业名称。且企业名称中的"华联"字号具有一定的市场知名度、为相关公众所知悉,可以认定为 1993 年《反不正当竞争法》第 5 条第 3 项规定的"企业名称"。由此可见,公司名称登记具有生效效力,公司名称经企业名称登记主管部门核准注册后受到法律保护,由于茂业公司华联商场分公司享有名称权,而公司名称权的权利效力具有排他性,金华公司使用繁体华联名称的行为,构成对于茂业公司华联商场分公司名称权的侵犯。但由于后续茂业公司华联商场分公司被工商部门注销,含有"华联"字样的企业名称不复存在,茂业公司华联商场分公司对相应企业字号享有的民事权益不复存在。金华公司虽然侵权,但无须承担停止侵权的民事责任,但对茂业公司华联商场分公司注销之前的构成不正当竞争的行为仍应承担相应的民事责任。

3. 本案延伸思考

(1)企业名称权是否适用《反不正当竞争法》保护

企业名称既是企业对外彰显主体地位的符号,也是企业设立登记与持续运行不可或缺的要件。如同自然人享有姓名权,企业也相应地享有名称权。但是同样作为发挥识别功能的商业标识,商标与企业名称存在冲突。我国规定企业名称只能由文字组成,而商标由纯文字组成或包含文字外的其他要素。我国法律既不禁止用企业名称中的字号注册商标,也不禁止用商标中的文字注册企业字号。实践中,既有将他人商标注册为企业字号的情形,也有将他人字号注册为商标的情形。但是,新《公司法》出台前立法层面缺乏关于法人、非法人组织的名称权保护相关规则,实践中企业名称也更多地作为商标侵权、反不正当竞争领域的配角出现。

本案实际反映了将企业名称权纳入《反不正当竞争法》保护范畴的裁判思路,体现了名称权保护需求与反不正当竞争立法目的存在高度契合。企业名称权所承载的经济价值体现于商业运用中,商标、商品装潢、原产地标志等各种商业标识并存,不同主体的商业标识处于相互竞争的状态,主张权利的企业名称权需要在商业标识的相互竞争中获得比较优势。本案原被告双方对于企业名称都具有一定的权利来源,只考虑基于过错的侵权法规则无法解决这一问题。企业名称权适用《反不正当竞争法》保护的两种具体情形为:其一,名称权间的冲突。企业名称权的排斥力以注册登记机关辖区为准,并需满足相应的条件。但在现代社会,企业的经营活动范围并不局限于特定区域,还可以通过设立分公司、办事处等方式向不同的地区扩张。从交易者的角度看,搜索寻找企业并不需要依靠交易历史或者口碑声誉,互联网信息技术将统一市场变成现实。因此,不同地区的企业名称之间特别是作为名称核心组成的字号之间,会发生竞争、冲突、混淆,企业名称的范围并不局限于特定区域。其二,商标侵犯企业名称权。企业名称权与商标权相互竞争,互有侵犯的可能性。2017 年修订的《反不正当竞争法》第 6 条将“擅自使用他人有一定影响的企业名称(包括简称、字号等)”的行为定性为混淆行为,并吸收司法裁判经验,明确企业名称包括简称、字号,同时将混淆行为的结果扩大到“引人误认为是他人商品或者与他人存在特定联系”。不同区域的企业名称处于竞争环境中从而具有相互侵犯的可能性,并非所有的企业名称皆能依照《反不正当竞争法》获得保护,仅“有一定影响”的企业名称才能获得反不正当竞争法的保护,因为此类企业在市场中已积累了商誉,他人使用相同或相似字号将引起混淆。

企业名称权适用《反不正当竞争法》保护的两种具体情形表明企业名称权获得了超越注册登记地的效力,可凭借在先权利的地位对抗在后的商标权等公司标识。

(2)企业名称权能否通过受让取得

本案案情中提及金华公司取得天津华联商厦企业管理有限公司的授权,享有繁体华联及图标的使用权,但是授权使用的权源在本案未得到法院认可,由此引发的进一步思考为公司能否通过受让的方式单独取得公司的名称权呢?《民法典》第 1013 条①规定名称权可以转让,但是没有明确具体的转让规则。从学理上来看,公司名称可以随公司营业或者公司营业的一部分一并转让,而一般不允许公司名称单独转让,因此也无法通过单独受让名称权本身而取得。一般而言,转让公司名称时,应由转让方与受让方签订书面转让协议,依公司申请

---

① 《民法典》第 1013 条:“法人、非法人组织享有名称权,有权依法决定、使用、变更、转让或者许可他人使用自己的名称。”

登记程序，报经原登记管理机关审查。由于法律禁止在一定地域范围内同行业的企业重名，因此，公司名称权转让后，转让人应停止使用已转让的公司名称；同时，公司名称也只能转让给一户企业；公司名称权的转让未经登记不得对抗善意相对人。

四、相关原理

公司的名称权及其保护

1. 公司名称权的概念

公司的名称权，即公司名称专用权，是指公司对自己的名称所依法享有的权利，公司名称一经登记，公司即取得该名称的专有使用的权利。公司名称权兼具人格权和财产权的双重属性：一方面，公司名称依附于商事主体而存在，自身不能单独存在，因此具有人格权的性质；另一方面，公司名称具有财产价值，可以许可他人使用，可以转让，又具有财产权的性质。

公司名称权具有以下特征：

第一，地域性。各国法律普遍规定，公司名称权的效力只及于一定的地域范围，一般只在其登记机关地辖区范围内有效，超出该区域的范围，公司名称权就不受保护。

第二，公开性。公司名称权经登记才能取得，登记是生效要件，因此，公司名称具有公开性。同时也必须经过登记公示，公司名称才能为公众知晓。公司名称的创设、变更、废止、转让和继承都应当进行登记，否则，不发生对外效力。

第三，可转让性。公司名称权具有财产权的性质，因此可以转让和继承。我国规定公司名称可以自由转让，但也有一些国家对公司名称的转让做了限制。

第四，时间上的无限性。公司名称无时间上的限制，只有在公司名称所有人营业终止且未转让公司名称的情况下，公司名称才绝对终止，而专利权、商标权等工业产权均有一定的时间性。

2. 公司名称权的权能

公司名称权包括下列权能：

第一，专有使用权。公司名称的所有人经登记取得该公司名称的专有使用权，只有所有人有权使用，其他任何人都不得使用与该公司名称相同或者相似的公司名称。这是公司名称权的首要权能,也是公司名称权的核心内容。

第二,许可使用权。公司名称权人有许可他人使用其公司名称的权利,即可以“出借”或“出租”其公司名称的使用权。

第三,公司名称变更权。各国立法都允许公司名称的变更,只要拟变更的公司名称符合法律规定的条件即可,但须进行变更登记才能发生效力。

第四,公司名称转让权。公司名称转让权是公司名称财产权属性的反映。如前所述,公司名称权人可以转让其公司名称,但多数国家规定公司名称不得脱离营业而单独转让。《德国商法典》第 23 条规定,商号不得与使用此商号的营业分离而让与。《韩国商法》第 25 条规定,商号只有在废止营业时,或者和营业一并转让时,方可转让。

3. 公司名称权的保护

公司名称所有人取得公司名称权后,法律必须对其予以保护,否则公司名称权就会名存实亡。因此,各国都有关于公司名称保护的法律规定。侵犯公司名称权的主要方式是擅自使用他人的公司名称,或者使用与该公司名称相近似的公司名称,从而使公众误认为就是该公司名称。因此,法律对于公司名称权的保护主要体现在两个方面:一是同一公司名称登记的排除。在公司名称的登记机关辖区内,不得再登记与已登记的同行业公司名称相同或者近似的公司名称。二是同一公司名称或类似公司名称使用的排除。未经公司名称权人许可,擅自使用他人公司名称或者使用类似公司名称的,为侵权行为,公司名称权人可以请求停止侵害,并赔偿损失。同时,可依据《反不正当竞争法》的规定,请求行为人赔偿损失。

保护公司名称权的立法模式在各国并不统一,通常是同时适用多种法律规范予以保护,如民法、商法、反不正当竞争法及专门法等。我国对于公司名称权的保护没有专门的法律,目前我国可以适用的法律法规主要有《民法典》、《公司法》及《市场主体登记管理条例》等。

案例2 法定代表人超越权限订立的担保合同的效力

《公司法》第11条解读

——招商银行股份有限公司大连东港支行与大连振邦氟涂料股份有限公司、大连振邦集团有限公司借款合同纠纷案[①]

【最高人民法院2015年公报案例】

《公司法》第11条

法定代表人以公司名义从事的民事活动,其法律后果由公司承受。

公司章程或者股东会对法定代表人职权的限制,不得对抗善意相对人。

法定代表人因执行职务造成他人损害的,由公司承担民事责任。公司承担民事责任后,依照法律或者公司章程的规定,可以向有过错的法定代表人追偿。

一、案情介绍

2006年4月30日,招商银行股份有限公司大连东港支行(以下简称招行东港支行)与大连振邦集团有限公司(以下简称振邦集团公司)签订借款合同约定:借款金额为1496.5万元人民币,借款期限自2006年4月30日至6月30日。同日,招行东港支行与大连振邦氟涂料股份有限公司(以下简称振邦股份公司)法定代表人周建良分别签订了两份抵押合同,该合同约定以振邦股份公司所有的17套房产做抵押。

同年6月6日至8日,以相关土地和房产办理了抵押登记,担保范围包括但

---

① 《最高人民法院公报》2015年第2期。

不限于借款本金、利息、罚息、违约金、损害赔偿金及实现债权的费用。招行东港支行在中国银行之后为第二抵押权人。2006 年 6 月 8 日,振邦股份公司法定代表人周建良出具了不可撤销担保书,承诺对上述贷款承担连带保证责任,保证范围包括借款本金、利息、罚息、违约金及其他一切相关费用。保证期间为自保证书生效之日起至借款合同履行期限届满另加 2 年。同日,招行东港支行按照合同约定将 1496.5 万元贷款如数转入振邦集团公司账户内。

另外,振邦股份公司的股东分别为振邦集团公司、天津环渤海创业投资管理有限公司、中绿实业有限公司、辽宁科技创业投资有限责任公司、泰山绿色产业有限公司、大连科技风险投资基金有限公司、王志刚、张国忠。股东会担保决议的决议事项并未经过振邦股份公司股东会的同意,振邦股份公司也未就此事召开过股东大会。振邦股份公司的 8 个股东中,王志刚和泰山绿色产业有限公司没有在股东会担保决议上签字盖章。根据振邦股份公司章程,振邦集团公司占总股本的 61.5%,振邦集团公司系振邦股份公司的股东和实际控制人。

经查明,股东会担保决议上盖印的"天津环渤海创业投资管理有限公司"印章印文与样本《2006 年度年检报告书》上盖印的"天津环渤海创业投资管理有限公司"印章印文不是同一枚印章所盖。股东会担保决议上盖印的"中绿实业有限公司"的印章印文与样本《2006 年度年检报告书》上盖印的"中绿实业有限公司"的印章印文不是同一枚印章所盖。

贷款到期后,振邦集团公司未能偿还借款本息。振邦股份公司也没有履行担保义务,招行东港支行与振邦股份公司就还款义务和担保义务的履行发生争议。

本案的争议事实在于,法定代表人未经股东会决议为公司股东或实际控制人提供担保的,公司是否承担担保责任?

招行东港支行诉称:振邦集团公司偿还贷款本金 1496.5 万元及至给付之日的利息;要求振邦股份公司对上述债务承担连带责任等。

振邦股份公司辩称:振邦股份公司提供的担保无效;招行东港支行对股东会担保决议没有尽到形式审查义务,存在过错;招行东港支行对担保无效应当承担责任。

二、判决结果与理由

1. 判决结果

大连市中级人民法院作出(2009)大民三初字第36号民事判决:(1)振邦集团公司自判决生效之日起10日内偿还招行东港支行借款本金及利息;(2)在振邦集团公司不能清偿上述款项时,由振邦股份公司对振邦集团公司不能清偿部分的1/2承担赔偿责任;(3)驳回招行东港支行的其他诉讼请求。

二审法院辽宁省高级人民法院作出(2010)辽民二终字第15号民事判决维持一审判决。

最高人民法院作出(2012)民提字第156号民事判决:撤销辽宁省高级人民法院(2010)辽民二终字第15号民事判决、大连市中级人民法院(2009)大民三初字第36号民事判决第2项、第3项;维持大连市中级人民法院(2009)大民三初字第36号民事判决第1项;振邦股份公司对振邦集团公司上述债务承担连带担保责任。

2. 判决理由

最高人民法院认为,本案各方争议的焦点是担保人振邦股份公司承担责任的界定:关于抵押合同及不可撤销担保书的合同效力,《合同法》第52条规定,"有下列情形之一的,合同无效:……(五)违反法律、行政法规的强制性规定"。关于前述法律中的"强制性",《最高人民法院关于适用〈中华人民共和国合同法〉若干问题的解释(二)》第14条则作出如下规定:"合同法第五十二条第(五)项规定的'强制性规定',是指效力性强制性规定。"《公司法》第16条第2款规定:"公司为公司股东或者实际控制人提供担保的,必须经股东会或者股东大会决议。"上述公司法规定已然明确了其立法本意在于限制公司主体行为,防止公司的实际控制人或者高级管理人员损害公司、小股东或其他债权人的利益,故其实质是内部控制程序,不能以此约束交易相对人。故此上述规定宜理解为管理性强制性规范。对违反该规范的,原则上不宜认定合同无效;另外,如以违反股东决议程序而判令合同无效,必将降低交易效率,同时也给公司动辄以违反股东决议主张合同无效的不诚信行为留下了制度缺口,最终危害交易安全,不仅有违商事行为的诚信规则,更有违公平正义。

案涉股东会担保决议确实存在部分股东印章虚假、使用变更前的公司印章等瑕疵，以及被担保股东振邦集团公司出现在股东会担保决议中等违背《公司法》规定的情形。振邦股份公司法定代表人周建良超越权限订立《抵押合同》及《不可撤销担保书》，是否构成表见代表，招行东港支行是否善意，亦是本案担保主体责任认定的关键。振邦股份公司向招行东港支行提供担保时使用的公司印章真实，亦有其法人代表真实签名。且案涉抵押担保在经过行政机关审查后也已办理了登记。至此，招行东港支行在接受担保人担保行为过程中的审查义务已经完成，其有理由相信作为担保公司法定代表人的周建良本人代表行为的真实性；股东会担保决议中存在的相关瑕疵必须经过鉴定机关的鉴定方能识别，必须经过查询公司工商登记才能知晓、必须谙熟《公司法》相关规范才能避免因担保公司内部管理不善导致的风险，如若将此全部归属于担保债权人的审查义务范围，未免过于严苛。因此，招行东港支行在接受作为非上市公司的振邦股份公司为其股东提供担保过程中，已尽到合理的审查义务，主观上构成善意。本案周建良的行为构成表见代表，振邦股份公司对案涉保证合同应承担担保责任。

三、案例解读

1. 法律规定

本次修改前的《公司法》并未规定法定代表人行为的后果规则，《全国法院民商事审判工作会议纪要》（以下简称《九民纪要》）规定了一系列越权担保的规则，其中与法定代表人越权相关的有第 17 条规定违反《公司法》第 16 条构成越权代表，第 18 条关于相对人善意的认定规则。[①]

---

① 《九民纪要》第 17 条 【违反《公司法》第 16 条构成越权代表】："为防止法定代表人随意代表公司为他人提供担保给公司造成损失，损害中小股东利益，《公司法》第 16 条对法定代表人的代表权进行了限制。根据该条规定，担保行为不是法定代表人所能单独决定的事项，而必须以公司股东（大）会、董事会等公司机关的决议作为授权的基础和来源。法定代表人未经授权擅自为他人提供担保的，构成越权代表，人民法院应当根据《合同法》第 50 条关于法定代表人越权代表的规定，区分订立合同时债权人是否善意分别认定合同效力：债权人善意的，合同有效；反之，合同无效。"

《九民纪要》第 18 条 【善意的认定】："前条所称的善意，是指债权人不知道或者不应当知道法定代表人超越权限订立担保合同。《公司法》第 16 条对关联担保和非关联担保的决议机关作出了区别规定，相应地，在善意的判断标准上也应当有所区别。一种情形是，为公司股东或者实际控制人提供关联担保，《公司法》第 16 条明确规定必须由股东（大）会决议，未经股东（大）会决议，构成越权代表。在此情况下，债权人主张担保合同有效，应当提供证据证明其在订立合同时对股东（大）会决议进

《民法典》第61条[①]第3款和第504条[②]规定体现了公司法定代表人的代表权受到约定限制，所谓代表权的约定限制，是指法人章程、董事会决议、股东会决议对代表权所作特别限制。所谓法定限制，即团体法对法定代表人的权限所作的限制。代表权的约定限制与法定限制的区别在于是否具有外部效力。通说认为，公司章程不具有对世效力，第三人也不负有审查义务，故从交易安全考虑，公司不能否认法定代表人超越约定限制权限的行为，除非公司能够证明交易相对人明知或应当知道代表人缺乏代表权。2023年最高人民法院发布的《民法典合同编通则解释》第20条[③]对此进一步明确，第一，对于法律赋予法人权力机构或限制法定代表人权利的事项，因为法律的公开性，相对人应尽合理

行了审查，决议的表决程序符合《公司法》第16条的规定，即在排除被担保股东表决权的情况下，该项表决由出席会议的其他股东所持表决权的过半数通过，签字人员也符合公司章程的规定。另一种情形是，公司为公司股东或者实际控制人以外的人提供非关联担保，根据《公司法》第16条的规定，此时由公司章程规定是由董事会决议还是股东（大）会决议。无论章程是否对决议机关作出规定，也无论章程规定决议机关为董事会还是股东（大）会，根据《民法总则》第61条第3款关于"法人章程或者法人权力机构对法定代表人代表权的限制，不得对抗善意相对人"的规定，只要债权人能够证明其在订立担保合同时对董事会决议或者股东（大）会决议进行了审查，同意决议的人数及签字人员符合公司章程的规定，就应当认定其构成善意，但公司能够证明债权人明知公司章程对决议机关有明确规定的除外。债权人对公司机关决议内容的审查一般限于形式审查，只要求尽到必要的注意义务即可，标准不宜太过严苛。公司以机关决议系法定代表人伪造或者变造、决议程序违法、签章（名）不实、担保金额超过法定限额等事由抗辩债权人非善意的，人民法院一般不予支持。但是，公司有证据证明债权人明知决议系伪造或者变造的除外。"

① 《民法典》第61条："依照法律或者法人章程的规定，代表法人从事民事活动的负责人，为法人的法定代表人。法定代表人以法人名义从事的民事活动，其法律后果由法人承受。法人章程或者法人权力机构对法定代表人代表权的限制，不得对抗善意相对人。"

② 《民法典》第504条："法人的法定代表人或者非法人组织的负责人超越权限订立的合同，除相对人知道或者应当知道其超越权限外，该代表行为有效，订立的合同对法人或者非法人组织发生效力。"

③ 《民法典合同编司法解释》第20条："法律、行政法规为限制法人的法定代表人或者非法人组织的负责人的代表权，规定合同所涉事项应当由法人、非法人组织的权力机构或者决策机构决议，或者应当由法人、非法人组织的执行机构决定，法定代表人、负责人未取得授权而以法人、非法人组织的名义订立合同，未尽到合理审查义务的相对人主张该合同对法人、非法人组织发生效力并由其承担违约责任的，人民法院不予支持，但是法人、非法人组织有过错的，可以参照民法典第一百五十七条的规定判决其承担相应的赔偿责任。相对人已尽到合理审查义务，构成表见代表的，人民法院应当依据民法典第五百零四条的规定处理。合同所涉事项未超越法律、行政法规规定的法定代表人或者负责人的代表权限，但是超越法人、非法人组织的章程或者权力机构等对代表权的限制，相对人主张该合同对法人、非法人组织发生效力并由其承担违约责任的，人民法院依法予以支持。但是，法人、非法人组织举证证明相对人知道或者应当知道该限制的除外。法人、非法人组织承担民事责任后，向有过错的法定代表人、负责人追偿因越权代表行为造成的损失的，人民法院依法予以支持。法律、司法解释对法定代表人、负责人的民事责任另有规定的，依照其规定。"

的审查义务并知晓情况，如果法人或非法人组织本身并无过错，则该等越权行为无效。第二，对于公司章程等内部文件意定赋予代表人权利及范围的情况，因其是非公开的，如果并无相对人知晓或应当知晓的证据，则法人或非法人组织仍受到该等越权代表行为的约束，但有权追究该等法定代表人、负责人的赔偿责任。

新《公司法》第 11 条在上述条文的基础上新增了关于法定代表人越权行为的法律效力的规定，该条所要解决的问题是，法定代表人超越权限对外以公司名义从事的民事活动的效力问题。公司章程或者股东会对法定代表人职权的约定限制，不得对抗善意相对人。公司章程、股东会决议等对法定代表人代表权的限制，除具有特定的公开路径外，不能直接认定为相对人知道或者应当知道，而是要结合具体案情综合分析判断。

与前文约定限制相对的是代表权的法定限制，法律直接限制法定代表人代表权的，任何人不得以不知道法律规定为由免除注意义务。因为法律公布施行后，即推定社会公众是知悉的。申言之，法律一经公布并生效，就理所当然地对任何人产生效力，任何人不得以其自身不知法律而提出免责抗辩。

新《公司法》第 11 条第 3 款规定，法定代表人因执行职务造成他人损害的，由公司承担民事责任。公司承担民事责任后，依照法律或者公司章程的规定，可以向有过错的法定代表人追偿。公司就法定代表人的行为承担的民事责任，包括合同责任和侵权责任。该条第 2 款规定的是，公司就法定代表人的行为，承担合同责任等基于法律行为所致民事责任；第 3 款规定的是，公司就法定代表人的行为承担侵权责任，从而使法定代表人行为对公司造成的法律后果体系化。公司承担侵权责任的情形有二：一是公司承担因法定代表人执行职务所致的侵权责任；二是公司承担除法定代表人之外的其他雇员执行职务所致的侵权责任。前者适用新《公司法》第 11 条第 3 款和《民法典》第 62 条①，后者适用《民法典》第 1191 条②。

① 《民法典》第 62 条："法定代表人因执行职务造成他人损害的，由法人承担民事责任。法人承担民事责任后，依照法律或者法人章程的规定，可以向有过错的法定代表人追偿。"

② 《民法典》第 1191 条："用人单位的工作人员因执行工作任务造成他人损害的，由用人单位承担侵权责任。用人单位承担侵权责任后，可以向有故意或者重大过失的工作人员追偿……"

2. 法律适用

本案的核心问题是法定代表人未经股东会决议为公司股东或实际控制人提供担保的，公司是否承担担保责任？本案判决确定的裁判规则是原《公司法》第 16 条为管理性强制性规范。对违反该规范的，原则上不宜认定合同无效。尽管法定代表人未经股东会决议为公司股东提供担保，但债权人在接受公司为其股东提供担保过程中，已尽到合理的审查义务，主观上构成善意，法定代表人的行为构成表见代表，公司应承担担保责任。

判断法定代表人关联担保对公司的效力要区分法定代表人系有权还是无权代表行为。有权代表的情形下，公司应该承担担保责任。在无权代表的情形下，需要进一步判断是否因为相对人善意而构成表见代表，从而由公司承担担保责任。具体分析，详见下文。

（1）表见代表行为的认定

本案涉及的是控股股东对外借款提供关联担保的情形，新《公司法》第 15 条第 2 款明确规定必须由股东会决议，未经股东会决议，构成越权代表。在这类情形下构成对代表权的法定限制，即通过其他公司机关决议限制法定代表人的代表权，仅在其他公司机关同意的情况下，公司法定代表人具有实施特定交易的代表权。也就是说，公司法定代表人以公司名义为公司股东或者实际控制人提供担保必须经股东会决议。本案没有召开股东会对于担保事项作出决议，因此法定代表人的行为构成了越权行为。但是由于本案法定代表人虽然越权代表以公司名义与债权人签订了抵押合同、不可撤销担保书，但是由于形式上有决议，虽然决议是伪造或者变造的，但是仍然在外观上使得相对人认为担保行为实际是有权代表，因而法定代表人行为构成表见代表行为。

（2）相对人善意的认定

本案债权人不得仅仅主张自己善意信赖法定代表人具有相应的代表权限而构成善意，根据《九民纪要》对善意的认定，相对人在接受公司提供担保之时，就公司章程、公司担保决议等内部文件负有审查义务。《民法典担保制度解释》第 7 条也规定，就相对人善意的判断，应当由相对人举证证明其对公司决议进行了合理审查。本案债权人在订立合同时对股东会决议进行了审查，审查标准是形式审查,审查范围是振邦股份公司提供的股东会担保决议上具备的公章及法人签名,由此认为决议的表决程序符合公司法条的规定。我们认为,根据《九民纪要》《民法典担保制度解释》《民法典合同编通则解释》的规定,相对人的合理审查范围应该区分关联担保和非关联担保的情形,在非关联担保的情形下只要相对人能够证明其在订立担保合同时对公司章程以及董事会决议或者股东会决议进行了审查,同意决议的人数及签字人员符合公司章程的规定即符合要求。在关联担保的情形下,相对人在订立担保合同时应对股东会决议进行审查,审查范围包括同意担保的股东所持表决权在排除被担保股东表决权的情况下,是否超过1/2,还包括签字人员是否符合公司章程的规定。本案债权人对于关联担保的审核显然没有达到合理标准,因而如果在新《公司法》及相关规定的规范之下,本案招行东港支行无法构成相对人善意。

综合上述分析,本案越权代表的法定代表人实际上属于无权代表,只有在具备股东会决议外观和相对人善意的要件之下,方可构成表见代表。但本案由于缺乏相对人善意的要件,本案法定代表人不构成表见代表,因而不能对公司发生效力。

本案一、二审均判决担保合同无效,因法定代表人超越权限,相对人也不构成善意,故不构成表见代表,即虽有股东会决议,但决议有明显瑕疵而相对人没有审查出来,因此担保合同也应认定为无效,进而认定债权人与担保人双方存在过错,担保人承担债务人不能履行部分的1/2。而最高人民法院改判认为不宜将原《公司法》第16条认定为效力性强制性规定,其属于公司内部决策程序,故不属于效力性强制性规定而属于管理性强制性规定。公司对外担保要优先保护债权人的交易安全,公司要先对外承担担保责任或者赔偿责任,然后通过内部关系去解决不同主体之间的纠纷。最高人民法院在本案判决说理中重在对原《公司法》第16条的性质进行识别,并在此基础上作出法定代表人越权担保效力的判断,最终通过论证相对人善意构成"表见代表",从而适用原《合同法》第50条支持合同有效。尽管本案裁判已被列为公报案例,但本判例并不意味着效力规范性质界定是解决越权担保的完美路径,也并不意味着企业为其股东或实际控制人提供担保时,无须关注内部决策程序。《九民纪要》发布后,对于公司对外担保,司法实践中确立的裁判规则发生重大变化，从对原《公司法》的规范性质的分析转向越权代表行为效力认定规则的分析，新的裁判规则为公司出具的担保合同虽然有法定代表人签名，并加盖公司的公章，但是担保行为不是法定代表人所能单独决定的事项，而必须以公司股东会、董事会等公司机关的决议作为授权的基础和来源，法定代表人未经授权擅自为他人提供担保的，构成越权代表，担保合同应当认定无效。

3. 本案延伸思考

(1)认定公司对外担保中相对人是否履行了合理审查义务，应坚持何种标准?

学说上，相对人审查义务的标准有实质审查与形式审查之分。实质审查强调相对人对公司提交的公司章程和公司担保决议的真实性、合法性、有效性要进行审查。比如，公司担保决策机构是否真实召开了会议，会议程序是否有瑕疵，决议上的股东或者董事的签名是否真实，有无伪造情况。但相对人作为公司之外的人，难以知悉公司担保决议起草过程中的争议，也不可能参与公司内部决策过程，要求相对人进行实质审查过于严苛，因此，通说认为相对人仅负形式审查义务，即相对人仅对公司章程、公司担保决议的形式要件进行审查，即审查相关材料是否齐全，是否符合法定形式，对于材料的真实性、有效性不作审查。而在形式审查标准之下，相对人无须审查公司担保决议的形成是否存在程序上的瑕疵，如形成公司担保决议的董事会或股东会会议的通知程序、召集程序和表决程序是否符合《公司法》和公司章程的规定，无须审查公司担保决议中的股东、董事签章是否真实。

需要注意的是，对公司担保决议形式要件的审查，不限于审查公司是否提交了股东或董事签署的公司担保决议，相对人还应进一步与公司章程比对决议上签章股东的一致性，以审查股东或者董事的身份是否属实，计算签章股东所持表决权是否达到《公司法》或公司章程所定最低比例(董事会作出决议时无此要求)。在关联担保情况下，需特别关注应当回避表决的股东是否参与了表决。至于公司以担保决议系法定代表人伪造或者变造、决议程序违法、签章(名)不实、担保金额超过法定限额等事由抗辩相对人非善意的，一般不能获得人民法院支持，除非公司有证据证明相对人明知决议系伪造或者变造。《民法典合同编通则解释》第 22 条[①]专门就印章真伪是否影响合同效力作出规定,有代表、代理权的人在授权范围内的签字盖章行为,相对人仅以“假章”主张合同不发生效力的,法院不予支持。有代表、代理权的人在授权范围内仅签名、按指印而未盖章,除当事人明确约定合同成立以盖章为生效要件外,相关合同也应认定有效,但此时合同相对人需要对签名、按指印的主体具有代表、代理权尽到合理的举证责任。有代表、代理权的人仅盖章无签名、指印,若此时合同相对人可证明合同系法定代表人、负责人或者工作人员在其权限范围内订立,相关合同亦有效。行为人虽超越权限订立合同,但构成表见代表、表见代理,对公司仍发生效力。

(2)法定代表人越权担保、合同无效后责任由谁承担?

相对人善意的,担保合同对公司发生效力,公司应当承担担保责任。在相对人非善意的情况下,担保合同对公司不发生效力。但是,法定代表人越权签订的担保合同无效并不等同于公司无须承担任何责任。相对人请求公司承担赔偿责任的,应当参照《九民纪要》及《民法典担保制度解释》第 17 条[②]的有关规定:担保合同被认定无效后,债权人无法请求公司承担担保责任,但可依法请求公司承担一定的民事赔偿责任。在主合同有效而担保合同无效,债权人无过错的情况下,担保人与债务人对主合同债权人的经济损失,承担连带赔偿责任;债权人、担保人有过错的,担保人承担民事责任的部分,不应超过债务人不能清

① 《民法典合同编通则解释》第 22 条:“法定代表人、负责人或者工作人员以法人、非法人组织的名义订立合同且未超越权限,法人、非法人组织仅以合同加盖的印章不是备案印章或者系伪造的印章为由主张该合同对其不发生效力的,人民法院不予支持。合同系以法人、非法人组织的名义订立,但是仅有法定代表人、负责人或者工作人员签名或者按指印而未加盖法人、非法人组织的印章,相对人能够证明法定代表人、负责人或者工作人员在订立合同时未超越权限的,人民法院应当认定合同对法人、非法人组织发生效力。但是,当事人约定以加盖印章作为合同成立条件的除外。合同仅加盖法人、非法人组织的印章而无人员签名或者按指印,相对人能够证明合同系法定代表人、负责人或者工作人员在其权限范围内订立的,人民法院应当认定该合同对法人、非法人组织发生效力。在前三款规定的情形下,法定代表人、负责人或者工作人员在订立合同时虽然超越代表或者代理权限,但是依据民法典第五百零四条的规定构成表见代表,或者依据民法典第一百七十二条的规定构成表见代理的,人民法院应当认定合同对法人、非法人组织发生效力。”

② 《民法典担保制度解释》第 17 条:“主合同有效而第三提供的担保合同无效,人民法院应当区分不同情形确定担保人的赔偿责任:(一)债权人与担保人均有过错的,担保人承担的赔偿责任不应超过债务人不能清偿部分的二分之一;(二)担保人有过错而债权人无过错的,担保人对债务人不能清偿的部分承担赔偿责任;(三)债权人有过错而担保人无过错的,担保人不承担赔偿责任。主合同无效导致第三人提供的担保合同无效,担保人无过错的,不承担赔偿责任;担保人有过错的,其承担的赔偿责任不应超过债务人不能清偿部分的三分之一。”

偿部分的1/2。在主合同无效而导致担保合同无效，担保人无过错的情况下，担保人不承担民事责任；担保人有过错的，担保人承担民事责任的部分，不应超过债务人不能清偿部分的1/3。

进一步的问题是如何判断担保人是否具有过错，首先需要明确的是，法定代表人越权代表的过错并不等同于公司的过错，需格外注意的是公司承担的责任并非担保法意义上的违法责任，而是越权担保规则之下的赔偿责任，该条款的本意是为了平衡债权人保护与公司的利益，让债权人通过公司的一定赔偿获得救济。但是，《民法典担保制度解释》第17条中“担保人无过错”中的过错指的是何种情形并未明晰，司法裁判以及《九民纪要》宽泛地认为公司管理制度不规范即是过错，“只要公司盖了章，就不能一点责任都不承担”，①使得实践中该条往往成为公司承担赔偿责任的规范基础，这种裁判思路值得斟酌。另外，公司法定代表人超越权限提供担保造成公司损失，公司有权请求法定代表人承担赔偿责任。

四、相关原理

法定代表人行为的效果归属

围绕着法定代表人行为的效果归属问题，存在代理说与代表说两种学说。

代理说基于法人拟制说的主张，仅将法人视为权利义务的承载工具。该说认为，既然法人的主体资格来自法律的拟制，没有意思能力的法人当然也不具备行为能力，以法人名义对外参与民事活动的法人机关实际是法人的代理人，并非由法人直接承担，该说通过代理规则将代表人的行为效果转移至法人。代表说对代表人行为效果归属的解释方法则是法人实在说这一观点的延续，该说认为，代表人是法人的组成部分，法人通过代表人参与民事活动，代表人行为就是法人行为，代表人的行为效果由法人直接承受，将之称为代表行为主要也是为了与代理行为区分。

代表说与代理说在效果的归属上实际呈现出趋同的结果。《民法典》第61条第2款规定了法定代表人行为效果归属的一般规范，即法定代表人以法人名

---

① 参见最高人民法院民事审判第二庭编著：《〈全国法院民商事审判工作会议纪要〉理解与适用》，人民法院出版社2019年版，第192页。

义从事的民事活动,其法律后果由法人承受。持代表说的学者普遍将该规定视为《民法典》坚持代表说的规范依据。然而,代表说对该规范的解释并非排他的,后者同样可以由代理说进行充分的解释。支持代理说观点认为,代表人行为即为代理行为,其效果归属可以在《民法典》第 162 条有关"代理人在代理权限内,以被代理人名义实施的民事法律行为,对被代理人发生效力"的代理行为效果归属的一般规范中展开。此条中"在代理权限内"的要件在代理人为享有概括代理权限的法定代表人时便可被忽略,此时,法定代表人的行为效果与代表说一致,可将《民法典》第 162 条视为在代理人为法定代表人时的特别规则。总之,就代表人行为效果归属一般规范的解释而言,两种学说虽然存在解释路径的不同,但都具备合理的论证逻辑。

案例3 分公司的法律责任

《公司法》第13条解读

——李建国与孟凡生、长春圣祥建筑工程有限公司等案外人执行异议之诉案①

【最高人民法院2016年公报案例】

《公司法》第13条

公司可以设立子公司。子公司具有法人资格,依法独立承担民事责任。

公司可以设立分公司。分公司不具有法人资格,其民事责任由公司承担。

一、案情介绍

长春东亚建筑工程有限公司(长春圣祥建筑工程有限公司的前身,以下简称东亚公司)成立于1993年7月9日,经营范围为承揽国内外建筑工程。2006年3月,东亚公司设立分支机构东亚公司建和分公司(以下简称建和分公司),其经营范围为在所隶属的公司经营范围内,从事工程承包经营,其民事责任由所属的公司承担。建和分公司成立后,与东亚公司签订《长春东亚公司工程有限公司内部承包合同》,约定承包范围为资质证书中规定的工业与民用建筑承包范围;建和分公司每年向东亚公司缴纳3万元业务费用,每年向东亚公司缴纳10万元工程费用。2013年5月29日后,建和分公司的负责人为李建国。

2011年3月4日,东亚公司与沈阳军区空军军官住房发展中心长春办事处

① 最高人民法院民事判决书,(2016)最高法民再149号。

签订沈阳军区空军建筑安装工程承包合同书，承建蓝天佳苑二期工程，合同价款为8356万元。后经庭审确认，该工程实际由建和分公司及李建国承建。

2012年1月9日，针对孟凡生与东亚公司、长春市腾安房地产开发有限公司（以下简称腾安公司）、东亚公司祥泽分公司（以下简称祥泽分公司）之间的买卖合同纠纷，长春市中级人民法院作出（2012）长民四初字第2号民事判决，包括：（1）东亚公司给付孟凡生钢材款并支付违约金；（2）腾安公司对东亚公司支付以上款项承担连带保证责任，腾安公司承担保证责任后，有权向债务人追偿。之后法院冻结建和分公司账户存款。上述冻结款项系沈阳军区空军军官住房发展中心于2012年12月17日转入建和分公司的工程款。因李国宾、李建国以其所有的两套房屋提供置换担保，长春市中级人民法院遂裁定部分解除对建和分公司账户存款的冻结。

2013年6月5日，孟凡生向长春市中级人民法院申请执行，而在执行过程中，李建国提出异议，以长春市中级人民法院查封款项是李建国承包建和分公司并承建蓝天佳苑二期工程所得收益，请求解除对该款项的冻结。长春市中级人民法院于2014年5月14日作出（2014）长执异字第16号执行裁定，驳回李建国的异议。

为此，李建国提起案外人执行异议之诉，请求在长春市中级人民法院（2013）长执字第155号执行案件中，停止对建和分公司505万元银行存款的执行，解除对该款项的冻结。

本案的争议在于，分公司能否独立对外签署协议并且以自己财产对外承担民事责任？

李建国诉称：孟凡生申请执行东亚公司、腾安公司买卖合同纠纷案件时，长春市中级人民法院冻结了建和分公司银行账户存款505万元。但建和分公司与东亚公司系承包关系，李建国作为建和分公司实际投资人，对被冻结的财产享有所有权，故依法提出了执行异议。长春市中级人民法院驳回了李建国的异议申请。请求在长春市中级人民法院（2013）长执字第155号执行案件中停止对建和分公司505万元银行存款的执行，解除对该款项的冻结。

孟凡生答辩称：李建国并不是建和分公司的承包人，请求驳回其诉讼请求，继续执行建和分公司账户的存款。

东亚公司答辩称：建和分公司系东亚公司的分支机构，分支机构的财产是总公司财产的组成部分。李建国只是建和分公司的负责人，虽然东亚公司和建和分公司签署过内部承包合同，但双方之间并非 2008 年最高人民法院《关于人民法院执行工作若干问题的规定（试行）》（以下简称《执行规定》）[①]第 78 条规定的承包关系。

腾安公司提交书面答辩意见称：腾安公司不是本案适格被告。

二、判决结果与理由

1. 判决结果

长春市中级人民法院作出（2014）长民二初字第 5 号民事判决支持了李建国的诉讼请求，在（2013）长执字第 155 号执行案件中不得对建和分公司账户内的存款 5050435.10 元进行执行。

吉林省高级人民法院作出（2015）吉民一终字第 72 号民事判决：驳回上诉，维持一审判决。

最高人民法院作出（2016）最高法民再 149 号再审判决：（1）撤销吉林省高级人民法院（2015）吉民一终字第 72 号民事判决、吉林省长春市中级人民法院（2014）长民二初字第 5 号民事判决；（2）驳回李建国的诉讼请求。

2. 判决理由

最高人民法院认为：建和分公司系长春圣祥建筑工程有限公司（以下简称圣祥公司）的分支机构，建和分公司账户内的案涉争议款项在法律上即为圣祥公司的财产。建和分公司与圣祥公司之间的内部承包合同，不具有对抗第三人的法律效力，亦不应属《执行规定》第 78 条规定的承包经营。原判决适用《执行规定》第 78 条的规定，认定案涉争议款项系李建国个人财产，适用法律错误，应予纠正。李建国对案涉争议款项提出的异议，不足以阻却人民法院的强制执行。

三、案例解读

1. 法律规定

新《公司法》第 13 条的内容延续了原《公司法》第 14 条规定，“公司可以设

① 该规定已于 2020 年修正。

立子公司。子公司具有法人资格,依法独立承担民事责任。公司可以设立分公司。分公司不具有法人资格,其民事责任由公司承担”。由于新《公司法》第38条已经规定“公司设立分公司,应当向公司登记机关申请登记,领取营业执照”,相关内容在新《公司法》第13条不再重复规定。

另外,本案提及《执行规定》第78条,被执行人为企业法人的分支机构不能清偿债务时,可以裁定企业法人为被执行人。企业法人直接经营管理的财产仍不能清偿债务的,人民法院可以裁定执行该企业法人其他分支机构的财产。若必须执行已被承包或租赁的企业法人分支机构的财产时,对承包人或承租人投入及应得的收益应依法保护。

2. 法律适用

本案的核心问题是分公司账户内的财产归属于谁?本案判决确定的裁判规则是分公司的财产即为公司财产,分公司的民事责任由公司承担。以分公司名义依法注册登记的,应受到该既有规则调整。当事人之间有关公司、分公司内部经营模式、权责关系的特别约定,不足以对抗公司注册登记的公示效力,亦不足以对抗案外第三人。

根据新《公司法》第13条的规定,建和分公司作为圣祥公司的分公司在工商行政管理机关依法注册登记,其与圣祥公司之间即形成法律上的公司与分公司之间的关系,应当受到《公司法》所确立的公司与分公司之间既有法律规则的调整,即分公司不具有法人资格,其财产即为公司财产,其民事责任由公司承担。但在本案中,李建国主张建和分公司与圣祥公司之间签订了内部承包合同,二者之间构成承包关系,其名为承包,实为建设工程施工企业资质租赁或有偿使用。李建国以建和分公司名义,借用圣祥公司的资质承揽工程获利的事实并不影响李建国的投入及应得的收益受到保护。因此本案争议的关键就在于确认被法院冻结在建和分公司账户内的财产是归属于圣祥公司的财产,还是属于《执行规定》第78条应予保护的承包人或承租人投入及应得的收益。

最高人民法院的裁判纠正了一、二审法院关于分公司财产归属认定的错误:

一审判决书认为,一方面不能认定东亚公司与建和分公司之间系内部承包关系。另一方面东亚公司与建和分公司并非普通总公司与分公司之间的关系,东亚公司将建和分公司发包出去,其不对建和分公司进行统一经营、管理,东亚公司对建和分公司的盈利方式通过收取管理费实现。同时，认为李建国作为建和分公司的实际承包人，其对建和分公司名下的财产享有权利。

二审判决书虽然明确认定建和分公司系圣祥公司合法注册成立的分公司，其与圣祥公司的关系是总公司与分公司的关系，但是认为李建国是涉诉工程的实际施工人，李建国承包建和分公司。由此认定分公司工程款属于李建国在承包建和分公司的过程中的投入及收益。

最高人民法院认为根据2013年《公司法》第14条的规定，分公司的财产即为公司财产，分公司的民事责任由公司承担。以分公司名义依法注册登记的，应受到该既有规则调整。当事人之间有关公司、分公司内部经营模式、权责关系的特别约定，不足以对抗公司注册登记的公示效力，亦不足以对抗案外第三人。企业或者个人以承包租赁为名，行借用建筑施工企业资质之实的，因违反法律及司法解释规定，应当承担不受法律保护的风险。

3. 本案延伸思考

(1)分公司是否拥有独立的财产？

分公司是本公司所设的分支机构，虽然不具有法人资格，但可以有自己的名称。分公司占有、使用的财产作为本公司的财产计入本公司的资产负债表中。也正是因为没有独立的财产，分公司不能独立承担财产责任，而是由本公司承担。分支机构一定程度上能够独立经营。但从利益的最终归属看，即使权利完全由分支机构行使，但是因为分支机构的资金、财产由法人统一调度和核算(法人制作统一的资产负债表)，所以分支机构行使权利所获权益最终必然体现为法人的资产。分支机构并不具有财产区隔的功能。设立分支机构的法人(如总公司)自身的债权人、该法人其他分支机构(如总公司的其他分公司)的债权人，都可以对该分支机构的财产提出执行的请求。分支机构在此情况下对其经营财产及相关收益的占有、使用，不是以财产所有权而是以财产处分权作为法律基础的。

本案中即使建和分公司账户有存款，但是其归属于东亚公司。

(2)总公司对分公司负债如何担责？

依据《民法典》第74条的规定，分公司虽不具有法人资格，但可以以自己的名义对外开展经营活动，具有民事主体资格可以参与诉讼。而分公司以自己的名义从事民事活动，产生的民事责任由法人承担。在司法实践中，法院判决总公司对分公司债务承担责任的类型分为3种,分别为直接责任、补充责任与连带责任。

其一,直接责任相对人对于分公司所应承担的民事责任,可以不向分公司主张权利,而直接要求总公司承担责任。

其二,补充责任相对人对于分公司所应承担的民事责任,应先向分公司主张权利,分公司的财产不足以清偿的,才可要求总公司承担民事责任。

其三,连带责任相对人对于分公司所应承担的民事责任,可以同时向分公司与总公司主张权利,分公司与总公司承担连带责任。

本案中在诉讼主体选择上,如果同时把分公司和总公司列举为被告,可能会更利于保护当事人的权益。在主张总分公司的责任关系时,因《民法典》明确了总分公司责任承担的方式,故主张总公司承担补充责任应该得以支持。

四、相关原理

分公司的法律地位

公司依据内部管辖关系进行分类,可以分为本公司与分公司。本公司也称总公司,是管辖公司内部所设所有分支机构及附属机构的总机构,分公司则是本公司所设的分支机构。许多大型公司的业务分布于各个地方,甚至不同国家。直接从事这些业务的大多都是公司内部所设置的分支机构或附属机构,它们就是所谓的分公司,而公司本身则称为本公司或总公司。

分公司与本公司的关系虽然同子公司与母公司的关系有类似之处,但分公司的法律地位与子公司完全不同。分公司没有独立的法人地位或资格,它可以有自己的名称,如办事处、分行、分公司等,但其名称应反映其与总公司的隶属关系。分公司也没有自己的独立财产,其实际占有、使用的财产是作为本公司的财产而计入本公司的资产负债表之中。可以说,分公司的业务、资金、人事均受总公司的统一管辖与安排。此外,正是由于分公司不具有独立的法律地位,也不独立承担民事责任,其设立的程序与公司设立相比较为简单,分公司的设立只是在当地履行简单的登记和管理手续即可。由此可见,分公司实际上并不是法律意义上的公司,而只是本公司的组成部分或业务活动机构。

案例4 债务加入适用公司法对公司对外担保的规定

《公司法》第15条解读

——中信银行股份有限公司北京分行、乐视网信息技术（北京）股份有限公司金融借款合同纠纷案[①]

【最高人民法院2019年终审案例】

《公司法》第15条

公司向其他企业投资或者为他人提供担保，按照公司章程的规定，由董事会或者股东会决议；公司章程对投资或者担保的总额及单项投资或者担保的数额有限额规定的，不得超过规定的限额。

公司为公司股东或者实际控制人提供担保的，应当经股东会决议。

前款规定的股东或者受前款规定的实际控制人支配的股东，不得参加前款规定事项的表决。该项表决由出席会议的其他股东所持表决权的过半数通过。

一、案情介绍

2016年7月26日，中信银行股份有限公司北京分行（以下简称中信银行）与乐视控股（北京）有限公司（以下简称乐视控股）签订的并购借款合同约定：借款人乐视控股作为甲方，贷款人中信银行作为乙方。该合同项下贷款由甲方用于支付并购交易价款，用于支付甲方收购财富公司和百鼎公司100%股权。贷款金额为175389万元，贷款期限自2016年7月26日至2023年3月17日，

① 最高人民法院民事判决书，(2019)最高法民终1438号。

未经中信银行事先书面同意,乐视控股应确保并购后企业不得将价值超过其总资产 20% 的所属权益及资产以任何方式转让给第三方,或向第三方设置抵押、质押,或设定任何优先权和其他权利。乐视控股若违背在该合同项下的任何承诺,构成违约。

2016 年 8 月 23 日,乐视网信息技术(北京)股份有限公司(以下简称乐视网)向中信银行出具函件,称:鉴于乐视控股已与中信银行签署了并购借款合同,乐视网确认知晓并认可该合同的全部条款和条件。如出现逾期或拖欠贷款本息的情况,乐视网承诺对借款人在并购借款合同项下的还款义务承担差额补足责任。2016 年 8 月 23 日,乐视网出具承诺承担差额补足责任的函件时,乐视控股为乐视网的股东。

财富公司和百鼎公司与中信银行之间签订了抵押合同并办理抵押登记,但在 2017 年 1 月 9 日,未经中信银行同意,财富公司和百鼎公司分别将抵押合同项下不动产抵押给案外人山西尧信融资再担保有限公司,并办理了抵押登记。

2017 年 2 月到 2017 年 6 月,乐视控股向中信银行陆续归还本金和利息。但仍有 167782 万元的本金和利息,乐视控股尚未归还。

2017 年 7 月 4 日中信银行通过 EMS 特快专递向贾某亭、乐视控股、财富公司、百鼎公司寄送的加速到期通知书载明:未经中信银行同意,财富公司、百鼎公司将三项目再行抵押给案外人山西尧信融资再担保有限公司。根据相关合同,乐视控股、财富公司、百鼎公司已违约。中信银行宣布,乐视控股在并购借款合同项下的融资立即加速到期,到期日为 2017 年 7 月 4 日。

本案核心争议在于,乐视网向乐视控股出具承诺承担差额补足是否构成债务加入,进而能否适用公司对外担保规则要求乐视网对乐视控股的借款本息承担差额补足责任?

中信银行一、二审相同的诉请为,要求乐视网对乐视控股的借款本息承担差额补足义务。

乐视网二审答辩称:乐视网出具的函件违反《公司法》、《上市公司信息披露管理办法》和公司章程,不应对乐视网产生效力。中信银行明知乐视网缺乏出具案涉函件的法定程序,并非善意相对人。

二、判决结果与理由

1. 判决结果

北京市高级人民法院作出(2017)京民初86号民事判决:乐视控股于判决生效之日起10日内给付中信银行借款本金、利息、相关费用;贾某亭对乐视控股的债务承担连带保证责任,承担保证责任后,有权向乐视控股追偿;中信银行有权以财富公司、百鼎公司不动产、股权折价或者以拍卖、变卖所得的价款享有优先受偿权;驳回中信银行股份有限公司总行营业部的其他诉讼请求(包括乐视网对乐视控股的借款本息承担差额补足义务)。

最高人民法院作出(2019)最高法民终1438号民事判决:驳回上诉,维持原判。

2. 判决理由

最高人民法院认为:因二审中乐视网和中信银行均认可2016年8月23日函件的内容构成债务加入,其对原审判决关于乐视网出具的承诺承担差额补足责任函件的性质构成债务加入的认定,予以维持。根据民法一般原理,债务加入是指第三人加入既存的债务关系中,与债务人就其债务对债权人负连带之责,其效果相当于加入人为自己创设了一项独立的债务。与保证责任相比,加入人承担的债务较保证人的负担更重。本案中,作为上市公司的乐视网在函件中承诺承担的债务,是其控制股东乐视控股的债务。《合同法》第124条规定:“本法分则或者其他法律没有明文规定的合同,适用本法总则的规定,并可以参照本法分则或者其他法律最相类似的规定。”据此,在立法未就债务加入的生效要件作出明确规定的情况下,原审判决类推适用法律关于上市公司为其股东提供保证的相关规定来认定其效果归属,法律依据充分,亦符合“举轻以明重”的法律解释方法。

根据2018年《公司法》第16条的规定,在公司为他人提供担保这一可能影响股东利益的场合,法律规定了公司机关决议前置程序以限制法定代表人的代表权限。在公司内部,为他人提供担保的事项并非法定代表人所能单独决定,其决定权限交由公司章程自治:要么是由公司股东决定,要么是委诸商业判断原则由董事会集体讨论决定;在为公司股东或实际控制人提供担保的场合,则必须交由公司其他股东决定。这种以决议前置的方式限制法定代表人担保权限的立法安排,其规范意旨在于确保该担保行为符合公司的意思,不损害公司、股东的利益。从本案当事人自身实际具有的认知水平和注意能力来看,中信银行本身作为上市公司,对立法关于上市公司为股东提供担保须经股东大会决议的相关规定系属明知。

故原审判决关于中信银行应当知道乐视网的人员采用以出具债务加入承诺函件的方式规避法律规定的做法的认定,符合本案的实际情况。乐视网作为上市公司,其相关人员未经依法决议,擅自以公司名义出具债务加入承诺函承担股东债务,不能认定为属于公司的意思,依法不应当认定乐视网为承诺函的出具主体。上诉人中信银行关于原审判决关于双方当事人的过错及责任认定不当的上诉理由,混淆了无权代理人与被代理人之间的关系,法院不予支持。

三、案例解读

1. 法律规定

原《公司法》第 16 条是关于公司转投资和对外担保决议程序的规定,新《公司法》第 15 条对原《公司法》第 16 条部分文字的表述进行了调整,由于新《公司法》将有限责任公司股东会和股份有限公司原"股东大会"均称为股东会,故删除了原《公司法》第 16 条中的"股东大会"表述,统一为股东会。但是新《公司法》第 15 条在相关规则的实质内容上没有变化。

除了《公司法》,关于公司对外担保具有丰富的规则群,尤其针对实践中出现的非典型性担保的情况,公司对外担保规则逐步扩张适用。以与本案债务加入相关的规则为例,《九民纪要》第 23 条规定,法定代表人以公司名义与债务人约定加入债务并通知债权人或者向债权人表示愿意加入债务,该约定的效力问题,参照《九民纪要》关于公司为他人提供担保的有关规则处理。《民法典》第 552 条规定,第三人与债务人约定加入债务并通知债权人,或者第三人向债权人表示愿意加入债务,债权人未在合理期限内明确拒绝的,债权人可以请求第三人在其愿意承担的债务范围内和债务人承担连带债务。《民法典担保制度解释》第 12 条规定,法定代表人依照《民法典》第 552 条的规定以公司名义加入债务的,人民法院在认定该行为的效力时,可以参照该解释关于公司为他人提供担保的有关规则处理。

2. 法律适用

本案的核心问题是相关人员未履行决议程序，擅自以公司名义向债权人出具债务加入承诺函是否对公司产生约束力？本案判决确定的裁判规则是作为上市公司，其相关人员未经依法决议，擅自以公司名义出具债务加入承诺函承担股东债务，不能认定为属于公司的意思。具体体现为本案双方的争议焦点，即乐视网是否应当依其承诺对乐视控股的还款义务承担差额补足责任。两审法院采取了较为统一的裁判思路。

(1)关于差额补足承诺函的性质认定

虽然我国现行法律未对差额补足协议的性质予以明确规定，但《九民纪要》第91条“增信文件的性质”以及《民法典担保制度解释》第36条对于增信措施的性质认定给出了判断思路，即第三人向债权人提供差额补足、流动性支持等类似承诺文件作为增信措施，具有提供担保的意思表示，债权人请求第三人承担责任的，人民法院应依法认定是保证还是债务加入，难以确定是保证还是债务加入的，人民法院应当将其认定为保证。第三人向债权人提供的承诺文件不符合保证，也不符合债务加入的，则依据承诺文件来确定第三人履行的义务和责任。

本案中，北京市高级人民法院认为并购借款合同约定了担保方式和具体的担保合同名称，但并未将承诺差额补足责任的函件列入，说明当事人各方在签订并购借款合同及一系列担保合同时并未将该承诺认定为担保。而承诺只要出现逾期或拖欠贷款本息的情况，就承担差额补足责任，虽然有提供担保的意思表示但并没有保证的意思表示，相反更具有主动加入债务的意思表示。另外，由于保证属典型的担保方式，其设立、生效、保证期间、履行方式等都有较为严格的规定。在当事人之间没有非常清晰、明确合意的情况下，亦不宜轻易认定为保证。故乐视网承诺承担差额补足责任属于债务加入的意思表示。最高人民法院维持了北京市高级人民法院关于乐视网公司出具的函件性质为债务加入的认定。

(2)差额补足函被认定为债务加入情形下对公司的效果

公司对外担保，指公司为除自己以外的第三人提供担保，当第三人不履行债务时，由公司代为履行债务。与公司为自身业务提供担保属于自益行为不同，公司对外提供担保往往是一种纯粹的他益行为，公司本身并不能直接从对外担保中获得任何收益。因此,新《公司法》第 15 条第 1 款作为代表权的限权规范,将公司对外投资和对外担保的代表权或代理权,配置给股东会或者董事会,而不当然地由法定代表人或者经理享有。由此,公司法定代表人或者经理,未经股东会或者董事会决议或者公司章程的授权,擅自代表或代理公司对外进行投资或者提供担保的,构成越权投资或者越权担保。债务加入具有担保债权实现的功能,若以公司作为债务加入主体实际上对公司产生与对外担保相似的负担,因而也必须以公司股东会、董事会等公司机关的决议作为授权的基础和来源。因此,被认定为具有债务加入性质的差额补足,应根据《公司法》及公司章程履行董事会或股东会的决议程序。债务加入未履行决议程序对公司产生的效果也应参照越权担保的认定规则。

在《九民纪要》发布前,大多法院秉承"公司决议对内不对外"的原则,认为 2018 年《公司法》第 16 条所规定的内容是公司内部程序,不能约束公司之外的债权人,担保合同不因未经公司法定程序而无效,该规定应将其理解为管理性强制规定。在《九民纪要》《民法典担保制度解释》发布后,法定代表人未经授权擅自以公司财产提供担保的,构成越权代表,而司法裁判规则对越权担保合同效力的认定主要考察相对人是否"善意"。法定代表人越权签订担保合同时,相对人善意则合同对公司有效,反之则无效。所谓善意,是指相对人经合理审查在订立担保合同时不知道且不应当知道法定代表人或者经理超越权限。

本案中,关于债务加入是否适用公司对外担保规则,最高人民法院维持了北京市高级人民法院的认定,即案涉债务加入既未经股东大会决议亦未经董事会决议通过,违反了《公司法》的相关规定,作出的函件对乐视网不产生约束力。法院认为,债务加入是指第三人加入既存的债务关系中,与债务人就其债务对债权人负连带之责,其效果相当于加入人为自己创设了一项独立的债务。与保证责任相比,加入人承担的债务较保证人的负担更重。因此,根据"举重以明轻"的法律解释方法,该差额补足函件应履行上市公司对外担保决策程序。

法院进而对越权债务加入的效力以越权代表为思路作出分析,认为作为上市公司,其相关人员未经依法决议,擅自以公司名义出具债务加入承诺函承担股东债务,不能认定为属于公司的意思,依法不应当认定上市公司为承诺函的出具主体,公司对外担保属于可能影响股东利益的场合,法律规定了公司机关决议前置程序以限制法定代表人的代表权限。为公司股东或实际控制人提供担保系关联担保，必须交由公司其他股东决定。另外，法院对原《公司法》第16条的适用除了考虑到决议程序限制，实际上还考量了本案银行作为相对人是否善意的问题，认为中信银行本身作为上市公司，对立法关于上市公司为股东提供担保须经股东大会决议的相关规定系属明知。乐视网作为上市公司，其相关人员未经依法决议，擅自以公司名义出具债务加入承诺函承担股东债务，不能认定为属于公司的意思，依法不应当认定乐视网为承诺函的出具主体。因而，最终没有支持乐视网对乐视控股的借款本息承担差额补足义务。

3. 本案延伸思考

（1）差额补足合同性质如何判断？

在本案中，最高人民法院认定承诺文件构成债务加入。但是，在其他案件中，类似文件还可能被认定为构成保证、独立合同等，差额补足合同并非我国法律规定的有名合同，为了区分增信文件是具有担保功能的债务加入、保证还是独立合同，应根据合同主要内容，尤其是对差额补足责任的界定综合分析，进而判断其性质。具体判断依据实际在于增信文件是否创设新的债务标的，如果没有创设新的债务标的，就是对原债务标的的“共同清偿”或担保，如果创设新的债务标的，就构成独立合同。而在债务加入和保证的区分上，重点在于判断责任履行是否具有从属性或者是否具有先后顺序，在债务加入的情形下，第三人与债务人在履行债务顺序上没有先后之分，都要同等向债权人承担履行债务的责任，而保证具有从属于主债务的特征，债务人和第三人履行存在先后顺序，只有在债务人不能履行债务时，第三人才承担履行债务的责任。

（2）判决后差额补足协议无效后的责任承担问题

就被认定为债务加入性质的差额补足协议而言，根据《九民纪要》第20条，债务加入因欠缺公司决议程序而不具有法律约束力后的民事责任可以参照担保无效的规定处理。因此，被认定为债务加入性质的差额补足协议无效后，公司虽然不承担基于有效担保而产生的担保责任，但是公司还需承担缔约过失责任，为其过错“买单”，债权人请求公司承担赔偿责任的，参照适用《民法典担保制度解释》第17条的相关规定，通过确定协议双方主体的过错责任比例承担各自责任。如果此时公司也有过错，公司承担的赔偿责任不应超过债务人不能清偿部分的1/2；如果公司没有过错，则公司不承担赔偿责任。但需要注意的是，该条规定并没有明确如何认定公司、债权人的过错大小，在实践中有一定的裁量空间。

四、相关原理

安慰函的法律性质

安慰函又称承诺函，系指出函人以支持债务人向债权人履行义务为目的，承担作为或不作为的担保义务的法律行为。通过检视安慰函的交易结构与制度需求，安慰函的性质应被界定为单方允诺。[①]

其一，安慰函符合单方允诺之构成。首先，安慰函意思表示具有单方性。安慰函系出函人单方出具的函件，一经发出即生效力，其设立无须债权人的意思表示，仅凭出函人的意思表示即可发生法律效果。其次，安慰函的债因具有独立性。安慰函的出函人与债权人之间并无订立契约之合意，出函人作出承诺系独立的债因，仅限于为自己创设债务，与债权人之间并不存在对价。最后，安慰函的相对人能够特定。随着单方允诺类型的扩张，曾经将单方允诺发出对象局限于不特定人的观点日渐式微。单方允诺发出对象是否特定，并不会影响债权债务的成立。[②] 在安慰函中，基于安慰函交易结构及目的之限制，出函人的相对人具有特定性，符合单方允诺之构成。

其二，单方允诺说符合安慰函的内在价值。安慰函作为商事实践的产物，从产生伊始便表现出对商事效率与安全的极大追求。单方允诺的性质契合了最大限度地维护交易关系效率、稳定和诚信的需求。首先，单方允诺一经发出即生效力，具有相对独立性。债权人无须承诺，仅凭生效函件即可主张权利，避免陷入“要约—承诺”的繁复程序，从而保障了交易效率。其次，单方允诺具有不可撤销性，从而维护了交易的安全与稳定。试想，若将安慰函作为合同，出函人出函即为要约，在债权人承诺前出函人均可撤销，则易导致商事欺诈泛滥，有损诚实信用原则。出函人作为成熟的商事主体，为自己创设义务的行为理应尊重，无须家父主义的保护。故而，单方允诺说极大地满足了安慰函对商事效率与安全的需求，将安慰函解释为单方允诺符合安慰函的内在理路。

在将安慰函界定为单方允诺后，尚需说明的是，安慰函与同属单方允诺的

---

① 参见刘斌、王沽宇：《安慰函的法律构造与规范进路》，载《财经法学》2023 年第 2 期。

② 参见高祥主编：《独立担保法律问题研究》，中国政法大学出版社 2015 年版，第 53 页。

独立保函应如何区分,以避免安慰函被独立保函所吸收。首先,义务的差异是二者最典型的区别。在独立保函中,若债务人未履行债务,担保人所承担的义务是向债权人支付一笔数额的金钱。而在安慰函中,出函人所需完成的是在债务人履行债务过程中提供某种帮助或支持,并不具有替代给付的义务。其次,担保人(出函人)采用模糊措辞的意图不同。模糊性是安慰函的重要特征,安慰函中措辞的模糊性往往是出函人有意为之,但独立保函措辞上的模糊却未必是担保人刻意而为,可能是具有不同法律效果的措辞叠加,导致难以分辨当事人的真实意图。[①] 最后,二者可能产生的法律效果不同。安慰函中纯粹道义性的承诺,因欠缺履行内容而无法律约束力,其法律效力或不被承认。但独立担保的效力通常被肯认,区别在于被认定为从属性保证抑或独立性担保。

安慰函发挥着补足、增强债务人信用的功能,符合担保的核心特征。将安慰函置于担保的分析框架,符合安慰函之功能意涵,亦为当事人真实意思所向。由于安慰函指向的是人的信用而非物的信用,且安慰函的权利客体不确定,债权人仅具有债权性质的请求权,而不享有对标的物之变价权,故将其解释为债权担保为宜。

若进一步对安慰函的担保属性进行分析,则可将安慰函锚定在商事场域中,并将安慰函作为商事担保的类型。安慰函源于商事实践,从产生伊始便镌刻着鲜明的商事品格,具体表征为以下方面:其一,就担保主体而言,安慰函的出函人多为商事主体。商事主体因营利属性而被赋予了理性经济人的假设。正是基于主体身份的特殊性,作为商事主体的出函人理应比普通民事主体具有更高的注意义务,乃至承担更为严格的责任。其二,就担保行为而言,出函人出具安慰函具有营利性。以母公司作出函人为例,母公司虽不以担保为直接营利目的,但该担保行为系其为子公司争取营业便利的间接营利行为,仍属于营利目的范畴。其三,安慰函集中体现了效率、安全的商事法理。效率与安全是内生于商事活动的两条主线,并在安慰函中得以彰显。基于对效率的追求,安慰函突破了从属性担保所设定的诸多限制,以独立承诺的灵活形式迅速达致增信目的,从而避免了传统保证因形式冗杂、抗辩频繁所带来的交易成本的增加。

---

① 参见王毓莹:《民法典背景下人的担保独立性之证成与适用——以独立担保为视角》,载《比较法研究》2021 年第 6 期。

基于对安全的考虑,安慰函遵循外观主义,以函件内容为效力依据,从而保障了交易安全与稳定。基于此,安慰函具有典型的商事特征,较好地契合了商事担保的制度需求,将其归入商事担保体系范畴更符合安慰函的内在逻辑。

由是观之,安慰函或可基于性质归于单方允诺,或可基于功能归于担保,但无论如何归类皆为解释选择之差异,并不影响安慰函价值判断之意涵。在安慰函中,鲜明的商事属性内嵌其中并贯穿始终,成为界定安慰函法律结构的核心要素。基于此,综合安慰函性质与功能进行考量,安慰函的法律结构应为具有担保功能的单方商事允诺。

案例5 企业社会责任

《公司法》第20条解读

——北京市朝阳区自然之友环境研究所、中华环保联合会与中国石油天然气股份有限公司、中国石油天然气股份有限公司吉林油田分公司环境污染公益诉讼案①

【最高人民法院2019年公报案例】

《公司法》第20条

公司从事经营活动,应当充分考虑公司职工、消费者等利益相关者的利益以及生态环境保护等社会公共利益,承担社会责任。

国家鼓励公司参与社会公益活动,公布社会责任报告。

一、案情介绍

北京市朝阳区自然之友环境研究所(以下简称自然之友)、中华环保联合会调查发现松原采气厂系中国石油天然气股份有限公司吉林油田分公司(以下简称中石油吉林分公司)的内设机构,中石油吉林分公司是中国石油天然气股份有限公司(以下简称中石油公司)在松原市设立的分公司,中石油公司未对中石油吉林分公司的环境违法问题进行有效监管,未督促油泥、油土等危险废物及含油泥浆按规定处理处置,未对因偷排生产废水而污染的土壤及地下水没有被彻底有效修复的问题进行查处,亦应承担责任。

本案的争议在于,中石油公司作为本公司是否为本案适格被告,具体是其

① 《最高人民法院公报》2019年第4期。

对分公司的环境违法行为是否承担社会责任?

自然之友、中华环保联合会作为共同原告诉称:(1)判令中石油公司、中石油吉林分公司立即消除土壤及地下水等生态环境的危险。(2)判令中石油公司、中石油吉林分公司立即恢复原状。(3)判令中石油公司、中石油吉林分公司赔偿土壤生态环境受到损害至恢复原状期间服务功能损失(以鉴定、评估结果为准)。(4)判令中石油公司、中石油吉林分公司赔礼道歉,在国家级媒体上发布10日以上的赔礼道歉公告。

中石油公司、中石油吉林分公司辩称,中石油吉林分公司具备独立的诉讼主体资格,自然之友将中石油吉林分公司和中石油公司列为共同被告没有法律依据,且与法理相悖。

二、判决结果与理由

1. 判决结果

本案一审北京市第四中级人民法院(2016)京04民初122号民事裁定、二审北京市高级人民法院(2017)京民终538号民事裁定驳回自然之友、中华环保联合会对中石油公司的起诉。

最高人民法院(2018)最高法民再177号民事裁定纠正一、二审裁定:

(1)撤销北京市高级人民法院(2017)京民终538号民事裁定和北京市第四中级人民法院(2016)京04民初122号民事裁定;

(2)本案由吉林省松原市中级人民法院审理。

2. 判决理由

最高人民法院认为,本案的争议焦点之一是中石油公司是否为本案适格被告。法人分支机构以自己的名义从事民事活动,产生的民事责任由法人承担;也可以先以该分支机构管理的财产承担,不足以承担的,由法人承担。根据2012年《民事诉讼法》第48条,最高人民法院《关于适用〈中华人民共和国民事诉讼法〉的解释》第52条的规定,依法设立并领取营业执照、有一定组织机构和财产的法人分支机构可以作为民事诉讼的当事人。但对于原告在起诉法人分支机构时是否可以一并起诉设立该分支机构法人的问题,相关法律和司法解释并未予以明确,结合民事诉讼法赋予其他组织当事人资格的目的在于保护其他组织和相对方的民事权利、及时解决纠纷,并无限制当事人一并起诉设立分支机构法人的意旨,故除法律法规另有规定外,该事项应属原告起诉时可以选择的程序事项。

本案系自然之友、中华环保联合会就中石油吉林分公司污染环境的行为提起的环境民事公益诉讼。《环境保护法》第6条第3款规定,“企业事业单位和其他生产经营者应当防止、减少环境污染和生态破坏,对所造成的损害依法承担责任”。2013年《公司法》第5条规定,“公司从事经营活动,必须遵守法律、行政法规,遵守社会公德、商业道德,诚实守信,接受政府和社会公众的监督,承担社会责任”。《关于中央企业履行社会责任的指导意见》第11条亦将“加强资源节约和环境保护”明确为中央企业应当承担的重要社会责任。石油产业是典型的资源能源型产业,石油产业链各环节均极易造成环境污染和生态破坏,这就要求石油企业在追求经济利益的同时,必须采取有效措施预防,治理环境污染和生态破坏,最大限度地维护环境公共利益,促进经济、社会和环境协调发展。中石油公司作为大型石油央企,应当自觉承担并监督其分支机构自觉承担相应的生态环境保护责任。

自然之友、中华环保联合会因环境污染提起环境民事公益诉讼,将中石油吉林分公司和中石油公司列为共同被告,对督促中石油公司进一步加强对其分支机构的监管,积极承担维护环境公共利益的社会责任,具有积极的推动作用。二审法院以另案再审审查裁定作为在先裁判驳回自然之友和中华环保联合会对中石油公司的起诉,缺乏充分法律依据,亦不利于实现环境公益诉讼制度目的,应予纠正。

三、案例解读

1. 法律规定

2005年《公司法》第5条确立了公司社会责任原则,该条款奠定了公司社会责任作为公司法核心原则的法律地位。原《公司法》第5条规定,“公司从事经营活动,必须遵守法律、行政法规,遵守社会公德、公司道德,诚实守信,接受政府和社会公众的监督,承担社会责任”。

新《公司法》对该条款作出了调整,第19条、第20条将原《公司法》第5条一拆为二:第19条继续要求公司从事经营活动时遵守法律法规,遵守社会公德，规定公司从事经营活动，应当遵守法律法规，遵守社会公德、商业道德，诚实守信，接受政府和社会公众的监督。第 20 条大幅充实了公司社会责任条款，规定“公司从事经营活动，应当充分考虑公司职工、消费者等利益相关者的利益以及生态环境保护等社会公共利益，承担社会责任。国家鼓励公司参与社会公益活动，公布社会责任报告”。

2. 法律适用

本案的核心问题是法人设立的分支机构实施环境污染行为，设立分支机构的法人被社会组织一并列为被告是否适格？本案判决确定的裁判规则是环境民事公益诉讼案件中，社会组织将实施环境污染行为的法人分支机构以及设立该分支机构的法人一并列为被告提起诉讼，应当确认该法人系适格被告。

具体到本案即为中石油公司是否为本案适格被告。最高人民法院纠正了一、二审法院的错误判断，援引了原《公司法》第 5 条作为说理依据，确立了环境民事公益诉讼案件中，社会组织将实施环境污染行为的法人分支机构以及设立该分支机构的法人一并列为被告提起诉讼，应当确认该法人系适格被告。本案中，法院认为中石油公司负有维护环境公共利益的社会责任，应当自觉承担生态环境保护的责任并监督其分支机构承担相关责任。

新《公司法》第 20 条规定的公司社会责任作为一项商法原则，可以用作裁判法的一般条款，在无规则依托的情况下，发挥法律原则填补漏洞的功能，在有具体法律规则依托的情况下，可以起到扩大解释、丰富论证说理等方法的作用①。新《公司法》第 20 条第 1 款规定，公司从事经营活动，应当在遵守法律法规规定的基础上，充分考虑公司职工、消费者等利益相关者的利益以及生态环境保护等社会公共利益，承担社会责任。公司在追求营利的同时，也应当适度承担一些社会责任。一般认为，公司的社会责任是指公司不能仅仅以谋求股东利益最大化为唯一目的，而同时应当负有维护和增进其他社会主体利益的义务和责任。需要注意的是，这并不意味着公司的董事、高级管理人员需要对公司职工、消费者等利益相关者直接承担信义义务，而只是授权了董事、高级管理人员在进行经营决策时，可以适当考虑利益相关者的利益，由此造成经营决策与股东利益最大化的偏离，不构成违反对股东信义义务。新《公司法》第 20 条第 2

---

① 参见赵旭东主编：《商法学》（第 4 版），高等教育出版社 2019 年版，第 24 页。

款规定是倡导性规定，鼓励公司参与各类社会公益活动，同时利用公布社会责任报告的形式，利用声誉机制，激励公司积极参与各类社会公益活动。

3. 本案延伸思考

企业环境责任的内涵为何？

本案裁判法院认为环境责任属于社会责任，其实引出有关企业环境责任界定的一组问题，即认定企业环境责任的定义，必须解决的两个问题：第一个是环境责任是否属于企业社会责任，是一种纯粹的道德责任或纯粹的法律责任，抑或二者的结合？第二个是当环境责任与企业设立目的产生冲突时，企业究竟应当优先考虑环境责任还是企业的设立目的？

第一个问题牵涉到企业环境责任与企业社会责任之间的关系，通说认为企业社会责任是“游走于法律责任和道德规范”之间的责任。环境法律制度和环境道德之间界限存在一定模糊。一方面，本该严格的法律责任在立法和执法层面被灵活处理，使得环境法律责任流于形式；另一方面，本该是道德化的环境道德责任被法律化，使得企业被迫强制执行环境道德责任的要求。

第二个问题则是当环境责任与企业目的冲突时，企业究竟应当优先考虑环境责任还是特定目的？每个企业的设立都有特定的目的，譬如设立营利法人的目的就是营利。但除了为保护环境设立的企业之外，大部分企业的特定目的都与环境保护无关。于是在很多情形下，企业的特定目的与环境保护产生直接矛盾。虽然公司作为营利法人，营利是其设立的根本目的，但并不意味着营利能以牺牲环境为代价。实际上，环境责任制度的根本目的就是限制企业为了营利而无视环境生态的经营行为。如若环境责任制度要为企业营利让路，那环境责任制度也就失去了其设立的意义与基础。

四、相关原理

企业环境责任

国际标准化组织（ISO）发布的“社会责任指南标准”（ISO26000）将组织治理、人权、劳动实践、环境、公平经营实践、消费者问题以及社区参与和发展等七个方面概括为企业社会责任的主要内容。

环境责任是指所有企业的经营行为应当优先考虑环境保护和资源利用的

要求,若违反此要求则需要企业承担的一种社会责任,是现代企业社会责任内容体系中颇为重要的一环。二者的关系论证如下。

1. 企业社会责任理论是企业环境责任的理论来源

建立企业环境责任制度的首要任务是在法律和道德层面上确认企业的环境义务的正当性。企业环境义务的正当性来源可以总结为以下两个方面:现实需求和理论基础。现实需求源自环境的不断恶化以及企业现代化生产对自然环境的破坏,为解决上述问题,客观上要求从企业行为入手。理论基础源于社会本位价值观的兴起,随着绝对自由主义的没落,个人本位逐渐向社会本位过渡,企业作为社会的组成部分,不仅应对股东负责,对利益相关主体,如职工、社区、债权人等,也需担负起必要的责任。企业社会责任理论在这样的反思中诞生,是企业自身社会性加强的体现。作为独立的市场主体,企业利用资源,组织生产,追求自身的经济利益,本无可厚非。但是作为社会的一员,企业的生存、发展离不开社会的支撑,社会为企业提供劳动力、生产资源、公共服务、政策保护等维持企业生命的社会资源。企业在享有社会提供便利的同时,也有义务保护劳动者、自然资源等生产要素的健康存在,通过这种方式才可以实现自身与社会的良性发展。所以,当环境恶化情况不断加剧,对环境利益的保护就自然被纳入企业社会责任的视野。企业社会责任理论,为企业承担环境责任提供了正当化依据,也为界定环境责任的具体内容、责任形式提供了理论基础。

2. 企业环境责任是企业社会责任的具体内容

企业社会责任理论具有深刻的历史唯物主义倾向,随着社会的发展变化,企业社会责任的内容会不断丰富。企业社会责任在产生之初,主要关注利益相关者的权益保护,主要问题包括社会捐赠、社区服务、劳动者保护。在20世纪60年代后,环保主义思想开始兴起,人们开始反思人类社会与自然环境的关系,企业环境责任的概念便应运而生。企业应积极承担起环境保护和污染治理的义务,为保护自然环境、节能减排、治理水污染作出贡献。自此,企业环境责任正式纳入企业社会责任的内容体系,并成为其重要的一部分。

案例 6 滥用股东权利的认定标准

《公司法》第 21 条解读

——亿达信煤焦化能源有限公司与四平现代钢铁有限公司等买卖合同纠纷案①

【最高人民法院 2017 年终审案例】

《公司法》第 21 条

公司股东应当遵守法律、行政法规和公司章程,依法行使股东权利,不得滥用股东权利损害公司或者其他股东的利益。

公司股东滥用股东权利给公司或者其他股东造成损失的,应当承担赔偿责任。

一、案情介绍

2012 年 3 月 21 日至 2015 年 1 月 8 日,亿达信煤焦化能源有限公司(以下简称亿达信公司)与四平现代钢铁有限公司(以下简称现代钢铁公司)多次签订焦炭购销合同,亿达信公司依据前述合同持续向现代钢铁公司供货,现代钢铁公司向亿达信公司以汇票、汇款等方式给付货款。其间,双方多次对账确认现代钢铁公司共计拖欠亿达信公司货款 6709 万元。

另查明,现代钢铁公司经多次增资后至 2009 年 11 月 23 日注册资本为 80743 万元,红嘴集团作为最大控股股东认缴出资 80594 万元。2014 年 3 月 18 日,红嘴集团将其持有的现代钢铁公司 99.815% 股权以 0 元对价转让给李某

① 最高人民法院民事判决书,(2017)最高法民终 87 号。

飞。2015 年 6 月 17 日,红嘴集团将其持有的现代钢铁公司 0.037% 股权以 1 元对价转让给李某飞。2015 年 6 月 17 日,李某飞将其持有的现代钢铁公司 29.916% 股权以 1 元对价转让给刘某,将其持有的现代钢铁公司 19% 股权以 1 元对价转让给高某华。

本案一审审理期间,吉林省四平市中级人民法院裁定受理红嘴重型装备公司对现代钢铁公司的破产清算申请,指定四平浩天会计师事务所担任该破产清算中现代钢铁公司的管理人。

本案的争议在于,红嘴集团、李某飞低价转让现代钢铁公司股权是否属于滥用法人人格逃避债务,损害债权人利益的情形?

因现代钢铁公司未给付上述所欠货款,亿达信公司诉请包括:(1)现代钢铁公司立即给付拖欠亿达信公司的货款;(2)现代钢铁公司承担违约责任,赔偿逾期付款期间给亿达信公司造成的经济损失;(3)红嘴集团、李某飞对现代钢铁公司上述债务承担连带清偿责任。

现代钢铁公司、红嘴集团辩称:红嘴集团、李某飞不应对现代钢铁公司的债务承担连带责任。

二、判决结果与理由

1. 判决结果

吉林省高级人民法院作出(2016)吉民初 17 号民事判决:现代钢铁公司在判决生效后立即给付亿达信公司所欠货款及相应利息。

最高人民法院作出(2017)最高法民终 87 号民事判决:驳回上诉,维持原判。

2. 判决理由

最高人民法院认为,控股股东以极低价格转让公司股权是否属于 2013 年《公司法》第 20 条第 3 款规定的滥用公司法人独立人格和股东有限责任、损害债权人利益的行为,应从公司人格与股东人格是否混同、股权转让行为是否造成公司责任财产的不当减少从而降低公司对外偿债能力、损害债权人利益等方面进行分析判断。结合现代钢铁公司的工商登记资料、公司章程及其与红嘴集团的企业法人营业执照等证据来看,红嘴集团与现代钢铁公司在财产、业务、组织机构、住所地等方面是分离的，不存在人格混同情形。股权与公司财产相分离，股东转让股权是股东对自有权利的处分，影响的是股东自身权益，对公司财产并不产生直接影响。股权转让价格的高低在一定程度上反映公司的经营状况，对此红嘴集团在本案二审庭审中也陈述低价转让股权的原因是现代钢铁公司存在巨额负债，经营状况严重恶化，有重组需要。从之后不久现代钢铁公司即被债权人申请破产、破产债权人有近200家单位的事实来看，红嘴集团所陈述的低价转让股权的原因具有一定的可信度。本案并无证据证明红嘴集团通过低价转让股权的方式处分了现代钢铁公司的财产，导致该公司责任财产减少从而降低偿债能力，损害了债权人亿达信公司的利益。因此，红嘴集团低价转让股权的行为不属于2013年《公司法》第20条第3款规定的股东滥用公司法人独立人格和股东有限责任，逃避债务，损害债权人利益的情形，红嘴集团不因极低价格转让公司股权而对现代钢铁公司的债务承担连带清偿责任。

三、案例解读

1. 法律规定

原《公司法》第20条是关于法人人格否认制度的原则性规定，具体有3款内容，其中第3款是关于公司股东滥用公司法人独立地位和股东有限责任，逃避债务，损害公司债权人利益的处理情形。新《公司法》细化了法人人格否认相关规则，将针对损害公司债权人利益的条款于第23条单独规定，“公司股东滥用公司法人独立地位和股东有限责任，逃避债务，严重损害公司债权人利益的，应当对公司债务承担连带责任。股东利用其控制的两个以上公司实施前款规定行为的，各公司应当对任一公司的债务承担连带责任。只有一个股东的公司，股东不能证明公司财产独立于股东自己的财产的，应当对公司债务承担连带责任”。

另外，新《公司法》第23条在原《公司法》第20条第3款、第63条的基础上，增加了两款新的规定：一是新增了有关横向法人人格否认的规则，二是体系上删除了“一人有限责任公司的特别规定”一节，增加一人公司的特殊的人格否认规定，将原《公司法》一人有限责任公司的特别规定扩大适用于所有形式的一人公司。

2. 法律适用

本案的核心问题是控股股东以极低价格转让公司股权，是否适用原《公司法》第 20 条第 3 款公司人格否认制度的规定？本案判决确定的裁判规则是控股股东以极低价格转让公司股权是否属于滥用公司法人独立人格和股东有限责任、损害债权人利益的行为，应从公司人格与股东人格是否混同、股权转让行为是否造成公司责任财产的不当减少从而降低公司对外偿债能力、损害债权人利益等方面进行分析判断。

公司人格否认指的是特定情形下公司债权人可直接请求股东偿还公司债务，股东不再受有限责任的保护，其具体内容为："公司股东滥用公司法人独立地位和股东有限责任，逃避债务，严重损害公司债权人利益的，应当对公司债务承担连带责任。"在原《公司法》原则性的条款表述中，并未对于公司人格和有限责任滥用的具体标准作出明确规定。因此本案中最高人民法院就红嘴集团分两笔共计 1 元，将其持有的现代钢铁公司共计 99% 的股权转让给李某飞的行为是否能认定为公司人格滥用，给出了以下裁判思路：

首先，公司法人人格独立是建立在财产独立的基础之上，是否贯彻财产、利益、业务、组织机构等方面的分离，是判断是否构成人格混同的标准。本案中，现代钢铁公司增资后实收资本为 80743 万元，其中红嘴集团以货币和实物出资方式实缴出资 80594 万元。工商登记资料具有推定效力，在无相反证据推翻的情况下，依据该证据能够认定红嘴集团履行了出资义务。股东出资后其出资即与股东相分离成为公司财产，故现代钢铁公司具有独立于控股股东红嘴集团的独立财产。两公司的住所地、法定代表人及组织机构等并不相同，亦无证据证明二者存在业务和利益分配上的混同，故不能认定现代钢铁公司与其控股股东红嘴集团之间存在人格混同的情形。

其次，股权与公司财产相分离，股东转让股权是股东对自有权利的处分，影响的是股东自身权益，对公司财产并不产生直接影响。股权转让价格的高低在一定程度上反映公司的经营状况，对此红嘴集团在本案二审庭审中也陈述低价转让股权的原因是现代钢铁公司存在巨额负债，经营状况严重恶化。从之后不久现代钢铁公司即被债权人申请破产的事实来看，红嘴集团所陈述的低价转让股权的原因具有一定的可信度。本案并无证据证明红嘴集团、李某飞通过低价转让股权的方式处分了现代钢铁公司的财产，导致该公司偿债能力降低，损害了亿达信公司的利益。

因此,红嘴集团、李某飞低价转让股权的行为不属于2013年《公司法》第20条第3款规定的情形,不应对现代钢铁公司的欠债承担连带责任。

3. 本案延伸思考

(1)滥用股东权利的行为认定

从理论上看,狭义的股东权利,仅指股东基于股东资格、依据《公司法》和章程规定而享有的、从公司获取经济利益并参与公司治理的权利。股东权利又可以分为自益权和共益权。自益权是股东为维护自身利益而行使的权利。比如分红权、转让股权的权利、股权优先购买权等。共益权是股东为维护包括自己利益在内的公司利益和全体股东利益而行使的权利。比如股东会的召集权、投票权。而股东所滥用的股东权利,一般应指滥用的共益权部分,即关乎公司利益和全体股东利益的权利。但从实务中看,股东权利的范围非常广泛,并没有一个明确的外延。它既表现为法律明确规定的权利,也包含一些法律没有明确规定、但股东在实务操作中利用其股东身份而享有的自由、便利和特权等。

我们认为,在判断股东滥用股东权利的范围时,应当关注股东的侵权行为是否是利用股东身份所作出,利用其股东身份,损害公司及其他小股东利益的情形都可以理解为滥用股东权利。

(2)未届期股权转让后的出资责任

本案体现了股权的可转让性,股权在权利性质上虽然是区别于债权与物权的新型权利,但其仍然具备财产属性,具有财产的流通性特征。同时股权的转让不仅仅涉及权利的转让,也包含着出资义务的转移,随股权发生转让的是附着于股权之上的出资之债。出资之债是股东对公司所负担的债务,出资期限尚未届满时,股东对公司承担如期缴纳出资的义务,若出资期限届满后股东仍未履行出资义务,该义务则会转变为出资责任。在未届期股权转让的情形中,受让股东在继受取得股东身份后,首先需要在出资期限届满后如期履行对公司的出资义务,当受让股东未能按期履行时,受让股东还需承担由此衍生的出资责任。

然而,转让股东是否应承担出资责任在实践和理论层面产生了诸多争议。此处新《公司法》第88条第1款规定:“股东转让已认缴出资但未届缴资期限的股权的,由受让人承担缴纳该出资的义务;受让人未按期足额缴纳出资的,转让人对受让人未按期缴纳的出资承担补充责任。”该规定对该问题进行一定程度的厘清,但是关于补充责任的具体承担方式、多次转让的责任承担等问题仍有进一步讨论的空间。

四、相关原理

公司法人人格否认的适用要件

由于公司法人人格否认制度是公司独立人格例外情形,因此对其适用必须严格把握条件,而不能滥用,否则将会动摇整个法人制度的确定性。通常而言,公司法人人格否认制度适用要满足以下要件。

1. 主体要件

由于公司法人人格否认通常基于个案认定,因此其适用的主体要件必须包括双方当事人:一是公司人格的滥用者,二是因公司法人人格滥用而受到损害,并有权提起诉讼的相对人。前者指滥用公司人格的积极股东和支配股东,而不包括消极股东及非支配股东。而后者必须是公司法人人格滥用行为的实际受害者,通常是公司的自愿债权人和非自愿债权人,其因具有利害相关性而具有独立的诉权。

2. 行为要件

公司法人人格否认适用的前提是有股东滥用公司人格的事实和行为,如滥用公司人格回避合同义务、滥用公司人格造成公司形骸化等。由于股东主观状态难以考察,所以通常从股东滥用公司人格的行为中推定股东主观上存在过错,股东的主观目的不是公司人格否认的必备要件。

3. 结果要件

公司人格否认制度适用的一个重要条件是必须有损害事实存在,且该损害的发生与股东滥用公司人格的行为之间存在因果关系。因为公司法人人格否认的目的在于对受害公司的债权人提供救济,无损害则无救济。因而如果公司虽有滥用公司人格之行为,但无损害事实发生,也就没有适用公司法人人格否认的必要。而如果当事人的损失是由其他原因引起,而与公司滥用公司人格行为无因果关系,也不应当适用公司人格否认规则。[①]

① 参见赵旭东主编:《新公司法讲义》,人民法院出版社2005年版,第105页。

案例7 实际控制人关联交易损害公司利益的责任

《公司法》第22条解读

——甘肃居立门业有限责任公司与庆阳市太一热力有限公司、李昕军公司盈余分配纠纷案①

【最高人民法院2018年公报案例】

《公司法》第22条

公司的控股股东、实际控制人、董事、监事、高级管理人员不得利用关联关系损害公司利益。

违反前款规定,给公司造成损失的,应当承担赔偿责任。

一、案情介绍

庆阳市太一热力有限公司(以下简称太一热力公司)由李昕军和张海龙二人设立。太一工贸公司持股比例60%,甘肃居立门业有限责任公司(以下简称居立门业公司)持股比例40%,李昕军同为太一工贸公司和太一热力公司的法定代表人。

2010年7月10日,庆阳市经济发展投资有限公司向太一热力公司支付资产转让余款57616003.25元。会计师事务所对太一热力公司出具了甘茂会审字〔2015〕第52号审计报告,报告载明:太一热力公司在经营期间为李昕军的房地产项目铺设、接通供热管道,并安装了换热站,应收取接口费1038.21万元,至今仍未收取;2010年,太一热力公司对李昕军控制的兴盛建安公司应收账款

① 《最高人民法院公报》2018年第8期。

数额为 33900000 元,至今尚有 12988795. 65 元未收回,其他应收款 12988795. 65 元;截至 2014 年 10 月 31 日,太一热力公司资产总额 93635362. 38 元,未分配利润 75973413. 08 元,清算净收益 75973413. 08 元等。

本案的争议在于,太一热力公司是否应向股东居立门业公司进行盈余分配,李昕军是否应与太一热力公司承担连带责任?

居立门业公司诉称,李昕军利用其太一热力公司法定代表人身份和控制地位,滥用职权,不但拒绝利润分配,而且在项目管理运营中,对自己房地产项目应交的近 1000 万元"接口费"拖欠不交、将政府支付的收购现金转为己用,不断严重损害公司和股东利益,应当对太一热力公司向居立门业公司分配的利润承担连带清偿责任。

被告李昕军认为其仅为太一热力公司的法定代表人,而非太一热力公司的股东。是否分配盈余,只能由股东会决定,在股东会没有决定盈余分配前,不存在损害股东权利的理由和事实。

二、判决结果与理由

1. 判决结果

甘肃省高级人民法院作出(2013)甘民二初字第 8 号民事判决,太一热力公司支付居立门业公司盈余分配款 20466276. 4 元及利息;如太一热力公司到期不能履行则由李昕军承担连带赔偿责任等。

最高人民法院于 2017 年 12 月 28 日作出(2016)最高法民终 528 号民事判决:改判太一热力公司支付盈余分配款 16313436. 72 元,如公司到期不能履行上述债务,由李昕军承担赔偿责任。

2. 判决理由

最高人民法院认为,本案涉及公司有盈余不分配,而实际控制人利用关联交易变相分配公司利润时,公司和实际控制人对股东是否应承担利润分配责任的问题。

第一,公司有盈余但未分配,且公司实际控制人利用关联交易变相分配公司利润时,其他股东有权请求法院强制公司分配利润。最高人民法院认为,虽然应尊重公司自治,让公司决定是否分配利润,但如果存在公司的实际控制人利用关联交易将公司的资金输送给公司股东的关联公司的情形,则构成公司股东变相分配利润,符合《公司法司法解释(四)》第 15 条但书情形,应强制公司分配利润。

本案中李昕军的关联交易行为是指其借应收账款、其他应收款之名将资金输送给其控制的其他公司,即公司股东太一工贸公司的关联公司(应收账款是指伴随企业的销售行为发生而形成的一项债权,其他应收款是指企业与非关联方之间发生的短期债权关系)。李昕军利用关联交易体现为其操纵公司使得公司怠于向自己控制的公司追回上述款项。在公司有盈余未分配时,最高人民法院认为本案构成公司股东太一工贸公司滥用权利的情形,应强制公司向股东分配利润。

第二,就实际控制人滥用关联交易对股东的责任而言,最高人民法院认为,李昕军既是太一热力公司法定代表人,又是兴盛建安公司法定代表人,实际控制公司的事务,其借应收账款和其他款项之名将太一热力公司资产输送给自己控制的公司,损害了公司和股东的利益;在公司无法履行向股东支付盈余分配款的义务时,李昕军应对股东承担补充赔偿责任。

三、案例解读

1. 法律规定

原《公司法》第 21 条明确规定实际控制人不得利用关联交易损害公司的利益。新《公司法》第 22 条与原《公司法》第 21 条保持一致,公司的控股股东、实际控制人、董事、监事、高级管理人员如果利用关联关系损害公司利益,致使公司遭受损害,应当对公司承担赔偿责任。另外,值得关注的是,新《公司法》对董事、监事、高级管理人员与公司的关联交易作出了特别的报告和批准程序规定。新《公司法》第 182 条规定:“董事、监事、高级管理人员,直接或者间接与本公司订立合同或者进行交易,应当就与订立合同或者进行交易有关的事项向董事会或者股东会报告,并按照公司章程的规定经董事会或者股东会决议通过。董事、监事、高级管理人员的近亲属,董事、监事、高级管理人员或者其近亲属直接或者间接控制的企业,以及与董事、监事、高级管理人员有其他关联关系的关联人,与公司订立合同或者进行交易,适用前款规定。”

2. 法律适用

本案的核心问题是公司有盈余且公司的实际控制人变相分配公司利润时，其他股东能否请求法院强制公司分配利润，实际控制人是否应对其他股东承担责任？本案判决确定的裁判规则是公司有盈余但不分配，且公司的实际控制人将公司资金以关联交易形式输送给公司股东的关联公司时，符合公司强制盈余分配的实质要件，公司应向其他股东分配利润，公司无法按期履行该债务的，实际控制人应对股东承担赔偿责任。具体而言，总共有以下两个问题：

第一，公司是否存在有盈余不分配，且公司实际控制人变相分配利润的情形。一般情形下，公司是否分配利润属于公司意思自治的范畴，但是，如果存在证据证明公司有盈余且存在部分股东变相分配利润、隐瞒或转移公司利润等情形，未能获得利润的股东可以通过诉讼，强制公司进行盈余分配，且不以其行使了股权回购、代位诉讼等其他救济措施为前提。在本案中，最高人民法院认为，李昕军同为太一热力公司及其控股股东太一工贸公司法定代表人，未经公司另一股东居立门业公司同意，没有合理事由借应收账款、其他应收款之名将公司资金输送给其控制的公司兴盛建安公司，即本案公司股东的关联公司，即应认定公司股东存在变相分配公司利润的行为。鉴于太一热力公司也有巨额的可分配利润，具备公司进行盈余分配的前提条件，此时应强制公司向股东支付盈余分配款。

第二，在公司无法向股东支付盈余分配款时，利用关联交易损害公司利益的实际控制人是否对公司其他股东负有赔偿责任？最高人民法院认为，鉴于李昕军利用关联关系转移公司资金直接损害的是公司利益，应对公司就不能收回的资金承担赔偿责任，并非因直接损害居立门业公司的股东利益而对其承担赔偿责任。

因此，就实际控制人滥用控制权的赔偿责任而言，由于新《公司法》第 22 条规定的是实际控制人对公司的责任，实际控制人利用关联关系转移公司资金等行为直接损害的是公司利益，实际控制人对公司承担直接的赔偿责任。但实际控制人并非绝对地不会对原告股东承担赔偿责任。如果公司无法履行其对股东债务，依据最高人民法院在本案的观点，在公司无法履行债务时，股东有权要求实际控制人承担补充赔偿责任。

3. 本案延伸思考

实际控制人责任能否类推适用股东滥用权利的规范?

本案中,李昕军既是太一热力公司法定代表人,又是兴盛建安公司法定代表人,实际控制公司的事务,系公司的实际控制人。新《公司法》第21条规定了股东滥用权利造成公司以及其他股东损害时的赔偿责任;第22条对控股股东、实际控制人滥用关联交易给公司造成损害的赔偿责任进行了规定。存在疑问的是,当公司实际控制人不是公司的股东,其滥用权利,又以关联交易形式侵害公司以及其他股东利益时,新《公司法》并未提供规范依据,此时,其他股东是否可以援引新《公司法》第21条对于股东权利滥用的规定来追究实际控制人的责任?

有观点认为,此时可以类推适用新《公司法》第21条。根据第21条的规定,公司股东滥用股东权利给公司或者其他股东造成损失的,应当依法承担赔偿责任。该条中的股东通常指的是公司的"控股股东"。在实践中,有些主体为了避免被纳入该条的规制范围,虽然形式上并非公司的股东,但通过层层持股或者协议控制的方式实际控制公司,该公司实际控制人同样可能滥用控制人权利侵害公司或者其他股东利益。两种情形中各方利益状况其实比较类似,存在类推适用的空间。因此,在公司实际控制人以滥用控制权的方式侵害公司和其他股东利益时,法院可以类推适用新《公司法》第21条要求公司实际控制人承担相应的赔偿责任,规制公司实际控制人的机会主义行为,弥补规范漏洞。

四、相关原理

实际控制人对股东的补充赔偿责任

新《公司法》第22条规定了实际控制人滥用关联交易对公司造成损害时公司的赔偿责任,未直接规定对股东的责任。如果实际控制人因滥用控制权行为对公司负有债务,从节省诉讼资源、尽快定分止争的角度出发,应允许股东要求对公司无法清偿债务负有责任的实际控制人承担补充赔偿责任。正如本案中,最高人民法院认为,公司有盈余且实际控制人滥用关联交易构成变相分配时,公司有向股东分配利润的责任,且在公司无法按期履行债务时,实际控制人在公司不能支付的范围内对股东承担责任。

补充赔偿责任意味着董事不会成为直面其他股东的赔偿主体,仅在公司债务不能清偿时,方承担补充责任。类似的法律构造是最高人民法院《公司法司法解释(三)》第 13 条第 2 款的规定:“公司债权人请求未履行或者未全面履行出资义务的股东在未出资本息范围内对公司债务不能清偿的部分承担补充赔偿责任的,人民法院应予支持……”换言之,其他股东仍然享有直接起诉实际控制人的权利,只不过要受到实际控制人基于“公司尚能清偿债务”进行抗辩的限制。补充赔偿责任源于大陆法系的不真正连带债务学说,其特征主要表现在责任人为多数、主责任人与补充责任人承担责任的原因不同、补充赔偿责任的承担具有顺位性以及补充责任人在一定范围内承担责任等方面。这些特征使得补充赔偿责任制度成为一种相对灵活和有效的法律工具,能够更好地适应不同情况下的法律需求。

实际控制人的补充赔偿责任还应受到其实际造成的损害的范围的限制。实际控制人实施关联交易等不当行为客观上造成了第三人利益的损失,但是基于原因力和可归责性的考虑,不应要求实际控制人对公司的全部债务承担责任,应在实际控制人对公司的债务范围内限制实际控制人对股东的责任范围,考虑实际控制人对公司无法清偿债务这一损害后果的贡献程度。如果要求实际控制人在公司的全部债务范围内承担责任,存在违反过责相称的问题。

案例8 关联交易损害公司利益的认定标准

《公司法》第22条解读

——耿某友、刘某联公司关联交易损害责任纠纷案①

【最高人民法院2019年终审案例】

《公司法》第22条

公司的控股股东、实际控制人、董事、监事、高级管理人员不得利用关联关系损害公司利益。

违反前款规定,给公司造成损失的,应当承担赔偿责任。

一、案情介绍

山西华日达吉运商贸有限公司原为山西晨东药业有限公司(以下简称晨东公司),其于2005年7月27日成立,股东为耿某友(法定代表人)、刘某联,持股比例分别为75%、25%。2011年8月31日,晨东公司股东变更为刘某楠(法定代表人)、刘某进,持股比例各为50%。

2010年4月16日,刘某联、耿某友与振东医药公司共同出资成立山西振东医药物流有限公司(以下简称振东医药物流公司),公司注册资本5000万元,耿某友以货币出资1800万元,持股36%,刘某联以货币出资650万元,持股13%,振东医药公司以货币出资2550万元,持股51%。2011年8月29日,耿某友、刘某联与振东医药公司方代表李某芳共同召开振东医药物流公司股东大会,决议振东医药物流公司增资至6125万元,增加的注册资本1125万元由振东医药公

① 最高人民法院民事判决书,(2019)最高法民终496号。

司以货币形式投入，增资后振东医药公司出资额为3675万元，出资比例60%，耿某友、刘某联出资额为2450万元，出资比例40%。

2010年5月27日，晨东公司与山西东驰速达物流有限公司医药分公司（以下简称东驰公司医药分公司）签订《业务转接协议》，约定晨东公司将所有药品经营业务转让给东驰公司医药分公司。

2010年7月1日，耿某友、刘某联与振东医药公司补签《合作备忘录》，约定：鉴于耿某友、刘某联控制的晨东公司及相关资产经营的特殊性及其他原因，振东医药公司暂无法直接增资于耿某友和刘某联实际控制的晨东公司等所有资产，双方拟合资成立新公司振东医药物流公司，双方皆以该公司作为平台，全力推动医药销售、医药物流等经营目标的实现，晨东公司及相关公司逐步停止经营，并将其经营场所、所有无形资产、经营许可及销售网络等资产及主要经营人员均转移至新公司，由新公司运营。《合作备忘录》第4条约定根据以上不竞争的原则，耿某友应促成其控制的晨东公司及其关联企业的业务无偿转移至新公司名下，与晨东公司有关的一切负债均由晨东公司及耿某友、刘某联承担，该债务与新公司无关。

2010年10月25日，东驰公司医药分公司（甲方）与晨东公司（乙方）签订《资产转让协议》，协议内容为：（1）同意将乙方所有资产、债权、债务全部转让给甲方。（2）甲、乙双方的转让为无偿转让。（3）转让后财产所有权归甲方，由甲方负责管理及使用，债权由甲方回收，债务由甲方承担，乙方不再享有任何权益、承担任何经济责任及风险。（4）转让后甲方按资产、债权、债务转让明细记账。（5）转出、接收日为2010年10月31日……该协议落款处，除上述两方当事人盖章外，还有东驰公司也予以盖章。相关材料显示，晨东公司转给东驰公司资产总计8474万元，负债7977万元，互抵后净资产496万元。

截至2013年12月31日，东驰公司代晨东公司偿还债务7384万元，其中应付账款753万元；晨东公司转入东驰公司的债权余额汇总表显示，东驰公司收回债权金额为482万元。

另查明，东驰公司2009年11月19日成立，股东为耿某友、刘某联，各持股比例为50%，法定代表人为刘某联。东驰公司医药分公司成立于2010年2月，为东驰公司的分支机构，是独立核算的非法人单位，负责人为刘某联。2010年8月30日，刘某联与晨东公司签订《股权转让协议》，约定刘某联将其持有的东驰公司25%的股份计人民币25.5万元以货币形式转让给晨东公司。同日，耿某友与晨东公司签订《股权转让协议》，约定耿某友将其持有的东驰公司26%的股份计人民币26.52万元以货币形式转让给晨东公司。刘某联持有东驰公司25%股份，耿某友持有东驰公司24%股份，晨东公司持有东驰公司51%股份。2011年3月1日，晨东公司退出东驰公司，耿某友、刘某联恢复各持东驰公司股份比例50%。2011年4月13日，耿某友分别与李某兵、牛某明签订《股权转让协议》，约定耿某友将其持有的东驰公司50%的股权，计人民币51万元，其中10.2万元以货币形式转让给李某兵，另外40.8万元以货币形式转让给牛某明；同日，刘某联与牛某明签订《股权转让协议》，约定刘某联将其持有的东驰公司50%的股权，计人民币51万元，以货币形式全部转让给李某兵。李某兵（代振东集团）持有东驰公司60%的股份，牛某明持有东驰公司40%的股份。

本案的争议在于，东驰公司与晨东公司之间的资产转让是否构成损害东驰公司利益的关联交易？

东驰公司诉称：耿某友、刘某联、晨东公司共同赔偿利用关联关系损害东驰公司利益的经济损失

耿某友、刘某联、晨东公司辩称：晨东公司与东驰公司之间的关联交易行为（业务、资产及债权债务重组行为）合法有效，对东驰公司权益没有造成损害。

二、判决结果与理由

1. 判决结果

山西省高级人民法院作出（2014）晋商初字第2号民事判决：耿某友、刘某联及晨东公司于判决生效之日起15日内偿还东驰公司5596万元及利息。

最高人民法院作出（2019）最高法民终496号民事判决：驳回上诉，维持原判。

2. 判决理由

最高人民法院认为，东驰公司与山西华日达吉运商贸有限公司进行资产转让期间，均由耿某友、刘某联实际控制，各方当事人对相互之间的交易属于原《公司法》第216条规定的关联交易均无异议。

根据《公司法司法解释(五)》第1条第1款[①]的规定,不能仅凭案涉关联交易形式合法来认定双方之间的关联交易公平公允。本案中,在山西华日达吉运商贸有限公司与东驰公司之间的关联交易符合形式合法的外观要件的情况下,应当对交易的实质内容即合同约定、合同履行是否符合正常的公司交易原则以及交易价格是否合理等进行审查。

首先,从案涉交易的背景来看。耿某友、刘某联与振东医药公司合作建立在新公司收购包括东驰公司在内的耿某友所控制的所有关联企业的基础之上,并最终达到实际控制所有关联企业的目的。《合作备忘录》第4项关于与晨东药业公司有关的一切负债均由晨东药业及耿某友、刘某联承担,该债务与新公司无关的约定,确定了耿某友将资产转让后对晨东公司相关负债的处理原则,即晨东公司的负债应当由晨东公司、耿某友、刘某联实际承担。但耿某友、刘某联在其将持有的东驰公司股份转让、东驰公司已纳入振东医药物流公司经营体系的情况下,以关联交易的方式,将本应由其自行承担的晨东公司债务转由东驰公司承担,与《合作备忘录》约定的晨东公司债务承担方式不符,有明显的摆脱债务嫌疑。

其次,从案涉交易的履行情况来看。本案关联交易发生时,晨东公司与东驰公司均由耿某友、刘某联实际控制。晨东公司与东驰公司先后签订《业务转接协议》和《资产转让协议》,但两份协议仅约定了晨东公司进行资产转让的时间及转让后东驰公司按资产、债权、债务转让明细记账,对于具体的交接事宜未予明确,也未另行协商确定。在东驰公司已代晨东公司清偿绝大部分债务的情况下,晨东公司未能提供有效证据证明其向东驰公司转让的债权真实有效,从而导致东驰公司未能收回两份协议中约定的债权,损害了东驰公司的利益。

综上,耿某友、刘某联将晨东公司债务转入东驰公司,由东驰公司偿还,损害了东驰公司作为独立法人对其财产享有的权益以及其他东驰公司债权人的利益。

---

① 《公司法司法解释(五)》第1条第1款:"关联交易损害公司利益,原告公司依据民法典第八十四条、公司法第二十一条规定请求控股股东、实际控制人、董事、监事、高级管理人员赔偿所造成的损失,被告仅以该交易已经履行了信息披露、经股东会或者股东大会同意等法律、行政法规或者公司章程规定的程序为由抗辩的,人民法院不予支持。"

三、案例解读

1. 法律规定

原《公司法》第 21 条规定公司的控股股东、实际控制人、董事、监事、高级管理人员不得利用其关联关系损害公司利益。原《公司法》第 216 条对关联关系作出定义,即关联关系是指公司控股股东、实际控制人、董事、监事、高级管理人员与其直接或者间接控制的企业之间的关系,以及可能导致公司利益转移的其他关系。关联关系的主体范围囊括了第 21 条的主体类别,还规定了"可能导致公司利益转移的其他关系"。

《公司法司法解释(五)》第 1 条细化了原《公司法》第 21 条的规定,对关联交易正当程序的实质要求进行规定,而程序正义并不能作为关联交易符合公平要求的抗辩。

新《公司法》第 22 条延续了原《公司法》第 21 条的规定,限制不当利用关联关系,新《公司法》第 265 条保留了原《公司法》第 216 条对关联交易的定义,未作变动。另外,新《公司法》第 182 条①新增关于董事、监事、高级管理人员自我交易与关联交易的规定。新《公司法》将原《公司法》中关于自我交易的规则独立,新增了关联交易的限制规则,将监事纳入自我交易与关联交易的规制范围,同时扩大了关联人的范围,加强了对关联交易的规范。同时,增加了董事、监事、高级管理人员的自我交易报告义务,将自我交易与关联交易的决策机关交由公司章程自行决定,增加董事会作为公司可选择的同意权主体,提高了自我交易与关联交易的审查效率,以适应商业需求。

2. 法律适用

本案的核心问题是如何认定关联交易行为是否损害公司利益?本案判决确定的裁判规则是认定关联交易行为是否损害公司利益,应综合审查交易行为的形式和实质内容,在关联交易符合形式合法的外观要件的情况下,应当对关

---

① 新《公司法》第 182 条:"董事、监事、高级管理人员,直接或者间接与本公司订立合同或者进行交易,应当就与订立合同或者进行交易有关的事项向董事会或者股东会报告,并按照公司章程的规定经董事会或者股东会决议通过。董事、监事、高级管理人员的近亲属,董事、监事、高级管理人员或者其近亲属直接或者间接控制的企业,以及与董事、监事、高级管理人员有其他关联关系的关联人,与公司订立合同或者进行交易,适用前款规定。"

联交易的实质内容即合同约定、履行是否符合正常的商业交易原则以及交易价格是否合理等进行审查。

(1)关联交易的认定

构成关联关系是判断关联交易的前提,根据新《公司法》第265条[①]的规定,关联关系的判断有两项核心标准:其一为控制标准,具体可分为直接控制和间接控制。其二为可能导致公司利益移转标准。

本案在案涉《资产转让协议》签署与履行期间,耿某友、刘某联二人为夫妻,二人以控股的方式,直接控制东驰公司和晨东公司,东驰公司和晨东公司的业务、资产作为公司利益的体现均存在由耿某友、刘某联处理的可能。因而,东驰公司、晨东公司、耿某友和刘某联之间构成关联关系。关联交易指公司与具有关联关系的主体之间的交易,晨东公司与东驰公司先后签订《业务转接协议》和《资产转让协议》进行交易,并且东驰公司事实上代晨东公司清偿绝大部分债务,由此可见在晨东公司与东驰公司这两个具有关联关系的主体之间形成的交易构成关联交易。本案各方当事人对于案涉交易系属于关联交易均持认可的态度。

(2)关联交易损害公司利益的认定

《公司法》并不禁止所有关联交易,公平的关联交易可以为公司带来稳定、长期的交易关系,节约交易成本,对公司的经营和发展有益;不公平的关联交易,将损害公司利益,进而间接损害股东、公司债权人和其他利益相关者的利益,对公司的经营和发展不利。由此,在关联交易制度的构建上,公司法所禁止的是不公平、不合理的关联交易。而判断不公平的关联交易的核心标准为公司利益是否转移。

根据《公司法司法解释(五)》第1条的规定,关联交易需要满足程序合法合规和交易条件的公允性这两方面的要求,因而关联交易公平性判断标准可以从形式正当和实质正当两方面入手,且以实质正当为最终判断标准。

本案中,晨东公司与东驰公司之间的关联交易虽然符合形式合法的外观要

---

① 新《公司法》第265条第4款:“关联关系,是指公司控股股东、实际控制人、董事、监事、高级管理人员与其直接或者间接控制的企业之间的关系,以及可能导致公司利益转移的其他关系。但是,国家控股的企业之间不仅因为同受国家控股而具有关联关系。”

件，但是通过关联交易的方式，耿某友、刘某联巧妙地将本应由其自行承担的晨东公司债务转由东驰公司承担，东驰公司真实代晨东公司履行了债务，但却未能收回协议中约定的债权，整体上看该交易权利义务严重不对等，东驰公司的利益实际受到了损害。因而，晨东公司与东驰公司之间的关联交易构成不公平的关联交易。

该案裁判对于明确关联交易损害公司利益的实质正当判断标准提供有益参考：首先，应整体判断交易价格是否公平合理。本案中《资产转让协议》看似是公允合理的，但在履行过程中很多债权不能收回，晨东公司也不能解释和补正，故本关联交易价格并非公平合理。其次，审查交易的实质内容是否符合正常的商业交易原则。如果某项关联交易价格虽然不合理，但公司通过该关联交易获得了其他利益，该交易也有可能被认定为正当的关联交易。

(3)损害公司利益的关联交易后果

从案涉交易的背景和履行情况来看，耿某友、刘某联将晨东公司债务转入东驰公司，由东驰公司偿还，不符合正常的公平交易原则，损害了东驰公司作为独立法人对其财产享有的权益以及其他东驰公司债权人的利益，案涉关联交易损害了东驰公司的利益。由此引发的问题是案件所涉赔偿责任如何计算，关联交易损害公司利益引发侵权责任，本案中，法院以东驰公司所受到的实际损失作为赔偿数额计算依据。

3. 本案延伸思考

(1)控股股东、实际控制人是否适用关联交易的限制？

关联交易是利益冲突交易，从事利益冲突交易的利害关系人如果想证明其所进行的交易是公平的，都需要同时满足以下三个条件：信息披露、程序正当和关联交易的公允性。但是新《公司法》的表述并没有对于控股股东与实际控制人关联交易限制条件作进一步的要求，由此引发思考，对于控股股东是否也存在关联交易的限制条件。我们认为：首先，关联交易的合法性审查，应当从形式及实质要件两方面入手，关联交易的合法性需基于形式要件与实质要件综合审查。形式要件要求关联交易信息披露充分、交易程序合法，实质要件要求关联交易真实有效、对价公允。其次，控股股东与公司关联交易需经公司内部有效决议，并且适用表决权回避制度。最后，控股股东与公司关联交易应当向其他股东披露，以此保障实质要件的满足。

(2)不正当关联交易的损害赔偿责任

新《公司法》第22条仅延续了原《公司法》第21条关于不正当关联交易的损害赔偿责任的规定,并未指出这一条的损害赔偿请求权应当如何落实。

本案中,债权人将实施关联交易的控股股东与参与关联交易的关联公司作为共同被告,要求实控人与关联公司承担连带责任,并且得到了法院的支持。但是根据新《公司法》第22条的规定,承担损害赔偿责任的主体仅限于实施关联交易的股东、实控人、董事、监事和高级管理人员,并不包括参与该关联交易且受有利益的关联公司。受有利益的关联公司能否与前述责任主体构成"共同侵权"仍需思考。

侵权人承担的责任范围限于因侵权行为给受害人造成的全部损失,侵权人承担的责任方式是连带,即在各侵权人之间不分先后,受害人有权向任一侵权人主张全部损害赔偿。

我们认为不正当关联交易系属于侵权,应该按照《民法典》的侵权规则进行认定。对于关联公司应当承担的"责任范围",一般认定为"关联公司因关联交易所获得的利益",该等利益以不超过债权人的到期债权为限;对于关联公司应当承担的"责任方式",通常认定该关联公司承担和债务人、其他侵权人同一顺位的连带责任。

四、相关原理

关联交易的生效条件

关联交易的生效条件大都包括程序条件和实质条件两方面。

1. 程序条件

程序条件是关联交易订立过程方面的法律要求。为了制约关联交易中的不公正行为,各国对关联交易的订立大都规定了关联交易的披露制度和批准制度。换言之,关联交易生效的程序条件主要是两个,一是披露,二是批准。

(1)关于披露。充分的信息披露是保障关联交易公正与公平的关键。我国已经出台的涉及关联交易信息披露的有关规定包括《企业会计准则——关联方关系及其交易的披露》、《公开发行证券的公司信息披露内容与格式准则》、《上市公司章程指引》、股票上市规则、《上市公司治理准则》等。这些规定对关联交易的披露内容、披露方式等作了明确的规定。总的来说,披露文件应提供足够资料使股东能据此评估该项交易对上市公司的影响。

(2)关于批准。对关联交易一般根据其影响程度,在取得有关机关(股东会或者董事会,尤其是前者)的批准同意后,关联交易才能对公司产生法律效力。为确保关联交易的程序公正,大多设立股东表决权排除制度和独立董事制度。股东表决权排除制度就是排除与某一决议事项有利害关系的股东或其代理人在股东会上就该决议事项行使表决权的机会。独立董事制度的引入是由独立董事就关联交易行为发表其独立意见,以打破董事会由"内部人"控制的局面,防止不正当的关联交易。通过这些程序,可以在公司机关内部对关联交易的合法性予以审查,并判定其是否对公司和股东公正。我国《公司法》对关联交易采用的是关联董事表决权排除制度,即该董事会会议由1/2以上无关联关系董事出席即可举行,与关联方有任何利害关系的董事,在董事会对该事项进行表决时,应当予以回避。董事会会议所作决议须经无关联关系董事过半数通过。出席董事会的无关联关系董事人数不足3人的,应将该事项提交上市公司股东会审议。中国证券监督管理委员会(以下简称证监会)发布的股票上市规则也规定了详细的回避程序。

2. 实质条件

关联交易生效的实质条件是指关联交易的内容要合法。经过披露和审批程序的关联交易仅表明其程序合法,并不产生关联交易内容合法的必然结果。如果关联交易内容不合法,即便经过公司机关批准,仍属于无效的关联交易。

关联交易内容合法,这里的"法"不仅涉及公司法,而且涉及证券法、税法以及反垄断法等可能对关联交易予以调整的法律法规。归结起来,关联交易的内容必须满足以下条件:(1)符合诚实信用原则;(2)符合公平、公正、等价有偿原则;(3)不得损害国家、集体或者第三人利益及社会公共利益;(4)不得违反国家法律法规的禁止性规定等。

就我国立法来看,关联交易的内容必须遵守《民法典》、《公司法》、《证券法》、税法及国务院行政法规等。从合同法角度看,审查关联交易是否实质有效,主要需关注:(1)关联方是否以欺诈、胁迫的手段订立合同,损害国家利益;(2)关联方是否恶意串通,损害国家、集体或者第三人利益;(3)是否以合法形式掩盖非法目的;(4)是否损害社会公共利益;(5)是否违反法律、行政法规的强制性规定。从公司法角度看,主要看关联交易的内容是否违反公司法的禁止性规定。

值得探讨的是,我国证监会对有关关联交易设置了许多“指引”“规则”等,而证监会的规定属于行政规章,那么违反证监会的规定是否必然导致关联交易无效?对此,学界意见不一。我们认为,对证监会的规定要具体分析,对证监会的强制性或禁止性规定,若规定的要求只是对法律法规的具体化,即证监会的规定与法律宗旨保持一致,那么,违反证监会规定的行为必然违反法律法规的有关规定,关联交易无效;若证监会的强制性或禁止性规定与法律法规不一致,应依法律法规来判定效力。至于违反证监会的非强制性或禁止性规定,不能认为关联交易无效,而应由证监会责令责任人对有瑕疵行为予以适当的修正或补救。

对司法介入关联交易效力审查,理论界与实务界的争点主要集中在法院应当如何介入审查?对此问题,有两种观点。一种观点认为,法院的司法审查只应停留在程序审查。另一种观点认为,法院应当介入实质审查。第一种观点的理由主要是,由于商事活动外观性、技术性、交易安全需要,保障董事积极决策以及考虑到法官在商业知识方面的匮乏等,法院传统上就是尊重商业判断原则。法院若介入实质审查,必定要牺牲商事交易的可预见性和确定性,由此造成诉讼成堆,大量案件久悬不决,既影响交易安全,也增加了诉讼成本。第二种观点的最主要的理由是,法院对关联交易的公正性享有最终的审查权。法院只有介入实质审查,才有利于保护公司和中小股东的利益,实现真正公平、实质正义。根据我国《公司法》的规定,应当回避表决的董事未回避表决的,上市公司有权自作出决议之日起3个月内向人民法院提出撤销有关合同、交易。法院首先要进行审查,查明关联交易是否符合程序和实质要件,若不符合,则法院可依法撤销该合同或交易。例外的是,若法院经查明交易对方是善意第三人,则不得撤销该合同或交易。我国《公司法》的规定表明人民法院行使的是实质审查。在人民法院撤销决议后,上市公司还应当向公司登记机关申请撤销所涉及的变更登记。

案例9 横向人格否认的适用

《公司法》第23条解读

——徐工集团工程机械股份有限公司诉成都川交工贸有限责任公司等买卖合同纠纷案①

【最高人民法院2011年指导性案例】

《公司法》第23条

公司股东滥用公司法人独立地位和股东有限责任，逃避债务，严重损害公司债权人利益的，应当对公司债务承担连带责任。

股东利用其控制的两个以上公司实施前款规定行为的，各公司应当对任一公司的债务承担连带责任。

只有一个股东的公司，股东不能证明公司财产独立于股东自己的财产的，应当对公司债务承担连带责任。

一、案情介绍

成都川交工程机械有限责任公司（以下简称川交机械公司）成立于1999年，股东为王永礼等。四川瑞路建设工程公司（以下简称瑞路公司）成立于2004年，股东为王永礼等。成都川交工贸有限责任公司（以下简称川交工贸公司）成立于2005年，股东为张家蓉（占90%股份）等，其中张家蓉系王永礼之妻。

在公司人员方面，三个公司经理均为王永礼，财务负责人均为凌欣，出纳会

① 最高人民法院指导性案例15号，最高人民法院审判委员会讨论通过2013年1月31日发布。

计均为卢鑫,工商手续经办人均为张梦,另外,三家公司的管理人员存在交叉任职的情形。

在公司业务方面,三个公司在工商行政管理部门登记的经营范围均涉及工程机械且部分重合,其中川交工贸公司的经营范围被川交机械公司的经营范围完全覆盖;川交机械公司系徐工集团工程机械股份有限公司(以下简称徐工机械公司)在四川地区的唯一经销商,但三家公司均从事相关业务,且相互之间存在共用统一格式的销售部业务手册、二级经销协议、结算账户的情形;三家公司在对外宣传中区分不明。

在公司财务方面,三个公司共用结算账户,资金的来源包括三个公司的款项,在与徐工机械公司均签订合同、有业务往来的情况下,三个公司于 2005 年 8 月共同向徐工机械公司出具说明,称因川交机械公司业务扩张而注册了另两家公司,要求所有债权债务、销售量均计算在川交工贸公司名下;2006 年 12 月,川交工贸公司、瑞路公司共同向徐工机械公司出具申请,以统一核算为由要求将 2006 年度的业绩、账务均计算至川交工贸公司名下。

另查明,2009 年 5 月 26 日,公司财务负责人凌欣在徐州市公安局经侦支队对其进行询问时陈述:川交工贸公司目前已经垮了,但未注销。又查明川交工贸公司未清偿徐工机械公司货款达 1091 万元。

原告徐工机械公司主张川交工贸公司拖欠其货款未付,而川交机械公司、瑞路公司与川交工贸公司人格混同,三家公司实际控制人王永礼以及川交工贸公司股东等人的个人资产与公司资产混同,均应承担连带清偿责任,因而诉请:川交工贸公司支付货款及利息;川交机械公司、瑞路公司及王永礼等人对上述债务承担连带清偿责任。

本案的争议在于,川交机械公司、瑞路公司与川交工贸公司之间是否构成人格混同,川交机械公司、瑞路公司应否对川交工贸公司的债务承担连带清偿责任?

被告川交工贸公司、川交机械公司、瑞路公司辩称:三个公司虽有关联,但并不混同,川交机械公司、瑞路公司不应对川交工贸公司的债务承担清偿责任。

王永礼等人辩称:王永礼等人的个人财产与川交工贸公司的资产并不混同,不应为川交工贸公司的债务承担清偿责任。

二、判决结果与理由

1. 判决结果

江苏省徐州市中级人民法院作出(2009)徐民二初字第0065号民事判决:(1)川交工贸公司于判决生效后10日内向徐工机械公司支付货款及逾期付款利息;(2)川交机械公司、瑞路公司对川交工贸公司的上述债务承担连带清偿责任;(3)驳回徐工机械公司对王永礼等人的诉讼请求。宣判后,川交机械公司、瑞路公司提起上诉,认为一审判决认定三个公司人格混同,属认定事实不清;认定川交机械公司、瑞路公司对川交工贸公司的债务承担连带责任,缺乏法律依据。徐工机械公司答辩请求维持一审判决。江苏省高级人民法院作出(2011)苏商终字第0107号民事判决:驳回上诉,维持原判。

2. 判决理由

江苏省高级人民法院认为:关于川交机械公司、瑞路公司是否应该对川交工贸公司的债务承担连带清偿责任,具体包括以下三个方面:

一是人员混同。三个公司的经理、财务负责人、出纳会计以及其他管理人员存在交叉任职的情形,川交工贸公司的人事任免存在由川交机械公司决定的情形。

二是业务混同。三家公司实际经营中均涉及工程机械相关业务,经销过程中存在共用销售手册、经销协议的情形,并且在对外进行宣传时存在信息混同。

三是财务混同。三家公司使用共同账户,以王永礼的签字作为具体用款依据,无法区别各自资金支配情况;三个公司与徐工机械公司之间的债权债务、业绩、账务及返利均计算在川交工贸公司名下。

因此,三个公司之间表征人格的因素(人员、业务、财务等)高度混同,导致各自财产无法区分,已丧失独立人格,构成人格混同。本案中,三个公司虽在工商登记部门登记为彼此独立的企业法人,但实际上相互之间界限模糊、人格混同,其中川交工贸公司承担所有关联公司的债务却无力清偿,又使其他关联公司逃避巨额债务,严重损害了债权人的利益。上述行为违背了法人制度设立的宗旨,违背了诚实信用原则,其行为本质和危害结果与2005年《公司法》第20条第3款规定的情形相当,故参照2005年《公司法》第20条第3款的规定,川交机械公司、瑞路公司对川交工贸公司的债务应当承担连带清偿责任。

三、案例解读

1. 法律规定

原《公司法》第 20 条第 3 款仅规定了股东与公司之间的纵向人格否认情形,原《公司法》法人人格否认最典型的情形是股东滥用公司的独立人格和股东有限责任,此时由股东来承担公司的责任,而原《公司法》对于公司股东控制的多个子公司或关联公司之间相互否认人格的情况未作规定。

随着社会经济生活的发展,法人人格被滥用的手段不断翻新,出现了姐妹公司之间人格混同、母子公司之间人格混同、资产不当转移等扩张适用的情形,《九民纪要》第 11 条将“过度支配与控制”独立列为人格否认的适用情形,规定了“控制股东或实际控制人控制多个子公司或者关联公司,滥用控制权使多个子公司或者关联公司财产边界不清、财务混同,利益相互输送,丧失人格独立性,沦为控制股东逃避债务、非法经营,甚至违法犯罪工具的,可以综合案件事实,否认子公司或者关联公司法人人格,判令承担连带责任”。

新《公司法》第 23 条对《九民纪要》人格否认扩张适用的情形进行了吸收、补足,使得责任首先从被控制的公司流向控股股东,接着从该控股股东流向其他受制于该股东的具有关联性的企业,最终由同一股东控制下的其他公司承担连带责任,具体条文表述在原《公司法》第 20 条的基础上新增一款规定,“股东利用其控制的两个以上公司实施前款规定行为的,各公司应当对任一公司的债务承担连带责任”。此次新《公司法》第 23 条新增的规定对于完善我国法人人格否认制度具有重要意义。

2. 法律适用

本案的核心问题是人格否认制度可否适用于关联公司情形?本案判决确定的裁判规则是关联公司的人员、业务、财务等方面交叉或混同,导致各自财产无法区分,丧失独立人格的,构成人格混同;关联公司人格混同,严重损害债权人利益的,关联公司相互之间对外部债务承担连带责任。

新《公司法》明确规定了横向人格否认制度后,本案可以直接依据新《公司法》进行裁判,不再存在法律适用上的争议。根据新《公司法》第 23 条的规定,公司股东滥用公司法人独立地位和股东有限责任，逃避债务，严重损害公司债权人利益的，应当对公司债务承担连带责任。股东利用其控制的两个以上公司实施前款规定行为的，各公司应当对任一公司的债务承担连带责任。本案股东王永礼等人控制川交工贸公司、瑞路公司、川交机械公司这三家关联公司，三家公司人员、业务、财务等方面交叉，导致各自财产无法区分，三家公司均丧失独立人格，构成人格混同，控制股东王永礼等人滥用其对三家公司的支配权，利用三家公司之间的关联性转移利益或者费用，滥用川交工贸公司单一公司法人独立地位和股东有限责任，逃避三家关联公司债务，使川交工贸公司财产不足以清偿徐工机械公司的债权，严重损害了徐工机械公司的利益，因此川交机械公司、瑞路公司应对川交工贸公司的债务承担连带清偿责任。

本案判决依据的使用在新《公司法》出台前引发争议，原《公司法》第 20 条的规定规范的对象仅限于单一性公司，对于关联公司相关问题几乎没有涉及。而本案一、二审法院均认为债务人被告与其两个姐妹公司“人格混同”，生效裁判法院参照原《公司法》第 20 条之规定，判决二姐妹公司连带承担债务之清偿责任。一审判决书认定两家被告公司的责任时未援引具体的法条，除提到《民法通则》第 4 条外重点阐述法理，即“3 公司……已构成资产混同，该行为损害了债权人的利益……因此，在川交工贸公司不能清偿拖欠货款的情况下……承担连带清偿责任”。

二审判决书采用“参照适用”原《公司法》第 20 条的路径，即“3 公司……已构成人格混同，损害了债权人的利益，违背了法人制度设立的宗旨，其危害性与《公司法》第 20 条规定的股东滥用公司法人独立地位和股东有限责任的情形相当……参照第 20 条的规定……承担连带清偿责任”。

最高人民法院 15 号指导性案例则采用“参照适用”原《公司法》第 20 条第 3 款的路径，即“公司人格独立是其作为法人独立承担责任的前提。《公司法》第 3 条第 1 款规定……第 20 条第 3 款规定……本案中……上述行为违背了法人制度设立的宗旨，违背了诚实信用原则，其行为本质和危害结果与第 20 条第 3 款规定的情形相当，故参照第 20 条第 3 款的规定……承担连带清偿责任”。

最高人民法院 15 号指导性案例发布的内容在生效的判决书的基础上进行了两处修订：一是增加原《公司法》第 3 条第 1 款，明确被告的行为违背了诚信原则；二是将二审参照适用的原《公司法》第 20 条细化到该条第 3 款。最终最高人民法院15号指导性案例将原《公司法》第20条法人人格否认扩张适用到关联公司,就关联公司人格混同的认定和人格混同后如何责任承担给出了明确解答。

总体来说,本案法院在裁判过程中通过参照近似规范在以下两点提供指导性意见:其一为判断关联公司人格混同的两个标准为“人格混同”和“严重损害债权人利益”。其二为否认法人独立地位的法律后果是“关联公司相互之间对外部债务承担连带责任”。

3. 本案延伸思考

(1)横向人格否认的法律效果

本案中,原告主张的诉请部分内容被法院支持,关于实际控制人承担连带清偿责任的主张没有被法院支持,本案将人格混同的关联公司视为一体,对外承担责任,而忽视了各关联公司的控制股东的责任。由此延伸关于法人人格否认中实际控制人责任的追究实际上也值得进一步思考,其实背后核心的问题在于横向人格否认的法律效果是否追及公司背后的股东。

在法律效果上,适用横向人格否认制度刺破的是姐妹公司之间的面纱,股东利用其控制的两个以上公司实施前款规定行为的,各公司应当对任一公司的债务承担连带责任。但是关于刺破姐妹公司间的面纱,公司背后的股东是否需承担连带责任产生了较大争议:

一种观点认为,横向人格否认制度的适用并不当然导致股东承担连带责任。支持该观点的学者认为,横向人格否认制度应与纵向人格否认制度区别适用。法院不能主动追加控股股东承担连带责任,股东是否对公司债务承担连带责任,还需要判断其是否满足纵向人格否认制度的构成要件,并具体分析人格混同的内容,公司法人与其他公司法人人格相混同是横向人格否认,是对法人独立地位原则的背离,而股东与公司人格混同是纵向人格否认,是对有限责任与法人独立原则的违反。①

另一种观点认为,横向人格否认制度的适用当然会导致股东也需承担连带责任。支持者认为若仅刺穿姐妹公司的面纱而不刺穿股东有限责任,并不符合

---

① 参见王纯强:《关联企业法人人格否认制度的完善与裁判标准构建》,载《法律适用》2019年第24期;陈洁主编:《商事指导性案例的司法适用》,社会科学文献出版社2017年版,第65页。

原《公司法》第20条的立法宗旨、公平正义与债权人保护的理念。① 在理论解释上,亦有不少观点运用美国的三角刺破说对横向人格否认制度作出解释,这一种论证路径本质上也支持同时要求股东承担连带责任的立场。三角刺破说是指当股东滥用人格制度时,刺穿被该控股股东控制的姐妹公司的面纱,而这一刺破过程首先是要求股东个人对其中一个姐妹公司的负债承担连带责任,随后再由另一个姐妹公司对股东的债务承担连带责任,债务在姐妹公司与控股股东之间形成三角流动关系,首先从负债公司流向控股股东,然后从控股股东流向关联姐妹公司,最终形成姐妹公司、控股股东三者都需要对负债承担连带责任的法律后果。运用三角刺破说来解释横向人格否认制度,是将正向人格否认与反向人格否认相结合。②

现行法本质上规定了横向人格否认制度需以纵向人格否认为前提,满足横向人格否认制度的公司,其背后股东可能也满足纵向人格否认的构成要件。当然,控股股东是否需要与关联公司一样承担连带责任,取决于原告的诉讼请求,法院不可依职权追加。

(2)连带责任的性质

新《公司法》在责任形态上仍延续旧有规定,要求股东或关联公司对公司债务承担连带责任。但是该连带责任的性质也引发争议,人格否认中股东或关联公司的连带责任,显然是有条件的、次位性的,是债权人无法从公司得到清偿后转而向股东或其他公司主张,这样的责任形态更符合补充责任的次位性特征。③

我们认为补充责任的次位性特征可以理解为刺破公司面纱的前提,是人格否认制度例外性适用的条件,连带责任与补充责任的区别更多是概念之争,是直接采用补充责任的表述,还是构建例外情形方可刺破面纱的连带责任制度,在法律效果上没有明显的区别,均为共同责任。

---

① 参见樊纪伟:《关联公司扩张适用公司人格否认之检讨——兼评最高法院指导案例15号》,载《湖南大学学报(社会科学版)》2016年第3期。

② 参见朱慈蕴:《公司法人格否认制度理论与实践》,人民法院出版社2009年版,第55页。

③ 参见梁上上:《公司正义:以公司股东的权责配置为视角展开》,法律出版社2022年版,第175~183页。

四、相关原理

横向人格否认的构成要件

横向人格否认制度是指否认由一个股东控股的两个或两个以上关联公司的人格,要求他们对彼此对外的债务承担连带责任的制度。新《公司法》第 23 条第 2 款新增横向人格否认制度,正式扩张了人格否认制度的适用范围。

人格否认制度的构成要件有"主体要件""行为要件""结果要件"三个层面,主体要件强调人格否认案件双方当事人的适格性,行为要件强调股东滥用公司人格的事实与行为,结果要件强调客观上损害债权人利益的结果。[①] 新《公司法》第 23 条第 2 款的横向人格否认制度亦就构成要件如下理解与剖析。

1. 主体要件

主张横向人格否认的可能原告与纵向人格否认并无本质不同。主体要件最为核心的问题是被告的范围,也即横向人格否认制度的适用边界。现行第 23 条第 2 款限定于"股东利用其控制的两个以上公司",在文义上"控制"一词不仅仅指向控股,也包含实际控制。因此,新《公司法》的规范应理解为仅包含由同一股东控制或实际控制的关联公司,无被同一股东控股或实际控制的非关联企业,并无适用横向人格否认制度的可能性。

2. 行为要件

新《公司法》的行为要件可理解为股东利用其控制的两个以上公司实施滥用公司法人独立地位和股东有限责任,逃避债务的行为。该要件的核心内涵是股东的滥用行为。《九民纪要》首次在我国列举了三类股东滥用行为的典型表现:"人格混同""过度控制与支配""资本显著不足",其中横向人格否认制度被归类于"过度控制与支配"。《公司法》仅是作出了原则性规定,并未列举股东滥用独立人格的具体表现,有待后续司法解释予以具化。关于新《公司法》第 23 条与《九民纪要》的关系,本书认为,原则上关联公司之间财产、人员、业务等人格混同表现才是关注的重点,就人格混同的判断而言,《九民纪要》第 10 条的规定值得参照。

---

① 参见赵旭东主编:《公司法学》(第 4 版),高等教育出版社 2015 年版,第 8、9 页。

3. 结果要件

我国自确立人格否认制度起就规定了"严重损害公司债权人利益"这一要件。公司独立人格与股东有限责任作为公司法的基石性原则,刺穿公司面纱必然应视为债权人保护的例外手段,不可轻易动辄否定公司独立人格。新《公司法》第23条第2款并未直接规定结果要件,须引致第1款的"严重损害公司债权人利益的"。结果要件的现行通说为客观要件说,强调不仅仅需要有客观损害事实,还需要证明滥用行为人存在规避法律或约定义务的主观恶意。[①] 值得注意的是,严重损害债权人利益的要件至少需要满足公司无法清偿到期债务这一标准,如《九民纪要》所指出的"股东滥用权利使公司财产不足以清偿公司债权人的债权",但至于"严重"的具体标准为何,仍有待审判实践进一步明确。结果要件的判断并非横向人格否认制度独有的问题,而是现行人格否认制度的共性问题。

① 参见赵旭东主编:《公司法学》(第4版),高等教育出版社2015年版,第9页。

案例 10 决议无效之诉适格原告的认定

《公司法》第 25 条解读

——许明宏诉泉州南明置业有限公司、林树哲与公司有关的纠纷案①

【最高人民法院 2019 年公报案例】

《公司法》第 25 条

公司股东会、董事会的决议内容违反法律、行政法规的无效。

一、案情介绍

1995 年 12 月 29 日，泉州南明娱乐有限公司（后变更为泉州南明置业有限公司，以下简称泉州南明公司）成立。公司注册资本人民币 2000 万元，投资总额人民币 2500 万元。公司章程第四章第 17 条规定，合营公司设董事会，董事会是合营公司的最高权力机构；第 18 条规定了董事会的职权范围；第 19 条规定，董事会由 8 名董事组成，其中甲方（鲤城公司）委派 2 名，乙方（北峰公司）委派 2 名，丙方（香港南明公司）委派 4 名，董事任期为 4 年，可以连任。第 21 条规定，甲、乙、丙方在委派和更换董事人选时，应书面通知董事会。1996 年 10 月 4 日，香港南明公司召开董事会，形成《香港南明置业有限公司第一次董事会记录》。该记录载明，香港南方纺织有限公司、许明良（后改名为许明宏）、刘三煌、林文龙、黄朝阳、戴新民六方合作组成香港南明公司。其中，香港南方纺织有限公司占股 50%，许明良、刘三煌、林文龙、黄朝阳、戴新民各占股 10%；公司集资

① 《最高人民法院公报》2019 年第 7 期。

港币2500万元,按各自股份比例出资。2003年12月2日,鲤城公司、北峰公司分别将各自名下持有的泉州南明娱乐有限公司股权全部转让给香港南明公司。自此,泉州南明娱乐有限公司变更为外商独资企业。

2000年8月9日《泉州南明娱乐有限公司董事会决议》载明:“泉州南明娱乐有限公司董事会成员林树哲、郭文强、许明良(原文为许明扬)、杨乌锡、万象新、吴群德、张招贤因工作调动或身体原因不再担任公司董事。经董事会研究决定更换董事人员如下:王明德(港方董事,任董事长),刘三煌(港方董事,任总经理),万碧松(港方董事),颜呈灿(中方董事),杨少川(中方董事),郑跃欣(中方董事),郭晓阳(中方董事),原港方董事总经理吴长谋先生不再担任总经理,但仍担任董事一职。特此决议。”董事会成员落款处有林树哲、杨乌锡、万象新、吴长谋、许明良签名。许明宏主张此处“许明良”的签名系伪造。

本案的争议在于,原告许明宏是否有权主张泉州南明娱乐有限公司董事会决议无效,是否为适格原告,以及本案泉州南明娱乐有限公司董事会决议是否无效?

原告许明宏诉称,其为泉州南明娱乐有限公司的实际控制人,实际控制人往往和实际投资人一致,因此其也是公司的实际投资人,有权主张公司决议无效,案涉决议违法解除其职务,构成无效事由。

被告泉州南明娱乐有限公司辩称,许明良并非泉州南明娱乐有限公司的股东,而是香港南明公司的股东,因此无权主张公司决议无效。

二、判决结果与理由

1. 判决结果

一审福建省高级人民法院作出(2015)闽民初字第123号民事裁定,认为许明宏主张其为泉州南明公司的实际投资人,依据不足,而其并非泉州南明公司的股东,不能行使泉州南明公司的股东才享有的财产及其他权益,不是本案的适格原告。

二审最高人民法院认为,许明宏的上诉请求不能成立,一审裁定认定相关事实清楚、适用法律正确,裁定驳回上诉。

2. 判决理由

关于许明宏是否为案涉董事会决议无效之诉的适格原告问题,最高人民法院认为,依据泉州南明公司的公司章程,董事系由合营各方委派和撤换。作为合营方,香港南明公司可以委派许明宏为泉州南明公司的董事,也可以单方解除许明宏的董事职务。故自香港南明公司 2000 年 8 月 9 日包含解除许明宏董事职务内容的《委派书》到达泉州南明公司时起,许明宏即不再具有泉州南明公司董事职务。案涉董事会决议中虽然包含了许明宏不再担任董事职务的内容,但其依据是股东香港南明公司关于免除许明宏董事职务的通知,所体现的只是合营企业股东的意志,并非泉州南明公司董事会的意志。因此,该部分内容仅系泉州南明公司董事会对既有法律事实的记载。根据《公司法》的规定,董事会作为公司经营决策机构,可以根据法律或者公司章程规定的权限和表决程序,就其审议事项经表决后形成董事会决议,但该决议应当反映董事会的商业判断和独立意志。由此,《公司法司法解释(四)》第 1 条规定可以由公司股东、董事、监事等请求确认无效的决议,并不包括本案所涉不体现董事会意志的记录性文件。故案涉上述文件中涉及许明宏不再担任泉州南明公司董事职务的部分,虽然有董事会决议之名,但其并不能构成公司法意义上的董事会决议。因此,最高人民法院认为,案涉董事会决议并非许明宏丧失泉州南明公司董事职务的原因,无论该董事会决议上"许明良"签名是否系伪造,均不影响香港南明公司解除其董事职务的效力,许明宏并非案涉董事会决议无效之诉适格原告,一审法院对许明宏与案涉董事会决议间不具有直接的利害关系、并非本案适格原告的认定正确,最高人民法院予以维持。

三、案例解读

1. 法律规定

本案涉及董事会决议无效的纠纷。新《公司法》第 25 条规定了股东会、董事会决议无效的内容,与原《公司法》规定内容保持一致。股东会和董事会依法作出的决议,体现了公司的意志,对公司、股东、董事、监事和高级管理人员等主体具有法律效力。公司的董事会决议内容必须符合法律与行政法规。公司董事会决议违反法律、行政法规的,这种违法性不仅会对公司股东等主体造成损害,另一方面由于其违反的是法律、行政法规,一般也会对公共秩序等其他利益产生消极影响。因此,该条规定,股东会决议、董事会决议内容违反法律、行政法规规定的无效。此处的违反法律、行政法规,是指违反法律、行政法规的效力性强制性规定。违反法律、行政法规规定的股东会决议、董事会决议从决议作出之时即为无效,自始不具有法律约束力。

2. 法律适用

本案的核心问题是被解任的董事能否主张董事会对解任董事事项的记录性文件系公司董事会决议,进而认定公司董事会决议无效,本案判决确定的裁判规则是公司董事会必须符合法律规定的董事会决议的议事方式和表决程序,仅记录性文件不构成董事会决议。

首先,对于在起诉时已经不具有公司股东资格和董事、监事职务的当事人提起的确认公司决议无效之诉,最高人民法院认为,人民法院应当依据《民事诉讼法》第119条[①]的规定审查其是否符合与案件有直接利害关系等起诉条件。许明宏作为被解任的公司董事,与案件具有直接的利害关系,具备原告资格。

其次,公司法意义上的董事会决议,是董事会根据法律或者公司章程规定的权限和表决程序,就审议事项经表决形成的反映董事会商业判断和独立意志的决议文件。中外合资经营企业的董事会对于合营一方根据法律规定委派和撤换董事之事项所作的记录性文件,不构成公司法意义上的董事会决议,亦不能成为确认公司决议无效之诉的对象。因此,本案公司作出的"董事会决议",徒有董事会决议之名,但无董事会决议之实,并非泉州南明公司的意志,而是其股东解除董事职务的意思表示,因此并非公司董事会决议无效之诉的对象,提起诉讼的原告不具有董事会决议无效之诉的原告资格。

新《公司法》第25条规定了违反法律、行政法规的董事会决议无效,明确了被宣告无效的对象为董事会决议。董事会决议,由董事会通过多数决的方式作出,新《公司法》第73条规定了董事会决议的议事方式和表决程序,体现了董事会决议系董事会的意志。如果原告提起董事会决议无效之诉,诉请认定无效的内容并非董事会的意志,实质上并非董事会决议,则不适用新《公司法》第25条,不能依据该条认定该内容无效。

3. 本案延伸思考

董事的任免与解任需要满足什么条件或程序?

本案案涉决议涉及董事的任免与解任问题。董事一般均由股东会任免。

---

① 该条已修改为《民事诉讼法》第122条。

我国《公司法》规定，股东会选举和更换董事，通常在股东会召开前需要披露董事候选人的详细资料，以保证股东在投票时对候选人有足够的了解，然后在召开股东会时进行表决。股东对选举董事表决的程序一般由公司章程规定，但法律、法规、规章也规定了一些法定程序，如我国《上市公司治理准则》第 17 条即规定，控股股东控股比例在 30% 以上的上市公司，应当采用累积投票制，而对其他上市公司则未作强制要求。

通常董事通过法定程序被股东会选举后，应与公司签订聘任合同，明确公司和董事之间的权利义务、董事的任期、董事违反法律法规和公司章程的责任以及公司因故提前解除合同的补偿等内容。董事被选举聘任后，即开始行使职权，任期也开始计算。董事任期由公司章程规定，每届任期不得超过 3 年。董事任期届满，连选可以连任。需要提及的是，我国《公司法》明确规定，董事任期届满未及时改选，或者董事在任期内辞职导致董事会成员低于法定人数的，在改选出的董事就任前，原董事仍应当依照法律、行政法规和公司章程的规定，履行董事职务。

另外，针对董事解除的问题，1993 年《公司法》规定，股份有限公司的董事在任期届满前，股东大会不得无故解除其职务，而后 2005 年《公司法》将此规定删除，这意味着股东会可以随时解除董事的职务，而不论其任期是否届满。从法理上讲，董事如果被股东大会无故解除职务，可以依据合同关系寻求违约责任的法律救济。股东会是否可以无因解除董事，曾是学术上有一定争议的问题，但《公司法司法解释（五）》和新《公司法》的相关规定的出台，正式确定了股东会无因解除董事的权力。

四、相关原理

公司董事会决议无效的事由

新《公司法》第 25 条规定“公司股东会、董事会的决议内容违反法律、行政法规的无效”，存在疑问的是，在何种情形下，公司决议会因“违反法律、行政法规”无效。

第一，有观点认为，如果公司作出的决议超出了新《公司法》第 59 条关于股东会职权及公司章程规定，此类决议将被认定无效。有观点认为，公司对外订立合同内容的约定及合同是否继续履行或解除、违约责任等应由合同当事人平等协商解决,协商不成则依法行使权利,而不应通过股东会决议的方式处理。通过股东会决议方式处理合同事宜,有可能会损害合同当事人平等协商的权利及利益,据此,有观点认为,股东会决议因超越《公司法》规定的股东会职权及违反平等原则而无效。

第二,司法实践中,股东会决议侵权也是较为常见的一个无效理由。当股东会决议对股东依法享有的表决权、查阅权、优先购买权、新股优先认购权、剩余财产分配请求权、利润分配请求权、出资期限利益等基本权利进行不合理限制或排除时,相关的决议通常判定为无效。违法剥夺股东资格的决议无效

第三,如果股东会决议违法解除股东资格,该决议无效。依据《公司法司法解释(三)》第 17 条第 1 款的规定,股东未履行出资义务或者抽逃全部出资,经公司催告缴纳或者返还仍未在合理期限内缴纳或者返还出资的,公司才能以股东会决议的形式解除该股东的股东资格。有观点认为,该公司没有提交证据证明,存在股东未履行出资义务或者抽逃全部出资的情形,或者股东有其他应被剥夺股权的情形,股东会决议剥夺股东资格,系侵犯股东固有权的违法行为,该决议无效。

第四,违反公序良俗的决议无效。虽然《公司法》并无如《民法典》第 153 条第 2 款有关“违背公序良俗的民事法律行为无效”的规定,但实践中,有法院认为,违背公序良俗的事由应被涵盖在“无效”情形中。有观点认为,所谓决议内容违反法律、行政法规规定,大致可概括为三类情形:一是决议内容违反法律原则,如违反公序良俗原则;二是决议内容违反有限责任公司本质,如违反股东平等原则、违反股东有限责任原则;三是决议内容违反强行法规定,如违反股权转让规定等。

《民法典合同编司法解释》第 16、17 条对法律行为被认定为无效的事由作出了规定。公司决议如果存在影响国家安全,违背社会公共秩序、善良风俗的情形,应当被认定为无效。根据《民法典》第 134 条的规定,决议行为被纳入法律行为的范畴。因此,司法实践中,认定决议是否无效,法院一方面要审查公司决议内容是否违反了法律、行政法规的效力性强制规范,此外,如果决议作出过程中存在侵害他人权利、违反善良风俗等情形,决议也可能被认定无效。

案例 11 决议撤销的司法审查标准

《公司法》第 26 条解读

——李建军诉上海佳动力环保科技有限公司公司决议撤销纠纷案①

【最高人民法院 2012 年指导性案例】

《公司法》第 26 条

公司股东会、董事会的会议召集程序、表决方式违反法律、行政法规或者公司章程,或者决议内容违反公司章程的,股东自决议作出之日起六十日内,可以请求人民法院撤销。但是,股东会、董事会的会议召集程序或者表决方式仅有轻微瑕疵,对决议未产生实质影响的除外。

未被通知参加股东会会议的股东自知道或者应当知道股东会决议作出之日起六十日内,可以请求人民法院撤销;自决议作出之日起一年内没有行使撤销权的,撤销权消灭。

一、案情介绍

原告李建军系被告上海佳动力环保科技有限公司(以下简称佳动力公司)的股东,并担任总经理。佳动力公司的股权结构为:葛永乐持股 40%,李建军持股 46%,王泰胜持股 14%。三位股东共同组成董事会,由葛永乐担任董事长,另两人为董事。公司章程规定:董事会行使包括聘任或者解聘公司经理等职权;董事会须由 2/3 以上的董事出席方才有效;董事会对所议事项作出的决定

① 最高人民法院指导性案例 10 号,最高人民法院审判委员会讨论通过 2012 年 9 月 18 日发布。

应由占全体股东 2/3 以上的董事表决通过方才有效。

2009 年 7 月 18 日,佳动力公司董事长葛永乐召集并主持董事会,3 位董事均出席,会议形成了“鉴于总经理李建军不经董事会同意私自动用公司资金在二级市场炒股,造成巨大损失,现免去其总经理职务,即日生效”等内容的决议。该决议由葛永乐、王泰胜及监事签名,李建军未在该决议上签名。

本案的争议在于,佳动力公司 2009 年 7 月 18 日作出的罢免李建军总经理职务的决议是否有效?

原告李建军诉称:被告佳动力公司免除其总经理职务的决议所依据的事实和理由不成立,且董事会的召集程序、表决方式及决议内容均违反了《公司法》的规定,请求法院依法撤销该董事会决议。

被告佳动力公司辩称:董事会的召集程序、表决方式及决议内容均符合法律和章程的规定,故董事会决议有效。

二、判决结果与理由

1. 判决结果

上海市黄浦区人民法院于 2010 年 2 月 5 日作出(2009)黄民二(商)初字第 4569 号民事判决:撤销被告佳动力公司于 2009 年 7 月 18 日形成的董事会决议。宣判后,佳动力公司提出上诉。

上海市第二中级人民法院于 2010 年 6 月 4 日作出(2010)沪二中民四(商)终字第 436 号民事判决:(1)撤销上海市黄浦区人民法院(2009)黄民二(商)初字第 4569 号民事判决;(2)驳回李建军的诉讼请求。

2. 判决理由

上海市第二中级人民法院认为,根据 2005 年《公司法》第 22 条第 2 款的规定,董事会决议可撤销的事由包括:(1)召集程序违反法律、行政法规或公司章程;(2)表决方式违反法律、行政法规或公司章程;(3)决议内容违反公司章程。从召集程序看,佳动力公司于 2009 年 7 月 18 日召开的董事会由董事长葛永乐召集,3 位董事均出席董事会,该次董事会的召集程序未违反法律、行政法规或公司章程的规定。从表决方式看,根据佳动力公司章程规定,对所议事项作出的决定应由占全体股东 2/3 以上的董事表决通过方才有效,上述董事会决议由

3 位股东(兼董事)中的两名表决通过,故在表决方式上未违反法律、行政法规或公司章程的规定。从决议内容看,佳动力公司章程规定董事会有权解聘公司经理,董事会决议内容中"总经理李建军不经董事会同意私自动用公司资金在二级市场炒股,造成巨大损失"的陈述,仅是董事会解聘李建军总经理职务的原因,而解聘李建军总经理职务的决议内容本身并不违反公司章程。

董事会决议解聘李建军总经理职务的原因如果不存在,并不导致董事会决议撤销。首先,《公司法》尊重公司自治,公司内部法律关系原则上由公司自治机制调整,司法机关原则上不介入公司内部事务;其次,佳动力公司的章程中未对董事会解聘公司经理的职权作出限制,并未规定董事会解聘公司经理必须要有一定原因,该章程内容未违反《公司法》的强制性规定,应认定有效,因此佳动力公司董事会可以行使公司章程赋予的权力作出解聘公司经理的决定。故法院应当尊重公司自治,无须审查佳动力公司董事会解聘公司经理的原因是否存在,即无须审查决议所依据的事实是否属实,理由是否成立。综上,原告李建军请求撤销董事会决议的诉讼请求不成立,依法予以驳回。

三、案例解读

1. 法律规定

对于公司决议的撤销问题,新《公司法》第 26 条有明确的规定。该条规定在原《公司法》第 22 条规定的基础上,吸收了《公司法司法解释(四)》第 4 条的规定,即若股东会、董事会会议的召集程序或者表决方式仅有轻微瑕疵,对决议未产生实质影响,股东不得行使撤销权。同时,新《公司法》新规定了决议的最长除斥期间一年,股东在决议作出一年内没有行使撤销权的,其撤销权消灭。

该条规定了决议撤销的事由和程序。股东会、董事会决议可撤销的事由包括:(1)召集程序违反法律、行政法规或公司章程;(2)表决方式违反法律、行政法规或公司章程;(3)决议内容违反公司章程。需要加以区分的是,根据新《公司法》第 25 条的规定,如果决议内容违反法律、行政法规,决议属于无效。

在可撤销之诉的提请程序上,根据该条规定,提起决议撤销之诉的主体应当为公司股东,股东应当自决议作出之日起 60 日内(未被通知参加股东会的股东自知道或者应当知道股东会决议作出之日起 60 日内),向人民法院请求撤销决议。同时,股东如果自决议作出之日起一年内没有行使撤销权,撤销权消灭。

2. 法律适用

本案的核心问题是，若公司作出决议的基础事实不存在或有误，能否成为股东请求法院撤销决议的事由？本案确立的裁判规则是人民法院在审理公司决议撤销纠纷案件中应当审查会议召集程序、表决方式是否违反法律、行政法规或者公司章程，以及决议内容是否违反公司章程。在未违反上述规定的前提下，决议所依据的事实是否属实，理由是否成立，不属于司法审查范围。

在本案中，原告李建军认为，董事会决议内容中“总经理李建军不经董事会同意私自动用公司资金在二级市场炒股，造成巨大损失”的陈述事实不存在，而这一事实是董事会作出解聘李建军决议的重要依据，因而原告李建军认为，应当撤销董事会决议。在本案确立为指导性案例之前，司法实践中对这一问题是不乏疑问的，正如李建军的诉请得到了一审法院的支持：佳动力公司董事会决议的召集程序和表决方式都符合法律规定，只是决议解聘李建军总经理职务所依据的事实并不存在——李建军炒股的行为都是在经过佳动力公司董事长葛永乐同意后进行的，董事王泰胜也知情，并非“未经同意，擅自动用公司资金炒股”。因此，“在该失实基础上形成的董事会决议，缺乏事实及法律依据，其决议结果是失当的”。“从维护董事会决议形成的公正、合法性角度出发”，一审判决支持李建军撤销董事会决议的主张，“至于佳动力公司董事会出于公司治理需要，需对经理聘任进行调整，应在公司法及公司章程的框架内行使权利”。①

但是，二审法院却认为董事会决议解聘李建军总经理职务的原因如果不存在，并不导致董事会决议撤销。“法院应当尊重公司自治，无需审查佳动力公司董事会解聘公司经理的原因是否存在，即无需审查决议所依据的事实是否属实，理由是否成立。”最高人民法院在将本案确认为指导性案例第 10 号时，亦同意了二审法院的观点：若无其他无效或撤销事由，解聘总经理职务的决议所依据的事实是否属实，理由是否成立，不属于司法审查范围。

在公司决议行为效力瑕疵判断问题上，应当避免司法过度介入公司股东会或者股东大会、董事会的商业自治判断，保持司法在介入公司决议问题上的克制主义。本案表明了司法机关对撤销公司决议的审慎立场：严格遵照《公司法》

① 参见上海市黄浦区人民法院民事判决书，(2009)黄民二(商)初字第 4569 号。

的规定，若决议的召集程序和表决方式没有违反法律、行政法规或公司的章程的规定，且决议内容没有违反公司章程的规定，法院一般情况对当事人撤销已经生效的公司决议的诉请不予以支持。该案体现出了法院对公司商业决策的尊重，避免对商业决策作事后的合理性审查。只要决策时当事人是善意的，法院就不能在事后对其作二次判断。

3. 本案延伸思考

本案是否存在股东压迫问题？

在有限责任公司中，担任管理职务是非常重要的一种投资回报方式。本案中，李建军作为没有公司控制权的第一大股东，被另两位股东联合，以公司决议的形式撤销其总经理的职务。经一审法院查明，其没有作出不利于公司利益的行为。李建军请求法院撤销涉诉决议无果，是否意味着李建军在《公司法》范围内的有效救济途径已经穷尽？

实际上，本案揭示了更为复杂，也更为困难，但也更符合现实的有限公司经营困境——大股东对小股东的压迫问题。本案中的佳动力公司只有 3 名股东，李建军持股 46% 为第一大股东，葛永乐和王泰胜分别持股 40% 和 14% 。李建军因此担任了公司总经理，负责公司的日常经营。但在本案所争议的董事会上，两名小股东联手，罢免了第一大股东的总经理职务。这实际上可能构成大股东排挤小股东的一种手段——取消李建军作为第一大股东直接参与公司经营的权利。正因如此，在本案公布后，有学者对本案提出一定的质疑，认为“本案的裁判观点是简单机械地使用公司法条文处理表面问题，既没有推进对《公司法》第 22 条的深入理解，也没有挖掘本案的独特价值”[①]。实际上，除决议的撤销和股东压迫问题外，在其他方面也得到了法学界广泛的讨论，譬如总经理是否为劳动者的问题[②]、总经理职务解除的无因性问题[③]等。李建军案虽然事实较为简单、清楚，但其背后的理论争议时至今日尚未消弭。

---

① 彭冰:《理解有限公司中的股东压迫问题——最高人民法院指导案例 10 号评析》，载《北大法律评论》2014 年第 1 期。

② 参见王天玉:《经理雇佣合同与委任合同之分辨》，载《中国法学》2016 年第 3 期。

③ 参见刘斌:《公司治理视域下公司表意机制之检讨》，载《中国政法大学学报》2021 年第 2 期。

四、相关原理

股东压迫的类型

由于公司股东人数较少并积极参与公司经营管理,公司法的基本问题——代理成本问题——在有限责任公司中体现为股东之间的利益冲突、大股东利用其优势地位侵害小股东利益。这一现象被概括为股东压迫,它是指控制股东对少数股东参与权的不当剥夺,其中参与权包括公司治理、分配、任职等诸多方面。在我国的案例中,股东压迫主要包含以下几种类型。

1. 不公平分配

不公平分配是股东压迫中比例最高的类型,对该"分配"应采广义理解,可能表现为利润分配、股份回购、担任公司雇员并获得报酬、减资等等多种形式的分配。无论不公平分配采取何种形式,其本质是改变了同一类型的股东应当取得同等程度分配、具有同等分配顺位的立法预设。不公平分配有以下几种典型的表现形式。

(1)通过合法途径实施不公平利润分配

公司法的原则是"同股同权",在利润分配上也是如此。在有限责任公司当中,除非全体股东约定不按照出资比例分红,公司法的默认规则就是按照实缴比例分红。但是,在对案例的观察中,可以发现大股东会利用其优势地位,通过股东会决议损害小股东的利润分配请求权。

(2)通过其他形式进行不公平分配

大股东除了通过合法决议进行不公平分配外,还可能通过公司的歧视性分配进行股东压迫,其表现形式可能为:选举自己或自己的亲信担任公司的职务,并且通过决议发放超出正常水平的薪资,提供超出正常水平的福利待遇。这可以看作对小股东的压迫,同时也是对公司利益的损害。

2. 不公平剥夺经营参与或工作机会

(1)剥夺经营参与

股权中两大基础权利为利润分配请求权和对公司治理的参与权,其中参与公司治理的权利分为对公司重大事项的决策权和选择公司管理人的权利。[①] 我国有限责任公司在组建时,所有股东都可能先担任公司的管理者,比如担任公司的经理或者董事。在股东与管理者的双重身份下,小股东有两种途径参与公司的治理:其一,作为股东在股东会上投票;其二,作为公司管理者控制公司的运作。但是在实践当中,股东这两种参与公司经营的权利都可能会被多数股东剥夺:若大股东掌握超过1/2,甚至2/3的股份,少数股东的投票将无法改变大股东的决定,少数股东在股东会上投票的权利可能被大股东的多数股权实质上剥夺,同时少数股东作为公司管理者的身份可能被大股东通过决议剥夺。可能存在这样一种情况,大股东通过承诺经营管理权骗取小股东信任,使小股东投资于公司,但是在事后通过股东会决议罢免小股东的职务。一般情况下,公司管理人员的人选属于公司自治的范畴,公权力应当尊重当事人的自由意志。但是如果小股东存在对自己职务、对公司参与的合理期待时,公权力就有介入的基础。

(2)剥夺工作机会

在一些公司中,股东通常更愿意在公司中成为雇员,在公司任职从而获得报酬,是股东取得投资回报的常用方式。在公司经营状况一般、利润较少难以满足利润分配的条件时,这种安排可以使股东获得一份固定的收入。更重要的是,作为自然人的股东在这种安排下也可以避免公司和股东被双重征税。如果股东以雇员的形式在公司任职并且领取报酬的方式获得实际上的“股息分配”,那么,这部分工资就可以在公司当年经营成本中支出,避免计入企业所得税的基数当中。从公司及股东的利益最大化角度出发,有限责任公司常常会利用自己灵活的财务制度与薪酬制度,以报酬形式来代替股利分配,这样报酬支出可以作为公司经营成本,降低公司与股东的总体应纳税额。这种变相获得的公司利润就被称为“事实上的股利”。

3. 不公平改变股东持股比例

(1)稀释少数股东持股比例

还有另外一种类型的股东压迫,即稀释少数股东的股权比例。无论是出于正常的商业目的,还是控股股东为了稀释小股东的股权比例,公司增资扩股都

① 参见赵旭东:《公司法人财产权与公司治理》,载《北方法学》2008年第1期。

是十分常见的现象。在这种情况下,股东应当有权利保全自己在公司中的出资比例,对此常以优先认购权进行保障。但是控股股东可能利用自己对公司的实际控制与小股东的现实情况,变相地让小股东无法行使自己的优先认购权。比如控制股东在少数股东处于财务困境时,提案以现金方式增资扩股并且股东会已通过,此时少数股东即使愿意行使优先购买权,也会因为现金问题而被迫放弃参与认购新股;或者控制股东仅仅给予少数股东极短的时间要求少数股东认缴增资款,使少数股东无法及时支付款项而丧失优先认购权。少数股东原本就在公司处于劣势地位,若股权被进一步稀释,则其对公司的实际控制能力也就被进一步地削弱。这一行为往往是控制股东施加其他压迫行为的重要环节,控股股东可以在成功稀释少数股东持股比例的基础上,达到对公司实施合并或者对公司结构进行根本性变更的目的。

(2)不公平增加少数股东持股比例

与股东利用优势地位稀释少数股东持股比例相对,还有另外一种股东压迫的情形,即股东利用其优势地位不公平地增加少数股东的持股比例。与稀释小股东股权比例不同,这种情况下小股东在大股东的“欺诈”下付出了自己的真金白银,大股东企图利用自己的优势地位借小股东资金以使公司渡过难关。大股东采用了不公平的手段(如隐瞒信息、虚假陈述等)使得小股东陷入了错误的认知,并基于该错误认知向公司进行了增资,这也属于股东压迫。

4. 知情权限制

股东知情权为股权的基本权能,且不能由公司章程、股东协议等剥夺。[①] 股东压迫也可能表现为知情权的限制,但是要明确区分这一限制是来源于其他股东还是来源于公司。如果其他股东基于股东会决议、大股东身份等限制中小股东知情权,可以被纳入股东压迫的范畴,但是如果是董事会或执行董事拒绝股东行使知情权,则不属于股东压迫的范畴。

国内有些学者在讨论股东压迫的具体类型时,往往没有区分股东知情权的类型,认为多数股东侵害少数股东知情权的方式多为拒绝提供公司内部资料、

---

① 《公司法司法解释(四)》第9条:“公司章程、股东之间的协议等实质性剥夺股东依据公司法第三十三条、第九十七条规定查阅或者复制公司文件材料的权利,公司以此为由拒绝股东查阅或者复制的,人民法院不予支持。”

拖延不办查阅事项、提供虚假的资料等。我们认为,应当对侵犯小股东知情权的情况进行区分,有些属于董事会侵犯小股东知情权,应当由小股东通过向人民法院起诉要求查阅,不属于股东压迫的范畴;有些属于其他股东侵犯小股东知情权,比如大股东以股东身份进行不实陈述或者向小股东提供虚假的报告,就属于股东压迫的范畴。

案例 12 决议不成立的认定

《公司法》第 27 条解读

——威海汤泊温泉度假有限公司、烟台虹口大酒店有限公司等公司决议效力确认纠纷再审案①

【最高人民法院 2022 年再审案例】

《公司法》第 27 条

有下列情形之一的,公司股东会、董事会的决议不成立:

(一)未召开股东会、董事会会议作出决议;

(二)股东会、董事会会议未对决议事项进行表决;

(三)出席会议的人数或者所持表决权数未达到本法或者公司章程规定的人数或者所持表决权数;

(四)同意决议事项的人数或者所持表决权数未达到本法或者公司章程规定的人数或者所持表决权数。

一、案情介绍

2007 年 4 月,烟台虹光房地产开发有限公司、黑豹公司出资设立威海汤泊温泉度假有限公司(以下简称汤泊公司),2010 年 11 月 17 日汤泊公司修改公司章程,注册资本变更为 9000 万元,其中烟台虹口大酒店有限公司(以下简称虹口大酒店)出资 5940 万元,出资比例占 66%,王某京出资 2910 万元,出资比例占 32.33%,黑豹公司出资 150 万元,出资比例占 1.67%,虹口大酒店最后一次

① 最高人民法院民事判决书,(2022)最高法民再 215 号。

出资时间为 2010 年 11 月 17 日。

汤泊公司章程第 4 条规定:"公司注册资本:公司以全体股东认缴的出资额人民币 9000 万元作为公司的注册资本,非法定程序不得改动。公司增加或减少注册资本,必须召开股东会并由代表三分之二以上的表决权的股东通过并作出决议。"公司章程第 13 条规定:"股东会会议由股东按照出资比例行使表决权。"公司章程还规定了临时股东会的召集和主持方式。

2015 年 9 月 17 日,王某京、黑豹公司将虹口大酒店、汤某众诉至威海市中级人民法院,请求确认虹口大酒店抽逃了对汤泊公司的出资并请求予以返还,汤某众对虹口大酒店上述返还义务承担连带责任。2016 年 6 月 27 日威海市中级人民法院 117 号判决判令:(1)确认虹口大酒店抽逃了对汤泊公司出资;(2)虹口大酒店于判决生效后 10 日内向汤泊公司返还抽逃的出资;(3)汤某众对虹口大酒店上述返还义务承担连带责任。

2016 年 8 月 1 日,王某京、黑豹公司作为提议人以快递邮寄的方式向汤泊公司执行董事发出《关于提议召开临时股东会会议的函》,提议召开临时股东会,审议减少虹口大酒店在汤泊公司的出资额 5420.2 万元,并请执行董事在收到提议之日起 3 日内向股东发出会议通知。

2016 年 8 月 7 日,王某京、黑豹公司向汤泊公司监事发出《关于提议召开临时股东会会议的函(二)》,内容为:因公司执行董事未能及时根据提议人的提议召开临时股东会,根据法律规定向公司监事提议于 2016 年 8 月 25 日前召开临时股东会,审议减少虹口大酒店在汤泊公司的出资额,并请公司监事在收到提议之日起 3 日内向股东发出会议通知。

2016 年 8 月 8 日,汤泊公司监事孙某亮以快递邮寄的方式向全体股东发出"关于召开临时股东会会议的通知",通知全体股东于 2016 年 8 月 25 日上午 9 时在黑豹公司办公室二楼会议室召开公司临时股东会,会议议题为减少股东虹口大酒店在汤泊公司的出资额,汤泊公司注册资本减少相应数额。2016 年 8 月 10 日,孙某亮向汤泊公司全体股东发出《关于召开威海汤泊温泉度假有限公司临时股东会会议的通知(二)》,通知股东会议时间改为 2016 年 8 月 27 日上午 9 时,会议地点及议题不变。

2016 年 8 月 27 日,汤泊公司召开 2016 年第一次临时股东会,王某京委托代理人孙某亮、黑豹公司出席会议,虹口大酒店缺席会议。会议对议题进行了表决,王某京、黑豹公司均投同意票,并制作股东会决议。股东会决议载明:根据已生效的威海市中级人民法院117号判决确认,虹口大酒店抽逃在汤泊公司的出资,且该股东未在判决确定的时间内向公司返还抽逃的出资,因此其有效表决权金额应当减少相应数额,故该次会议有效表决权总额为3579.8万元(其中黑豹公司150万元、王某京2910万元、虹口大酒店519.8万元)。王某京、黑豹公司对会议议题投赞成票,占有效表决权比例的85.48%;虹口大酒店弃权(其拥有的表决权比例为14.52%)。会议通过决议:减少虹口大酒店在汤泊公司的出资额5420.2万元,相应减少汤泊公司注册资本。

本案的争议在于,案涉股东会减资决议是否成立且合法有效?

针对前述减资决议,王某京、黑豹公司诉请:(1)判决确认汤泊公司于2016年8月27日作出的股东会决议有效;(2)判决汤泊公司根据生效的股东会决议修改公司章程,并在公司登记机关办理工商变更登记手续。

汤泊公司、虹口大酒店辩称:案涉股东会决议并未经过汤泊公司2/3以上表决权通过,应属不成立。

二、判决结果与理由

1. 判决结果

山东省威海市中级人民法院(2019)鲁10民初177号民事判决:(1)确认汤泊公司于2016年8月27日作出的股东会决议有效;(2)驳回王某京、黑豹公司的其他诉讼请求。山东省高级人民法院(2020)鲁民终2501号民事判决判决驳回上诉,维持原判。

最高人民法院(2022)最高法民再215号民事判决:(1)撤销山东省高级人民法院(2020)鲁民终2501号民事判决、山东省威海市中级人民法院(2019)鲁10民初177号民事判决;(2)驳回王某京、黑豹公司的全部诉讼请求。

2. 判决理由

最高人民法院认为:

首先,对于《公司法司法解释(三)》第16条"股东未履行或者未全面履行出资义务或者抽逃出资,公司根据公司章程或者股东会决议对其利润分配请求权、新股优先认购权、剩余财产分配请求权等股东权利作出相应的合理限制,该股东请求认定该限制无效的,人民法院不予支持"规定的正确理解应是该规定仅指相关权利限制,并未规定相关权利的消灭;该规定限制的是财产性权利,而非资格性权利,即该规定不能作为资格性权利消灭的依据。在没有法律明确规定的情形下,股东资格性权利的消灭与否只能依据公司章程等股东之间的有关约定,而本案中汤伯公司股东之间并未通过公司章程等进行相关约定。相反,汤泊公司的公司章程第4条规定公司增加或减少注册资本须召开股东会并由代表2/3以上的表决权的股东通过并作出决议,第13条规定股东会会议由股东按照出资比例行使表决权,而本案诉争股东会决议并无表决权占比66%的股东虹口大酒店的参加,按照《公司法司法解释(四)》第5条第3项的规定,股东会或者股东大会、董事会决议出席会议的人数或者股东所持表决权不符合《公司法》或者公司章程规定的,人民法院对当事人主张决议不成立应当予以支持。

其次,《公司法司法解释(三)》第17条关于"有限责任公司的股东未履行出资义务或者抽逃全部出资,经公司催告缴纳或者返还,其在合理期间内仍未缴纳或者返还出资,公司以股东会决议解除该股东的股东资格,该股东请求确认该解除行为无效的,人民法院不予支持"的规定,虽然认可了公司对股东资格的解除,但由于这种解除股东资格的方式相较于其他救济方式更为严厉,具有终局性,所以该规定的适用场合限定在股东未履行出资义务或者抽逃全部出资的情形,而未全面履行出资义务或者抽逃部分出资的股东不适用该种规则。因此,对王某京、黑豹公司诉请确认解除虹口大酒店股东资格的股东会决议合法效力的主张,法院不予支持。

三、案例解读

1. 法律规定

原《公司法》并未规定股东会决议、董事会决议不成立相关的内容,《公司法司法解释(四)》第5条规定了决议不成立的四种具体情形和一种兜底情形,[①]

① 《公司法司法解释(四)》第5条:"股东会或者股东大会、董事会决议存在下列情形之一,当事人主张决议不成立的,人民法院应当予以支持:(一)公司未召开会议的,但依据公司法第三十七条第二款或者公司章程规定可以不召开股东会或者股东大会而直接作出决定,并由全体股东在决定文件上签名、盖章的除外;(二)会议未对决议事项进行表决的;(三)出席会议的人数或者股东所持表决权不符合公司法或者公司章程规定的;(四)会议的表决结果未达到公司法或者公司章程规定的通过比例的;(五)导致决议不成立的其他情形。"

新《公司法》第27条吸收了《公司法司法解释(四)》第5条的规定,但不同于司法解释,新《公司法》第27条没有保留"导致决议不成立的其他情形"这个兜底性一般条款,直接规定以下四种情形,构成决议不成立:(1)未召开股东会、董事会会议作出决议。公司股东会、董事会在没有召开会议的情况下作出的决议,严重违反了公司法规定的议事方式和表决程序,损害了其他股东或者董事的合法权益,原则上是不成立的。但新《公司法》第59条第3款规定了公司股东会可以不召开会议作出决议的例外情形,即全体股东以书面形式一致表示同意的,可以不召开股东会,直接作出决定,并由全体股东在决定文件上签名或者盖章。(2)股东会、董事会会议未对决议事项进行表决。虽然召开了股东会、董事会,但是股东或者董事并没有就相关提案进行表决,该决议将缺少必要的成立要件而归于不成立。(3)出席会议的人数或者表决权数不符合《公司法》或者公司章程的规定。本项中的出席会议的人数,涉及股东法定出席比例,意指召开合法有效的股东会,出席会议的股东们代表的公司有表决权的股份数量应达到法定标准。(4)同意决议事项的人数或者表决权数未达《公司法》或者公司章程规定。公司股东会、董事会决议通过的是一个团体性事项,世界各国公司法普遍采取资本多数决的方式通过决议,并针对一般事项和特别事项,规定了一般多数决和绝对多数的不同要求。

2. 法律适用

本案的核心问题是,股东会审议减少抽逃出资股东出资额的决议,限制相关股东的表决权,决议是否成立有效?本案判决确定的裁判规则是,股东会减资决议不符合公司章程规定的出席会议的人数以及股东所持表决权数的规定,因此减资决议不成立。

本案中,各级法院虽然都在论证决议是否成立有效,但裁判思路均有不同。本案一、二审法院裁判认可了案涉诉争股东会决议的效力,最高人民法院则因为案涉诉争股东会决议并无占比66%的股东虹口大酒店的参加,按照《公司法司法解释(四)》第5条第3项的规定,认为该决议不成立。

一审法院认定诉争减资决议合法有效,认为虹口大酒店已经出资后又抽逃出资,在其未能及时补足的情况下,汤泊公司召开股东会会议,就减少虹口大酒店出资额的决议进行审议,虹口大酒店对表决事项存在利害关系,应排除其相应范围内表决权的行使。在排除虹口大饭店表决权后,因王某京、黑豹公司对会议议题投赞成票、占有效表决权比例的 85.48%，通过了减少虹口大酒店在汤泊公司的出资额的决议，符合公司章程及法律规定。

二审法院认定诉争减资决议合法有效，在表决权比例计算中，同样排除了瑕疵股权的部分，认为如果允许瑕疵股东对限制其股东权利的议题参与表决，且该决议须经代表公司 2/3 以上表决权的股东通过，则该表决形同虚设。

最高人民法院认为，表决权比例计算中，严守章程规定，按照代表 2/3 以上的表决权计算股东虹口大酒店的份额。本案虹口大酒店在汤泊公司出资占比 66%，根据公司章程的规定，减资需要召开股东会并由代表 2/3 以上的表决权的股东通过并作出决议，且股东会会议由股东按照出资比例行使表决权，但是本案诉争股东会决议不符合前述章程规定的出席会议的人数以及股东所持表决权数的规定，因此人民法院援引《公司法司法解释（四）》第 5 条支持当事人关于决议不成立的主张。

在新《公司法》实施后，本案中虹口大酒店未参加关于减资决议的股东会表决，将违反新《公司法》第 27 条第 3、4 项"（三）出席会议的人数或者所持表决权数未达到本法或者公司章程规定的人数或者所持表决权数；（四）同意决议事项的人数或者所持表决权数未达到本法或者公司章程规定的人数或者所持表决权数"，本案诉争公司股东会决议不符合章程约定的决议形成程序，具有严重瑕疵，将事实上不成立。

3. 本案延伸思考

（1）决议不成立的情形

决议诉讼是公司诉讼的重要部分，本案关于决议效力的判断各异实际上反映了规则层面存在模糊性，即使新《公司法》第 27 条作出了关于决议不成立的规定，但是目前的规定主要是涉及被告和不成立的情形，其实并未解决实践中关于不成立的法律效果、不成立的具体原因、决议的成立要件、"导致决议不成立的其他情形"的范围等问题。关于决议不成立目前没有单独的诉讼案由，司法实践中容易与决议效力确认之诉和公司决议撤销之诉混淆，应该辨明其与类似案由的差异。决议不成立应该程序瑕疵极为严重导致决议事实上没有成立，本案案情正好落于新《公司法》规定的决议不成立的四种情形之一中。新《公司法》与《公司法司法解释（四）》第 5 条相比删去了关于"导致决议不成立的其他情形"，实践中超出四种情形的程序瑕疵是否导致决议效力不成立，也值得进一步思考。

(2)催缴失权是否意味着丧失股东资格

针对未全面出资或者部分抽逃出资的股东,公司可以考虑通过催缴失权进行救济,若股东未在宽限期届满之前履行出资义务,股东则丧失其未缴纳出资部分的股权,股东丧失该部分股权的时间点为公司发出失权的书面通知之时。新《公司法》第52条是关于有限责任公司催缴方式及股东失权的规定,在公司已经发出书面催缴书,股东已经知悉催缴事宜、缴纳期限及不缴纳后果的情况下,股东应当对其行为可能造成的后果以及该后果发生的时间形成合理预期。对于股东失权的法律后果,根据该条第1款第2句的规定,股东因未缴纳出资而失权并不等同于丧失股东资格,其已经履行实缴出资义务的部分仍然有效。此点区别于《公司法司法解释(三)》第17条规定的股东未履行出资义务或者抽逃全部出资时的法律后果——公司解除该股东的股东资格。我们认为,股东未完全履行出资义务和完全未履行出资义务存在较大差别,因股东未履行部分出资义务而剥夺其全部权利的做法过于严苛。对于股东未缴纳出资部分的股权,其因股东失权而丧失所有者,新《公司法》第52条第2款规定,这部分的股权应当被转让或注销,以保证股东认缴出资额等于公司登记的注册资本。然而,如果因股东失权而变成库存股的股权在6个月内未转让或者注销,公司其他股东应当按照其出资比例足额缴纳相应出资,以遵守资本确定原则的要求。

四、相关原理

决议成立的判断

公司决议作为一种民事法律行为,其成立、生效、撤销虽有自己的特殊之处,但仍要遵循法律行为的基本规则。无论是决议的无效还是可撤销,均须以其成立为前提,因而对公司决议成立与否的判断具有较前的判定顺位。公司决议成立与否,是一种事实判断,要看是否具备成立要件。

首先,须判断是否确实召开了符合法律或章程规定的股东会、董事会。公司决议的形成必须通过会议,诸位股东、董事在会议上经过充分的讨论、表决,才能形成公司的意思。若未实际召开会议而伪造“决议”,实际会议中未进行表决,故意未通知多数股东、董事而召开会议作出“决议”,就召集通知未列明的事项作出“决议”,会议未达到法定最低出席人数等,都应视为未针对此项决议召开符合规定的会议。

其次,议事方式和表决程序要依照法律或章程的规定。我国《公司法》对普通决议和特别决议都规定了最低表决权数,某些情况下还允许章程对表决权比例作出规定,这是决议的成立要件之一,未达到相应表决权数的“决议”自然不成立。只有形式上合法召开会议并表决通过的决议,才可认为成立。

CHAPTER 02

第 二 章

公司登记

案例 13 批准瑕疵对公司变更登记的影响

《公司法》第 34 条解读

——杨某与美国新都兴业有限公司工商登记纠纷案①

【最高人民法院 2017 年再审案例】

《公司法》第 34 条

公司登记事项发生变更的,应当依法办理变更登记。

公司登记事项未经登记或未变更登记,不得对抗善意相对人。

一、案情介绍

2002 年 5 月 16 日,美国新都兴业有限公司(以下简称新都公司)与景德镇市高新区管理委员会(以下简称景德镇市高新管委会)签订《景德镇市民营陶瓷科技园区开发建设合同》。合同约定,新都公司成立外资公司为科技园开发建设位于瓷都大道上的“景德镇市民营陶瓷科技园”项目。2002 年 6 月 6 日,新都公司在江西省建立了外资企业“江西盛都置业有限公司”(以下简称盛都公司)

① 最高人民法院行政裁定书,(2017)最高法行申 4779 号。

负责“景德镇市民营陶瓷科技园”项目的开发。2002 年 9 月 24 日，盛都公司获批成立，法定代表人为陈某黎，注册资本为 6560 万元。

2011 年 1 月 8 日，盛都公司 2011 年第二次董事会作出决议，同意新都公司将其持有的盛都公司 100% 的股权转让给杨某，与会董事虽有陈某黎姓名，但未有其本人签名，陈某河等其他董事在决议上签名。同月 9 日，新都公司和杨某签订股权转让协议，协议约定，新都公司同意将其持有的盛都公司出资额 6560 万元、占注册资本 100% 的股权转让给杨某，出让方栏内，新都公司具章。同月 16 日，江西盛都公司作出 2011 年第二次出资人决议，根据盛都公司 2011 年第二次董事会决议，同意新都公司将其持有的盛都公司出资额 6560 万元、占注册资本 100% 的股权转让给杨某。同月 23 日，盛都公司作出 2011 年第三次出资人决议，同意第二次出资人决议内容，并对董事成员作出变更。2011 年 5 月 30 日，原景德镇市招商协作局以景协字〔2011〕16 号文《关于同意江西盛都置业有限公司股权转让的批复》批准新都公司与杨某的股权转让，2011 年 6 月 7 日，原景德镇市工商行政管理局进行了涉案的股权转让登记、法定代表人变更登记，并颁发了新的营业执照。

该案的争议事实在于，原景德镇市招商协作局作出的《关于同意江西盛都置业有限公司股权转让的批复》是否符合法律的规定？原景德镇市工商行政管理局据此批复进行的对盛都公司的股东和法定代表人身份的变更是否符合法律的规定？

原告新都公司起诉称，被诉行政机关并没有尽到合法审核的义务，主张撤销《关于同意江西盛都置业有限公司股权转让的批复》和对盛都公司的股东变更登记和法定代表人身份变更。

被告杨某答辩称，被诉行政机关在办理涉案行政许可、行政登记时尽到了审慎合理审查义务，涉诉的股权转让、法定代表人变更，确属上诉人美国新都公司的真实意思，且实际变更早已完成。

二、判决结果与理由

1. 判决结果

江西省景德镇市中级人民法院于 2016 年 8 月 1 日作出（2015）景行初字第 14 号行政判决，驳回新都公司的诉讼请求。

新都公司不服提起上诉后,江西省高级人民法院于 2017 年 1 月 17 日作出(2016)赣行终 293 号行政判决,撤销一审判决,撤销原景德镇市招商协作局 2011 年 5 月 30 日作出的《关于同意江西盛都置业有限公司股权转让的批复》,撤销原景德镇市工商行政管理局 2011 年 6 月 7 日作出的股权转让登记、法定代表人变更登记行为。

一审被告,二审被上诉人杨某不服,向最高人民法院申请再审,最高人民法院作出(2017)最高法行申 4779 号行政裁定书,裁定驳回再审申请人杨某的再审申请。

2. 判决理由

最高人民法院认为,《外资企业法》[①]第 10 条规定,外资企业分立、合并或者其他重要事项变更,应当报审查批准机关批准,并向工商行政管理机关办理变更登记手续。可见,我国对外资企业重要事项的变更实行许可和登记双重审查制度,在保障外资企业投资人合法权益的同时最大限度维护国家利益和社会公共利益。外资企业股权转让批准系依申请作出的行政许可行为,批准机关应当按照《行政许可法》、《外资企业法》及相关法规、规章的规定履行审查职责。原对外贸易与经济合作部和原国家工商行政管理总局 1997 年印发的《外商投资企业投资者股权变更的若干规定》(已废止)第 9 条和第 10 条分别规定了外商投资企业变更股权应当报送的文件和股权转让协议应当包含的内容。[②] 该案中,盛都公司在向原景德镇市招商协作局申请办理股权转让批准手续时,没有向原景德镇市招商协作局提交作为投资者的新都公司签名或盖章的股权变更申请书,仅有盛都公司盖章提交的股权变更申请书,然而盛都公司并非投资者;同时,作为股权变更表征的股权转让协议书的内容极为简单,欠缺交割期限及

---

① 《外资企业法》已于 2020 年废止。

② 《外商投资企业投资者股权变更的若干规定》第 9 条:"由于本规定第二条(一)、(二)项原因需要变更股权的,企业应向审批机关报送下列文件:(一)投资者股权变更申请书;(二)企业原合同、章程及其修改协议;(三)企业批准证书和营业执照复印件;(四)企业董事会关于投资者股权变更的决议;(五)企业投资者股权变更后的董事会成员名单;(六)转让方与受让方签订的并经其他投资者签字或以其他书面方式认可的股权转让协议;(七)审批机关要求报送的其他文件。"

第 10 条:"股权转让协议应包括以下主要内容:(一)转让方与受让方的名称、住所、法定代表人的姓名、职务、国籍;(二)转让股权的份额及其价格;(三)转让股权交割期限及方式;(四)受让方根据企业合同、章程所享有的权利和承担的义务;(五)违约责任;(六)适用法律及争议的解决;(七)协议的生产与终止;(八)订立协议的时间、地点。"

方式、违约责任、受让方权利义务等多项法定内容，与前述规章的内容要求相差甚远。而按照法定条件审查的要求，上述材料的缺失和股权转让协议内容的失范，应当足以引起作为行政许可机关的原景德镇市招商协作局登记人员的关注和重视，其应在办理股权转让许可时进行询问和核实，同时这也是许可机关应尽的合理注意义务。而在此情形下，原景德镇市招商协作局仍然作出同意盛都公司股权转让的批复，属于未尽到审查职责的违法许可行为。一审法院判决驳回新都公司的诉讼请求适用法律法规错误。二审法院审理后判决撤销有事实和法律依据。

《公司登记管理条例》第26条①规定，公司变更登记事项，应当向原公司登记机关申请变更登记。未经变更登记，公司不得擅自改变登记事项。第27条规定，公司申请变更登记，应当向公司登记机关提交下列文件：(1)公司法定代表人签署的变更登记申请书；(2)依照《公司法》作出的变更决议或者决定；(3)国家工商行政管理总局规定要求提交的其他文件。公司变更登记事项涉及修改公司章程的，应当提交由公司法定代表人签署的修改后的公司章程或者公司章程修正案。变更登记事项依照法律、行政法规或者国务院决定规定在登记前须经批准的，还应当向公司登记机关提交有关批准文件。该案中，因作为前置审批文件的原景德镇市招商协作局所作的同意股权转让批复已被判决撤销，股权转让和法定代表人变更登记已不具备法定条件，二审法院据此判决撤销股权转让和法定代表人变更登记符合法律规定。

三、案例解读

1. 法律规定

公司登记制度是本次《公司法》修订的重点问题之一，新《公司法》新设“公司登记”专章，将散落于原《公司法》和公司登记实践中的有关问题进行了体系性的整合，并对个别规定进行了修改。该案例所涉的问题是公司的变更登记问题，2013年《公司法》第32条第3款规定了股东的变更登记：“公司应当将股东的姓名或者名称向公司登记机关登记；登记事项发生变更的，应当办理变更登记。未经登记或者变更登记的，不得对抗第三人。”

---

① 《公司登记管理条例》已废止，其相关规定参见《市场主体登记管理条例》。

新《公司法》第 34 条第 1 款规定,公司登记事项发生变更的,应当依法办理变更登记。公司登记事项,是指名称、住所、注册资本、经营范围、法定代表人的姓名、有限责任公司股东、股份有限公司发起人的姓名或者名称等 6 项。根据《市场主体登记管理条例》第 24 条之规定,市场主体变更登记事项,应当自作出变更决议、决定或者法定变更事项发生之日起 30 日内向登记机关申请变更登记。市场主体变更登记事项属于依法须经批准的,申请人应当在批准文件有效期内向登记机关申请变更登记。同时,按照该款规定,变更登记需要"依法"办理,如果法律、法规有规定变更事项需要获得相关部门批准,必须先获得批准,再办理变更登记,这问题也是该案的核心问题。

新《公司法》第 34 条第 2 款规定了公司登记的法律效力,即公司登记事项未经登记或者未经变更登记,不得对抗善意相对人。该款规定与《民法典》第 65 条"法人的实际情况与登记的事项不一致的,不得对抗善意相对人"亦是一致的。

2. 法律适用

该案的核心问题是,对于法律规定需要批准方可变更登记的事项,若批准机关的批准存在瑕疵,其变更登记的效力如何?该案判决确立的裁判规则是,若批准行为存在瑕疵,则变更登记不再具备法定条件,法院亦可以据此撤销登记机关已经变更的登记事项。

对于普通公司而言,其名称、住所、注册资本、经营范围、法定代表人的姓名等事项的变更登记无须获得特别批准,只需要在登记机关办理变更登记即可。而对于特殊公司,法律、法规对其变更登记有需要获得批准机关批准的特别要求。一般而言,其需要在获得批准机关批准之后,再办理变更登记,该案的情况即是如此,该案发生的时间为 2011 年,届时外资企业的变更登记需要满足《外资企业法》第 10 条的规定:外资企业分立、合并或者其他重要事项变更,应当报审查批准机关批准,并向工商行政管理机关办理变更登记手续。比起内资企业的变更登记,外资企业的重大事项的变更登记要以审查批准机关的批准为前提。同时,当时的法律法规对外资企业重大变更登记事项批准时应当提交的材料的种类与内容都提出了明确的要求。

在该案中,盛都公司在向原景德镇市招商协作局报批股权转让行为的时候,没有提交作为投资者的新都公司的申请书,不符合《外商投资企业投资者股权变更的若干规定》第9条第1项关于报送"投资者股权变更申请书"的规定。同时,其报批材料中所提交的股权转让协议包含的内容也不符合上述规定第10条所要求的内容要件,存在形式瑕疵。该案的核心争议问题即为,以上瑕疵是否足以撤销原景德镇市招商协作局作出的同意盛都公司股权转让的批复,从而撤销股权转让和法定代表人变更登记?

对此问题,一审法院认为,登记主管机关的责任是对申请人提交的有关申请材料和证明文件是否齐全,以及申请材料和证明文件及其所记载的事项是否符合有关登记管理法律法规的规定进行审查,因申请材料和证明文件不真实所引起的后果,登记主管机关不承担相应责任。[①] 其援引了2006年商务部办公厅《关于对外商投资企业股权变更有关问题的答复》第3条的规定:股权变更的申请人应对其所提交的申请材料的真实性负责。针对当事人之间的股权转让,审批及登记机构只负责对申请人提交的股权变更材料进行形式审查,如申请人提交的材料齐全且符合法律规定即可批准股权转让且作变更登记。很明显,一审法院在审理时并没有关注外资企业变更登记的特殊性,亦没有对批准和登记属于不同的行政行为予以区分。

故二审法院和最高人民法院在审理时认为,上述材料的缺失和股权转让协议内容的失范,应当足以引起作为行政许可机关的原景德镇市招商协作局登记人员的关注和重视,其应在办理股权转让可时进行询问和核实,同时这也是许可机关应尽的合理注意义务。而在此情形下,原景德镇市招商协作局仍然作出同意盛都公司股权转让的批复,属于未尽到审查职责的违法许可行为。最高人民法院认为,外商投资企业的变更登记,即使已经获得了审查主管机关的批准,但如果批准时的材料种类或内容存在明显的瑕疵,"许可机关没有尽到合理的注意义务",那么法院也可以撤销其许可,进而导致的结果是,变更登记不再具备法定条件,法院亦可以据此撤销登记机关已经变更的登记事项。

新《公司法》第34条规定,公司登记事项发生变更的,应当依法办理变更登记。该案为我们阐释了该条规定中"依法"二字的重要性以及违法批准的法律后果。在该案中,许可机关的批准存在明显的瑕疵,导致盛都公司的股权转让行为没有依法获得批准,进而导致法院可以撤销股东和法定代表人的变更

① 参见江西省景德镇市中级人民法院行政判决书,(2015)景行初字第14号。

登记。

除了该案的公司类型外，涉及金融安全、社会公共安全的公司或机构的设立或变更登记往往需要批准程序，如2014年《保险法》第119条第3款[①]规定：保险兼业代理机构凭保险监督管理机构颁发的许可证，向工商行政管理机关办理变更登记。该案确立的裁判规则对于需要批准才能办理变更登记的特殊公司或机构都有参考意义：若批准存在严重瑕疵而被法院撤销，则变更登记亦会被撤销。

3. 该案延伸思考

公司登记的公法性质是行政许可还是行政确认？

该案中，一审法院在审理时没有关注外资企业变更登记的特殊性，也没有区分批准行为和登记行为的性质，批准行为无疑是一种行政许可，而公司登记究竟是行政许可还是行政确认，对此存在一定的分歧。一种观点认为公司登记是行政机关的行政许可行为，另一种观点认为公司登记是行政机关的行政确认行为。我们认为，公司登记在公法性质上应为行政确认。

2013年3月14日第十二届全国人民代表大会第一次会议通过了《关于国务院机构改革和职能转变方案的决定》，此后，按照方案的精神，国务院相继出台了《关于取消和调整一批行政审批项目等事项的决定》（国发〔2014〕27号）、《关于取消和调整一批行政审批项目等事项的决定》（国发〔2015〕11号）、《关于"先照后证"改革后加强事中事后监管的意见》（国发〔2015〕62号）等文件，改"先证后照"为"先照后证"。随着"先照后证"改革的不断深入，前置审批事项目录和负面清单的出台，基本消灭了公司登记总是滞后于各类行政许可的现象。在"先照后证"改革已基本完成的背景下，有必要重新思考公司登记的法律性质。公司登记在公法上应属行政确认，而非行政许可。一方面，行政许可以普遍禁止为前提，许可是对当事人的赋权，而行政确认则是以一般允许为前提，不需要特别赋权。公司登记是对公司法人主体资格的记载和公示，并非针对普遍禁止的经营范围的赋权，不符合行政许可赋权的特征。并且，公司法人主体资格登记与经营资格登记在逻辑上应当是相分离的。对于公司法人主体资格，除前置审批事项目录所列事项外，主体登记处于一般允许的状态。对于经营资

---

① 2015年修正的《保险法》已将该款删去。

格，在工商登记制度改革后，除前置审批事项目录、后置审批事项目录和负面清单上所列的事项外，绝大多数的经营事项也处于一般允许的状态，这与行政许可以普遍禁止为前提相悖，而与行政确认"一般允许"特征相契合。另一方面，行政许可是裁量行政行为，行政机关拥有裁量权，而行政确认是羁束行政行为，行政机关并无裁量权。时任国务院法制办公室主任的杨景宇在《关于〈中华人民共和国行政许可法〉（草案）的说明》中明确指出，登记的功能主要是确立申请人的市场主体资格，没有数量控制。也就是说，凡是符合登记条件的，登记机关就要予以登记，没有裁量权，这与行政许可的裁量性存在显著差异。事实上，公司登记的公法性质，需要在不同登记主义下讨论：在登记许可主义下，登记机关既负责登记又审查批准，此时，登记应属行政许可；在登记主义从许可主义走向准则主义后，登记机关只进行形式审查，对符合条件的都要予以登记，没有自由裁量权，此时，登记应属行政确认。

四、相关原理

商事登记效力的分类

我国学者虽早已认识到商事登记效力理论研究的重要性，也对商事登记应具何种效力进行了有益探索，但相关学术研究仍处于理论建构阶段，存在争议。①

综观我国学界对商事登记效力的研究，比较有代表性的观点有以下几种。

第一种观点将商事登记的效力分为一般效力和特殊效力。② 前者指公信效力，即登记行为人可以登记事项对抗第三人。后者包含 4 种效力，分别是：创设效力，即创设商事主体的效力；弥补效力，即补正某些商行为瑕疵的效力；宣告效力，即证明某种事项存在的效力；免责效力，即根据商事登记将商事主体出资人的责任免除的效力。这种分类方法很大程度上参考了日本商法对商事登记效力的分类。

第二种观点亦将商事登记的效力分为一般效力和特殊效力，但内涵不同，

① 参见赵旭东、邹学庚：《商事登记效力体系的反思与重构》，载《法学论坛》2021 年第 4 期。

② 参见郭富青：《论商事登记制度的若干法律问题——兼论我国商事登记的改革与完善》，载《甘肃政法学院学报》2002 年第 3 期。

其认为"一般效力指对抗效力;特殊效力是指除对抗效力外的其他效力,例如创设效力、免责效力等"。此外,某个事项之登记是否要具有创设效力、免责效力,还须看法律和当事人之间的规定和约定,如企业的设立登记往往具有创设效力。①

第三种观点就商事登记中的公司登记效力,区分为证明效力、公信效力、对抗效力。② 其认为,公司登记仅具有确认公司法人资格和一般营业能力的效力,而没有设权效力。在行政机关登记,其目的在于利用行政机关的权威性使登记的事项产生相当的证据效力,为司法裁判和行政管理提供依据。同时,登记事项一经登记对第三人即形成合理的信赖,产生对第三人的公信效力;公司登记事项一经登记,即可对第三人形成对抗效力,从而产生免责的效力。

第四种观点将商事登记的效力分为确认效力、创设效力、公信效力或公示效力。"确认效力是商业登记的首要、一般效力,创设效力、公信效力或公示效力仅是商业登记的特殊效力。"③

第五种观点认为商事登记具有双层结构,"双层"体现为对内确权和对外扩权且公示。④ 商事主体内部的法律关系无须经商事登记即可生效,商事登记对内仅体现为对内部关系的确认,而内部法律关系经商事登记,其效力将扩张,形成对第三人的效力。商事登记对第三人的效力可以区分为积极对抗效力和消极对抗效力,该两种效力已然包括了传统上所谓的证明或免责效力。

我们认为,对商事登记效力外延的划分可以参考民法物权登记。民法中以登记是否具有生效效力区分两种主义,即登记生效主义与登记对抗主义,并赋予不同物权的登记以不同的效力。可以利用二分法和归纳法在理论上重构商事登记效力的外延。二分法是依据一定标准对概念的外延进行划分。基于二分法,以是否具有生效效力为标准对商事登记进行划分,进而得到具有生效效力的商事登记与不具有生效效力的商事登记。前者是指商事登记是某种法律事实的生效要件,而后者具有何种属性仍处于不明的状态,需要进一步利用归

① 参见石慧荣:《商业登记的制度检讨与立法展望》,载《西南民族大学学报(人文社会科学版)》2008年第7期。

② 参见王远明、唐英:《公司登记效力探讨》,载《中国法学》2003年第2期。

③ 叶林:《商业登记法的基本问题》,载《扬州大学学报(人文社会科学版)》2011年第2期。

④ 参见石一峰:《论商事登记第三人效力》,载《法商研究》2018年第6期。

纳法进行解析。从归纳法的角度可以发现,无论是商事登记还是民法不动产物权登记,当一个事项经过特定的法律程序进行登记公示,登记程序的严肃性使得登记事项所体现的登记事实与客观事实存在普遍一致时,就形成了第三人对登记事实的合理信赖。为了保护这种信赖,大陆法系构建了外观主义规则即在法律上推定登记事实为真,英美法系创制了禁反言规则,二者异曲同工。可见,不具有生效效力的商事登记因登记公示而产生了一种保护信赖的一般性效力。这种因公示而产生的效力可以称为公示效力,该点在不动产登记簿具有公信力的逻辑中早已有所体现。

案例14 法定代表人涤除登记的条件

《公司法》第35条解读

——韦统兵与新疆宝塔房地产开发有限公司等请求变更公司登记纠纷案①

【最高人民法院2022年公报案例】

《公司法》第35条

公司申请变更登记,应当向公司登记机关提交公司法定代表人签署的变更登记申请书、依法作出的变更决议或者决定等文件。

公司变更登记事项涉及修改公司章程的,应当提交修改后的公司章程。

公司变更法定代表人的,变更登记申请书由变更后的法定代表人签署。

一、案情介绍

新疆宝塔投资控股有限公司(以下简称宝塔投资公司)、新疆宝塔房地产开发有限公司(以下简称宝塔房地产公司)均系宝塔石化集团有限公司(以下简称宝塔石化集团)下属公司。

宝塔房地产公司于2013年3月26日成立,注册资本2000万元,宝塔投资公司和新疆嘉鸿投资有限公司(以下简称嘉鸿公司)为其股东,其中宝塔投资公司认缴出资1900万元,嘉鸿公司认缴出资100万元,韦统兵担任宝塔房地产公司的董事长及法定代表人。宝塔投资公司成立于2012年12月6日,系由宝塔投资控股有限公司控股法人独资。

① 《最高人民法院公报》2022年第12期。

2017 年 7 月 18 日,宝塔石化集团总裁办下发宝总发〔2017〕63 号《关于干部免职的决定》,免去韦统兵宝塔房地产公司董事长、法定代表人及在宝塔石化集团的一切职务。同年 7 月 20 日宝塔房地产公司控股股东宝塔投资公司通知韦统兵免职事宜,并告知该免职决定已经通知嘉鸿公司,嘉鸿公司未提出异议。韦统兵自被免职后,在宝塔石化集团和宝塔房地产公司的全部职务和工作被停止,亦未再领取宝塔石化集团任何报酬。但韦统兵被免职后,宝塔房地产公司并未选任新的法定代表人,也未向公司注册地工商局提交变更申请以及相关文件,导致韦统兵在被免职后仍然对外登记公示为公司法定代表人,在宝塔房地产公司相关系列金融诉讼案件中被限制高消费等。

该案的争议事实在于,宝塔房地产公司应否为韦统兵办理公司法定代表人工商变更登记?

原告韦统兵诉请:依法判令被告新疆宝塔房地产公司办理公司法定代表人工商变更登记,并由新疆宝塔投资公司、新疆嘉鸿公司予以配合。

宝塔房地产公司、宝塔投资公司在一、二审中经法院合法传唤无正当理由均未到庭参加诉讼,嘉鸿公司提交书面意见称,认可韦统兵起诉的有关事实,也同意公司给韦统兵办理工商变更登记。

二、判决结果与理由

1. 判决结果

宁夏回族自治区银川市中级人民法院(2019)宁 01 民初 3717 号民事判决书、宁夏回族自治区高级人民法院(2021)宁民终 82 号民事判决书以韦统兵未提交有效证据证明宝塔房地产公司作出决议或决定变更法定代表人为由驳回其诉请。韦统兵不服而向最高人民法院申请再审。

再审法院判决如下:(1)撤销宁夏回族自治区高级人民法院(2021)宁民终 82 号民事判决、宁夏回族自治区银川市中级人民法院(2019)宁 01 民初 3717 号民事判决;(2)宝塔房地产公司于该判决生效之日起 30 日内为韦统兵办理公司法定代表人变更登记;(3)驳回韦统兵的其他诉讼请求。

2. 判决理由

法院生效裁判认为宝塔房地产公司应当为韦统兵办理公司法定代表人工

商变更登记，理由如下。

(1)宝塔房地产公司已经终止与韦统兵之间的法定代表人委托关系，韦统兵已经不具有代表公司的法律基础。

该案中，韦统兵系受公司权力机关委托担任公司法定代表人。2017 年 7 月 18 日，宝塔石化集团下发关于干部免职的决定，免除韦统兵宝塔房地产公司董事长、法定代表人职务。2017 年 7 月 20 日，宝塔投资公司依据宝塔石化集团上述干部免职决定，向韦统兵发出免职通知书，韦统兵被免职后，未在该公司工作，也未从公司领取报酬。嘉鸿公司明确其知晓并同意公司决定，因此，可以认定宝塔房地产公司两股东已经就韦统兵免职作出股东会决议并通知了韦统兵，该决议符合宝塔房地产公司章程规定，不违反法律规定，依法产生法律效力，双方的委托关系终止，韦统兵已经不享有公司法定代表人的职责。依据原《公司法》第 13 条的规定，宝塔房地产公司应当依法办理法定代表人变更登记。

(2)宝塔房地产公司怠于履行义务，对韦统兵的权益造成了损害，依法应当办理法定代表人变更登记。

按照《企业法人法定代表人登记管理规定》(1999 年修订)①第 6 条的规定，宝塔房地产公司只需提交申请书以及对原法定代表人的免职文件、新法定代表人的任职文件，以及股东会、股东大会或者董事会召开会议作出决议即可自行办理工商变更登记。该案中，韦统兵被免职后，宝塔房地产公司不依法向公司注册地工商局提交变更申请以及相关文件，导致韦统兵在被免职后仍然对外登记公示为公司法定代表人，在宝塔房地产公司相关诉讼中被限制高消费等，已经给韦统兵的生活造成实际影响，侵害了其合法权益。

三、案例解读

1. 法律规定

原《公司法》第 13 条是关于公司法定代表人的规定，法定代表人是公司应登记事项，因此公司变更法定代表人时应当进行变更登记。新《公司法》将法定代表人变更的内容从原《公司法》第 13 条剥离，置于“公司登记”专章规定。此前，《市场主体登记管理条例》第 8 条和第 24 条对法定代表人的登记和变更登

① 该规定已失效。

记作出了详细规定,新《公司法》第 10 条第 2、3 款增加了法定代表人的辞任及补任规则,第 35 条第 3 款规定了对公司变更法定代表人登记的手续,前述条款对实践中的问题作出了特别规定。

在过去,部分公司登记机关要求申请人在申请变更法定代表人登记时,提交原法定代表人签署的变更登记申请书。然而,实践中,若原法定代表人不是自愿卸任,而是被公司多数股东通过股东会决议予以强制免职,那么原法定代表人往往不会配合公司签署变更登记申请书,公司也就无法完成法定代表人变更登记,导致僵局。为了解决这一现实问题,《市场主体登记管理条例实施细则》第 33 条特别规定,市场主体更换法定代表人、执行事务合伙人(含委派代表)、负责人的变更登记申请由新任法定代表人、执行事务合伙人(含委派代表)、负责人签署。新《公司法》第 35 条第 3 款规定公司变更法定代表人的,变更登记申请书由变更后的法定代表人签署,在立法上对该规则予以明确规定,一方面能够避免原法定代表人不配合签署申请书而导致无法完成法定代表人变更登记的情况,另一方面也意味着变更法定代表人的决议一经作出即产生内部效力,原法定代表人在公司内部即丧失代表权。

2. 法律适用

该案的核心问题是在法定代表人已被免职而公司未选出继任法定代表人时,法定代表人可否诉请人民法院要求公司涤除法定代表人登记?该案判决确定的裁判规则是法定代表人被免职后,其个人不具有办理法定代表人变更登记的主体资格,公司怠于履行义务,对法定代表人的权益造成了损害,公司依法应当办理法定代表人变更登记。

涤除登记属于变更登记的一种情况,原《公司法》第 13 条对此没有作出直接规定,该案一、二审判决以宝塔房地产公司未形成决议等为由驳回韦统兵的诉讼请求,但是最高人民法院认定法定代表人是对外代表公司从事民事活动的公司负责人,法定代表人登记依法具有公示效力。

(1)法定代表人与公司之间构成委托关系

法定代表人是对外代表公司意志的机关之一,登记的法定代表人依法具有公示效力,但就公司内部而言,公司与法定代表人之间为委托法律关系,法定代表人代表权的基础是公司的授权,自公司任命时取得至免除任命时终止,公司依法应当及时办理工商变更登记。根据现行法律规定,委托人或者受托人可以随时解除委托合同。但同时考虑到法定代表人的特殊性质,法定代表人与公司之间又并非单纯的委托合同关系,法定代表人在行使单方解除权时不得违反《公司法》上的相关规定。

法定代表人应享有对该委托关系的解除权,可主动辞任,公司亦可对其进行解任。新《公司法》要求公司章程必须记载法定代表人的产生办法与变更办法,法律允许公司章程自行决定法定代表人的解任机制。该案中宝塔石化集团下发关于干部免职的决定、宝塔投资公司依据前述干部免职决定,以向韦统兵发出免职通知书的形式免除韦统兵董事长、法定代表人职务,虽然没有采取公司章程规定的股东会决议形式,但通知全体股东无人异议,可以认定宝塔房地产公司两股东已经就韦统兵免职作出股东会决议并通知了韦统兵,该决议符合宝塔房地产公司章程规定,不违反法律规定,依法产生法律效力,双方的委托关系终止,韦统兵已经不享有公司法定代表人的职责。有限责任公司股东会依据章程规定免除公司法定代表人职务的,公司执行机关应当执行公司决议,依法办理公司法定代表人工商变更登记。是否再选任新的法定代表人,属于公司自治范畴,法院不应干涉。

(2)法院可以判决公司办理涤除登记

根据新《公司法》第 10 条的规定,"公司的法定代表人按照公司章程的规定,由代表公司执行公司事务的董事或者经理担任"。原则上,公司的法定代表人应与公司之间存在实质关联性,即法定代表人要参与公司对内对外的经营管理,该案中韦统兵被免职后,全部职务和工作被停止,亦未再领取宝塔石化集团任何报酬,其作为法定代表人的被委任主体与公司不存在实质性关联,其实际已不具备对内管理公司、对外代表公司的基本能力和实质条件。

韦统兵作为"挂名"法定代表人要承担因公司经营问题可能带来的征信受损、限制高消费、限制出境、罚款、拘留甚至追究刑事责任等诸多风险。实际上在公司涉及的系列金融诉讼中,韦统兵的相关权益确实受到限制,而公司却一直不选任新的法定代表人也不涤除登记,说明公司内部的该项治理机制失范,韦统兵无法自行办理涤除登记也无法请求公司为其涤除,其穷尽救济途径而无法维护其权益时,便有了司法介入的必要性,故法院支持韦统兵请求宝塔房地产公司为其办理涤除登记,依法有据。至于该案判决作出后,宝塔房地产公司是否再选任新的法定代表人,属于公司自治范畴,法院不予进一步处理。

3. 该案延伸思考

法定代表人的涤除在实践中引发了诸多讨论。法定代表人要求退出公司的纠纷在实践中层出不穷,诉讼请求通常表现为变更法定代表人。因法定代表人的变更不仅是公司内部的变更,也是企业信用信息公示系统中相应信息的变更,根据新《公司法》《市场主体登记管理条例》的相关规定,法定代表人变更后,公司应当及时办理变更登记。如果公司不及时办理变更登记,法定代表人可能因为登记外观面临各种法律风险。然而,对于如何处理公司不变更法定代表人的问题,现行立法并没有完善的规定,需要进一步探究。该案延伸思考有5个问题。

(1)涤除公司法定代表人登记纠纷是否应具有可诉性?

法人性质上属于法律拟制人格,其对外开展民事活动主要通过其法定代表人进行。公司法定代表人的选任或变更本属于公司自治范畴,原则上应由公司自行通过内部治理程序来确定,司法不宜主动干预。实践中,经营状况良好的公司,其实在办理变更法定代表人登记的事项上不会有太大障碍。无法办理法定代表人涤除登记的法人,大多是经营状况已经恶化,面临各种执行处罚,公司事务已经停滞,没人愿意接任法定代表人的法人,此时强迫相关自然人继续担任公司的法定代表人,既使其承受持续的潜在法律风险,又不便于公司的正常经营管理,亦不利于保护公司相关债权人利益,因此涤除公司法定代表人登记纠纷应具有可诉性。

(2)变更登记的主体能否是权利人而非公司?

根据新《公司法》第35、36条的文义规定,变更登记的发起主体是公司,通常我们理所当然地将变更登记的主体限于公司,但是以期涤除登记的法定代表人本人能否持有公司免职决议向登记机关申请涤除?由此延伸,股权转让合同双方当事人能否自己持股东名册、有效的股权转让协议向登记机关办理股东变更?当公司不愿办理变更登记时,实际上阻碍了权利人外观公示的渠道,将变更登记的主体理解为仅限于公司是否合理,值得进一步思考。

(3)涤除裁判如何与公司登记衔接?

该案中最高人民法院基于公司两位股东各自分别作出的免除韦统兵法定代表人的决定,未经其他前置程序而直接判决公司办理变更登记,实际执行存在障碍,即使申请强制执行,公司登记部门如何协助执行,也是存在一定争议的。由于该案再审判决并未解决这一问题，留下了有待进一步研究的空间。

法定代表人身份涤除的诉讼在新《公司法》第10条第3款明确规定法定代表人辞任及补任规则的背景下，实际产生了涤除裁判与变更登记规则衔接的效果，“法定代表人辞任的，公司应当在法定代表人辞任之日起三十日内确定新的法定代表人”。虽然被辞任的原法定代表人作为原告胜诉后，无法直接在企业信息公示系统上对其予以涤除登记公示，但是可以凭借胜诉判决解决一部分执行案件中，仅因登记公示产生权利外观的原因，便对公司“挂名法定代表人”采取限高措施，避免给当事人造成“不在其位却担其责”的法律风险。另外，公司在涤除裁判之日起30日内也应确认新的法定代表人，由补任的法定代表人进行变更登记，实现真正的涤除登记效果。

(4)法定代表人登记变更诉讼受不受诉讼时效限制？

我们认为请求变更公司登记纠纷不适用诉讼时效。根据最高人民法院《关于审理民事案件适用诉讼时效制度若干问题的规定》，当事人可以对债权请求权提出诉讼时效抗辩，故诉讼时效只适用于债权请求权。而请求法院变更公司登记涉及的是股东或法定代表人等的身份性权利，并非以财产性利益为内容的债权请求权。因此，该案不适用诉讼时效的有关规定，公司应当变更登记而未变更的，当事人可随时向人民法院提起诉讼。

(5)执行程序中，被执行单位能否变更法定代表人？

我国现行法律规定下，并无执行程序中，被执行单位不能变更法定代表人的明确规定。关于被执行单位能否变更法定代表人，司法实践中的处理存在争议。部分法院不同意在此种情况下变更法定代表人，人民法院根据执行人的申请，向工商登记部门发出查封被执行单位的工商登记信息、限制变更法定代表人的协助执行通知，是为了防止法定代表人变更导致判决难以执行所采取的禁止性行为，法定代表人的身份关系影响到被执行单位的经营及对外偿债能力。[①]部分法院赞同即使在执行程序中，公司仍然可以变更法定代表人，变更法定代表人是法人内部管理行为，属于企业意思自治的范畴，可由法人自由决定，并由

① 参见辽宁省大连市中级人民法院执行裁定书，(2022)辽02执复534号；山东省郯城县人民法院执行裁定书，(2022)鲁1322执1315号。

工商部门核准登记即可。①

四、相关原理

公司登记的法律性质

我国实证法对公司登记的性质并无明确的规定,学界亦众说纷纭,实践中也认识不一。学界关于公司登记的法律性质,主要存在3种观点。

公法性质说。该说认为,公司登记是公法行为,是国家利用公权力干预商事活动的行为,公司登记法律关系是登记申请人与登记主管机关之间的关系。主张该说的学者认为这种关系就是行政法律关系。还有观点认为,这种关系受商事组织法调整,商事组织法以强制性规范为主,属于公法范畴。在该观点内部,公司登记作为一种行政法律关系属于行政许可还是行政确认存在分歧,但主流意见逐渐趋向于后者。

私法性质说。该说认为,公司登记属私法行为,理由是公司法属于私法,因此,公司登记是一种私法行为。私人从商的权利源起于天赋行商权,故而法律只是通过登记制度确认了商人的这种营业自由。

双重性质说。该说认为,公司登记兼具公法与私法性质,其内容主要为上述前两种观点的折中。该说认为,公司登记一方面是登记申请人自由意志的体现,另一方面还是行政机关行使公共管理职能的体现,具有私法与公法双重性质。

我们认为,公司登记兼具公法与私法性质,公司登记一方面体现为登记申请人基于自由意志而实施的向登记机关申请登记的法律行为,另一方面体现为登记机关依法行使公共管理职能对登记申请依法进行审查、登记的行政行为。

---

① 参见贵州省高级人民法院执行裁定书,(2020)黔执复125号。

CHAPTER 03

第 三 章

有限责任公司的设立与组织机构

案例 15 设立协议对公司设立失败时损失与过错的认定的作用

《公司法》第 43 条解读

——大连工美企业有限责任公司与弘仁集团公司发起人责任纠纷案①

【最高人民法院 2015 年终审案例】

《公司法》第 43 条

有限责任公司设立时的股东可以签订设立协议,明确各自在公司设立过程中的权利和义务。

一、案情介绍

2003 年 3 月 10 日,大连华仁调元五味精养生制品有限公司(以下简称华仁养生公司)与大连工美企业有限责任公司(以下简称工美公司)签订的《合资合同书》约定:双方共同成立大连华仁调元五味精养生制品开发有限公司,合资经营开发调元五味精生物制品项目,注册资本 1.25 亿元,华仁养生公司以调元五

① 最高人民法院民事判决书,(2015)民二终字第 90 号。

味精高科技项目作价1亿元作为投资，占注册资本的80%，工美公司以自己的厂房场地及设施作价2500万元作为投资，占注册资本的20%；工美公司负责腾出办公楼、厂房、场地；双方共同负责对办公楼的设计装修及对现有厂房场地规划设计、改造；由于一方过失，造成合同条款不能履行时，由过失的一方承担违约责任。同年7月1日，华仁养生公司与工美公司及刘某忠三方签订《组建集团入股协议书》，协议约定：华仁养生公司出资人民币3000万元，工美公司以华仁养生公司为主体，以固定资产经评估2638万元的出资入股，刘某忠以华仁养生公司为主体，以“调元五味精”发明专利经评估2460万元的出资入股；华仁养生公司更名组建为华仁集团公司，注册资本为人民币8098万元，华仁养生公司占注册资本37.04%，工美公司占注册资本32.58%，刘某忠占注册资本30.38%。同年8月12日，经原大连市工商局批准，华仁养生公司名称变更登记为华仁集团公司，注册资本3000万元，股东为刘某忠（认缴出资额为2400万元）、胡某霞（认缴出资额51万元）、张某义（认缴出资额549万元）。原股东未变，股东中并没有工美公司。

2009年3月10日，工美公司将用于投资入股华仁集团公司的大连市华北路291号的土地和建筑物均转让给了大连大世界物流有限公司（该公司是工美公司独家出资1500万元设立的公司，属工美公司的全资子公司），并统一于2009年5月22日办理了相关登记备案。现在地上建筑物已被全部拆除，包括2003年3月10日交给华仁集团公司所使用的1号办公楼，也于2009年4月被强行拆除，华仁集团公司办公人员被迁走，土地被用于房地产开发。2011年4月19日，华仁集团公司召开股东会，作出华仁集团公司章程修正案，注册资本仍是3000万元，股东没有变化。2011年，华仁集团公司更名为弘仁集团公司。

该案的争议事实在于，在公司设立中弘仁公司的实际损失如何认定？弘仁公司有无适当履行在华仁养生公司设立协议中约定的义务？

原告弘仁公司诉称：工美公司应按双方所签《组建集团入股协议书》和公司章程修正案等约定，继续履行出资义务并赔偿弘仁公司经济损失。

被告工美公司辩称：双方虽曾经签订过《合资合同书》，但出于弘仁公司无法融资到位和新公司立项手续无法办理等原因，双方已事实终止了合同履行，新公司从来没有注册成立过，弘仁公司为此进行的行为及花费的损失应自行承担。

二、判决结果与理由

1. 判决结果

辽宁省高级人民法院作出(2014)辽民二初字第00005号民事判决:华仁养生公司设立时的损失由工美公司承担,工美公司于该判决生效后10日内给付弘仁公司损失426.03万元及利息。

最高人民法院于2015年7月20日作出(2015)民二终字第90号民事判决:工美公司不承担相应损失的责任,驳回弘仁公司全部诉讼请求。

2. 判决理由

最高人民法院认为:该案属于因公司设立而引发的发起人责任纠纷,就发起人为组建公司所付费用或损失承担责任而言,首先应予判断的是损失是否实际发生的问题。按弘仁公司主张以及原审判决认定,该案损失426.03万元系由3笔费用构成:一为装修办公房屋以及设计五味精项目等所发生的装修款及设计费257.7804万元及利息;二为办理工商登记对刘某忠拥有的调元五味精制品发明专利及工美公司所属的房地产进行资产评估所发生的评估费132.25万元及利息;三为成立新公司委托公正会计所所发生的验资报告费36万元及利息。

(1)关于装修费87.7804万元及利息。首先,由于弘仁公司无法在约定期限内融资到位,合资合同终止,弘仁公司即应及时将办公楼交还给工美公司,工美公司有权按照双方约定无偿收回所交付的办公楼,基于此,办公楼装修费用即应由弘仁公司自行承担。其次,即便2003年7月1日双方再次签订《组建集团入股协议书》,但至2003年8月12日原大连工商局批准华仁养生公司变更登记为华仁集团公司之后,工美公司实际未能加入、未能成为华仁集团公司的股东,在此情形下,弘仁公司却依然未及时交还办公楼,甚至还继续占有使用至2009年4月,直至办公楼被拆除时为止,该办公楼装修利益实际已经全部由弘仁公司自身办公而享用,此种情形下,让工美公司承担弘仁公司办公楼使用而发生的装修费用,亦显然不妥。

(2)关于设计费170万元及利息。从以上先后时间点判断,该笔设计费用显然不应属于双方为组建公司之共同目的而必须发生的合理费用,由此产生的费用,即便实际发生,亦显然应由弘仁公司自行承担。且弘仁公司始终未能提供该170万元设计费所合理对应的设计成果。

(3)关于评估费132.25万元及利息。这明显属于该案双方2003年3月签订组建公司协议之前所发生的评估费用,且均属于刘某忠个人作为委托方为其个人专利评估所发生的费用,不应归于该案双方为组建公司所发生的共同而必须的合理费用之中,应由弘仁公司自行承担,与工美公司无关。

综上,最高人民法院认为,该案双方所签《合资合同书》《合资合同书补充条款》以及双方与刘某忠共同签署的《组建集团入股协议书》,系当事人的自愿行为,均合法有效。工美公司关于《组建集团入股协议书》因违反当时《公司法》关于无形资产或货币出资比例的强行规定而无效的主张,最高人民法院不予支持。

三、案例解读

1. 法律规定

对于公司设立协议的问题,新《公司法》第43条新增规定:"有限责任公司设立时的股东可以签订设立协议,明确各自在公司设立过程中的权利和义务。"值得注意的是,虽然在原《公司法》中并没有对公司设立协议的规定,但在实践中,公司发起人在设立公司时签署协议约定各方权利义务的做法已经屡见不鲜,由此可见该条文的设立是为了迎合实践需求,回应现实需要。本条文实际上是任意性规范,在公司设立时签订设立协议并非公司发起人的义务,公司发起人享有选择签订公司设立协议的权利。

新《公司法》第43条与第93条相对应,根据新《公司法》第93条第2款的规定,股份有限公司发起人设立公司时"应当"签订发起人协议,这呈现出有限责任公司与股份有限公司在设立程序上的差别,这种差别某种程度上体现了立法者对两种标准公司形态的现实预设,即有限责任公司对应规模较小的"小型企业"而股份有限公司对应规模较大的"中型和大型企业"。

2. 法律适用

该案的核心问题是,在有公司设立协议的情况下,公司经营中实际损失和双方过错的认定与设立协议之间的关系。该案判决确定的裁判规则是:公司发起人有无恰当履行在设立协议中的约定义务，是法院认定实际损失及双方过错的关键。

正如一审法院在判决理由中认定的，双方签订的《组建集团入股协议书》，工美公司股东会决议、董事会决议，及工美公司向原大连市工商局出具的承诺函，均证明工美公司应以大连市甘井子区华北路291号土地及地上建筑物出资。但工美公司未履行合同约定的房地产出资义务，又将拟出资的房地产转让他人，已构成违约，应承担违约责任。

二审法院出于对事实的查明，认为弘仁公司接收并进驻使用大连市甘井子区华北路291号五层房屋，确系依据该案双方合资合同的约定所为。在2003年8月12日双方增资组建集团公司未能获得工商部门登记许可后，双方均不能提供任何继续共同推进合作的事实及往来材料依据，双方的《组建集团入股协议书》以及之前的《合资合同书》《合资合同补充条款》事实均被搁置，双方对此均有责任，不能以此认定工美公司未履行出资义务而构成单方违约。但在此情形下，工美公司原本可以按照合同约定要求弘仁公司搬离，但直至2009年所占用房屋被事实拆除之前，工美公司除单方陈述外，却没有其他的证据材料证明其主张过此类想法。因此，弘仁公司依合同的约定占用了案涉房屋，这并不违背工美公司的意愿，双方合同没有继续履行的情况下，双方也未对弘仁公司应否退回房屋作出协商与约定。工美公司关于租金的反诉主张也难以获得法院支持。

综上可知，出资条款通常是公司设立协议的重要组成部分，股东一般会通过签署公司设立协议或通过认股书形式约定各自的出资比例或金额，作为公司设立必备文件的章程中也会明确各设立股东或发起人的出资事项，发起人没有按规定出资就会因违反发起人协议而向其他股东承担违约责任。在该案中，双方在合资公司设立时签署《合资合同书》、《合资合同书补充条款》以及《组建集团入股协议书》等多项设立协议，任意一方若没有达成在设立协议中约定的权利义务，则具有过错，应承担所造成损失的相应责任。

3. 该案延伸思考

股东出资义务追责的权利基础为何？

在该案中，原告弘仁公司基于与被告工美公司签署的《组建集团入股协议书》和公司章程修正案提起诉讼。司法实务中，公司股东之间以及公司与股东之间发生的争执和诉讼经常是以公司的设立协议作为其诉讼请求的依据,尤其是发起人违反出资义务的行为。在公司成立之后,已履行出资义务的当事人经常会提出追究股东出资不到位的责任或者取消股东的股东资格等诉讼请求。而提出此种请求究竟应依据设立协议还是《公司法》或公司章程的规定呢?

对股东出资责任的追究是最为常见的诉讼请求,股东的出资责任恰好是《公司法》至为关注、而设立协议无权另行约定的问题。对于未履行或未完全履行出资义务的行为,《公司法》规定了未出资股东的出资填补责任和其他发起人的连带认缴责任。这种责任的追究属于公司对股东的权利,而不属于股东对股东的权利,因此,相应的诉讼当事人应以公司为原告,以未出资的股东为被告。股东出资责任是《公司法》的强制性规定,无论公司本身还是公司的股东都无权改变或放弃,如果公司不予追究,股东应有权代表公司提起诉讼。如果公司放任不履行出资的行为,将构成虚假出资,属于违法行为。

司法实践中,当事人在公司成立之后,以设立协议为依据提出诉讼请求,有的请求确认发起人协议无效或请求判令终止或解除设立协议,这都是对设立协议性质和作用的误解。既然设立协议的使命在公司成立后已告完结,确认设立协议无效的确认之诉或请求终止或解除设立协议的变更之诉也就无从提起,这样的司法裁判也不会产生确认或改变当事人间实体权利义务关系的任何实际意义。如果当事人的意图在于肯定或否定股东或公司的某种权利义务或责任,通过此种诉讼请求也无法达到目的。

四、相关原理

设立协议与公司章程之间的关系

公司设立协议又称发起人协议,是在公司设立过程中,由发起人订立的关于公司设立事项的协议。公司设立协议与公司章程之间关系密切:两者对于公司顺利成立与运营存在着相同的目标,内容也有许多相似之处。例如,公司名称、注册资本、经营范围、股东构成、出资形式等事项,不仅是公司章程的绝对必要记载事项,而且也是设立协议的主要内容。有的设立协议不仅通过约定上述内容调整协议各方在设立过程中权利义务、协调各发起人的设立行为,甚至还约定未来公司的组织机构、股份转让、增资、减资、合并、分立、终止等事项。在实践中,发起人往往在公司成立之时设立公司设立协议,当公司成立之后,公司设立协议的内容大多会被公司章程所吸收。

公司章程与公司设立协议尽管目标一致,关系密切,但是两者毕竟在性质和功能等方面不同,并表现出以下差异:

一是公司设立协议与公司章程的性质不同。设立协议是任意性文件,虽然新《公司法》第43条规定了有限责任公司可以签订设立协议,但仅仅是法律上的提示性规定,法律并不强求当事人一定要订立设立协议。而公司章程则是必备性文件,任何公司成立都必须以提交章程为法定要件。同时,设立协议是不要式法律文件,作为当事人之间的合同,设立协议最大限度地体现了公司发起人之间的意愿,具有高度自治性。而公司章程则是要式法律文件,除反映当事人的主观要求之外,更反映和体现法律对公司内外关系的强制性要求。因此,公司章程必须按公司法的规定制订,必须包含法定的记载事项,否则将导致章程的无效。

二是公司设立协议与公司章程的效力也不同。从效力的范围来看,设立协议是发起人之间的合同,是发起人之间的自行约定,根据合同效力相对性原理,设立协议只在公司发起人之间产生约束力。而公司章程调整的则是所有股东之间、股东与公司之间、公司的管理机构与公司之间的法律关系,其中包括制定章程时的原始股东和章程制定后加入公司的新股东,都受章程的约束;从效力的期间来看,设立协议调整的是公司设立过程的法律关系和法律行为,因而它的效力期间是从设立行为开始到设立过程终止,公司的成立即意味着协议的终止,而公司章程的效力则及于公司成立后整个的存续过程,直至公司完全终止。①

---

① 参见赵旭东主编:《公司法学》(第3版),高等教育出版社2012年版,第192页。

案例 16 公司设立失败后的盈利分配与债务承担

《公司法》第 44 条解读

——王军与李成军等公司设立纠纷案①

【《人民司法》2014 年公布案例】

《公司法》第 44 条

有限责任公司设立时的股东为设立公司从事的民事活动,其法律后果由公司承受。

公司未成立的,其法律后果由公司设立时的股东承受;设立时的股东为二人以上的,享有连带债权,承担连带债务。

设立时的股东为设立公司以自己的名义从事民事活动产生的民事责任,第三人有权选择请求公司或者公司设立时的股东承担。

设立时的股东因履行公司设立职责造成他人损害的,公司或者无过错的股东承担赔偿责任后,可以向有过错的股东追偿。

一、案情介绍

秦安磁选矿厂为李成军等 12 人共同经营的合伙企业。2007 年 8 月 20 日至 23 日,12 名秦安磁选矿厂合伙人商议将厂改组为秦安公司,议定了公司设立的相关事项,同时决定引入新投资者王军共同出资设立秦安公司。经磋商,双方于 2007 年 8 月 25 日就公司设立基本问题形成了谈判纪要,之后办理了公司预留名称登记。根据约定双方同意成立秦安公司,王军担任公司法定代表人,

① 陕西省高级人民法院民事判决书,(2012)陕民再字第 00010 号;邹小军、张雪:《设立中公司的盈利和债务由发起人按出资比例承担》,载《人民司法·案例》2014 年第 22 期。

选出了公司董事会成员、监事、经理，确定了出纳和会计。2007年8月31日，王军将100万元转入秦安公司在明安信用社的临设账户，并随后代付矿石款等费用39.6324万元。在王军出资前，磁选厂账户已无流动资产，经营处于亏损状态，王军注资139.6324万元后公司实际经营73天，并有了盈利。

2007年12月25日，王军向法院起诉。

本案的争议事实在于，秦安公司设立期间开展的经营行为效力如何？产生的利润如何分配？

原告王军诉称：李成军等12人不办理资产过户手续，出资未到位，请求判令退还投资款1396324.00元并按出资比例分配秦安公司名称预留登记期间的经营利润或者赔偿投资款项的利息损失，分割资产。

被告李成军等12人辩称：王军与李成军等12人是合伙关系，在合伙账务既未清算，又未通知其他合伙人要退伙的情况下，王军申请法院冻结企业财产并要求撤资，导致被告不能收购矿石，造成损失。王军应赔偿该部分损失。

二、判决结果与理由

1. 判决结果

陕西省安康市中级人民法院于2009年12月21日作出(2009)安民初字第12号民事判决：李成军等12人退还王军出资款1396324.00元；支付王军在共同经营期间的盈利款、新增固定资产价值313245.97元，共计1709569.97元。

陕西省高级人民法院于2010年9月17日作出(2010)陕民二终字第00019号民事判决：由李成军等12人退还王军出资款1396324.00元并补偿相应利息。

二审判决后，王军申请再审，最高人民法院指令陕西省高级人民法院再审。陕西省高级人民法院于2012年12月12日作出(2012)陕民再字第00010号民事判决：根据权利义务相一致的法理以及民法的公平原则，王军应分得在公司设立时进行的交易所产生的利润，由李成军等12人退还王军出资款1396324.00元；由李成军等12人支付王军在共同经营期间的盈利款和库存商品中铁精粉的利润共计268546.09元。

2. 判决理由

陕西省高级人民法院认为：本案争议的焦点问题是，王军对其参与经营73

天的利润及资产是否有权请求分配。关于王军对其参与经营73天的利润及资产是否有权请求分配的问题，依据2007年8月25日至8月26日董事会记录、股东会记录的约定，王军与李成军等12人商定成立秦安公司，王军以现金出资，李成军等12人以其在秦安磁选厂的合伙财产出资，并对秦安公司机构设置、人员配备、原秦安磁选厂债务的处理以及秦安公司的工商登记办理事宜等作了约定，选举王军为秦安公司的法定代表人，确定了秦安公司的董事会成员、监事、经理，以及出纳和会计人员。上述约定作出后，到2007年11月23日秦安磁选厂停产前，王军以秦安公司董事长的身份负责秦安磁选厂的生产经营，重大事项由秦安公司董事会或者股东会开会决定。秦安公司设立过程中秦安磁选厂并未解散，但无论从其机构设置及人员组成情况，还是运营资金来源以及经营行为等情况看，秦安磁选厂实际是以设立中的秦安公司从事生产经营。《公司法司法解释(三)》第4条规定了公司设立不能时，发起人按出资比例承担该设立阶段产生的债务的情形，但并未规定设立中公司在公司设立阶段从事经营活动产生的盈利如何分配。根据权利义务相一致的法理以及民法的公平原则，对公司设立阶段的债权分配，应比照适用债务承担的规定，发起人有权按照出资比例分配公司设立阶段从事经营行为所产生的盈利。故王军有权按照出资比例参与分配其参与经营的73天中产生的利润及资产。

三、案例解读

1. 法律规定

对于公司设立时股东责任的问题，新《公司法》第44条有明确的规定。该条为此次《公司法》修订的新增条文，条文内容吸收了《公司法司法解释(三)》第2条至第5条以及《民法典》第75条的相关规定，在原《公司法》股份有限公司的发起人责任之外补充规定了有限责任公司设立时的股东责任。

公司发起人在设立公司的过程中，会与诸多主体例如债权人、设立中的公司、其他发起人等处于不同的法律关系中，进而产生不同的权利义务关系。该条着重于解决设立中公司的法律责任分配。公司发起人责任可以分为公司成立后公司发起人责任与公司设立失败时公司发起人的责任。另外，按照债的相对性原理，无论公司设立成功与否，发起人均应向债权人承担以自己的名义所从事的与设立公司相关的行为所产生的责任。

公司成立后,发起人应当承担的责任包括对公司的资本充实责任以及对第三人的债务连带责任。其中,发起人对公司资本的充实责任包括缴纳担保责任、差额填补责任,二者由新《公司法》第 50 条所规范。新《公司法》第 44 条规定的是发起人对第三人的债务连带责任。公司设立过程中的第三人有以下几种类型:第一,在公司设立过程中与作为设立中的公司机关的公司发起人进行交易的合同债权人,如租赁契约债权人、雇佣契约债权人等;第二,在公司设立过程中由于公司发起人的设立行为而受到损害的侵权之债的债权人。因此,发起人对第三人的债务连带责任分为合同债务连带责任及侵权债务连带责任。

2. 法律适用

本案的核心问题是,公司发起人是否有权分配在公司设立阶段从事经营行为所产生的盈利。本案判决确定的裁判规则是,在法律未明确规定设立中公司在公司设立阶段从事经营活动产生的盈利如何分配的情况下,根据权利义务相一致原则的法理以及民法公平原则,对设立阶段的债权分配,应比照适用债务承担的规定,发起人有权按照出资比例分配公司设立阶段从事经营行为所产生的盈利。

在本案中,虽然秦安公司设立过程中秦安磁选矿厂并未解散,然而无论从其机构设置及人员组成情况,还是运营资金来源以及经营行为等情况看,再加上李成军等人在二审中自认公司在经营中使用的是“秦安公司”的名义,秦安磁选矿厂实际是以设立中公司从事生产经营。故王军有权按照出资比例参与分配其参与经营的 73 天中产生的利润及资产,李成军等人应支付王军在共同经营期间的盈利款和库存商品中铁精粉的利润。

在本轮《公司法》修订之前,《公司法司法解释(三)》对公司成立前的债务承担作出了规定,但对于设立中公司的经营行为产生的合同效力及责任归属没有明确规定。这也导致公司设立期间的经营行为效力和产生的利润分配一直存在争议,在本案的历次审判中尤为明显。

有观点认为,本案属于公司设立纠纷,现在公司设立已经不可能,且《公司法》也未禁止股东在公司成立前撤资,所以对王军的撤资请求予以支持,李成军等应全额退还王军投资款。同时,由于王军的出资被用于秦安磁选厂的实际经营,所以应当予以补偿。此外,王军要求按照投资比例分割秦安公司预留登记名称期间的共同经营利润、库存商品、新增固定资产。由于法律明确规定公司预留名称期间不允许经营,2007 年 9 月至 12 月期间的生产经营实际属于秦安磁选厂的行为,产生利润、库存商品和新增固定资产均属于秦安磁选厂的财产,王军无权要求分割。

如果依据新《公司法》的规定,本案就不存在前述争议。新《公司法》第 44 条第 2 款明确规定:“公司未成立的,其法律后果由公司设立时的股东承受;设立时的股东为二人以上的,享有连带债权,承担连带债务。”可知在本案中,法官运用类推适用《公司法司法解释(三)》第 4 条解决以设立中公司名义的经营行为发生的债权债务的思路与立法者不谋而合。成立后的公司继受设立中公司经营行为产生的债权债务关系;在公司设立中股东的经营行为所发生的债权债务,在公司最终未成立时,发起人之间就仅存在由于签订发起人协议或章程所形成的合伙关系。按照合伙企业法的原理,当公司设立失败时,发起人承担责任的基本原则是:发起人对发起行为所产生的后果承担无限连带责任,即设立中公司所遗留的债权或债务也应按照合伙财产的管理规则,由全体发起人共同共有。

3. 本案延伸思考

公司设立失败时发起人应当承担什么责任?

本案中,王军在秦安公司设立时参与了公司的生产经营,所获取的利润如何分配成为诉争焦点。从发起人设立公司到公司正式成立,需要经过一段时间,这段时间的公司雏形称为设立中公司。发起人作为一个整体,属于设立中公司的机关,对外代表设立中的公司进行创立活动,对内履行设立义务。当公司合法成立时,发起人设立行为所产生的权利义务自然归属于将来成立的公司,当然发起人的设立行为必须经过创立大会审议并确认其正当性,若发起人有不当行为,应由发起人自己承担责任。[①]

然而,如果公司设立失败,同样的合同义务和违约责任又应该怎样承担呢?设立失败是指公司没有完成设立行为的情形,如设立中达不到法定条件,发起人发生重大变动,以及法院判决不准设立或撤销设立,等等。当公司出于种种原因不能成立时,其设立行为所产生的民事责任自然无法由根本就未存在过的

① 参见赵旭东主编:《新公司法实务精答》,人民法院出版社 2005 年版,第 89 页。

所谓“公司”来承担。此时,发起人之间为了实现设立公司的目的,通过发起人协议组合在一起,他们之间的关系本质上是合伙关系。如果公司未能合法成立,没有新的独立的法人人格承担设立中产生的权利义务,就只能由全体发起人按照合伙合同承担连带责任,所产生的债务也由全体发起人承担连带责任。具体而言,第一,公司发起人对设立行为的债务和费用负连带责任。第二,公司发起人的出资违约责任。公司发起人的出资违约责任既可能存在于公司成立之前,又可能存在于公司成立之后。若有公司发起人没有按规定出资从而导致公司不能成立时,该发起人须向其他发起人承担出资违约责任。

四、相关原理

设立中公司的法律性质

对于设立中的公司的性质,学界主要有以下三种观点:

(1)无权利能力社团说。该说认为,设立中的公司尚未取得法人资格,因而不具有权利能力与行为能力,在性质上属于无权利能力社团。此说注重设立中公司的社团性质,即不认为设立中的公司是简单的个人相加,而是属于无权利能力的社团。

(2)同一体说。此说认为,设立中的公司与成立后的公司本质上属于同一主体,只不过二者处于同一主体的不同阶段。这种学说对设立中的公司与成立后的公司不作严格区分,认为二者在组织形态上并无实质差别。在二者权利义务的继承关系上,该说主张成立后的公司对设立中的公司的行为后果进行不加区分的概括继承。

(3)修正的同一体说。该说是对同一体说的一种修正学说。该说虽然也认为从设立中的公司到成立后的公司是一个连续的、渐进的过程,但该说也同时认为二者之间有着严格的界限,即成立后的公司由于获准登记而取得人格,而设立中的公司却没有人格。在权利义务关系的继承上,该说认为设立中公司的行为,是为了公司设立所必要的情形下,成立后的公司才当然继承,否则,成立后的公司就不当然继承设立中公司的行为产生的权利义务关系。

同一体说与修正的同一体说均来自德国,其中,修正的同一体说较为客观地揭示了设立中的公司与成立后公司之关系而受到学者之肯认。但这两种学说所要揭示的乃是设立中的公司与成立后公司之关系，至于设立中的公司本身的性质，此两种学说并没有十分明确的回答。无权利能力社团说由于认识到了设立中的公司正在生成或已生成之社团性而被学者认为是关于设立中的公司法律性质的通说。[①]

① 参见赵旭东主编：《公司法学》（第3版），高等教育出版社2012年版，第184页。

案例17 非货币出资下出资比例与股权比例不一致约定的效力

《公司法》第48条解读

——深圳市启迪信息技术有限公司与郑州国华投资有限公司、开封市豫信企业管理咨询有限公司、珠海科美教育投资有限公司股权确认纠纷案①

【最高人民法院2012年公报案例】

《公司法》第48条

股东可以用货币出资，也可以用实物、知识产权、土地使用权、股权、债权等可以用货币估价并可以依法转让的非货币财产作价出资；但是，法律、行政法规规定不得作为出资的财产除外。

对作为出资的非货币财产应当评估作价，核实财产，不得高估或者低估作价。法律、行政法规对评估作价有规定的，从其规定。

一、案情介绍

2006年9月18日，刘继军为甲方，张军为乙方签订《合作建设北京师范大学珠海分校工程技术学院协议书》(以下简称《9.18协议》)，约定：双方合作成立珠海市科美教育咨询有限公司(以下简称科美咨询公司)，并以公司名义与北京师范大学珠海分校(以下简称珠海分校)签署合作协议，合作建设和运作珠海分校工程学院。甲方以教育资本出资，占股70%，乙方以7000万元出资，占股30%。2006年10月26日，郑州国华投资有限公司(以下简称国华公司)与深圳

① 《最高人民法院公报》2012年第1期。

市启迪信息技术有限公司(以下简称启迪公司)、开封市豫信企业管理咨询有限公司(以下简称豫信公司)签订《10.26协议》,约定:(1)国华公司以现金出资人民币300万元,占公司注册资本30%;豫信公司以现金出资人民币150万元,占公司注册资本15%;启迪公司以现金出资人民币550万元,占公司注册资本55%。(2)国华公司7000万元资金收回完毕之前,公司利润按照启迪公司16%,国华公司80%,豫信公司4%分配,国华公司7000万元资金收回完毕之后,公司利润按照启迪公司55%,国华公司30%,豫信公司15%分配。……(5)公司注册资金1000万元和投资6000万元全部由国华公司负责筹集投入。同日,新章程约定:公司注册资本1000万元人民币,注册资本全部由国华公司负责投入,股权按照启迪公司55%、国华公司35%、豫信公司15%的比例持有,章程与《10.26协议》冲突的,均以《10.26协议》为准。2006年10月31日,经原珠海市工商局核准,科美咨询公司变更为科美投资公司,注册资金由50万元变更为1000万元,股东由娄宏涛、刘继军、赵升云变更为国华公司、启迪公司和豫信公司。其后,国华公司陆续投入1750万元,连同1000万元出资共计投入2750万元。启迪公司认可2006年11月2日以后国华公司才接管科美投资公司账户。在科美投资公司与珠海分校合作办学的过程中,双方产生矛盾,在是否与珠海分校继续合作上也发生争议,国华公司遂提起诉讼。

本案的争议事实在于,股东通过不同的出资方式,作出的公司内部对出资比例与股权比例的不一致约定是否有效?

国华公司诉称:国华公司履行了所有的出资义务,理应按出资比例占有全部股份,启迪公司与豫信公司未实际出资,无权占有股权,三公司作出的出资比例与股权比例不一致的约定无效。故请求判令:科美公司的全部股权归国华公司所有。

启迪公司辩称:国华公司经过充分考察决定与启迪公司进行合作,三方约定启迪公司和豫信公司的出资均由国华公司支付的意思表示是真实的,启迪公司享有科美投资公司55%的股权是合法的。国华公司请求解散公司也缺乏事实和法律依据,应驳回国华公司的诉讼请求。

二、判决结果与理由

1. 判决结果

河南省开封市中级人民法院作出(2007)汴民初字第69号民事判决:确认国华公司出资800万元,占科美投资公司80%的股份;豫信公司出资150万元,占科美投资公司15%的股份;启迪公司出资50万元,占科美投资公司5%的股份。

河南省高级人民法院作出(2009)豫法民二终字第20号民事判决:驳回上诉,维持原判。

最高人民法院于2011年6月20日作出(2011)民提字第6号民事判决:珠海分校的股权比例的约定是各方当事人的真实意思表示,并未损害他人的利益,不违反法律和行政法规的规定,属有效约定,撤销河南省高级人民法院(2009)豫法民二终字第20号民事判决,撤销河南省开封市中级人民法院(2007)汴民初字第69号民事判决;驳回国华公司的诉讼请求。

2. 判决理由

最高人民法院认为:股东认缴的注册资本是构成公司资本的基础,但公司的有效经营有时还需要其他条件或资源,因此,在注册资本符合法定要求的情况下,我国法律并未禁止股东内部对各自的实际出资数额和占有股权比例作出约定,这样的约定并不影响公司资本对公司债权担保等对外基本功能实现,并非规避法律的行为,应属于公司股东意思自治的范畴。《10.26协议》约定科美投资公司1000万元的注册资本全部由国华公司负责投入,而该协议和科美投资公司的章程均约定股权按照启迪公司55%、国华公司35%、豫信公司15%的比例持有。《10.26协议》第14条约定,国华公司7000万元资金收回完毕之前,公司利润按照启迪公司16%,国华公司80%,豫信公司4%分配,国华公司7000万元资金收回完毕之后,公司利润按照启迪公司55%,国华公司30%,豫信公司15%分配。根据上述内容,启迪公司、国华公司、豫信公司约定对科美投资公司的全部注册资本由国华公司投入,而各股东分别占有科美投资公司约定份额的股权,对公司盈利分配也作出特别约定。这是各方对各自掌握的经营资源、投入成本及预期收入进行综合判断的结果,是各方当事人的真实意思表示,并未损害他人的利益,不违反法律和行政法规的规定,属有效约定,当事人应按照约定履行。

三、案例解读

1. 法律规定

对于股东出资形式问题,新《公司法》第 48 条在原《公司法》第 27 条规定的基础上,在非货币出资类型中,补充列举了"股权""债权"两种出资形式,扩展了股东出资的方式。

根据该条规定,除了货币以外,作为股东出资的非货币财产必须同时符合以下两大条件:第一,可估价性,即具有价值上的确定性,用于出资的财产不但应具有财产价值,而且这种价值能够以货币的方式具体确定或评估作价。第二,可转让性。用于出资的财产不仅可以由公司股东交付于公司,为公司经营所用,而且在公司对外清偿债务时,可以有效地从公司移转给公司的债权人,并由债权人予以有效的财产利用。

依上述要件,实物、土地使用权在价值上极易量化,知识产权虽属无形资产,但借助现有的资产评估技术也完全可以进行客观、合理的价值评定,同时这 3 种财产在客观上和法律上都完全具有可移转性,因此也就成为《公司法》明文列举的 3 种最普遍的非货币出资形式。除此之外,股权、债权、经营权、收费权等许多其他财产权益也都因具备上述要件而完全可以作为股东的出资。而有些财产或经营资源如劳务、信用等,虽具有经营功能,可以由股东转让给公司并为公司所用,但却不能保证将来清偿债务时从公司有效地向债权人移转,不具有债务清偿功能而被排除在出资形式之外。

2. 法律适用

本案的核心问题是,股东通过不同的出资方式,作出的公司内部对出资比例与股权比例的不一致约定是否有效?本案判决确定的裁判规则是,在注册资本符合法定要求的情况下,我国法律并未禁止股东内部对各自的实际出资数额和占有股权比例作出约定,这样的约定并不影响公司资本对公司债权担保等对外基本功能实现,并非规避法律的行为,应属于公司股东意思自治的范畴。

一般情况下,股东持有股权比例与实际出资一致,登记机关也会要求出资比例与股权比例相吻合。但是当有限责任公司股东内部对出资比例与股权比例有不一致约定时,该约定是规避法律还是公司股东意思自治?有限责任公司股东对注册资本的出资比例是否就属于各股东的持股比例?有限责任公司注册资本出资比例与股权比例二者到底是什么关系?

在本案中,一审法院的裁判思路是,股东可以用货币出资,也可以用实物、知识产权、土地使用权等可以用货币估价并可以依法转让的非货币财产作价出资。对作为出资的非货币财产应当评估作价。根据该条规定,非货币财产作为出资须具备两个条件,一是可以用货币估价,二是可以依法转让,同时还应履行评估作价程序。刘继军为甲方,张军为乙方的《9.18 协议》关于甲方以教育资本出资,占科美咨询公司 70% 股份的约定显然不符合该条规定的非货币出资的条件,也没有进行评估作价。该约定对当事人不具有法律约束力。国华公司与启迪公司、豫信公司签订的《10.26 协议》与《9.18 协议》相比较,发生了以下变化:刘继军 70% 的股份变更为启迪公司和豫信公司合计占 70% 的股份,刘继军以教育资本形式出资变为国华公司代替启迪公司和豫信公司筹集出资资金。依此约定,启迪公司和豫信公司仍无须履行出资义务,与以教育资本出资的约定并无质的区别,但规避了相关法律法规,因此无效。①

终审法院最高人民法院采取了不同的裁判思路,《10.26 协议》第 14 条约定,国华公司 7000 万元资金收回完毕之前,公司利润按照启迪公司 16%,国华公司 80%,豫信公司 4% 分配,国华公司 7000 万元资金收回完毕之后,公司利润按照启迪公司 55%,国华公司 30%,豫信公司 15% 分配。根据上述内容,启迪公司、国华公司、豫信公司约定对科美投资公司的全部注册资本由国华公司投入,而各股东分别占有科美投资公司约定份额的股权,对公司盈利分配也作出特别约定。这是各方对各自掌握的经营资源、投入成本及预期收入进行综合判断的结果,是各方当事人的真实意思表示,并未损害他人的利益,不违反法律和行政法规的规定,属有效约定,当事人应按照约定履行。

在新《公司法》的规则下,第 48 条规定了包括实物、知识产权、土地使用权、股权、债权等非货币财产的出资方式。从法理上分析,货币出资责任与非货币出资责任并无本质区别,出资形式的不同不应决定出资责任的有无,《公司法》

① 参见河南省开封市中级人民法院民事判决书,(2007)汴民初字第 69 号。

关于非货币出资责任的规定当然应适用于货币出资责任的确定。因此,有限公司成立后,发现货币出资不足时,同样应由未出资股东补足其差额,公司设立时的其他股东应承担连带责任。当公司股东之间对于不同形式的出资方式所形成的不同的持股比例另有约定时,如果此种约定不违反效力性强制性法规、不违背公序良俗,则应允许其存在。该案中,启迪公司掌握着一定的教育资源,国华公司有资金,二者的合作才可实现双赢。在不损害债权人等其他人利益的前提下,人力资本所有者可以与物质资本所有者通过协议形式,组建不按投资比例持股的公司,体现人力资本的价值,实现二者的合作。

3. 本案延伸思考

非货币出资的价值如何进行评定?

实物等非货币出资的特殊法律问题在于其价值的评定。与货币出资不同,非货币出资的财产价值无法直接由其自身客观表现,而必须依赖人的主观评价,不同的人,基于不同的立场,使用不同的方法,会对同一项出资作出不同,甚至差额甚大的价值判断,出资者往往会对其出资作正面的、较高的评价,而他人则往往会作相反的、较低的评价。同时,非货币出资的价值又具有较强的变动性,除其自身可能发生的自然增值或贬值、添附或毁损外,时间、地点和其他外界因素、环境的变化,也会引起非货币出资价值的重大变化。这些都决定了对非货币出资必须在确定一个具体日期的基础上进行客观的价值评估。

非货币出资的价值评估必须客观、真实、准确,应避免过高估价和过低估价的两种倾向和做法。出资的过高估价构成股东出资的不实和公司整体注册资本的虚假,一方面减损了公司本应拥有的财产利益,另一方面也因股东享有较大的权利但却承担较少的出资义务而损害其他出资真实的股东的利益。出资的过低估价虽然实质增加了公司的财产,有利于公司和其他股东的利益,但却损害了该项出资的股东的利益。在公司实务中,由于发起人或大股东在公司设立过程中的主导地位,实践中容易出现的往往是对发起人或大股东非货币出资的过高估价。同时,由于国有资产管理机制存在的缺陷和所有者缺位的问题,对国有资产的估价则经常发生过低估价的情况,这也成为国有资产流失的一种特殊方式。

为保证非货币出资估价的客观、真实和准确,非货币出资通常需要由中立的专业资产评估机构进行评估作价,资产评估机构应根据公认或专门的评估规则和办法进行评估,因评估不实,损害公司或其他股东利益的,应承担欺诈或过失的民事责任。

四、相关原理

非货币形式出资不实的责任

非货币出资估价过高,使得其实际价额显著低于公司章程所定价额,应当由交付该出资的股东补足其差额,公司设立时的其他股东对其承担连带责任,即股东的填补出资责任和设立时其他发起人的连带认缴责任。另外,我们还应看到,出资不实的股东还应当承担对其他足额出资的股东的损害赔偿责任,这个损害赔偿责任可能是违约行为产生的也可能是侵权行为造成的。

股东的出资义务,不仅是一种法定义务,同时还是一种约定义务。股东的出资义务来源于3种根据:《公司法》、公司设立协议和公司章程。出资条款是公司设立协议的主要内容之一,发起人约定的义务当然属于约定义务;出资又是《公司法》规定的股东必须承担的义务,《公司法》规定的出资义务应属于法定义务;章程规定的出资义务既有法定义务的成分,又有约定义务的成分。因此,违反出资义务的责任也应该包括法定责任和违约责任。就违反出资义务的法定责任来讲,非货币出资估价过高,使得其实际价额不足章程所规定的价额,也就是说股东没有足额出资,构成了对公司财产权的侵犯,应当对公司承担侵权责任,所以应当补足其差额,即填补出资。为了保证公司资本的充实,公司设立时的发起人就应当对此不足部分承担连带认缴责任。就约定义务来讲,股东未足额缴纳其承诺应缴纳的出资额,违反了其对其他股东的约定义务,因此,该股东应当对其他股东承担违约责任。同时,其他股东还可能因为股东违反出资义务而受到不必要的损害,如可能因为出资义务的违反而使公司遭受撤销的命运,这时,其他足额出资的股东的利益必然会受到牵连,其他股东应当也可以就此侵害请求损害赔偿。但是,如果其他股东对此“未足额”存在过错,例如串通一气,则不得请求违约责任以及损害赔偿责任的承担。

案例18 股东未足额缴纳出资的责任

《公司法》第49条解读

——中国长城资产管理公司乌鲁木齐办事处与新疆华电工贸有限责任公司、新疆华电红雁池发电有限责任公司、新疆华电苇湖梁发电有限责任公司等借款合同纠纷案①

【最高人民法院2009年公报案例】

《公司法》第49条

股东应当按期足额缴纳公司章程规定的各自所认缴的出资额。

股东以货币出资的,应当将货币出资足额存入有限责任公司在银行开设的账户;以非货币财产出资的,应当依法办理其财产权的转移手续。

股东未按期足额缴纳出资的,除应当向公司足额缴纳外,还应当对给公司造成的损失承担赔偿责任。

一、案情介绍

中国长城资产管理公司乌鲁木齐办事处(以下简称长城乌鲁木齐办事处)与新疆华电工贸有限责任公司(以下简称工贸公司)向中国工商银行乌鲁木齐市新民路支行(以下简称工行新民路支行)借款5000万元。2005年,中国工商银行新疆维吾尔自治区分行将工行新民路支行对工贸公司享有的债权转让给长城乌鲁木齐办事处。双方就债权转让事宜向工贸公司发布公告。工贸公司向长城乌鲁木齐办事处返还借款1473500元。

① 《最高人民法院公报》2009年第2期。

工贸公司于2003年6月5日成立，其发起人股东为新疆华电红雁池发电有限责任公司（以下简称红雁池发电公司）等八公司。其发起人股东红能公司、金马公司、安装公司均依照约定足额向工贸公司履行了货币出资义务。工贸公司成立后，红雁池发电公司、新疆华电苇湖梁发电有限责任公司（以下简称苇湖梁发电公司）、哈密发电公司、喀什发电公司、昌吉热电公司作为出资的库房未办理所有权变更手续。

后来，工商局责令工贸公司补足出资。工贸公司股东会决议由红雁池发电公司、苇湖梁发电公司、哈密发电公司、喀什发电公司、昌吉热电公司以机器设备作为出资补足未到位的房产出资并置换原设备出资，对公司章程中的出资方式进行修改。会计师事务所就工贸公司股东补缴及置换出资事宜出具验资报告，证明各发起人股东补缴及置换的出资均已到位。各发起人股东与工贸公司就作为补足出资的机器设备办理了所有权移交手续。工贸公司补足出资的相关资料均在工商行政管理部门办理了登记备案手续。

本案的争议事实在于，工贸公司各股东是否已经足额出资，是否应就工贸公司所负本案债务对债权人承担连带责任？

长城乌鲁木齐办事处诉称：工贸公司给付借款本金4853万元及利息581万元。红雁池发电公司、苇湖梁发电公司、哈密发电公司、喀什发电公司、昌吉热电公司、红能公司、金马公司、安装公司作为工贸公司股东承担连带清偿责任。

工贸公司股东辩称：工贸公司向长城乌鲁木齐办事处借款的责任应由工贸公司独立承担民事责任，工贸公司股东不对工贸公司的债务承担责任。工贸公司股东注册资金全部依法到位，并经有关部门确认为有效，不存在出资不实的情形。

二、判决结果与理由

1. 判决结果

新疆维吾尔自治区高级人民法院作出（2007）新民二初字第25号民事判决：工贸公司在判决生效之日起15日内向长城乌鲁木齐办事处返还借款48526500元，驳回原告其他诉讼请求权，工贸公司股东不对工贸公司的债务承担责任。

最高人民法院于2008年12月2日作出(2008)民二终字第79号民事判决:工贸公司各股东单位没有足额出资,应当对工贸公司所负本案债务承担民事责任,工贸公司财产不足以清偿本判决第1项内容的,工贸公司各股东分别在其认缴的出资范围内向长城乌鲁木齐办事处承担补充清偿责任。

2. 判决理由

最高人民法院认为,注册资本是公司最基本的资产,确定和维持公司一定数额的资本,对于奠定公司基本的债务清偿能力,保障债权人利益和交易安全具有重要价值。股东出资是公司资本确定、维持原则的基本要求。出资是公司股东最基本、最重要的义务,同时也是《公司法》规定的股东必须承担的法定义务。根据2005年《公司法》第28条第1款、第31条的规定,股东应当按期足额缴纳公司章程中规定的各自所认缴的出资额。股东以货币出资的,应当将货币出资足额存入有限责任公司在银行开设的账户;以非货币财产出资的,应当依法办理其财产权的转移手续。有限责任公司成立后,发现作为设立公司出资的非货币财产的实际价额显著低于公司章程所定价额的,应当由交付该出资的股东补足其差额。股东不实出资,公司现有资产不足以偿还债权人债务的,公司股东应在不实出资数额的范围内向债权人承担补充赔偿责任。参照最高人民法院《关于企业开办的其他企业被撤销或者歇业后民事责任承担问题的批复》《关于人民法院执行工作若干问题的规定》《关于金融机构为企业出具不实或者虚假验资报告资金证明如何承担民事责任问题的通知》等相关规定,出资人未出资或者未足额出资,该企业财产不足以清偿债务的,由出资人在出资不实或者虚假资金金额范围内承担责任。

三、案例解读

1. 法律规定

对于有限责任公司股东出资缴纳义务以及未按期足额缴纳之赔偿责任的规定,新《公司法》第49条在原《公司法》第28条规定的基础上,第3款将“出资违约责任”的表述由“股东不按照前款规定缴纳出资的,除应当向公司足额缴纳外,还应当向已按期足额缴纳出资的股东承担违约责任”调整为“股东未按期足额缴纳出资给公司造成损失的,应当承担赔偿责任”。

根据新《公司法》第49条规定，股东按照章程中规定的期限和数额足额缴纳出资是股东的基本义务，只有认缴的全部资本数额缴纳完毕，股东出资义务才得以圆满履行。本条第3款进一步规定了有限责任公司股东未按期足额缴纳出资的赔偿责任，即若股东不按照本条第1款的规定缴纳所认缴的出资而致使公司蒙受损失，该股东就应当向公司承担赔偿责任。

2. 法律适用

本案的核心问题是，公司股东在未足额出资的情况下是否应对公司债务承担责任？本案判决确定的裁判规则是，出资是股东最基本、最重要的义务，股东应当按期足额缴纳公司章程中规定的各自所认缴的出资额，未足额出资的，应对公司债务承担补充赔偿责任。

在本案中，一审法院认为，在工贸公司成立时，红雁池发电公司、苇湖梁发电公司、哈密发电公司、喀什发电公司、昌吉热电公司作为出资的库房未办理所有权变更手续，这属于出资不到位。但是，工贸公司股东的货币出资、设备出资总额已经达到了2005年《公司法》所规定的最低限额，故工贸公司仍然具有法人资格。在公司股东出资不到位但公司仍然具备法人资格的情况下，公司股东只在出资不到位的范围内对公司债务承担补充赔偿责任，如果公司股东补足了出资，则不应当对公司债务承担民事责任。①

在红雁池发电公司、苇湖梁发电公司、哈密发电公司、喀什发电公司、昌吉热电公司在工贸公司成立时未足额出资、工贸公司又具备法人资格的情况下，红雁池发电公司、苇湖梁发电公司、哈密发电公司、喀什发电公司、昌吉热电公司本应当只在其出资不到位的范围内对工贸公司的债务承担补充赔偿责任，长城乌鲁木齐办事处要求其对工贸公司的债务承担连带责任的理由不能成立。

然而，最高人民法院终审却在厘清基本事实的基础上推翻了原审法院的结论，其认为在工贸公司设立过程中，各个股东作为出资的库房未办理所有权变更手续，属于出资不到位。在股东出资不到位的情形下，各股东应当对公司的债务承担补充清偿责任。至本案诉前，上述设备未实际交付工贸公司，仍由股东单位占有使用，工贸公司出具的实物交接手续未能反映本案真实情况。上述设备属于动产，如果根据《民法典》第224条的规定，动产物权的设立和转让，自

① 新疆维吾尔自治区高级人民法院民事判决书，(2007)新民二初字第25号。

交付时发生效力。动产所有权的转移以实际交付为准。本案上述股东承诺出资的相关设备并未实际交付给工贸公司,应当认定上述股东未能实际履行实物出资承诺,相关出资没有实际到位。

出资人未出资或者未足额出资,该企业财产不足以清偿债务的,由出资人在出资不实或者虚假资金金额范围内承担责任。红雁池发电公司、苇湖梁发电公司、哈密发电公司、喀什发电公司、昌吉热电公司应当在各自出资不实范围内对工贸公司所欠本案债务承担补充清偿责任。[①]

如果依据新《公司法》第 49 条的规定,股东未按期足额缴纳出资给公司造成损失的,应当承担赔偿责任。在案涉各股东出资不实的前提下,不仅仅要承担法定的出资责任,更要因出资不实承担公司损失的赔偿责任。

3. 本案延伸思考

股东出资义务的履行方式与股东出资不实的责任。

本案中,工贸公司各股东的出资义务是否及时履行,不同形式的出资是否到位是核心诉争点。公司的资本由股东的出资组成,没有股东的出资,公司便没有成立的财产基础。因此,出资义务是股东最基本、最重要的义务之一。股东负有的是按章程中规定的期限和数额足额缴纳其所认缴的出资额的出资义务。也就是说,只有按期足额缴纳完认缴的全部出资后,股东的出资义务才算履行完毕。

货币出资的履行方式最为简单,只需货币的实际交付即可。正如新《公司法》第 49 条规定,股东应当将货币出资足额存入有限责任公司在银行开设的账户。

非货币出资的履行方式则较为复杂,其中不仅需要实物或无形财产的实际交付,更需要相应的权属变更。实物的出资是股东将实物所有权转移给公司,应遵循物权变动的法律原则。动产物权的转移一般以交付为要件,而不动产物权的转移则一般以登记为要件。

在非货币出资中,知识产权、土地使用权都是一种财产权利,被归为无体财产。这种财产不可能像有体物一样进行物理形态的移转,其交付转让与物的交付转让具有完全不同的特点。完整有效的权利交付应包括权属变更和权能移

① 最高人民法院民事判决书,(2008)民二终字第 79 号。

转两方面的内容。各种权利都有各自的权属证明形式,要实现权利的转移,首先要根据各种权利特定的权属证明形式进行相应的变更。同时,权能的移转是权利交付另一重要的方面,权能移转是指权利人享有的各种权利实际地转由受让人行使。权属的变更是法律上的权利交付,权能的移转是事实上的权利交付,两者共同构成权利移转不可分割的两个方面。

有限责任公司股东还负有出资违约责任与出资不实的赔偿责任,即股东如果不按照规定缴纳所认缴的出资,就应当向已按期足额缴纳出资的其他发起人承担违约责任。出资违约责任是出资责任的一种,是违反出资义务的法律后果。股东必须依法履行出资义务,违反出资义务的行为在公司成立之前,属于合同法上的违约行为,已足额缴纳出资的股东可以采取违约救济手段,就其自身遭受的损失向未缴纳出资的股东请求赔偿。而且,未足额缴纳出资的发起人在承担了出资违约责任以后,仍然继续承担足额缴纳出资的义务。如果因为股东未按期足额缴纳出资而给公司造成损失,股东还应当承担赔偿责任。

四、相关原理

股东未履行出资义务的责任

出资违约责任适用于对一般股东出资责任的追究,具体的救济手段主要有以下几种。

(1)追缴出资,即公司对违反出资义务但仍有履行可能的股东要求其继续履行出资义务。经公司追缴,股东如仍不履行出资义务,公司有权请求强制履行。追缴出资作为一种救济手段,它常用于非货币出资的情形,如为设立房地产公司而确定由其中某一发起人以土地使用权作为出资,该出资系实现公司目的之必要条件,如该发起人不履行出资义务,将导致公司不能成立,于此情形下,其他发起人或公司可以该发起人为被告提起强制履行之诉来追缴其出资,确保公司得以成立。

(2)催缴失权。催缴失权又称失权程序,是指公司对于不履行出资义务的股东,可以催告其于一定期限内履行,逾期仍不履行的,即丧失其股东权利,其所认购的股份可另行募集。新《公司法》第 51、52 条对股东催缴失权制度单独进行规定,对股东催缴失权制度的条件、主体、时限、法律责任等均进行了全新的制度设计。规定公司可以向未足额出资股东发出书面催缴书催缴出资,可以载明缴纳出资的宽限期;宽限期自公司发出催缴书之日起,不得少于60日。宽限期届满,股东仍未履行出资义务的,公司可以向该股东发出失权通知,通知以书面形式发出,自通知发出之日起,该股东丧失其未缴纳出资的股权。此种失权是当然失权,已失权之认股人即使其后交纳了股款,也不能恢复其地位,因而,催缴失权有督促认股人及时履行出资义务的作用。

(3)损害赔偿。股东的出资义务是一种债的义务,股东违反出资义务给公司和其他股东造成损失的,应承担损害赔偿责任。如果股东违反出资义务而导致公司不能成立或被撤销、解散,违约的股东应向其他守约的股东承担损害赔偿责任。大多数国家公司法规定损害赔偿是可以和其他救济手段并用的一种救济方式,当其他救济手段不足以弥补其所遭受的损失时,公司或其他守约股东仍可要求违约的股东承担损害赔偿责任。

案例 19 发起人资本充实责任对增资股东的类推适用

《公司法》第 50 条解读

——十堰市市政建设工程有限责任公司、王某玉合资、合作开发房地产合同纠纷案①

【最高人民法院 2016 年再审案例】

《公司法》第 50 条

有限责任公司设立时,股东未按照公司章程规定实际缴纳出资,或者实际出资的非货币财产的实际价额显著低于所认缴的出资额的,设立时的其他股东与该股东在出资不足的范围内承担连带责任。

一、案情介绍

十堰市千龙房地产开发有限公司(以下简称千龙公司)于 2000 年 11 月由十堰市市政建设工程公司(以下简称十堰市政公司)、王某玉、刘某洲、乔某敏、侯某明、王某学、时某龙、焦某、王某书共同出资组建,该公司注册资本 200 万元,其中,十堰市政公司、王某玉等 8 名自然人认缴的出资均已缴足。2003 年 12 月,千龙公司将注册资本增加至 1211 万元,并变更了工商登记。其中,新吸收自然人股东李某耀等 6 人出资 22 万元、王某玉认缴 95 万元、刘某洲认缴 894 万元(其中现金 92 万元、以千龙公司门面出资 802 万元)。2006 年 5 月 12 日,千龙公司申请将注册资本增加到 2000 万元,增加的注册资本来源为刘某洲以千龙公司的土地使用权作价 786 万元作为增资。2004 年 3 月,千龙公司与十堰

① 最高人民法院民事判决书,(2016)最高法民再 205 号。

市机械电子物资(集团)公司(以下简称机电公司)约定联合开发房地产,后机电公司合同主体地位几经转让,最终由东风汽车贸易公司继受。在此项目中,千龙公司欠付东风汽车贸易公司房屋销售款1191万元。后查明,在该交易行为发生时,千龙公司的注册资本1011万元系虚增。

本案的争议事实在于,被告十堰市政公司等股东对千龙公司在2003年12月增资不到位的范围内承担相应责任是否有事实和法律依据?

原告东风汽车贸易公司诉称:千龙公司的股东十堰市政公司、王某玉、刘某洲等没有如实出资,十堰市政公司还存在抽逃注册资金的行为。

被告十堰市政公司等辩称:增资是由千龙公司实际控制人刘某洲伪造十堰市政公司公章、冒用其他自然人股东名义办理的,被告均未作出增资的相关意思表示,不应当承担责任。

二、判决结果与理由

1. 判决结果

湖北省宜昌市中级人民法院于2011年10月15日作出(2009)宜中民一初字第00026号民事判决:千龙公司给付东风汽车公司房屋销售款。

湖北省高级人民法院于2012年12月20日作出(2012)鄂民一终字第116号民事判决:维持原审判决,对千龙公司不能清偿部分,王某玉、刘某洲分别在认缴出资范围内承担补充责任。对于王某玉、刘某洲应承担的责任,十堰市政公司等公司发起股东承担连带责任。

最高人民法院于2013年11月16日作出(2013)民申字第1504号再审民事裁定,驳回了十堰市政公司、王某玉的再审申请。

最高人民法院于2018年12月29日作出(2016)最高法民再205号再审民事判决书,驳回了最高人民检察院的抗诉申请。

2. 判决理由

最高人民法院认为,千龙公司增资时股东未尽增资义务应当如何承担责任,关键在于增资时其他股东,包括增资股东刘某洲、王某玉以及未增资的其他股东十堰市政公司、侯某明等7人是否应在千龙公司不能清偿的范围内与增资瑕疵股东刘某洲、王某玉一并承担连带责任。换言之,增资股东之间是否应承担连带责任？未增资的其他股东是否也应承担连带责任？

《公司法司法解释(三)》第13条第4款规定:“股东在公司增资时未履行或者未全面履行出资义务,依照本条第一款或者第二款提起诉讼的原告,请求未尽公司法第一百四十七条第一款规定的义务而使出资未缴足的董事、高级管理人员承担相应责任的,人民法院应予支持;董事、高级管理人员承担责任后,可以向被告股东追偿。”此款适用于股东在公司增资时未履行或者未全面履行出资义务,公司或其他股东、公司债权人认为公司董事、高级管理人员对此未尽到《公司法》第147条第1款规定的忠实和勤勉义务,要求公司董事、高级管理人员承担相应责任的情形。由此可见此款并非规定公司增资时的股东出资瑕疵仅由公司董事和高级管理人员承担责任。由于公司增加注册资本是扩张经营规模、增加责任能力的行为,与公司设立时的初始出资并没有区别,公司股东有增加出资瑕疵的,应承担与公司设立时的出资瑕疵相同的责任。原审据此认定,十堰市政公司、王某玉、乔某敏、侯某明、王某学、时某龙、焦某、王某书,是千龙公司设立时的股东,也是2003年12月25日千龙公司申请增加注册资本时的股东,更是2004年3月31日千龙公司与机电公司签订联合开发合同时的股东,其对王某玉、刘某洲出资瑕疵对外承担连带责任。

三、案例解读

1. 法律规定

对于公司设立时股东出资责任的问题,新《公司法》第50条有明确的规定。该条规定在原《公司法》第30条的发起人应承担的出资瑕疵责任规则基础上,进一步完善了有限责任公司股东资本充实责任的规定。有限责任公司成立时,如果股东未按照公司章程规定足额缴纳出资或者作为设立公司出资的非货币财产(如实物、知识产权、土地使用权等)的实际价额显著低于公司章程所定价额,则意味着股东缴纳的出资没有达到章程中规定的注册资本的要求,即发生股东出资不实的情况。

在股东出资不实的情形下,该股东自然应当完全履行其缴纳出资的责任,而公司设立时的每一位发起人也有义务缴纳未缴足的出资,此即有限责任公司发起人的资本充实责任。资本充实责任的内容包括两个方面:一是实施了上述两种出资违法行为的股东应当承担的差额补足责任,二是公司发起人应当承担的连带责任。其中,发起人对股东未按照公司章程规定足额缴纳出资行为承担的连带责任理论上称为缴纳担保责任,而发起人对股东以实际价额显著低于其所认缴出资额的非货币财产出资行为承担的连带责任则谓差额填补责任。根据连带责任的一般原理,公司发起人承担了缴纳担保责任或差额填补责任后有权向未能完全承担差额补足责任的股东追偿,但是并不能因此而取得其代为履行出资义务部分的股权。

资本充实责任纠纷的适格原告包括公司、公司其他股东以及公司债权人。公司或者其他股东有权请求实施了上述两种出资违法行为的股东承担差额补足责任,并有权请求公司发起人承担连带责任;公司债权人有权请求实施了上述两种出资违法行为的股东在未出资本息范围内对公司债务不能清偿的部分承担补充赔偿责任,并有权请求公司发起人承担连带责任。公司或者其他股东的请求权不受诉讼时效限制,公司债权人请求权的诉讼时效为其对公司债权的诉讼时效。

2. 法律适用

本案的核心问题是,公司设立时发起人的连带责任是否可以类推适用至增资股东和其他股东?本案判决确定的裁判规则是,发起人的资本充实连带责任应类推适用至增资股东。

最高人民法院认为,在本案中,由于公司增加注册资本与公司设立时的初始出资并没有区别,按照最高人民法院执行工作办公室〔2003〕执他字第33号《关于股东因公司设立后的增资瑕疵应否对公司债权人承担责任的复函》的精神,“公司股东若有增资瑕疵,应承担与公司设立时的出资瑕疵相同的责任”。十堰市政公司、乔某敏、侯某民、王某学、时某龙、焦某、王某书,是千龙公司设立时的股东,也是2003年12月25日千龙公司申请增加注册资本时的股东,更是2004年3月31日千龙公司与机电公司签订联合开发合同时的股东,上述股东应对王某玉、刘某洲增资瑕疵所承担的补充赔偿责任,对外承担连带责任。原审在论述判决理由时,引用最高人民法院执行工作办公室〔2003〕执他字第33号的该复函,印证上述观点,并无不当。再审申请人认为最高人民法院执行工作办公室〔2003〕执他字第33号的该复函没有效力,认为“对公司股东在公司增资时股东未履行或者未全面履行出资义务的,不应追究其他股东或发起人的连带责任”,该主张不成立。①

新《公司法》第50条规定了公司成立时发起人的资本充实义务,而在公司增资的情形下,最高人民法院仍然坚持了公司其他股东的资本充实义务,认为应当共同承担连带责任。然而,一般而言,资本充实责任作为违法出资义务以外的其他公司设立者的责任,是一种较为严苛的无过错且连带责任,其因公司设立行为而产生,承担者也仅限于公司发起人。②

本案确立了在公司增资时其他股东的资本充实责任原则。资本充实责任是平衡各方的利益安排,表现为对内外部主体间利益失衡的矫正。股东的有限责任为公司所有者的个人资产免受公司债权人追究建固其良好的风险隔绝屏障,但事实上,有限责任并非消除企业风险的手段,其中暗含从股东转移给债权人的风险输送,最终由债权人承担了公司违约的风险。而资本充实责任便是试图通过资本的充实来保护债权人基于公司资本信用建立起的信赖利益,在注册资本范畴内实现对债权人风险的消弭。③

3. 本案延伸思考

在公司增资时,公司股东类推适用公司发起人的连带责任是否合理?

在本案中,最高人民法院认为,发起人的资本充实连带责任应适用至增资股东。值得注意的是,新《公司法》第228条(原《公司法》第178条)第1款规定:有限责任公司增加注册资本时,股东认缴新增资本的出资,依照本法设立有限责任公司缴纳出资的有关规定执行。有观点认为此条文即是增资时发起人股东承担资本充实责任的根据,但实际上,我们认为新《公司法》第228条主要规制的是增资股东的出资,而增资股东出资时其他发起人的责任不能单纯地从这一条文中进行推导。相反,本案裁判逻辑中运用类推适用的方法将公司发起人的连带责任适用至增资股东和增资时的其他股东。此种类推适用的方法是否合理,关键在于寻找增资时与设立出资时是否具有法律上有意义的“类似性质”和“类似关系”。

增资时股东会的增资决议与公司设立时的发起人协议具有明显区别。在

① 最高人民法院民事裁定书,(2013)民申字第1504号。

② 参见陈甦:《公司设立者的出资违约责任与资本充实责任》,载《法学研究》1995年第6期。

③ 参见陈洪磊:《增资股东未尽出资义务时其他股东民事责任之否定——评“十堰市政公司、王某玉合资、合作开发房地产合同纠纷案”》,载《证券法苑》2021年第2期。

公司成立后,公司即具有独立的法人资格,对外独立承担责任;发起人作为公司股东,与其他股东权利义务相同,均是以股东会的方式间接参与公司经营,公司股东包括发起人不再代表公司。其他股东是在公司成立后,股东会作出增资决议的所有股东,依其出资情况,可分为增资股东和未增资的其他股东。根据权责一致原则,增资股东、其他股东在公司增资时并不具有发起人于公司设立时的特殊权利及信息优势,仅为公司的股权投资人,也无须担保公司设立时的瑕疵。在公司增资时,股东会形成增资决议,由增资股东与公司签订出资协议,履行出资义务。但是,股东会的增资决议并非协议。协议规范的重心在于意思表示的一致,行为人基于此而受契约约束。但组织法视角下的决议,是以多数成员意思决定公司意思进而约束全体,属于按公司章程的议事方式和表决程序作出的民事法律行为。即便增资属于股东会特别决议事项,也不需要所有股东意思表示一致。若出现增资瑕疵,只需由增资股东自身对内向公司承担违约责任,对外向公司债权人承担补充赔偿责任。反之,无疑是将其他股东与增资股东之间的关系等同于设立协议的合伙关系,直接否定了公司的独立人格。

综上,公司设立时的特殊性影响了资本充实责任法律规定的立法目的或规范意旨,由于设立时与增资时两者的构成要件并不类似,将设立时的规则完全类推适用到增资时的观点有待商榷。

四、相关原理

发起人责任特殊性

与股东基于出资义务而产生的自己行为责任不同,发起人资本充实责任是对其他股东或认股人的行为而负担的一种特殊责任,其源于发起人在公司设立中的特殊地位和作用。资本认缴制与公司设立准则主义的双重刺激大大助长了公司设立的便宜性,但这在某种程度上则可能导致公司设立程序及目的的不法性,进而危及债权人利益,并给社会经济的健康发展带来危害。为了防范公司设立行为瑕疵,《公司法》科以发起人资本充实责任寻求公司设立便宜性与债权人利益保护之间的平衡,即发起人资本充实责任一方面能够防止公司设立无效而实现公司维持原则,另一方面能够保护股东及利害关系人因公司成立而形成的信赖利益。顺应《公司法》的立法逻辑,《公司法司法解释(三)》第 13 条第

3 款明确规定了股东补充赔偿责任履行过程中的发起人资本充实责任。可以说,发起人资本充实责任源于发起人在公司设立过程中的特殊作用及地位。当股东无法履行其出资义务时,即可认为公司成立基础存在瑕疵,发起人作为公司设立责任人应当承担设立行为中的瑕疵担保责任。可以说,发起人资本充实责任是股东出资不能时对公司资本确定而承担的补充责任,因此发起人资本充实责任的性质同样是法定的、补充性责任。[①]

① 参见冯果、南玉梅:《论股东补充赔偿责任及发起人的资本充实责任——以公司法司法解释(三)第13条的解释和适用为中心》,载《人民司法·应用》2016 年第 4 期。

案例 20 董事会催缴出资的义务与责任

《公司法》第 51 条解读

——斯曼特微显示科技(深圳)有限公司与胡某生等损害公司利益责任纠纷案[①]

【最高人民法院 2018 年再审案例】

《公司法》第 51 条

有限责任公司成立后,董事会应当对股东的出资情况进行核查,发现股东未按期足额缴纳公司章程规定的出资的,应当由公司向该股东发出书面催缴书,催缴出资。

未及时履行前款规定的义务,给公司造成损失的,负有责任的董事应当承担赔偿责任。

一、案情介绍

斯曼特微显示科技(深圳)有限公司(以下简称深圳斯曼特公司)成立于 2005 年 1 月 11 日,系外国法人独资的有限责任公司,股东为 SOUTHMOUNTAINTECHNOLOGIES,LTD.(中文译名为斯曼特微显示科技有限公司,以下简称开曼斯曼特公司),认缴注册资本额为 1600 万美元。2005 年 1 月 11 日至 2006 年 12 月 29 日,胡某生、薄某明、史某文担任深圳斯曼特公司董事,其中胡某生为董事长、法定代表人。2006 年 12 月 30 日起,贺某明、王某波、李某滨担任深圳斯曼特公司董事,其中贺某明为董事长、法定代表人。深圳

① 最高人民法院民事判决书,(2018)最高法民再 366 号。

斯曼特公司章程规定,公司成立后90天内股东应缴付出资300万美元,第一次出资后一年内应缴付出资1300万美元;公司成立之日即为董事会生效日,董事会由6名成员组成,均为股东公司的董事,以反映股东董事会的意愿;董事会是公司最高权力机关,拥有法律赋予的最终决定权,并承担对公司决定有关经营管理和事务之总体政策的责任;董事会拥有和行使所有属于公司或与公司有关的事项的最后决定权,并且决定所有与公司有关的重大事项。

股东开曼斯曼特公司于2005年3月16日至2005年11月3日分多次出资后,欠缴出资5000020美元。

本案的争议事实在于,胡某生等6名董事是否对股东出资负有监督或催缴的义务?

深圳斯曼特公司诉称:胡某生等6名董事对深圳斯曼特公司股东欠缴出资,造成了深圳斯曼特公司的损失,胡某生等6名董事应承担连带赔偿责任,赔偿责任范围为深圳斯曼特公司股东欠缴的注册资本4912376.06美元。

被告胡某生等6名董事辩称:《公司法》等相关法律、法规、司法解释以及公司章程等并未明确规定董事负有催缴公司股东出资的义务。如果股东未履行出资义务即要求董事通过诉讼、仲裁等方式进行催缴,无疑是加重了董事的注意义务和责任。

二、判决结果与理由

1. 判决结果

广东省深圳市中级人民法院于2015年12月29日作出(2015)深中法破初字第8号民事判决:驳回深圳斯曼特公司的诉讼请求。

广东省高级人民法院作出(2016)粤民破70号民事判决:驳回上诉,维持原判。宣判后,深圳斯曼特公司向最高人民法院提起再审。

最高人民法院于2019年6月28日作出(2018)最高法民再366号民事判决:董事、高级管理人员应负有督促股东出资的义务,故撤销广东省高级人民法院(2016)粤民破70号民事判决及广东省深圳市中级人民法院(2015)深中法破初字第8号民事判决;胡某生、薄某明、史某文、贺某明、王某波、李某滨在本判决生效之日起10日内连带赔偿深圳斯曼特公司4912376.06美元。

2. 判决理由

最高人民法院认为,根据2018年《公司法》第147条第1款的规定,董事、监事、高级管理人员应当遵守法律、行政法规和公司章程,对公司负有忠实义务和勤勉义务。上述规定并没有列举董事勤勉义务的具体情形,但是董事负有向未履行或未全面履行出资义务的股东催缴出资的义务,这是由董事的职能定位和公司资本的重要作用决定的。根据董事会的职能定位,董事会负责公司业务经营和事务管理,董事会由董事组成,董事是公司的业务执行者和事务管理者。股东全面履行出资是公司正常经营的基础,董事监督股东履行出资是保障公司正常经营的需要。《公司法司法解释(三)》第13条第4款规定:"股东在公司增资时未履行或者未全面履行出资义务,依照本条第一款或者第二款提起诉讼的原告,请求未尽公司法第一百四十七条第一款规定的义务而使出资未缴足的董事、高级管理人员承担相应责任的,人民法院应予支持;董事、高级管理人员承担责任后,可以向被告股东追偿。"上述规定的目的是明确董事、高级管理人员对股东增资的监管、督促义务,从而保证股东全面履行出资义务、保障公司资本充实。在公司注册资本认缴制下,公司设立时认缴出资的股东负有的出资义务与公司增资时是相同的,董事、高级管理人员负有的督促股东出资的义务也不应有所差别。本案深圳斯曼特公司是外商独资企业,实行注册资本认缴制。参照《公司法司法解释(三)》第13条第4款的规定,在公司注册资本认缴制下,股东未履行或未全面履行出资义务,董事、高级管理人员负有向股东催缴出资的义务。根据《公司法》第149条的规定,董事、监事、高级管理人员执行公司职务时违反法律、行政法规或者公司章程的规定,给公司造成损失的,应当承担赔偿责任。

三、案例解读

1. 法律规定

对于公司董事资本充实义务的问题,新《公司法》第51条有明确的规定。在原《公司法》中并没有关于公司董事催缴出资的相应制度设计,该条为此次《公司法》修改的新增条文,是我国《公司法》首次对董事会核查、催缴股东实缴出资的义务作出规定。董事会作为公司的日常经营决策机关,在董事会中心主义日益流行的背景下，由董事会承担催缴股东出资的义务较为适当，这也契合了本轮《公司法》修改中全面强化董事、监事、高级管理人员维护资本充实义务的改革方向。该条文是本轮《公司法》修订的重要创新成果之一。新《公司法》施行前，我国自2013年《公司法》生效以来一直实施的都是完全认缴制，股东实缴出资期限由公司自主决定，《公司法》不做过多干涉。“认缴出资”不等于“无须缴纳出资”，股东应当按照公司章程规定的期限足额缴纳出资，原《公司法》第28条、第30条规定了股东按期足额缴纳出资的义务以及不履行出资义务或瑕疵出资的民事责任。然而，从原《公司法》的实施情况来看，即便面临法律责任的追究，有的股东还是会逃避足额出资的义务，给公司、公司其他股东甚至公司债权人造成损失。为了避免损失的产生，有必要在事前对股东的出资情况进行监督。

董事会对股东出资情况进行核查之后，若发现股东未按期足额缴纳出资，则应当向该股东以书面方式进行催缴。新《公司法》第51条第2款规定了负有责任的董事怠于履行催缴出资义务给公司造成损失时应当承担的民事责任，即赔偿公司的损失。

2. 法律适用

本案的核心问题：一是董事是否对股东出资负有催缴义务；二是董事消极未履行该义务与股东未全面出资给公司造成的损失之间是否具有因果关系。本案判决确定的裁判规则是：董事对未按期足额缴纳出资的股东负有催缴义务，未履行催缴义务给公司造成损失的，应当承担赔偿责任。

对于问题一，一审法院通过对原《公司法》第147条第1款的解释，认为董事负有催缴股东出资的勤勉义务。二审则否定了该义务，认为法律和深圳斯曼特公司章程都没有明确规定董事负有催缴股东出资的义务，因此难以得出董事负有前述义务的结论。再审以董事的职能定位和资本对公司的关键性作用并参照《公司法司法解释（三）》第13条第4款，从原《公司法》第147条第1款中解释出董事负有催缴股东出资的义务。

对于问题二，一、二审法院均认为，董事消极未履行与股东未全面出资之间不存在法律上的因果关系，理由是出资是股东的义务而非董事的义务，董事是否催缴与股东是否出资之间没有必然联系。再审则认为，开曼斯曼特公司未缴清出资实际损害了深圳斯曼特公司的利益，胡某生、薄某明等6名董事消极不作为的行为放任了这种损害的持续,故具有法律上的因果关系。此外,与一、二审法院不同,再审为证成胡某生、薄某明等6名董事的赔偿责任,进一步分析了过错和损害两个要件。

新《公司法》第51条将本案所确立的裁判规则落实到立法之中。运用新《公司法》第51条,本案胡某生、薄某明等6名董事向深圳斯曼特公司承担连带责任则没有法律适用上的障碍。在本案中,胡某生、薄某明等6名董事对于开曼斯曼特公司股东未实缴出资的情形进行了放任,在明知股东未缴清出资的情形下仍不采取任何措施,而正是这种放任造成了对公司损害的持续。根据新《公司法》第51条第2款,董事会未履行前款规定的义务,给公司造成损失的,负有责任的董事应当承担赔偿责任。故本案中胡某生、薄某明等6名董事应向深圳斯曼特公司承担赔偿责任,这也正是董事维护公司资本充实原则的体现。董事会作为日常经营决策机关,对公司财务状况和资金需求更为了解,具有商业判断能力,且负有信义义务作为履职保障,由其承担相应职责较为妥当,并且这也契合了本轮《公司法》修改中全面强化董事、监事、高级管理人员维护资本充实义务的改革方向。

3. 本案延伸思考

再审判决胡某生、薄某明等6名董事承担连带赔偿责任是否具有法律或者约定的依据?

首先,本案判决胡某生、薄某明等6名董事承担连带赔偿责任。然而,违反对股东出资的监督义务致使公司受损是对公司的损害,应对公司承担赔偿责任,而非对股东出资义务的债务加入。从学理上看,在董事违信致使公司利益受损的场合,董事直接损害的是公司利益,应对公司承担赔偿责任。同时,股东、债权人等公司利益相关者对公司享有不同顺位的“剩余索取权”,故而董事也间接损害了股东、债权人等公司利益相关者的利益,所以后者有权通过股东直接诉讼、股东代表诉讼、董事对第三人责任等制度向董事索赔,但是后者有权索赔的法理基础是董事对公司负有赔偿责任。因此,董事违信致使公司受损的赔偿责任与股东对公司的出资义务,是两个独立的、平行的、互不关联的责任。即便认为在前述场合下,董事应对公司负担赔偿全部股东未出资部分的责任,该责任与股东的出资义务之间亦非法律上的纯正连带责任,而构成事实上的不真正连带责任。

其次,在无明确法律规定或者当事人约定的情形下,让董事对股东出资义务承担连带责任没有法律依据。根据《民法典》第 178 条的规定,连带责任必须由法律规定或者当事人约定。根据原《公司法》第 149 条的规定,董事违法给公司造成损失的,应承担对公司的赔偿责任。《公司法司法解释(三)》第 13 条第 4 款规定,董事违反勤勉义务致使增资股东出资未缴足的,承担相应责任;该条是对原《公司法》第 147、149 条的狭义法律解释,因此,该"相应责任"也应指对公司的赔偿责任。据此,让董事对股东出资义务承担连带责任尚无明确法律规定。在本案中,董事和股东之间亦无对股东出资义务承担连带责任的约定。由是观之,再审判决胡某生、薄某明等 6 名董事承担连带责任是否于法有据,值得商榷。

四、相关原理

董事对股东催缴义务的法律性质

董事催缴义务应归为法定勤勉义务。为适应公司规模扩张,公司创设董事会,以实现"股东所有权与公司经营权的分离"。然而,如何避免代理人董事在经营管理过程中牟取私利、损害公司利益,确保董事始终以维护及实现公司利益最大化为己任,成为董事制度下需面对的难题。

在此背景下,忠实义务与勤勉义务便应运而生。前者旨在规制董事经营过程中出于贪婪而运用董事职权谋取私利的行为,后者旨在推动董事最大程度运用自身技能,并在公司管理过程中尽到注意义务,从而实现公司经营过程中的利益最大化。在董事勤勉义务的背景下,进一步催生董事催缴出资制度。勤勉义务要求董事认真仔细,勤勉地利用其知识与经验来管理公司事务,履行其职责,以实现公司利益最大化为目标作出相应决策。我国公司法中的勤勉义务缺乏具体的判定标准,但可以确定的是,既然董事的职责是促使公司利益最大化,而股东出资又与公司资本密切相关,因此,董事主动监督股东的出资情况,催缴股东出资以保证公司资金链的畅通应属于董事履行勤勉义务的范畴。

催缴出资是董事勤勉义务的内在要求之一,它体现了董事对公司的责任和义务。首先,催缴出资是董事落实公司治理职责的直接表现。在公司治理中,董事作为公司治理的核心,负责公司的健康良好运营。而股东拖欠出资会导致公司资金不足,无法完成日常的经营活动,也无法进行有利的投资和扩张,从而影响公司的长远发展。因此,催缴出资就是保障公司发展的必要措施之一,也是董事承担管理、经营事务职责的具体体现。其次,公司法和其他相关法律规定了董事的职责和义务,如果董事拖延催缴出资,这种行为违反了勤勉义务,可能导致公司经营出现问题,而董事将会面临法律责任。

案例21 股东会决议部分解除股东股权的效力

《公司法》第52条解读

——黑龙江农垦完达山贸易有限公司诉完达山(北京)食品有限公司公司决议效力确认纠纷案①

【《人民法院案例选》2020年公布案例】

《公司法》第52条

股东未按照公司章程规定的出资日期缴纳出资,公司依照前条第一款规定发出书面催缴书催缴出资的,可以载明缴纳出资的宽限期;宽限期自公司发出催缴书之日起,不得少于六十日。宽限期届满,股东仍未履行出资义务的,公司经董事会决议可以向该股东发出失权通知,通知应当以书面形式发出。自通知发出之日起,该股东丧失其未缴纳出资的股权。

依照前款规定丧失的股权应当依法转让,或者相应减少注册资本并注销该股权;六个月内未转让或者注销的,由公司其他股东按照其出资比例足额缴纳相应出资。

股东对失权有异议的,应当自接到失权通知之日起三十日内,向人民法院提起诉讼。

一、案情介绍

完达山(北京)食品有限公司(以下简称完达山北京公司)有3名股东:黑龙江农垦完达山贸易有限公司(以下简称黑龙江完达山公司)、王斌力及乐姆农业

① 《人民法院案例选》2020年第9辑。

科技股份有限公司(以下简称乐姆农业公司)。根据公司章程规定,完达山北京公司的注册资本金为 850 万元,其中黑龙江完达山公司以货币方式认缴出资 450 万元、实缴 90 万元,王斌力以货币方式认缴出资 200 万元、实缴 200 万元,乐姆农业公司以货币方式认缴出资 200 万元、实缴 40 万元,以上 3 名股东的认缴出资期限均为 2016 年 4 月 30 日。2016 年 11 月 22 日,完达山北京公司向黑龙江完达山公司发送催告函,要求其按照公司章程约定缴付出资。因黑龙江完达山公司拒绝缴资,完达山北京公司遂召开临时股东会,黑龙江完达山公司未参会。股东会作出决议:由王斌力缴纳黑龙江完达山公司及乐姆农业公司认缴未缴公司注册资本并将公司股东的持股比例调整为王斌力占 84.71%,黑龙江完达山公司占 10.59%,乐姆农业公司占 4.7%,即完达山北京公司注册资本 850 万元,由王斌力认缴 720 万元、黑龙江完达山公司认缴 90 万元、乐姆农业公司认缴 40 万元。

本案的争议事实在于,在完达山北京公司股东黑龙江完达山公司出资期限到期后仍拒绝出资的情形下,完达山北京公司调整黑龙江完达山公司的持股比例的股东会决议是否有效?

黑龙江完达山公司诉称:涉案临时股东会决议是按照实缴出资比例计算的表决权。各股东的实缴金额并未经法定程序确认,实缴出资存在争议;按实缴出资行使表决权已违反法律规定,因此依法应当确认无效。要求确认该决议无效。

被告完达山北京公司辩称:涉案临时股东会决议程序、内容均合法有效,并不存在任何决议无效的情形。

二、判决结果与理由

1. 判决结果

北京市东城区人民法院于 2018 年 7 月 27 日作出(2017)京 0101 民初 658 号民事判决:涉案决议变更持股比例的内容并未侵害黑龙江完达山公司的合法权利,未完全出资的股东经公司催告后并未补足出资,股东会决议解除其未出资额相对应部分的股东资格不违反法律、行政法规,不属于决议无效的情形,因此,驳回黑龙江完达山公司全部诉讼请求。

北京市第二中级人民法院于 2019 年 2 月 27 日作出(2018)京 02 民终

12476 号民事判决：一审法院结合权利义务对等原则、尊重公司意思自治以及公司资本充足角度出发，认定不应直接否认公司股东会决议关于变更出资比例相关内容的效力，符合法律规定，本院予以确认。对本案驳回上诉，维持原判。

2. 判决理由

北京市第二中级人民法院认为，虽然 2013 年《公司法》对未完全出资股东能否被部分解除股东资格的问题没有明确规定，但是，应当从 2013 年《公司法》的整体框架考虑，遵循立法原则及立法目的予以综合判断。涉案决议变更持股比例的内容并未侵害黑龙江完达山公司的合法权利，未完全出资的股东经公司催告后该股东并未补足出资，股东会决议解除其未出资额相对应部分的股东资格不违反法律、行政法规，不属于决议无效的情形。首先，从权利义务对等原则出发，股东享有权利的前提是承担股东义务，向公司缴纳出资是股东最重要、最基本的义务。其次，从尊重公司意思自治的角度来看，应当肯定公司章程对于股东各方权利义务的约定。再次，按期足额出资是股东信守承诺，对公司、其他股东及债权人尽到忠实义务之必要行为。最后，从经济效率角度考虑，在股东拒不履行出资义务的情况下，应赋予公司更多的救济途径。故案涉股东会决议有效。

三、案例解读

1. 法律规定

新《公司法》第 52 条新增了关于股东催缴失权制度的规定，该条对股东催缴失权制度的条件、主体、时限、法律责任、股东失权后的救济等内容进行了全新的制度设计。在此之前，《公司法司法解释（三）》第 17 条规定了公司解除股东资格的情形，即股东未履行出资义务或者抽逃全部出资。而新《公司法》第 52 条的创新之处在于，跳出了《公司法司法解释（三）》第 17 条十分严苛的“股东未履行出资义务或者抽逃全部出资”条件，在公司股东未“全面履行出资”时即可向该股东发出催缴失权通知，进而使得该股东比例失权，以实现催缴失权制度的落地，进而对未全面履行出资义务的股东产生威慑。

依照新《公司法》第 50、52 条规定，该制度适用于“股东未按期足额缴纳出资，或者作为出资的非货币财产的实际价额显著低于所认缴的出资额的”情形，较《公司法司法解释(三)》所规定的情形大为扩张。从适用程序上而言,新《公司法》着重强调公司的意思,而不再要求通过股东会决议的方式予以实现。催缴失权制度的价值首先在于维护公司的资本充实,也具有保障公司其他股东和债权人利益之功效。如果违反出资义务的股东仍然享有各类股东权益,不仅增加了公司治理中的代理成本,对其他股东而言也并不公平。由此可见,我国法上的股东除名和催缴失权在适用条件和法律后果上有一定的相似性,但二者的差异也至为明显。有待于进一步完善的是,催缴失权规则与股东平等原则之间如何互动,比如,在数个股东均存在瑕疵出资的情况下,如果公司选择性地进行催缴和失权操作,那么其本身亦可能造成对其他股东的不公平损害。①

2. 法律适用

本案的核心问题是诉争的股东会决议是否无效?在公司股东拒绝出资的情形下,股东会有无权力变更持股比例乃至除名股东?要特别注意本案适用的是2013年《公司法》,法院审理时还未规定催缴失权制度。本案判决确定的裁判规则是:未完全出资的股东经公司催告后并未补足出资,股东会解除其未出资额相对应部分的股东资格的决议有效。

在本案中,无论一审还是二审法院,均没有拘泥于2013年《公司法》的具体条文,而是从2013年《公司法》的整体框架考虑,遵循立法原则及立法目的予以综合判断决议效力。涉案决议变更持股比例的内容并未侵害黑龙江完达山公司的合法权利,未完全出资的股东经公司催告后并未补足出资,股东会决议解除其未出资额相对应部分的股东资格不违反法律、行政法规,不属于决议无效的情形。② 在黑龙江完达山公司未能全面履行出资义务且表决事项与其有利害关系的情况下,确定以股东实际缴纳的出资比例来进行表决,系对黑龙江完达山公司股东权利的合理限制,符合公司法解释及公司章程的规定。因此,涉案临时股东会决议应属成立。

实际上,正如本案所述,在2013年《公司法》没有规定催缴失权的情形下,很多股东出资不完全所引发的纠纷往往通过决议纠纷的形式予以解决。在新

---

① 参见葛伟军:《从股东资格解除到股东失权的嬗变》,载《北京理工大学学报(社会科学版)》2022年第5期。

② 参见北京市东城区人民法院民事判决书,(2017)京0101民初658号。

《公司法》修订之前，2013年《公司法》中并没有关于股东催缴失权的规定。虽然《公司法司法解释（三）》第17条规定了公司解除股东资格的情形，但该规定有严格的“完全未履行出资”的适用条件，“未履行出资义务或者抽逃全部出资，经公司催告缴纳或者返还，其在合理期间内仍未缴纳或者返还出资，公司以股东会决议解除该股东的股东资格，该股东请求确认该解除行为无效的，人民法院不予支持”。前述规定系在股东未履行出资义务的情况下，对于股东的股东资格根本解除。在股东未能全面履行出资义务的情况下，能否在保留股东资格的前提下，按照其实际出资情况认定其出资比例，原《公司法》及司法解释并未作出相应规定。而本案中，法院判决从权利义务对等原则、尊重公司意思自治以及公司资本充足多角度出发，认定不应直接否认公司股东会决议关于变更出资比例相关内容的效力，符合法律规定。①

上述裁判思路在新《公司法》修订之前，会面临“无法可依”的问题，仅从权利义务对等、公司资本充足等原则性规定的条件出发，会使得整篇裁判文书没有明确的法律依据，而法院通过决议效力相关规则进行释法，通过决议有效进而得出的部分失权的行为有效结论也引发了一定的争议。《公司法司法解释（三）》第17条也规定的是“全面未履行出资责任”的情形，在本案中黑龙江完达山公司亦不满足此前提，盲目类推适用会导致整体裁判出现争议。

如果依据新《公司法》的规定，本案即有了明确的裁判规范。新《公司法》第51、52条共同构成了股东催缴失权的条件与法律后果的规则。根据新《公司法》规定，董事会对股东出资情况进行核查后，如果发现股东未按期足额缴纳公司章程规定的出资，则其应当向该股东催缴出资，催缴出资应当以书面形式作出，须送达被催缴股东。催缴书中需要载明股东出资宽限期的最长时间，宽限期届满，股东仍未履行出资义务的，公司可以向该股东发出失权通知，通知应当以书面形式发出，自通知发出之日起，该股东丧失其未缴纳出资部分的股权。需要注意的是，宽限期届满后，股东仍未履行出资义务的，该股东并不当然丧失股权。公司可以向该股东发出书面失权通知，也可以不向该股东发出书面失权通知，是否要发出书面失权通知，需借由公司董事、高级管理人员的商业判断。只有在公司经过商业判断，认为需要向该股东发出书面失权通知，通知发出后，

① 参见北京市第二中级人民法院民事判决书，（2018）京02民终12476号。

该股东方丧失未足额缴纳出资部分的股权。该股东丧失股权的时间点为公司发出失权的书面通知之时。

本案中，在黑龙江完达山公司拒不履行出资义务的前提下，可以由完达山北京公司董事依照前条第1款规定发出书面催缴书催缴出资，并载明宽限期。若宽限期届满，黑龙江完达山公司仍未履行出资义务，完达山北京公司可以向该黑龙江完达山公司发出书面失权通知，自通知发出之日起，黑龙江完达山公司即丧失其未缴纳出资部分的股权。

3. 本案延伸思考

催缴失权制度与加速到期制度之间构成何种关系？

在实践中，催缴失权和股东出资义务加速到期均是保护公司和债权人的有力手段。而对于加速到期和催缴失权制度之间的适用关系，在实践中存在一些分歧，有观点认为二者可以同时适用，先加速到期后可再发生催缴失权后果，以督促股东履行其出资义务；有观点持反对立场，认为加速到期不能适用催缴失权制度，其理由在于加速到期时失权规则已经宣告失败，股东应当确定性地履行其出资义务。前述两个观点均有其合理之处，前者强调以失权为手段，督促股东缴纳出资，给予其相当之压力；后者则力求避免失权股东出局后进一步恶化公司清偿能力，导致未出资股东金蝉脱壳。

从制度逻辑来看，出资义务加速到期后的股权，实际上出资义务的履行期限已经届至，如果此时股东不能完成出资义务，则可以构成新《公司法》规定的“股东未按期缴纳出资”，并进而适用后续条款规定的法律后果。此时，问题在于，公司已经陷入了停止支付之困难境地，董事会在进行催缴时固然无须多虑，但其决定失权时却不得不慎重，因为失权决定可能导致公司清偿能力雪上加霜，继而损害公司利益，触发董事违背信义义务的法律责任。此时，如果有其他股东或投资者既具有受让意愿，又具有出资能力，董事会通过失权决定后将股份转让至有出资能力的受让人，法律上也无禁止之必要。故而，从整体上来看，与其在立法上作强制性的安排，不如给董事会预留相应的商事裁量空间，以满足公司实践所需。

四、相关原理

催缴失权制度的功能

新《公司法》引入催缴失权制度,其制度价值与功能主要有二:一是维护公司资本充实,保障公司债权人合法权益;二是保障公司其他股东合法权益。

1. 维护公司资本充实,保障公司债权人合法权益

公司在认缴制和实缴制下享有的资产形态和承担的风险并不相同。在注册资本认缴制下,股东认缴公司出资后,可以与公司约定出资期限,从而享有出资的期限利益:在出资未届期之前,如无法定事由,公司仅享有对股东的附缴款期限的出资债权,股东无须向公司提前缴付出资。在注册资本实缴制下,投资人必须向公司缴付出资,进而才能取得股权或者股份,成为公司股东。不难发现,公司在注册资本认缴制下享有的出资债权,不同于公司在注册资本实缴制下享有的货币资金、银行存款或实物资产。在认缴制下,公司须承担股东个人的资力不足风险,并且股东享有出资的期限利益,其也就无须向公司支付在出资期限内的资金利息,故公司在承担股东个人资力不足风险的同时,也没有获得应有的出资债权利息的风险补偿。而在实缴制下,公司已经取得了股东的出资,故无须承担股东个人的资力不足风险。因此,相较于实缴制,公司在认缴制下须承担股东个人的资力不足风险,公司资本在一定程度上受到了侵蚀。

在认缴制背景下,催缴失权制度具有维护公司资本充实的重要制度价值和功能。当股东未按期足额缴纳出资时,公司董事会应当向该股东催缴出资,经催缴后仍不缴足的,公司可以向该股东发出失权通知,使该股东在未缴足出资的范围内失权,由此督促股东按期足额缴纳出资,维护公司资本充实,进而能够起到保护公司债权人合法权益的作用。

2. 保护公司其他股东合法权益

催缴失权制度在维护公司资本充实的同时,也保护了其他股东合法权益。公司经营活动的开展,有赖于与经营活动相匹配的资本规模。股东资本的投入,是公司产出效益的必要条件,因而,原则上股东没有投入资本,就不能获取相应的投资报酬。例如,新《公司法》第 210 条第 4 款规定,在分配税后利润时,有限责任公司按照股东实缴的出资比例分配利润,但全体股东约定不按照出资比例分配利润的除外。再譬如,新《公司法》第227条第1款规定,有限责任公司增加资本时,股东在同等条件下有权优先按照实缴的出资比例认缴出资。但是,全体股东约定不按照出资比例优先认缴出资的除外。可见,股东依法依约按期足额向公司缴付出资,是公司得以正常开展经营活动,股东有权取得相应权利的必要条件。若部分股东不按期足额缴纳出资,侵蚀公司资本,这将阻滞公司开展相关经营活动,并将最终损害其他股东应有的投资利益。于此情形下,实施催缴失权制度,向部分未按期足额缴纳出资的股东催缴,并在其未及时补缴时,使其在未缴足范围内失权,不再分享公司的投资收益,这有助于保护公司其他股东的合法权益。

此外,催缴失权制度使未按期足额缴纳出资的股东,在未足额缴纳出资范围内失去相应股权,有助于实现股东平等。股东向公司缴付出资,是股东取得股权或股东资格的对价。如果未按期足额缴纳出资的股东仍然享有各类股东权利,不仅增加了公司治理中的代理成本,对其他股东而言也并不公平。催缴失权制度,使得未按期足额缴纳出资的股东,在未缴足范围内失去相应的股东权利,使其与其他按期足额缴纳出资的股东相区别,符合比例原则的要求,是股东平等原则的体现。

案例22 违约股东不得通过股东会决议解除其他股东资格

《公司法》第52条、《公司法司法解释(三)》第17条解读

——刘美芳诉常州凯瑞化学科技有限公司等公司决议效力确认纠纷案①

【最高人民法院2023年公报案例】

《公司法》第52条

股东未按照公司章程规定的出资日期缴纳出资,公司依照前条第一款规定发出书面催缴书催缴出资的,可以载明缴纳出资的宽限期;宽限期自公司发出催缴书之日起,不得少于六十日。宽限期届满,股东仍未履行出资义务的,公司经董事会决议可以向该股东发出失权通知,通知应当以书面形式发出。自通知发出之日起,该股东丧失其未缴纳出资的股权。

依照前款规定丧失的股权应当依法转让,或者相应减少注册资本并注销该股权;六个月内未转让或者注销的,由公司其他股东按照其出资比例足额缴纳相应出资。

股东对失权有异议的,应当自接到失权通知之日起三十日内,向人民法院提起诉讼。

① 《最高人民法院公报》2023年第2期。

《公司法司法解释(三)》第 17 条

有限责任公司的股东未履行出资义务或者抽逃全部出资,经公司催告缴纳或者返还,其在合理期间内仍未缴纳或者返还出资,公司以股东会决议解除该股东的股东资格,该股东请求确认该解除行为无效的,人民法院不予支持。

在前款规定的情形下,人民法院在判决时应当释明,公司应当及时办理法定减资程序或者由其他股东或者第三人缴纳相应的出资。在办理法定减资程序或者其他股东或者第三人缴纳相应的出资之前,公司债权人依照本规定第十三条或者第十四条请求相关当事人承担相应责任的,人民法院应予支持。

一、案情介绍

常州凯瑞化学科技有限公司(以下简称凯瑞公司)成立于 2009 年 7 月 10 日,成立时的注册资本为人民币 51 万元,股东包括刘美芳、洪安刚及洪强,洪强与刘美芳分别出资 22.95 万元,洪安刚出资 5.1 万元,但均未实际出资,凯瑞公司属于完全没有股东实际出资的公司。2015 年 2 月凯瑞公司注册资本增至 300 万元,洪强与刘美芳各增资 112.05 万元,洪安刚增资 24.9 万元,均应于 2018 年 12 月 30 日前增资到位,但仍均未实际出资。并且,经查明,2016 年 2 月刘美芳将凯瑞公司的大部分账户资金转存在自己的账户中。

2017 年 9 月 21 日,凯瑞公司起诉刘美芳、诺威尔公司,要求刘美芳返还 2951420.9 元(刘美芳抽逃的全部出资 135 万元及侵占的公司款项 1601420.9 元),并支付利息,诺威尔公司对其中 1095000 元承担连带责任。在凯瑞公司起诉后,刘美芳未向凯瑞公司返还款项。2017 年 10 月 31 日,凯瑞公司书面通知刘美芳召开 2017 年度临时股东会,会议时间定于 2017 年 11 月 20 日下午 3 点,会议内容为审议关于股东刘美芳抽逃全部出资并在公司通知后的合理期限内仍未归还,对其进行股东除名表决。同年 11 月 7 日,刘美芳回函称此次临时股东会所需审议的会议内容违反法律规定,缺乏依据。

11 月 20 日,凯瑞公司召开股东会并作出股东会决议,参会股东有洪强、洪安刚,股东会决议载明,鉴于股东刘美芳在公司经营过程中存在利用职务之便抽逃全部出资及侵占公司财产的行为,经公司催告后在合理期限内仍然未偿还,参与股东会成员一致表决同意解除刘美芳股东资格,公司后期协助办理相关变更登记手续。后刘美芳起诉凯瑞公司,要求确认案涉解除刘美芳股东资格的决议无效。

本案的争议事实在于,本案股东除名决议的依据是刘美芳抽逃全部出资,属于出资违约的股东,而在凯瑞公司其余股东洪强、洪安刚均未实际出资,亦属于违约股东的情况下,作出的除名刘美芳的股东会决议是否有效?

原告刘美芳诉称:自己的出资已经实际缴纳并由会计师事务所出具验资报告,刘美芳从未抽逃全部资本或侵占公司财产,故凯瑞公司所作出的除名决议无效。

被告凯瑞公司辩称,刘美芳作为公司股东,在公司正常经营期间抽逃全部出资及侵占部分公司资产事实清楚,证据充分,凯瑞公司的股东即本案第三人洪强、洪安刚为维护自身合法权益及公司的正常运营,在 2017 年 11 月 20 日作出的解除原告股东资格的股东会决议合法有效。

二、判决结果与理由

1. 判决结果

江苏省常州市钟楼区人民法院于 2018 年 3 月 7 日作出(2018)苏 0404 民初 515 号民事判决:凯瑞公司向刘美芳发出了召开股东会通知书,履行了通知义务,并按期召开股东会作出决议,该决议内容不违反法律规定,故驳回刘美芳的诉讼请求。一审宣判后,刘美芳不服,向江苏省常州市中级人民法院提起上诉。

江苏省常州市中级人民法院于 2018 年 8 月 2 日作出(2018)苏 04 民终 1874 号民事判决:案涉股东均属于虚假出资,不具有法律上受保护的利益,故案涉股东决议无效。撤销江苏省常州市钟楼区人民法院(2018)苏 0404 民初 515 号民事判决;凯瑞公司于 2017 年 11 月 20 日作出的解除刘美芳股东资格的股东会决议无效。

2. 判决理由

江苏省常州市中级人民法院认为:案涉股东除名决议的作出和内容于法无

据,于实不符,应属无效。

一方面,结合除名权的法理基础和功能分析,公司是股东之间、股东与公司以及公司与政府之间达成的契约结合体,因此股东之间的关系自当受该契约的约束。在公司的存续过程中,股东始终应恪守出资义务的全面实际履行,否则构成对其他守约股东合理期待的破坏,进而构成对公司契约的违反。一旦股东未履行出资义务或抽逃全部出资,基于该违约行为已严重危害公司的经营和其他股东的共同利益,背离了契约订立的目的和初衷,故《公司法》赋予守约股东解除彼此间的合同,让违约股东退出公司的权利。这既体现了法律对违约方的惩罚和制裁,又彰显了对守约方的救济和保护。由此可见,合同"解除权"仅在守约方手中,违约方并不享有解除(合同或股东资格)的权利。本案中,被上诉人凯瑞公司的所有股东在公司成立时存在通谋的故意,全部虚假出资,恶意侵害公司与债权人之权益。但就股东内部而言,没有所谓的合法权益与利益受损之说,也就谈不上权利救济,否则有悖于权利与义务相一致、公平诚信等法律原则。一审第三人洪强、洪安刚无权通过召开股东会的形式,决议解除上诉人刘美芳的股东资格,除名决议的启动主体明显不合法。

另一方面,从虚假出资和抽逃出资的区别来看,前者是指股东未履行或者未全部履行出资义务,后者则是股东在履行出资义务之后,又将其出资取回。案涉股东除名决议认定刘美芳抽逃全部出资,事实上凯瑞公司包括刘美芳在内的所有股东在公司设立时均未履行出资义务,属于虚假出资,故该决议认定的内容亦有违客观事实。

三、案例解读

1. 法律规定

在新《公司法》第 52 条中,新增了股东催缴失权制度,新《公司法》的股东催缴失权制度在宽限期、催缴主体、催缴方式、失权时间、股东失权后的救济等方面进行了多项规定,使得未履行出资义务的股东的失权有法可依,是此轮《公司法》修订的一大亮点。而在股东催缴失权制度设立之前,我国《公司法司法解释(三)》第 17 条中就规定了股东除名制度,亦即本案的理论基础。股东除名制度与新《公司法》中的催缴失权制度在适用条件、适用程序、法律后果等方面均有诸多差异,详见后文。

《公司法司法解释(三)》第17条规定的股东除名制度目的在于使未按时足额缴足出资的股东,失去股东权利。除名制度适用于两种情形,一是股东未履行出资义务,二是股东抽逃全部出资。在除名制度下,催缴义务的主体是公司,具体执行公司事务的董事、高级管理人员均可能成为催缴义务人,并在催缴后由股东会作出除名决定。除名决定作出后,其仅适用于股东完全未履行出资义务和股东抽逃全部出资的情形,未出资股东丧失的是全部股权,进而也就当然丧失了股东资格。

2. 法律适用

本案的核心问题是在凯瑞公司其他股东未实际出资、属于违约股东的情况下,能否决议除名另一未出资的违约股东?本案判决确定的裁判规则是守约股东才享有为了保护自身利益取消违约股东的股东资格的权利。

从"契约"的角度来说,部分股东在自身未履行义务的情况下,以其他股东同样未能完全履行该义务为由,通过看似正义的程序规则剥夺其他股东的根本性权利,是无效的。

一般而言,对于不违背法律规定与公司章程的决议,法院不会轻易认定决议无效,包括符合公司章程规定的股东除名决议。在本案中,一审法院即采取了上述裁判思路,认为刘美芳未在凯瑞公司合理催告期限内返还出资,凯瑞公司又向刘美芳发出了召开股东会通知书,履行了通知义务,并按期召开股东会作出决议,故凯瑞公司的除名决议有效。

然而,本案的特殊之处在于,凯瑞公司的全体股东在公司成立时全部虚假出资。因此,凯瑞公司其余股东作出股东会决议的效力存疑。二审法院从两个角度分析该案件:第一,除名权的法律基础,即认为有限责任公司的股东"除名权"本质上就是合同的"解除权"。当事人行使除名权的条件之一是其他当事人有根本违约行为。第二,行使除名权的主体一定是守约方,违约方不可以行使除名权。《公司法》作为特别法,规定除名权的事由,以《民法典》的一般规定为基础。《民法典》第563条规定,当事人行使法定解除权的事由包括:当事人一方有根本的违约行为,使得合同目的无法实现。因此,在凯瑞公司所有股东均未出资的情形下,就股东内部而言,没有所谓的合法权益与利益受损之说,也就谈不上权利救济,否则有悖于权利与义务相一致、公平诚信等法律原则。因此二审法院认定案涉股东会除名决议无效。

从实践效果来看,《公司法司法解释(三)》第17条所规定的除名事由过于严格和封闭,只有在股东"未履行出资义务或者抽逃全部出资"的情况下,才能以股东会决议予以除名,若股东履行部分出资义务或者仅抽逃了大部分出资,则不能适用该规定将股东除名。而新《公司法》第52条新规定了股东催缴失权制度,股东的失权不需要严格的"未履行出资义务或者抽逃全部出资",而是"未按期足额缴纳出资",对于此类股东,未出资的部分可以部分失权,这一制度在现实中充分运用,有助于解决股东出资久拖不决的问题。

3. 本案延伸思考

新《公司法》第52条规定的股东催缴失权制度与股东除名制度的异同?

《公司法司法解释(三)》第17条规定了股东除名规则,但仅适用于有限责任公司的股东"未履行出资义务"或者"抽逃全部出资"的情形,于程序上需要通过股东会决议的方式解除。虽然理论上对其属于除名抑或失权存在争议,但其对于股东完全违反其出资义务、严重损害公司利益的行为,提供了组织法上的救济措施。由于该制度关涉重大,涉及多个利益相关主体之间的身份关系和财产关系变动,除名情形和决议程序均十分严格。正因如此,实践中适用股东除名的案例不多,制度效用不彰,这与我国认缴制下普遍的出资瑕疵现象不相适应。

在股东除名制度的基础上,新《公司法》第52条引入了催缴失权制度。依照条文,该制度的适用情形较《公司法司法解释(三)》所规定的情形大为扩张。从适用程序上而言,着重强调公司的意思,而不再要求通过股东会决议的方式予以实现。催缴失权制度的价值首先在于维护公司的资本充实,也具有保障公司其他股东和债权人利益之功效。如果违反出资义务的股东仍然享有各类股东权益,不仅增加了公司治理中的代理成本,对其他股东而言也并不公平。

由此可见,我国法上的股东除名和催缴失权在适用条件和法律后果上有一定的相似性,但二者的差异也至为明显。二者在功能上类似,其功能都在于使未按时足额缴足出资的股东,失去相应的股东权利。但同时,二者又有诸多差异:首先,适用范围不同。催缴失权制度仅适用于一种情形,即股东未按期足额缴纳公司章程规定的出资。而除名制度适用于两种情形,一是股东未履行出资义务,二是股东抽逃全部出资。其次,催缴义务人不同。催缴失权制度下,催缴义务人是董事会,若董事会怠于履行催缴义务给公司造成损失,负有责任的董事须对公司承担赔偿责任。而在除名制度下,催缴义务的主体是公司,具体执行公司事务的董事、高级管理人员均可能成为催缴义务人。再次,决定主体不同。催缴失权制度下,催缴决定由董事会作出,失权通知是由公司作出。而在除名制度下,作出除名决定的是股东会。最后,法律效果不同。催缴失权制度下,未按期足额缴资的股东,经催缴和公司发送失权通知后,丧失的是其未足额缴足部分的股权,而不是全部股权。而在除名制度下,其仅适用于股东完全未履行出资义务和股东抽逃全部出资的情形,其丧失的是全部股权,进而也就当然丧失了股东资格。

由此可知,在新《公司法》出台后,股东除名制度仍有其适用空间。但有待于进一步完善的是,催缴失权规则与股东平等原则之间如何互动,比如,在数个股东均存在瑕疵出资的情况下,如果公司选择性地进行催缴和失权操作,那么其本身亦可能造成对其他股东的不公平损害。

四、相关原理

"净手原则"

本案中,我们还能发现法院的裁判思路的另一面,即股东除名规则的正当性来源于"净手"原则。"净手原则"是指如果一方当事人的行为违背了衡平法原则,则该当事人即不能在衡平法院寻求衡平法上的救济或者主张衡平法上的辩护理由,"净手原则"的要义是一方不能因其不当行为而获得法律上的救济,那么基于契约严守精神可以推出只有守约方可以请求救济,在签订发起人协议设立公司的情形下,合同"解除权"仅在守约方手中,违约方并不享有解除(合同或股东资格)的权利。①

"净手原则"在《民法典》中也有相关体现,如《民法典》第 591 条规定:"当事人一方违约后,对方应当采取适当措施防止损失的扩大;没有采取适当措施致使损失扩大的,不得就扩大的损失请求赔偿。当事人因防止损失扩大而支出的合理费用,由违约方负担。"第 592 条则规定:"当事人都违反合同的,应当各自承担相应的责任。当事人一方违约造成对方损失,对方对损失的发生有过错

---

① 参见徐国栋:《从研究〈民法典〉中的净手规定开始——运用罗马法和比较法材料建构我国的净手原则》,载《中国政法大学学报》2022 年第 3 期。

的，可以减少相应的损失赔偿额。”第 591 条的要义是，如果守约方对于发生的损失听之任之，那么对于扩大的损失守约方即不享有胜诉权，第 592 条则规定，在双方违约、一方当事人起诉的情形下，另一方可援引对方违约以此来进行抵销，原因就在于“净手原则”所要求的只有守约方才可请求法律上的救济。

在本案中，凯瑞公司的股东始终应恪守出资义务的全面实际履行，否则构成对其他守约股东合理期待的破坏，进而构成对公司契约的违反。一旦股东未履行出资义务或抽逃全部出资，基于该违约行为已严重危害公司的经营和其他股东的共同利益，背离了契约订立的目的和初衷，故公司法赋予守约股东解除彼此间的合同，让违约股东退出公司的权利。这既体现了法律对违约方的惩罚和制裁，又彰显了对守约方的救济和保护，因此就全部都违约的股东内部而言，没有所谓的合法权益与利益受损之说，也就谈不上权利救济，否则有悖于权利与义务相一致、公平诚信等法律原则。也就是说，《公司法》不赋予未守约股东除名其他未守约股东的权利符合权利义务相一致原则以及衡平法上的“净手原则”，基于以上原则一审二审的裁判结果才截然不同。

案例23 有限责任公司股东抽逃出资的认定

《公司法》第53条解读

——中国银行股份有限公司杭州市钱塘新区支行、上海世茂股份有限公司与江苏鑫源控股集团有限公司、江苏皇合控股集团有限公司等金融借款合同纠纷案①

【最高人民法院2022年终审案例】

《公司法》第53条

公司成立后,股东不得抽逃出资。

违反前款规定的,股东应当返还抽逃的出资;给公司造成损失的,负有责任的董事、监事、高级管理人员应当与该股东承担连带赔偿责任。

一、案情介绍

杭州世茂世纪置业有限公司(以下简称杭州世茂)系上海世茂股份有限公司(以下简称上海世茂)的全资子公司。2011年4月22日,中国银行股份有限公司杭州市钱塘新区支行(以下简称中行杭州钱塘支行)与杭州世茂签订《固定资产借款合同》。2011年4月22日,中行杭州钱塘支行与上海世茂签订保证合同,约定由上海世茂提供连带责任保证。上述合同签订后,中行杭州钱塘支行总共向杭州世茂共发放贷款6.7亿元。

2013年6月,上海世茂、江苏鑫源控股集团有限公司(以下简称鑫源公司)、杭州世茂三方签订股权转让协议约定,上海世茂将其持有的杭州世茂90%

① 最高人民法院民事判决书,(2022)最高法民终297号。

股权以75600万元转让给鑫源公司，具体由7000万元的现金与上海世茂在杭州世茂享有的相应债权、债务及已竣工项目剩余物业净收益（共计68600万元）两部分共同构成。上海世茂将上述应收68600万元的转让价款与杭州世茂对上海世茂的债权68600万元相抵销，上海世茂、鑫源公司双方就68600万元对价部分互相不再收付任何价款、费用。后杭州世茂未及时偿还借款，中行杭州钱塘支行向法院起诉。

本案的争议在于，上海世茂对通过承债式转让股权的行为应否承担抽逃出资责任？

中行杭州钱塘支行诉称：杭州世茂应就借款本金、利息、罚息及实现债权的律师费等承担偿还责任，上海世茂构成抽逃出资，应对杭州世茂的债务承担连带责任。

上海世贸辩称：抽逃出资制度下被转出的是“出资”这一被特定化了的公司资本金，不包括公司在后续生产、经营过程中所取得的资金款项。上海世茂已向杭州世茂实缴出资，且出资已基本使用完毕，本案不存在适用抽逃出资制度的事实基础。

二、判决结果与理由

1. 判决结果

浙江省高级人民法院作出（2021）浙民初5号民事判决：杭州世茂的债务不能清偿的部分，由上海世茂于判决生效之日起10日内在6.6亿元抽逃出资范围内向中行杭州钱塘支行承担补充赔偿责任。

最高人民法院于2022年12月15日作出（2022）最高法民终297号民事判决：（1）撤销浙江省高级人民法院（2021）浙民初5号民事判决；（2）上海世茂不以抵押物的处置为条件对杭州世茂的全部还款义务承担连带保证责任，对杭州世茂的债务承担连带责任，并在抽逃出资的范围内对杭州世茂的债务承担补充赔偿责任。

2. 判决理由

最高人民法院认为，上海世茂已经通过交换股权转让款对价的形式，将其对杭州世茂的债务转移给鑫源公司。在此交易过程中，杭州世茂的资产并没有减少，也没有因此增加债务负担。在三方债权债务转让协议合法有效、鑫源公司正常受让债务且得到债权人同意的情况下，案涉股权转让行为应当以普通债权债务转让的法律关系来处理，而不应适用抽逃出资制度。因此，上海世茂向鑫源公司转让股权的行为系商业主体之间的正常往来，不存在《公司法司法解释（三）》第12条规定的抽逃出资且损害公司权益的情形。综合上述情形，上海世茂不存在抽逃出资行为，不应因抽逃出资承担补充赔偿责任，鑫源公司、皇合公司亦不应当对上海世茂的抽逃出资责任承担连带责任。

三、案例解读

1. 法律规定

新《公司法》第53条是关于有限责任公司股东抽逃出资责任的规定，该条在2018年《公司法》第35条规定的基础上，增加了股东及公司董事、监事和高级管理人员抽逃出资的法律后果，一方面使得抽逃出资的追缴主体更广泛与明确，更强调保护公司的财产。另一方面也明确了股东的责任义务，意在增强股东的责任意识，避免抽逃出资现象的出现。

抽逃出资是指股东在公司成立后，将已缴纳的出资抽回，并继续保有股东身份和出资比例。抽逃出资的前提是股东已经出资。已经出资于公司的财产必构成实缴资本，由此，抽逃出资行为是发生在实缴资本确定之后，只有确定了公司的实缴资本才可能认定股东的抽逃行为。新《公司法》修订前，我国司法机关已经对股东抽逃出资行为的具体责任作出规定。例如，《公司法司法解释（三）》第14条规定，抽逃出资的股东应当向公司返还出资本息，协助抽逃出资的其他股东、董事、高级管理人员或者实际控制人对此承担连带责任。据此可见，在我国司法机关看来，股东抽逃出资的责任仅包括返还出资责任，责任主体除股东外还包括协助抽逃出资的其他股东、董事、高级管理人员或者实际控制人，责任范围是股东抽逃的出资及其利息。

2. 法律适用

本案的核心问题是：股东通过承债式方式进行股权转让是否构成了“抽逃出资”？本案判决确定的裁判规则是：公司抽逃出资需要同时满足形式与实质要件，一方面需要有抽逃出资的行为，另一方面需要上述行为具有损害公司利益的结果。

抽逃出资的构成要件一直是实务界争论的焦点问题,抽逃出资是指股东已出资到位,但在公司成立后将其认缴的出资采取各种方式予以抽回且损害公司利益的行为,抽逃出资并不限于对公司注册资金的转移,股东不当转移公司资产,降低公司偿债能力同样可能成立抽逃出资的行为。本案法院裁判确立了“实质抽逃”的认定规则,即要满足“抽逃出资”的认定,不仅仅要在形式上具有抽逃出资的行为,更要在实质上减少公司资产进而损害债权人利益。

本案中,杭州世茂、上海世茂、牡丹江茂源三方采取债权转让的方式,进行了预付货款余额会计账户处理,杭州世茂将其对牡丹江茂源拥有的债权共计88217.328万元全部转让给上海世茂;转让后,杭州世茂享有了对上海世茂的债权88217.328万元;同时,上海世茂将其持有的杭州世茂90%的股权转让给鑫源公司,转让的长期股权投资成本为75600万元;上海世茂将对杭州世茂的其他应付款68600万元冲回(此债务将转由鑫源公司应付杭州世茂),差额7000万元由鑫源公司支付给上海世茂;最后,杭州世茂账面形成了一笔其他应收款——鑫源公司68600万元的债权。上海世茂在取得杭州世茂对牡丹江茂源拥有的债权时并未向杭州世茂支付相应对价,而是作为对杭州世茂的其他应付款进行财务会计处理,而后在未对杭州世茂清偿债务的情况下即将该债务转移至鑫源公司负担。鑫源公司及皇合公司也未向杭州世茂清偿该项债务。

一审法院据此认为上海世茂的上述行为客观上造成杭州世茂资产的不当减少,削弱了杭州世茂的偿债能力,致使杭州世茂不能按期清偿中行杭州钱塘支行的债权,损害了杭州世茂及其债权人的权益,其行为应当被认定为抽逃出资。[①]

而最高人民法院终审却从实质上推翻了一审法院的观点,原审判决认定上海世茂抽逃出资的款项,上海世茂已经通过交换股权转让款对价的形式,将其对杭州世茂的债务转移给鑫源公司。在此交易过程中,杭州世茂的资产并没有减少,也没有因此增加债务负担。在三方债权债务转让协议合法有效、鑫源公司正常受让债务且得到债权人同意的情况下,案涉股权转让行为应当以普通债

---

① 参见浙江省高级人民法院民事判决书,(2021)浙民初5号。

权债务转让的法律关系来处理,而不应适用抽逃出资制度。①

在新《公司法》的规则下,其实并未对"抽逃出资"的要件进行明确规定。而本案的可贵之处就在于对"抽逃出资"从"形式"与"实质"两个层面进行分析:要认定公司抽逃出资,一方面需要有抽逃出资的行为,另一方面需要上述行为在结果上损害公司权益,即公司抽逃出资既要满足形式要件,又要满足实质要件。而本案运用"承债式股权转让的方式",在形式上貌似有股东抽逃出资的行为,但在实质上杭州世茂的资产并没有减少,也没有因此增加债务负担,三方债权债务转让关系清晰,不存在恶意抽逃出资损害公司利益的情形,自然不构成股东抽逃出资。

3. 本案延伸思考

有限责任公司股东抽逃出资的认定标准为何?

抽逃出资的资产标尺不明,成为抽逃出资规则在实践中被差异化适用的实质原因,甚至导致抽逃出资罪成为追究企业家刑事责任的口袋罪。抽逃出资规则作为法律规则,它过于抽象、粗放,含义不明,甚至不合逻辑,将其用于认定简单抽逃行为尚能勉强应对,但对于复杂、迂回的利益输送,则无法提供明确、可操作的判断准则。《公司法司法解释(三)》试图梳理抽逃出资的类型,澄清认定标准,并借助抽逃出资规则弥补分配制度的缺漏。《九民纪要》关于"对赌协议"的意见也努力将抽逃出资规则与其他分配制度整合起来。但这些尝试至今未见成功的迹象。抽逃出资规则在审判实践中尽管援引频率很高,但它对公司债权人的保护效果是不确定的,对公司分配行为合法性的约束力也是不确定的。

面对立法上的模糊,最高人民法院在《公司法司法解释(三)》中规定的抽逃出资认定要件系于"损害公司权益",但未明确何谓损害公司权益。司法解释制定者进一步指出,判断抽逃出资的核心要素在于是否侵蚀资本。② 为进一步具体化前述规则,有学者提出了侵蚀股本的标准,即只有在股东从公司无偿取得或以不合理对价取得利益并且导致公司资本减少的情况下才构成抽逃出资。

① 参见最高人民法院民事判决书,(2022)最高法民终 297 号。

② 参见宋晓明、张勇健、杜军:《〈关于适用公司法若干问题的规定(三)〉的理解与适用》,载《人民司法》2011 年第 5 期。

依照侵蚀资本或股本的标准,需要计算股东抽逃出资之后公司剩余资产与公司资本之间的关系:如果剩余资产仍然不低于公司资本,则不构成抽逃出资,如果剩余资产低于公司资本,则构成抽逃出资。除了前述标尺之外,抽逃出资实际上还受到另一个标尺的约束,即抽逃出资股东向公司实缴资产的数额:如果抽逃部分超出了其实缴数额,此时的抽逃范围显然已经超出了其出资范围,而系对公司财产的侵害。这也正是有学者所指出的,抽逃出资系股东从公司抽回"相当于已缴纳出资数额的财产"①。前述两项标准并不矛盾,应当同时满足方能构成抽逃出资。

四、相关原理

抽逃出资与变相分配体系

我国公司分配制度主要由抽逃出资、利润分配、股份回购和减资 4 项规则构成。这 4 项规则的规范对象具有相同或相似的经济实质,都是公司基于股东所持股份而将资产支付给股东,而股东并未向公司交付等价资产,尽管在股份回购、减资等事项中股东相应减少了持股数量。他们都会对公司偿债能力造成实质性影响,都与公司债权人利益攸关。但是,这 4 项规则的债权人保护标准各不相同:(1)认定抽逃出资须遵循司法解释确定的损害权益标准。(2)股份回购规则没有设定债权人保护标准,既没有以股本为标尺设定回购的财源限制,又没有提供其他保护债权人措施。(3)公司减少注册资本时,通过允许债权人主张清偿或担保的方式为其提供保护,不依靠股本标准。(4)利润分配规则将分配对象限于"税后利润",适用以股本(确切地说是"股本 + 公积金")为标准的资产负债表检测法。因此,同一行为或者具有相同经济实质的行为,如公司向股东支付资金,如果分别适用抽逃出资规则、股份回购规则或利润分配规则处理,就会适用不同的债权人保护标准,发生不同的法律后果,亟须搭建完整的《公司法》上的分配体系。

搭建起完整的分配范畴和外延体系对于厘清抽逃出资在我国《公司法》中的地位尤为重要。如果直接废除抽逃出资规则,自然无须考虑其与分配制度的

---

① 赵旭东等:《公司资本制度改革研究》,法律出版社 2004 年版,第 127 页。

关系。如果无法废除,则至少应将其改造为“公司不得返还资本”规则,并协同其与其他分配规则之间的法律责任。无论废除抑或改造禁止抽逃出资规则,其在私法逻辑上并无障碍。为避免争议,通过清晰的概念来界定分配范畴并排除不属于分配的行为类型十分重要。

除了私法责任外,抽逃出资规则和非法分配规则还面临行政法和刑法上的规制差异。相较于非法分配,抽逃出资的股东还面临罚款的行政处罚和刑事责任,非法分配则不涉及前述责任。这意味着在现行法律体系中,立法者对抽逃出资行为的否定性评价程度要甚于非法分配行为。在现有立法价值立场上,即使通过非法分配规则来容纳和强化公司不得返还资本的规则,但在行政法和刑法意义上,当下仍然存在区分之必要。由于《刑法》上抽逃出资罪的空白罪状对《公司法》上抽逃出资行为认定的依赖,维持禁止抽逃出资规则并改造为公司不得返还资本获得了正当性。

案例24 股东延长出资期限下的出资义务加速到期的适用

《公司法》第54条解读

——王钦杰与上海力澄投资管理有限公司、郭睿星等民间借贷纠纷案①

【最高人民法院2022年公报案例】

《公司法》第54条

公司不能清偿到期债务的，公司或者已到期债权的债权人有权要求已认缴出资但未届出资期限的股东提前缴纳出资。

一、案情介绍

上海力澄投资管理有限公司(以下简称力澄公司)系成立于2015年11月6日的有限责任公司，注册资本5000万元，股东为曲一博(认缴出资额2550万元，持股比例51%)、郭睿星(认缴出资额2450万元，持股比例49%)。工商档案反映，由郭睿星、曲一博签字的2016年7月25日力澄公司章程载明，该两名股东认缴出资时间应为2018年12月31日。2018年3月27日，企业信用信息公示报告反映，力澄公司股东郭睿星、曲一博的认缴出资时间发生了变更，更改为2045年11月4日。曲一博任执行董事，郭睿星任监事。

2015年12月30日，王钦杰(甲方，出借方)与力澄公司(丙方，服务方)签订服务协议，协议中未列明乙方(借款方)的具体信息，仅在合同落款处加盖郑孝东名章。同日，王钦杰向力澄公司支付款项100万元，力澄公司向王钦杰出

① 《最高人民法院公报》2022年第1期。

具收据。力澄公司收款后,未实际出借给郑孝东。服务协议约定的借期届满后,因王钦杰未收到借款本息,遂与力澄公司进行交涉。力澄公司委托前员工葛某某向王钦杰还款35万元,剩余本息未归还。

本案的争议事实在于,股东郭睿星、曲一博是否在未出资本息范围内对力澄公司欠王钦杰的借款承担补充赔偿责任?

王钦杰诉称:请求判令力澄公司归还王钦杰借款100万元,并支付自2015年12月30日起至实际清偿之日止的利息,郭睿星、曲一博对力澄公司的还款义务承担连带还款责任。

被告力澄公司辩称:股东承担责任的前提是公司不能清偿债务,本案仍在审理过程中,公司能否清偿尚不确定,且股东出资责任是另一法律关系,不应在本案中一并处理。

二、判决结果与理由

1. 判决结果

上海市嘉定区人民法院于2019年6月28日作出(2018)沪0114民初10899号判决:力澄公司应于判决生效之日起10日内返还原告王钦杰借款本金65万元及利息;因郭睿星、曲一博在债务出现后恶意延长股东出资期限逃避债务,故郭睿星、曲一博分别应在2450万元、2550万元未出资本息范围内对被告力澄公司付款义务不能清偿的部分承担补充赔偿责任。

上海市第二中级人民法院于2019年12月6日作出(2019)沪02民终10503号民事判决:维持股东郭睿星、曲一博的补充赔偿责任,驳回上诉,维持原判。

2. 判决理由

上海市第二中级人民法院认为:审理中,郭睿星提供了企业信用信息公示报告,以证明其作为力澄公司股东的出资认缴期限并未届满。法院认为,注册资本认缴制下,股东虽依法享有期限利益,但债权人亦享有期待权利。涉案借款发生于2015年12月,借款到期日为2016年12月,此时工商载明的力澄公司股东的出资认缴期限为2018年12月31日,也就是说,在力澄公司未按时还款的情况下,被上诉人王钦杰可以期待2018年12月力澄公司股东出资认缴期限届满时以股东出资获得还款。且不论目前郭睿星并无证据证明其以公司章程、股东会决议或其他合法合规的方式办理了认缴期限变更的手续,即使其确实办理了变更,因该变更系在力澄公司债务产生后,未经债权人同意的情况下所进行,实质损害了债权人的期待利益,故作为力澄公司的股东亦不能据此免责。至于王某宇向力澄公司转账500万元的凭证,其并非原件,真实性无法确认,且仅凭该凭证亦不足以证明系股东向公司履行出资义务,故对此不予认定。

三、案例解读

1. 法律规定

对于股东出资义务加速到期问题,2018年《公司法》中并未有相应的规定。在新《公司法》之前,规定出资义务加速到期的条文仅有两条:一是《企业破产法》第35条。该条规定:"人民法院受理破产申请后,债务人的出资人尚未完全履行出资义务的,管理人应当要求该出资人缴纳所认缴的出资,而不受出资期限的限制。"二是最高人民法院《公司法司法解释(二)》第22条第1款。该款规定:"公司解散时,股东尚未缴纳的出资均应作为清算财产。股东尚未缴纳的出资,包括到期应缴未缴的出资,以及依照公司法第二十六条和第八十条的规定分期缴纳尚未届满缴纳期限的出资。"这两条规定的法理在于,公司破产或者强制清算后将终止存在(在破产重整、和解的场合,公司不终止,但清理债权债务同破产清算一样),不可能再根据原定期限请求股东履行,因此,如果公司不能要求股东提前缴付出资,则股东将逃避履行对公司的出资义务,并进而损害公司债权人和其他股东的正当利益。对于公司股东而言,虽然章程规定了明确的出资期限,但是由于出资义务的对象是公司,章程规定的出资期限不能超过公司的存续期限,一旦公司破产或者强制清算,则视为章程规定的出资期限届至,即加速到期。①

《九民纪要》第6条对于股东出资期限利益保护的限制性条件进行了规定,增加规定了两种加速到期的例外情形:(1)公司作为被执行人的案件,人民法院

① 参见最高人民法院民事审判第二庭编著:《最高人民法院关于公司法司法解释(一)、(二)理解与适用:新旧公司法衔接·公司解散清算》,人民法院出版社2008年版,第145页。

穷尽执行措施无财产可供执行,已具备破产原因,但不申请破产的;(2)在公司债务产生后,公司股东(大)会决议或以其他方式延长股东出资期限的。

新《公司法》第54条对股东出资义务加速到期有了明确的规定,在文义表述上以"不能清偿到期债务"作为股东出资义务加速到期的唯一条件。在条文表述上,新《公司法》第54条并未就如何判断"公司不能清偿到期债务"作出明确规定。

2. 法律适用

本案的核心问题是,股东在公司债务产生后延长股东出资期限是否有效?本案确立的裁判规则是,公司债务产生后公司以股东会决议或其他方式延长股东出资期限,债权人以公司不能清偿到期债务为由,请求未届修改后出资期限的股东在未出资范围内对公司不能清偿的债务承担补充赔偿责任的,人民法院应予支持。

如前述法律规定,在新《公司法》修订前,股东出资义务加速到期的适用情形均在公司破产或者强制清算后的情况下出现,而对于非破产情形下的股东出资义务加速到期规则,在《九民纪要》中有了进一步的推进。《九民纪要》第6条规定了两种加速到期的例外情形:一是"公司作为被执行人的案件,人民法院穷尽执行措施无财产可供执行,已具备破产原因,但不申请破产的";二是"在公司债务产生后,公司股东(大)会决议或以其他方式延长股东出资期限的"。而在本案中,郭睿星、曲一博在力澄公司债务产生后通过决议方式变更延长了其认缴期限,以逃避公司不能履行的债务,郭睿星、曲一博被要求承担补足出资义务满足《九民纪要》第6条第2项的要件。

决议延长出资期限加速到期的法理基础在于《民法典》规定的债权人撤销权。在《九民纪要》公布之前,债权人撤销权制度的作用有限。根据《民法典》第538、539条规定,债权人撤销权的适用情形有债务人放弃债权、放弃债权担保、无偿转让财产、恶意延长其到期债权的履行期限、以明显不合理的低价转让财产、以明显不合理的高价受让他人财产或者为他人的债务提供担保这6种。

在公司债务产生后,公司股东会决议延长股东的出资期限,以逃避公司不能履行债务时其股东将被要求承担补足出资义务的,此种情况下债权人的撤销权就有了适用空间,即公司股东会延长股东出资的行为,实质就是公司放弃即将到期的对股东的债权,损害公司债权人利益,公司债权人有权请求撤销。

这里规定的公司债务，既包括主动债务，如对外签订买卖合同、借款等民事活动产生的债务，又包括被动债务，如因产品责任产生的债务，因环境侵权产生的债务。

而在新《公司法》的规则下，第 54 条关于股东出资义务加速到期的条件只有“不能清偿到期债务”。本书认为，此处的“不能清偿到期债务”仅需要证明公司支付不能即可，即不需要客观上的公司财产不能清偿到期债务，仅需在特定的法律关系中，公司停止支付。此种理解更有利于发挥非破产加速到期的制度优势，避免与《企业破产法》第 2 条规定的破产制度产生重复与冗余，非破产情形股东出资义务的加速到期制度，本质上应重点指向公司主观不愿清偿、抑或公司客观上无法清偿但尚未满足破产条件的情形，公司破产情形反而不应适用。

在本案中，力澄公司已经无法清偿到期的债务，虽然尚未具备破产原因，但力澄公司已经在事实上对债权人停止支付，债权人自然可以要求郭睿星、曲一博在其认缴的出资范围内提前缴纳出资而不受出资期限的限制。

3. 本案延伸思考

新《公司法》第 54 条规定的“不能清偿到期债务”如何理解？

在对“不能清偿到期债务”的理解中，存在公司资不抵债说、公司财产经强制执行不能清偿说与债务不能清偿说。

债务不能清偿说强调无须经过司法执行程序即可要求股东出资加速到期，主张加速到期的主体所承担的举证负担较轻、权利行使的成本也较低，有助于公司自治解决纠纷，但相应产生的质疑是过度便利权利人，完全剥夺了股东的期限利益。公司资不抵债说强调主张加速到期的主体还需要证明公司客观上资不抵债，本质上要求公司同时满足破产条件，这有利于避免过度侵害股东期限利益，但同时也给债权人带来了一定的举证困境。公司财产经强制执行不能清偿说赋予未出资股东先诉抗辩权，支持者认为股东对公司无法清偿债务的相应责任与一般保证人具有相似性，司法的介入有利于更好地平衡债权人保护与股东的期限利益，但该权利需要依诉行使的特性也增加了权利行使的成本。

如何理解“公司不能清偿到期债务”，关系权利行使的方式是依诉行使还是自行主张、举证要求是客观不能还是主观不能。结合立法目的，我们认为，现行法的“公司不能清偿到期债务”应理解为主张加速到期的主体仅需证明公司无法清偿到期债务,自行向未出资股东主张权利即可,也即"债务不能清偿说"更为妥当。具体理由如下。

债务不能清偿说更有利于发挥非破产加速到期的制度优势。新《公司法》第54条与《企业破产法》第35条一并体系性地形成了股东出资加速到期制度,于一般情形与破产情形中分别发挥着债权人保护的功能。而相较于公司资不抵债说、公司财产经强制执行不能清偿说而言,债务不能清偿说更能突出第54条在一般情形中的适用优势。如果股东加速到期需要满足公司不能清偿到期债务、公司资不抵债这两个要件,公司本质上已经满足了《企业破产法》第2条所规定的"企业法人不能清偿到期债务,并且资产不足以清偿全部债务"这一破产原因,原则上需由《企业破产法》制度来调整相应的法律关系,而不是新《公司法》第54条。同理,若公司不能清偿到期债务的同时还需强制执行公司财产,根据最高人民法院《企业破产法解释(一)》第4条第3项,若公司经人民法院强制执行,无法清偿债务,应认定公司明显缺乏清偿能力,此时公司不能清偿到期债务且明显缺乏清偿能力,同样满足《企业破产法》第2条所规定的破产原因。可见,若公司资不抵债或强制执行而不能清偿才能适用《公司法》第54条,容易导致制度的叠床架屋,非破产加速到期制度并不能发挥降低债权人行权成本、便利权利救济的制度优势。若公司满足破产条件但不申请破产,股东提前履行出资义务后债权人的到期债权得到清偿,在后续的破产程序中则将面临着其他债权人根据《企业破产法》第32条行使破产撤销权撤销个别清偿的可能。因此,新《公司法》第54条与《企业破产法》第35条应分别于非破产与破产情形进行适用,可避免制度的重复与冗余。

四、相关原理

加速到期规则中的利益衡量

如何设定加速到期的条件,本质上系如何衡平公司、股东、债权人等各方主体之利益。在加速到期规则的争议背后,其关涉的利益层次包括个体利益、群体利益、社会利益。其中,个体利益是明确的,即公司利益、股东利益和债权人利益,其中,股东利益包括个体股东的利益和全体股东的利益,债权人利益包括个体债权人的利益和整体债权人的利益。群体利益包括社会中股权投资者的利益、债权人群体的利益。群体社会利益是该制度所影响的社会整体利益。前述利益关系既需要微观上的权衡,又需要宏观上的考量。

在个体利益层面,在非破产情形下应否加速到期的争论中,主要集中于如何认识股东的期限利益,其一端连接股东,另一端连接债权人,是非破产加速到期争论的主要着力点。反对和支持非破产加速到期的学者都提出了有说服力的论证。反对加速到期的主要理由在于期限利益是股东的法定利益,不应当被架空,且出资期限届至前,股东未进行出资也不损害债权人的信赖利益。就债权人保护机制而言,债权人保护并不依赖注册资本评估公司的偿债能力,担保等债权保护机制运用广泛,且破产程序通畅度不断提升,因而不允许加速到期保护股东期限利益的同时,也不会过分损害债权人利益。就公司法上的信赖机制而言,认缴信息业已经过企业信息系统公示,出资期限是公示事项,债权人可以查知也可以预见,随意加速到期将损害其公示效力。赞同加速到期的理由则包括:股东和公司之间的关系属于公司内部关系,股东基于内部关系所享有的期限利益不能对抗债权人。期限利益并非刚性不变,其可以因为各种情形而被打破,对其理解不应绝对化。无论何种理由,实则都是在非破产情形下如何权衡公司、股东、债权人之利益,是对各方利益进行取舍的结果。

案例25 股东股权转让后的法律责任衔接出资期限加速到期

《公司法》第54条解读

——大荔县皇家沙苑旅游开发有限公司等与滕王阁建工集团股份有限公司等建设工程施工合同纠纷案①

【最高人民法院2022年终审案例】

《公司法》第54条

公司不能清偿到期债务的，公司或者已到期债权的债权人有权要求已认缴出资但未届出资期限的股东提前缴纳出资。

一、案情介绍

大荔县皇家沙苑旅游开发有限公司（以下简称沙苑公司）成立于2014年11月6日，经营范围为旅游景区开发、建设、经营、房地产开发、销售等，公司注册资本认缴2000万元，其中中国旅行社总社西北有限公司（以下简称中旅西北公司）认缴1020万元，参股比例51%，陕西佳美房地产开发有限公司（以下简称佳美公司）认缴980万元，参股比例49%，缴足期限为2044年11月5日。2016年11月10日，中旅西北公司将其占比41%的认缴出资额820万元转让给佳美公司，公司股权变更为：中旅西北公司认缴出资200万元，参股比例10%；佳美公司认缴出资1800万元，参股比例90%。2017年6月13日，沙苑公司注册资本增资至30000万元，股权变更为：中旅西北公司认缴出资3000万元，参股比例10%；佳美公司认缴出资27000万元，参股比例90%。2017年9月25日，中旅

① 最高人民法院民事判决书，(2022)最高法民终116号。

西北公司将其占比10%的认缴出资额3000万元,以零对价转让给佳美公司,公司股权变更为:佳美公司认缴出资30000万元,参股比例100%。2018年2月5日,佳美公司将其认缴出资额中的27000万元转让给大荔县清池生态绿化农牧有限公司(以下简称清池公司),3000万元转让给大荔县龙俊建筑有限公司(以下简称龙俊公司),股权变更为:清池公司认缴出资27000万元,参股比例90%,龙俊公司认缴出资3000万元,参股比例10%,缴足期限为2034年11月5日。2019年3月15日,沙苑公司的股权结构再次变更为:乔某学认缴出资6000万元,参股比例20%,清池公司认缴出资24000万元,参股比例80%。龙俊公司于2019年12月24日提供的公司登记基本情况显示沙苑公司的实收资本为0。

2016年,沙苑公司与滕王阁建工集团股份有限公司(以下简称滕王阁公司)签订项目协议,双方于2016年4月签订了合同总价为28044万元的施工合同。案涉工程于2017年6、7月停工,沙苑公司欠付工程款数额为3154万元,考虑双方对停工的过错、合同履行的过错等,法院酌定沙苑公司应承担80%的赔偿责任。

本案的争议事实在于,中旅西北公司在股权已转让的情形下是否无须再承担出资责任?

滕王阁公司诉称:中旅西北公司系合同签订时沙苑公司的股东,且中旅西北公司实际参与沙苑公司经营,并恶意转让股权,请求中旅西北公司对本案工程款债务承担连带清偿责任。

中旅西北公司辩称:其认缴期限经工商登记公示,享有期限利益,其股东责任问题仅应在执行程序中审查,且在查明公司已具备破产原因但不申请破产的情况下,才能要求出资期限未满的股东承担责任。

二、判决结果与理由

1. 判决结果

陕西省高级人民法院作出(2021)陕民初2号民事判决:沙苑公司支付滕王阁公司工程款、履约保证金、窝工损失费、公司设计费共计约4164万元;中旅西北公司恶意逃避出资义务,应对上述沙苑公司应支付滕王阁公司的款项承担连带清偿责任。

最高人民法院于2022年6月30日作出(2022)最高法民终116号民事判

决:沙苑公司支付滕王阁公司工程款 31545348.24 元;中旅西北公司在其未出资的 3000 万元本息范围内对沙苑公司上述债务不能清偿的部分承担补充赔偿责任。

2. 判决理由

最高人民法院认为:中旅西北公司作为控股股东,未实缴出资,仍然对外签订合同产生巨额的案涉债务,并再次以认缴方式巨额增资,其明知沙苑公司资产严重不足以清偿债务,在诉讼前通过转让股权的方式以逃避出资义务,具有逃避出资债务的恶意。中旅西北公司明知沙苑公司存在偿债风险,在沙苑公司无力清偿债务的情况下,又恶意转让股权,增加沙苑公司注册资本实缴到位的风险,其行为严重损害了沙苑公司债权人的利益,其认缴出资的期限利益不应被保护。

中旅西北公司应在其未出资范围内对股权转让前的案涉工程款债务承担责任,其出资期限利益不应予以保护。中旅西北公司关于其已将股权转让且享有出资期限利益故不应承担责任的上诉理由不能成立。

三、案例解读

1. 法律规定

对于股东出资义务加速到期问题,2018 年《公司法》中并未有相应的规定,但《九民纪要》第 6 条对于股东出资期限利益保护的限制性条件进行了规定。《九民纪要》第 6 条增加规定了两种加速到期的例外情形:(1)公司作为被执行人的案件,人民法院穷尽执行措施无财产可供执行,已具备破产原因,但不申请破产的;(2)在公司债务产生后,公司股东(大)会决议或以其他方式延长股东出资期限的。

新《公司法》第 54 条新增了关于股东出资义务加速到期的规定,条文内容涵盖了加速到期条件、加速到期的请求主体等重要构成要素。根据该条规定,不能清偿到期债务是出资义务加速到期的唯一条件,与《企业破产法》所规定的"不能清偿到期债务 + 资产不足以清偿全部债务"和"不能清偿到期债务 + 明显缺乏清偿能力"有着明显区别,比破产条件更低,不能清偿到期债务是指债务人以明示或默示的形式表示其不能支付到期债务,其强调的是债务人不能清偿债务的外部客观行为，而不是债务人的财产客观状况。而对于要求股东提前出资的主体，该条规定为公司或者已到期债权的债权人，分别对应了公司利益与债权人的保护，对于公司而言，其向未届期股东催缴也是维护公司运营的重要手段。

2. 法律适用

本案的核心问题是公司在逃避出资义务转让股权的情形下是否还需要再承担出资责任？本案判决确定的裁判规则是，在公司债务产生后，股东恶意转让股权逃避债务，其出资期限利益不应被保护，应承担补充赔偿责任。

本案的特殊之处在于，中旅西北公司通过股权转让的方式，完全地退出了沙苑公司，且在退出时股权尚未届出资期，在此种情况下还使中旅西北公司对沙苑公司的债务承担补充赔偿责任的依据值得探究。亦即本案需回答两个问题：(1)中旅西北公司的出资期限是否加速到期？(2)中旅西北公司已转让股权退出公司，是否还应承担缴纳出资责任？

无论是一审还是终审法院，均认为中旅西北公司在明知沙苑公司资产严重不足以清偿债务的情况下，还通过转让股权的方式逃避出资义务，有明显的恶意，其股东期限利益不应被保护，股东出资期限应加速到期。

在本案中，中旅西北公司作为设立沙苑公司的控股股东，实际参与经营，明知沙苑公司注册资本2000万元，认缴期限为2044年，在2016年签订案涉合同时并无实际资本金，却签订并履行高达2.8亿元的合同，约定由滕王阁公司垫付资金进行前期施工，自约定付款条件成就至今未向滕王阁公司支付工程款，也未退还保证金，实质是将投资风险全部转嫁给债权人。这说明中旅西北公司作为参与经营的控股股东，不投入资本，运营数亿元项目，没有从事公司经营的诚意，恶意利用公司独立人格和股东有限责任转嫁投资风险，造成沙苑公司不能清偿债务，严重损害滕王阁公司利益，且中旅西北公司在案涉债务形成后转让股权，由控股股东变更为参股10%的小股东，本案诉讼后又将全部股权转让，明显故意逃避债务，其在转让股权时应当明知案涉工程债务已经形成且沙苑公司明显不具有清偿能力，却在未实际缴纳出资的情况下，又以0元对价将股权转让给另一股东佳美公司，显然具有逃避出资债务的恶意。中旅西北公司明知沙苑公司存在偿债风险，在沙苑公司无力清偿债务的情况下，又恶意转让股权，增加沙苑公司注册资本实缴到位的风险，其行为严重损害了沙苑公司债权人的利益，其认缴出资的期限利益不应被保护。

此外，中旅西北公司未实际出资即转让股权，股权受让人亦未补缴该出资，在中旅西北公司以零对价转让股权的情况下，应认为其具有通过转让股权逃避出资义务的恶意，其仍应承担出资责任。

在股东转让股权恶意逃避出资义务的情况下，公司作为债务人自然有权诉请转让合同无效，但股权转让受让方一旦进入公司即成为公司的股东，且转让方与受让方恶意串通，逃避转让股东出资义务的行为时常在公司不能清偿到期债务的情况下才得以发现，此时的公司外部债权人并不在乎公司内部股东之间的股权转让协议效力如何，他们更加关心公司股东的出资是否足额及公司资本是否充实。此时宣布转让合同无效，让可能早已脱离了公司的转让股东再来承担出资义务，有买椟还珠之嫌。在新《公司法》修订之前，不如类推适用《公司法司法解释(三)》第18条，使转让股东与受让股东承担连带的出资责任。当转让股东恶意转让股权时，与已届期的瑕疵股权转让相同，同样是对公司资本与债权人利益的损害，都是以转让股权的方式逃避出资义务，两类情况具有同质性，对其类推适用有法律基础。

具体到本案，沙苑公司工商登记显示的股东情况，是滕王阁公司在签订案涉合同时对沙苑公司履约能力的考量因素之一。沙苑公司之后股东的变更会影响沙苑公司的偿债能力，必然也会影响滕王阁公司债权的实现。股东未实缴出资即转让股权，实质是原股东将其对公司的债务转移给了股权受让人，是通过股权转让的方式对债务主体进行变更，且变更后的主体即股权受让人亦未补缴出资，导致债权人的债权难以实现，超出了债权人的预期，债权不能实现的风险不应由债权人承担。

如果依据新《公司法》的规定，本案中，沙苑公司虽未破产，但已不能清偿到期债务，满足了新《公司法》第54条中的“不能清偿到期债务”的构成要件，此时中旅西北公司出资期限抗辩的理由自然不能成立，在债权人滕王阁公司的诉请下，应根据新《公司法》第54条的规定使中旅西北公司的出资义务加速到期，在其未出资本息范围内对沙苑公司未清偿债务承担责任。此外，即使本案中中旅西北公司已通过转让股权退出公司，但根据新《公司法》第88条“股东转让已认缴出资但未届缴资期限的股权的，由受让人承担缴纳该出资的义务；受让人未按期足额缴纳出资的，转让人对受让人未按期缴纳的出资承担补充责任”的规定，中旅西北公司仍需要在受让人佳美公司未足额缴纳出资的范围内承担补充责任。

3. 本案延伸思考

有权主张股东出资义务加速到期的主体有哪些？

在本案中，由沙苑公司债权人滕王阁公司提起诉请，要求沙苑公司原股东中旅西北公司出资义务加速到期。依照新《公司法》第 54 条的规定，在公司不能清偿到期债务的情况下，可要求股东提前缴纳出资的主体有二：公司或者已到期债权的债权人。公司要求股东提前缴纳出资的规则虽然规定于加速到期规则之中，但与公司催缴出资制度存在密切关联，其适用情形亦有待审视。

公司和债权人要求加速到期的逻辑基础并不同一，债权人要求加速到期系为其自身利益，故应限于债权人保护之必要限度；公司要求加速到期系为了公司利益，故其情形不应当受制于债权人要求加速到期之情形，二者不必完全同一。有学者区分了公司内部关系中的“催”和外部关系中的“催”，前者系商事自治安排，公司享有催缴的权利而非义务；后者因涉及公司之外的第三人，此时受外部关系制约，公司负有催缴的义务而非权利。但是，在催缴制度的设置上，不仅需要考量所涉主体，更需要考量各主体的利益状态。更为理想的方案是，根据公司的清偿能力不同而区分设置催缴规则。在公司不能清偿到期债务时，可以预见到公司将受到债权人的追索，并由此承担经营受到影响、增加违约利息、诉讼费用等成本，势必对公司利益造成影响。此时，对于公司而言，其向未届期股东催缴也是维护公司运营的重要手段。在未陷入清偿能力危机时，公司则可以根据公司经营或财务状况，自行判断是否需要要求股东提前缴纳出资。

四、相关原理

加速到期制度中的入库规则

反对实质破产情形下加速到期的重要原因之一在于其违反了债权清偿的正当程序，而破产程序更为公平。在将加速到期情形扩展至非破产的情形之下，如何处理出资财产的路径流向对各方利益存在实质影响。在新《公司法》修订过程中，争议主要集中在债权人直接受偿规则和入库规则的选择上。二者各有利弊，前者存在效率优势但在公平性上有缺失，后者则相反。在《民法典》编纂过程中,《民法典》第 537 条代位权行使的规则也伴随着类似争议,从《民法典》条文的实质效果上看,其肯定了直接清偿规则和限定性入库规则。基于该条规定,行使代位权的债权人可得直接受偿,但如果债务人对相对人的债权被采取保全、执行措施,或者债务人破产,依照相关法律的规定处理。由于代位权中债务人的利益处于次顺位,劣后于债权人利益,而在加速到期制度中,公司作为债务人尚有其独立的利益,并不当然劣后于债权人,《民法典》第 537 条的处理方案也不能简单照搬。

在加速到期制度中,适用入库规则更具妥当性。首先,从法理逻辑上而言,债权人与公司之间、公司与未出资股东之间的关系存在明显的相对性,股东承担的出资义务对象系公司而非债权人。未届期股东的出资义务一旦触发加速到期条件,可因债权人或公司的要求而即时到期,成为一项履行期届满的义务。如果股东未履行其义务,将进一步导致《公司法司法解释(三)》第 13 条所规定的未出资股东补充责任。而补充责任具有顺位补充性,并非连带责任。其次,需要考量公司作为独立法人主体的利益,这一点不同于民法上的代位权行使。股东对公司的出资形态是多元的,对于公司而言股东出资的价值并不局限于债权担保,同时,对公司有意义的出资形态未必能够满足债权人之需要。加速到期后的股东出资完全有可能成为盘活公司资产、恢复公司清偿能力的救命稻草。此时,若径行要求股东向债权人直接清偿,无异于杀鸡取卵,浪费资产的经营价值。最后,入库规则可以最大范围内实现全体债权人公平清偿的目的,如果多个债权人提起加速到期,入库规则还可以避免诉讼竞争和讼累。虽然停止支付仅为破产的推定事由,并不等同于破产,不需要遵循公平清偿规则,但是,加速到期情形毕竟属于清偿异常形态,已经触发了破产界限的要素之一,实际上“半条腿已经迈进了破产的门槛”。即使在《民法典》第 537 条中,债务人虽未破产但其债权被采取保全、执行措施的,亦需要适用限定入库规则以保障清偿公平。入库规则的确会导致债权人缺乏激励,并产生债权人搭便车的理性选择,从而影响制度效率,但这是在公司停止支付情形下较为理想的方案选择。

案例 26 股东查阅会计凭证的权利

《公司法》第 57 条解读

——李淑君、吴湘等诉江苏佳德置业发展有限公司知情权纠纷案①

【最高人民法院 2011 年公报案例】

《公司法》第 57 条

股东有权查阅、复制公司章程、股东名册、股东会会议记录、董事会会议决议、监事会会议决议和财务会计报告。

股东可以要求查阅公司会计账簿、会计凭证。股东要求查阅公司会计账簿、会计凭证的，应当向公司提出书面请求，说明目的。公司有合理根据认为股东查阅会计账簿、会计凭证有不正当目的，可能损害公司合法利益的，可以拒绝提供查阅，并应当自股东提出书面请求之日起十五日内书面答复股东并说明理由。公司拒绝提供查阅的，股东可以向人民法院提起诉讼。

股东查阅前款规定的材料，可以委托会计师事务所、律师事务所等中介机构进行。

股东及其委托的会计师事务所、律师事务所等中介机构查阅、复制有关材料，应当遵守有关保护国家秘密、商业秘密、个人隐私、个人信息等法律、行政法规的规定。

股东要求查阅、复制公司全资子公司相关材料的，适用前四款的规定。

① 《最高人民法院公报》2011 年第 8 期。

一、案情介绍

江苏佳德置业发展有限公司(以下简称佳德公司)是成立于2003年10月15日的从事房地产开发的有限责任公司。截至2004年8月7日,该公司的股东持股情况为:施允生460万元、王国兴250万元、张育林160万元、孙杰65万元、吴湘65万元。2007年9月7日,张育林将其持有的全部股份转让给李淑君。

2009年4月8日,李淑君、吴湘、孙杰、王国兴向佳德公司递交申请书,称:申请人李叔君、吴湘、孙杰、王国兴作为佳德公司股东,对佳德公司经营现状一无所知。佳德公司经营至今没有发过一次红利,并对外拖欠大量债务,使四申请人的股东权益受到了严重侵害。四申请人为了解佳德公司实际情况,维护自己的合法权益,现依据《公司法》,依法行使股东对公司的知情权。四申请人准备于2009年4月23日前,在佳德公司住所地依据《公司法》的规定查阅或复制佳德公司的所有资料(含公司所有会计账簿、原始凭证、契约、通信、传票、通知等),特对佳德公司提出书面申请。望佳德公司准备好所有资料,以书面形式答复四申请人的委托代理人江苏联创伟业律师事务所方。

2009年4月20日,被告佳德公司函复四原告:佳德公司已于2009年4月8日收到申请书以及授权委托书。对于申请书以及授权委托书中所述事项,因涉及较多法律问题,佳德公司已授权委托江苏世纪同仁律师事务所王凡律师、万巍律师,代表佳德公司依法予以处理。请四股东直接与王凡、万巍律师联系。

被告佳德公司复函之前,2009年4月14日,李淑君、吴湘、孙杰、王国兴诉至法院,并提出上述诉求。

本案的争议事实在于,四原告向佳德公司主张查阅会计凭证的请求是否符合法律规定?

原告李淑君、吴湘、孙杰、王国兴诉称:四人为被告佳德公司合法股东。因佳德公司在经营形势大好的情况下却拖欠大量债务,四人作为股东对佳德公司情况无法知悉,故依法要求行使股东知情权,了解公司的实际情况,但佳德公司对此却非法阻挠,严重侵犯了四人作为股东的合法权益。

被告佳德公司辩称:佳德公司从未不同意四原告查阅、复制公司章程、股东会会议记录和财务会计报告,但鉴于四原告具有不正当目的,请求驳回其要求查阅、复制佳德公司会计账簿的诉讼请求。

二、判决结果与理由

1. 判决结果

江苏省宿迁市宿城区人民法院于2009年7月28日作出(2009)宿城民二初字第00448号民事判决:驳回原告李淑君、吴湘、孙杰、王国兴的诉讼请求。

江苏省宿迁市中级人民法院于2010年1月6日作出(2009)宿中民二终字第319号民事判决:股东享有知情权,公司的具体经营活动只有通过查阅原始凭证才能知晓,不查阅原始凭证,中小股东可能无法准确了解公司真正的经营状况。故撤销宿迁市宿城区人民法院(2009)宿城民二初字第00448号民事判决,佳德公司于该判决生效之日起10日内提供自公司成立以来的公司会计账簿(含总账、明细账、日记账、其他辅助性账簿)和会计凭证(含记账凭证、相关原始凭证及作为原始凭证附件入账备查的有关资料)供李淑君、吴相、孙杰、王国兴查阅。

2. 判决理由

江苏省宿迁市中级人民法院认为:股东知情权是股东享有对公司经营管理等重要情况或信息真实了解和掌握的权利,是股东依法行使资产收益、参与重大决策和选择管理者等权利的基础性权利。从立法价值取向上看,其关键在于保护中小股东合法权益。2005年《公司法》第34条第2款规定,"股东可以要求查阅公司会计账簿。"账簿查阅权是股东知情权的重要内容。股东对公司经营状况的知悉,最重要的内容之一就是通过查阅公司账簿了解公司财务状况。《会计法》第9条第1款规定:"各单位必须根据实际发生的经济业务事项进行会计核算,填制会计凭证,登记会计帐簿,编制财务会计报告。"第14条规定:"会计凭证包括原始凭证和记帐凭证。办理本法第十条所列的经济业务事项,必须填制或者取得原始凭证并及时送交会计机构。……记帐凭证应当根据经过审核的原始凭证及有关资料编制。"第15条第1款规定:"会计帐簿登记,必须以经过审核的会计凭证为依据,并符合有关法律、行政法规和国家统一的会计制度的规定。"因此,公司的具体经营活动只有通过查阅原始凭证才能知晓,不查阅原始凭证,中小股东可能无法准确了解公司真正的经营状况。根据会计准则,相关契约等有关资料也是编制记账凭证的依据,应当作为原始凭证的附件入账备查。据此,四原告查阅权行使的范围应当包括会计账簿(含总账、明细账、日记账和其他辅助性账簿)和会计凭证(含记账凭证、相关原始凭证及作为原始凭证附件入账备查的有关资料)。

关于四原告要求行使知情权是否具有不正当目的。由于股东的知情权涉及股东和公司之间的利益冲突,在保护股东利益的同时也应适当照顾公司的利益,使双方利益平衡,知情权的行使应当符合一定的条件并受到一定的限制。四原告合计持有佳德公司54%的股权,其与佳德公司的利益从根本上是一致的。佳德公司如在与广厦公司仲裁一案中失利,客观上将对四原告的股东收益权造成不利影响,且提起本案诉讼的系原告李淑君、吴湘、孙杰、王国兴四名股东,而非李淑君一名股东,佳德公司仅以张育林代李淑君签名,而认为四原告提起本案诉讼的目的在于为其利益冲突方广厦公司收集仲裁一案的不利证据,显然依据不足。股东知情权是股东固有的、法定的基础性权利,无合理根据证明股东具有不正当目的,则不应当限制其行使。

三、案例解读

1. 法律规定

对于股东知情权问题,新《公司法》第57条有明确的规定。该条规定在2018年《公司法》第33条规定的基础上,将股东名册与公司会计凭证纳入股东可查阅材料范围,使得股东知情权的范围进一步扩大,有利于促进公司内部治理的进一步完善。同时,新《公司法》吸收了《公司法司法解释(四)》第10条规定,还增加了有关股东知情权委托行使的相关规定。股东有权查阅的部分信息具有一定的专业性,特别是会计账簿、会计凭证等,具备法律、会计等方面的专业知识是准确理解和恰当运用这些信息的基本前提。为了平衡股东和公司之间的利益,新《公司法》第57条第4款规定了股东及其辅助人员的保密义务,并设置了引致条款,为其他相关法律的适用留下制度空间。新《公司法》第57条第5款还规定了查阅权的穿越行使,呼应了双重代表诉讼的需求。

但是,值得说明的是,股东行使对会计账簿和会计凭证知情权的方式具有特殊性。根据新《公司法》第57条第2款的规定,股东如果要查阅公司的会计账簿、会计凭证,应当向公司提出书面请求,并说明目的。没有以书面形式提出请求并说明目的的,公司可以直接拒绝股东的查阅请求。之所以有这一严格的程序规定,是防止股东滥用查阅会计账簿的权利,将查阅获得的信息用于实现非法目的,损害公司的合法权益。

2. 法律适用

本案的核心问题是,公司股东主张查阅会计凭证的诉求是否符合法律规定,即会计凭证是否属于股东行使知情权时有权查阅的资料?本案判决确定的裁判规则是,公司股东具有知情权,知情权行使的范围应当包括会计账簿和会计凭证。

在新《公司法》修订之前,这个问题在司法实践中的立场并不一致。正如本案一审法院驳回了四原告的诉请,宿迁市宿城区人民法院一审认为,2005 年《公司法》第 34 条规定:"股东有权查阅、复制公司章程、股东会会议记录、董事会会议决议、监事会会议决议和财务会计报告。股东可以要求查阅公司会计账簿。"因此,除会计账簿及用于制作会计账簿的相关原始凭证之外,四原告的诉讼请求已超出法律规定的股东行使知情权的范围。[①]

二审法院针对这一问题的看法与一审法院完全不同,其认为,公司的具体经营活动只有通过查阅原始凭证才能知晓,不查阅原始凭证,中小股东可能无法准确了解公司真正的经营状况。根据会计准则,相关契约等有关资料也是编制记账凭证的依据,应当作为原始凭证的附件入账备查。据此,四原告查阅权行使的范围应当包括会计账簿(含总账、明细账、日记账和其他辅助性账簿)和会计凭证(含记账凭证、相关原始凭证及作为原始凭证附件入账备查的有关资料)。[②] 在 2005 年《公司法》没有明确规定的情况下,法院此处采用了目的解释的方法对该条文进行解释,即如果不进行原始凭证的查阅,小股东就难以了解公司的具体经营活动的真实情况。

如果依据新《公司法》的规定,该案则不再有前述争议。新《公司法》第 57 条明确将股东名册与公司会计凭证纳入股东可查阅材料范围。会计凭证是记录经济业务、明确经济责任、按一定格式编制的据以登记会计账簿的书面证明。只有查阅会计凭证才能发现公司账簿是否真实,是否存在问题。能够查阅会计

---

① 参见江苏省宿迁市宿城区人民法院民事判决书,(2009)宿城民二初字第 00448 号。

② 参见江苏省宿迁市中级人民法院民事判决书,(2009)宿中民二终字第 319 号。

凭证对有限责任公司股东而言,使得有限责任公司股东的知情权进一步扩大,让股东知情权真正深入公司经营。

此外,对于四原告是否具有不正当目的,二审法院认为对四原告进行会计凭证等公司文件的公示并不会损害到公司利益,且佳德公司也并未提供完备的证据来证明四原告查阅公司资料的不正当性,故对于佳德公司的辩解不予采纳。《公司法司法解释(四)》第8条对股东行使知情权的"不正当目的"进行了规定,"有限责任公司有证据证明股东存在下列情形之一的,人民法院应当认定股东有公司法第三十三条第二款规定的'不正当目的':(一)股东自营或者为他人经营与公司主营业务有实质性竞争关系业务的,但公司章程另有规定或者全体股东另有约定的除外;(二)股东为了向他人通报有关信息查阅公司会计账簿,可能损害公司合法利益的;(三)股东在向公司提出查阅请求之日前的三年内,曾通过查阅公司会计账簿,向他人通报有关信息损害公司合法利益的;(四)股东有不正当目的的其他情形"。不正当目的作为兜底条款,对其判断仍具有裁量性,前述司法解释中"实质性竞争""可能损害"的认定,亦具备一定的主观性。法院适用上述条款认定股东具有"不正当目的"的过程,实际上是界定股东知情权行使与企业商业信息保护的司法边界,寻求股东与公司之间利益的平衡点。在本案中,四原告合计持有佳德公司54%的股权,其与佳德公司的利益从根本上是一致的。佳德公司主张正在与广厦公司仲裁,四原告的查阅行为有可能将公司文件泄露给对方,但若佳德公司在仲裁中失利,客观上将对四原告的股东收益权造成不利影响,且提起本案诉讼的系李淑君、吴湘、孙杰、王国兴四名股东,而非李淑君一名股东,佳德公司认为四原告提起本案诉讼的目的在于为其利益冲突方广厦公司收集仲裁一案的不利证据,显然不能为人所接受,四原告不具有不正当目的。

3. 本案延伸思考

(1)股东查阅会计原始凭证的范围为何?

新《公司法》出台后,将会计凭证纳入了股东知情权的范围,更恰当地保护了公司中小股东的利益,然而随之而来的疑问则是:股东的查阅范围是特定的原始会计凭证,抑或所有的会计原始凭证?

新《公司法》第57条要求股东查阅财务账簿时,向公司提出书面申请并说明查阅目的。但是,新《公司法》中并未明确查阅目的的认定标准和范围,在实务中股东依据"为了解公司经营情况"这类简单、宽泛的查阅目的，便可查阅公司的会计凭证，很容易导致股东滥用查阅权，侵害公司商业秘密的情形。最高人民法院的倾向性观点是，查阅原始会计凭证是股东行使知情权的主要途径，在符合2005年《公司法》第34条规定的其他条件下，应当允许股东查阅和复制、摘抄需要的内容；若需要支付必要费用，股东应当支付。对于股东提出的由他人代为查阅或者对公司进行审计等要求，则应当征得公司的同意，因为这些要求可能与公司商业秘密保护相冲突。①

因此，我们认为法律在赋予股东会计凭证查阅权的同时，还应对会计凭证查阅目的做一定的限制，要求股东只能基于正当目的行使会计凭证查阅权，查阅特定的会计凭证材料（具体范围以提交的查阅目的为准），以保护公司商业秘密。

（2）公司会计账簿、会计凭证能否复制？

在新《公司法》第57条第1款中规定了股东可以"查阅、复制公司章程、股东名册、股东会会议记录、董事会会议决议、监事会会议决议和财务会计报告"，那股东是否只能根据新《公司法》第57条第2款"查阅公司会计账簿、会计凭证"，而不能复制呢？

新《公司法》第57条第2款明确规定股东对于公司会计账簿、会计凭证的权利范围为"查阅公司会计账簿、会计凭证"，而没有复制，即在立法文义上就对公司会计账簿、会计凭证与新《公司法》第57条第1款中的"公司章程、股东名册、股东会会议记录、董事会会议决议、监事会会议决议和财务会计报告"作出了明确区分，不赋予股东"复制公司会计账簿、会计凭证"的权利。究其原因，公司会计账簿、会计凭证保密性较高，一般公司外部人员难以得知，若允许任一股东复制，则公司会计账簿、会计凭证泄露风险较高，可能导致公司利益受到损害。

四、相关原理

股东知情权的内涵与界限

股东知情权是指法律赋予股东通过查阅公司的财务会计报告、账簿、凭证等有关公司经营决策、管理的相关资料以及询问与上述有关的问题，实现了解

① 参见最高人民法院执行工作办公室编：《执行工作指导》（2007年第1辑），人民法院出版社2007年版，第72页。

公司的运营状况和公司高级管理人员的活动的权利。股东知情权根据各国规定的不同,可分为财务会计报告查阅权、账簿查阅权和检查人选任权等权利,此3种权利内容虽然有不同,但都是为了保障股东能够及时、准确地获取公司的经营管理信息。

现代公司制度中,股东权是公司权利体系的核心内容。然而由于公司制奉行所有权与经营权分离原则,大多数股东并不直接参与公司的经营管理,公司的日常经营和决策掌握在董事会和经理层手中,股东常常处于信息不对称的弱势地位,股东权无法真正实现。大多数国家公司法律中确认了股东知情权。

然而,该项权利也存在滥用的可能,例如股东为了与公司进行同业竞争或为了谋取其他不正当利益而利用该权利获取公司的商业情报。因此,对于该权利的行使,新《公司法》也给予了适当的限制,如股东查阅会计账簿、会计凭证有不正当目的,可能损害公司合法利益,公司可以拒绝提供查阅。股东及其委托的会计师事务所、律师事务所等中介机构查阅、复制有关材料,应当遵守有关保护国家秘密、商业秘密、个人隐私、个人信息等法律、行政法规的规定。

值得注意的是,股东是公司知情权人,而其他主体并不享有知情权,其他主体可以利用其专业知识辅助股东进行较为完备的查阅,以更好地保护股东知情权。新《公司法》增设了股东可以委托会计师事务所、律师事务所等中介机构进行查阅资料的规定,但即使股东委托了会计师或律师进行查阅,也仅仅是股东本人的代理人而已。股东希望通过对公司会计账簿及其他财会资料的查阅了解公司经营状况,以采取进一步措施来维护自身及公司的利益。但现代公司会计管理日益复杂、专业,查阅公司会计账簿并对其进行定量、定性分析所需的专业知识非一般公司股东所具备。委托专业人士查阅会计账簿既能强化查阅的效能,更好地实现股东请求查阅账簿的目的,又能节约查阅所耗费的时间,尽可能地降低对公司日常经营活动的影响。同时,为避免公司的合法利益在此过程中可能遭到的损失,可就查阅进行一定的限制,如将查阅地点限定在公司,不得将会计账簿外带,由公司提供固定场所、指派专人协助等。

案例27 股东会决议对股东罚款的效力

《公司法》第59条解读

——南京安盛财务顾问有限公司诉祝鹏股东会决议罚款纠纷案①

【最高人民法院2012年公报案例】

《公司法》第59条

股东会行使下列职权:

(一)选举和更换董事、监事,决定有关董事、监事的报酬事项;

(二)审议批准董事会的报告;

(三)审议批准监事会的报告;

(四)审议批准公司的利润分配方案和弥补亏损方案;

(五)对公司增加或者减少注册资本作出决议;

(六)对发行公司债券作出决议;

(七)对公司合并、分立、解散、清算或者变更公司形式作出决议;

(八)修改公司章程;

(九)公司章程规定的其他职权。

股东会可以授权董事会对发行公司债券作出决议。

对本条第一款所列事项股东以书面形式一致表示同意的,可以不召开股东会会议,直接作出决定,并由全体股东在决定文件上签名或者盖章。

① 《最高人民法院公报》2012年第10期。

一、案情介绍

祝鹏为南京安盛财务顾问有限公司(以下简称安盛公司)的员工和股东。安盛公司章程第36条载明,公司任何股东存在主观故意侵占或损害公司利益等8种行为时,必须全部转让其在公司的股份,由股东会强制取消其股东身份。此种情况下转让股份的价值按当时公司账面净值折算后扣除给公司造成的损失及股东会决议的罚款后的余额计算。祝鹏作为股东在上述公司章程上进行了签名,但该章程中未明确记载罚款的标准及幅度。

2008年7月23日,祝鹏向安盛公司提出辞职申请,同月24日下午办完了交接手续,同月25日双方解除了劳动关系。

2009年1月5日,安盛公司召开股东会,形成关于对祝鹏股份处置和违反公司章程处理决定的股东会决议。决议载明:经调查发现,祝鹏在公司任职期间利用工作便利侵占公司利益,并从事同业竞争行为。根据公司章程的规定,决定由公司强行回购祝鹏在公司的全部股份,同时对祝鹏处以人民币5万元的罚款,公司用应付回购股份的金额(股本和红利)2.4万元抵减罚款。出席会议的毛友俊等13位股东在同意股东签字一栏进行了签名。该决议作出后,安盛公司多次要求祝鹏履行决议,均被祝鹏拒绝。

本案的争议事实在于,安盛公司临时股东会对祝鹏罚款5万元的决议内容是否有效?

安盛公司诉称:祝鹏应按照股东会决议,立即给付安盛公司罚款人民币2.6万元。

祝鹏辩称,安盛公司于2009年1月5日作出的对祝鹏处以5万元罚款的股东会决议,缺乏事实与规范依据,且内容、目的违法,对祝鹏不具有法律约束力。

二、判决结果与理由

1. 判决结果

江苏省南京市鼓楼区人民法院作出民事判决:公司的股东会原则上无权对股东施以任何处罚,2009年1月5日安盛公司临时股东会罚款决议内容无效。

2. 判决理由

江苏省南京市鼓楼区人民法院认为:有限公司的股东会作为权力机构,其依法对公司事项作出决议或决定是代表公司的行为,对公司具有法律约束力。股东履行出资义务后,其与公司之间是平等的民事主体,相互之间具有独立的人格,不存在管理与被管理的关系,公司的股东会原则上无权对股东施以任何处罚。

因此,在公司章程未作另行约定的情况下,有限公司的股东会并无对股东处以罚款的法定职权,如股东会据此对股东作出处以罚款的决议,则属超越法定职权,决议无效。

本案中,安盛公司在修订公司章程时,虽规定了股东在出现第 36 条第 1 款的 8 种情形时,股东会有权对股东处以罚款,但却未在公司章程中明确记载罚款的标准及幅度,使得祝鹃对违反公司章程行为的后果无法事先预料,况且,安盛公司实行“股东身份必须首先是员工身份”的原则,而《安盛员工手册》的奖惩条例第 7 条所规定的 5 种处罚种类中,最高的罚款数额仅为 2000 元,而安盛公司股东会对祝鹃处以 5 万元的罚款已明显超出了祝鹃的可预见范围。故安盛公司临时股东会所作出对祝鹃罚款的决议明显属法定依据不足,应认定为无效。

三、案例解读

1. 法律规定

对于股东会职权问题,新《公司法》第 59 条有明确的规定。该条规定在 2018 年《公司法》第 37 条的规定的基础上,删除了“决定公司的经营方针和投资计划”和“审议批准公司的年度财务预算方案、决算方案”的两项管理事项,将公司实际经营的职权从股东会转移到董事会职权中,加强并进一步保障董事会在公司经营中的独立地位,强化董事会的主观能动性与决策能力。

股东会体现全体股东的共同意志,因此,股东会行使的职权一般是关系到公司的重大事项,即公司的经营方针和计划,发行债券、公司的人事、财务、增减资本、变更公司形式、公司合并、分立、解散、清算、修改公司章程等对公司有重大影响的事项。股东会有法定职权和公司章程规定职权两种,公司可以公司章程的形式规定除法定职权以外的其他职权。鉴于实践中公司的多样性,每个公司的具体情况不同,公司法无法对股东会的职权作出完全列举,而且完全列举也不利于对股东权利的保护,因此,该条款只对必须由股东会行使的职权作出强制规定，并允许公司根据实际情况补充法定职权以外的股东会的其他职权。但是，公司章程规定的股东会的其他职权不得与其法定职权相矛盾，不得违反有关法律法规，也不得剥夺股东的固有权利，否则无效。

2. 法律适用

本案的核心问题是：公司临时股东会对股东罚款的决议内容是否有效？即股东会是否有权处罚股东？本案判决确定的裁判规则是：公司章程关于股东会对股东处以罚款的规定，体现了有限公司的人合性特征，不违反公司法的禁止性规定，应合法有效，但应明确处罚的额度及标准，否则处罚股东的依据不明，相应处罚决议无效。

由一人以上股东组成的公司具有社团属性。社团要实现自己的目标，社团成员就必须遵守一定的规范。例如，成员必须遵守议事规则，会议才能有效召开并作出有效决议。但社团能否对违反内部规则和纪律的成员课以处罚呢？

本案裁判指出，“股东履行出资义务后，其与公司之间是平等的民事主体，相互之间具有独立的人格，不存在管理与被管理的关系，公司的股东会原则上无权对股东施以任何处罚”。然而，即便在平等民事主体之间订立的合同中，当事人也是可以约定带有惩罚性的违约金条款的。那么，公司为什么不能与股东约定处罚规则呢？

实际上，本案法院判决随后又否定了上述立场，指出只要公司章程对处罚股东有所规定，则股东会就有权处罚股东。安盛公司章程规定了对股东的罚款条款，法院认为合法有效，具体理由是，该规定得到了公司全体股东的同意（包括被处罚者本案被告），有益于公司整体利益，且不违反法律的强制性规范。但本案法院一方面认为罚款条款是合法的，另一方面却认为基于该章程条款作出的股东会决定是无效的。因为，该条款未“明确规定罚款的标准和幅度”，缺乏“可预见性”。按照判决书的说法，公司与股东是“平等的民事主体，相互之间具有独立的人格，不存在管理与被管理的关系”。

总之，本案法院并未实质性地审查罚款决议本身的正当性，而是基于章程未规定罚款标准和幅度就否定了系争公司决议的效力，可以说是一种形式上的审查。[①]

---

① 参见王军：《中国公司法》（第2版），高等教育出版社2017年版，第176页。

3. 本案延伸思考

新《公司法》第59条对于股东会职权的规定,是否是效力性强制规定?

所谓效力性强制规定,即《民法典》第153条所规定的,违反规定会使得法律行为无效的强制性规定。对此问题,学理上存在争议。有学者认为,在公司中,特别是在有限责任公司中,股东会职权和董事会职权的划分系为公司自治的范畴;但亦有学者认为,法律规定的股东会职权系公司股东最为重要、基础的权利,譬如利润分配的决定权、公司章程的修改权等,这些权利若被侵夺,会严重影响股东在公司的地位。司法实践对此问题亦存在争议,最高人民法院在袁敏等诉黄启人等公司利益责任纠纷案中认为,2013年《公司法》第37、46条分别是有关股东会和董事会职权的相关规定,并不属于效力强制性规定。

我们认为,在公司中,特别是在有限责任公司中,公司章程有权对股东会、董事会和经理等组织机构的权利进行配置,其完全属于公司自治的范畴。此观点亦可以从新《公司法》第59条"公司章程规定的其他职权"和第67条"公司章程规定或者股东会授予的其他职权"中得以印证。在一般情况下,公司章程作出与新《公司法》第59条不同的、对股东会职权的规定,是有效的,但该规定若完全剥夺了股东会的固有权利,或可能存在大股东滥用权利的问题,则应当在个案中对其规定的效力予以审查。

四、相关原理

股东会与公司治理

股东会作为公司的组织机构之一,在公司治理中的地位举足轻重。新《公司法》第58条规定,"有限责任公司股东会由全体股东组成,股东会是公司的权力机构,依照本法行使职权";第111条规定,"股份有限公司股东会由全体股东组成,股东会是公司的权力机构,依照本法行使职权"。法律一般赋予股东会较大的职权,股东会有权选举和罢免董事、监事,有权修改公司章程,有权决定公司的经营方针和投资计划,董事会和监事会都需要对其负责。可见,股东会是公司最高权力机构。但是,股东会也并非能够对公司所有的重要决策大权独揽,各国公司法对股东会与董事会的职权进行了不同的分配,股东会亦需要在法定范围内行使职权。

股东会职权在公司治理中发挥着兜底性的作用。从封闭性公司的角度来看，其具有明确的合伙色彩，尽管为了满足公司法的要求，股东化身为董事、监事、经理等身份，但在管理公司事务中起实质性决定作用的仍然系其股东身份，而非其公司法上的“面具”身份。与组织法上的决议方式相比，封闭性公司更加依赖于协议方式，加之我国公司治理中“会而不议、议而不决、决而不行”的本土会议文化，股东会、董事会、监事会等会议程序紊乱且通常流于形式。在规范层面，新《公司法》也允许有限责任股东以书面一致同意的方式替代股东会的会议程序。在此基础上，权威公司法学者甚至进一步提出，应当合理引导和规范股东控制权的行使，由控股股东代行股东会职权的职权代行模式是创新公司治理的重要方式。①

而公司治理中的另一重要组织机构是董事会，董事会是公司治理的核心，其权力配置不仅对公司治理制度具有系统性影响，同时也关涉公司资本制度的设置与变革。但是，我国现行公司法对董事会权力的规定仅勾勒了模糊线条，董事会的职能定位、权力内容、与股东会权力的动态关系等诸多问题均有待廓清。加之股东会中心主义抑或董事会中心主义的广泛争论，我国学界长期以来对二者的区分标准莫衷一是，使得前述问题更趋于复杂。② 追本溯源，公司治理中心之争的核心命题即公司权力的归属，即谁享有对公司的经营管理权力，故对公司权力归属进行具体探讨显然更加切中肯綮。在不同公司治理模式之下，董事会的角色具有相当大的差异性，可分为战略管理型、共同决策型、监督和系统维护型等不同类型，权力配置差异甚大。在所有制不同、公开性各异、大小分化的多元公司类型中，董事会制度的实践诉求呈现出丰富差异的功能定位，混杂着前述不同的功能预设，故面对复杂的公司经营管理事项，董事会的类型化剖析固然有助于明晰其法律定位，但并不能替代对公司权力归属的具体讨论。

与董事会中心主义的改革诉求相适应，立法机关在本轮公司法修订过程中试图突出董事会在公司治理中的地位。此种思路被部分观点解读为中国版的董事会中心主义，也有部分观点认为有导致股东会进一步侵蚀董事会权力之

---

① 参见赵旭东：《公司治理中的控股股东及其法律规制》，载《法学研究》2020 年第 4 期。

② 参见赵旭东：《股东会中心主义抑或董事会中心主义？——公司治理模式的界定、评判与选择》，载《法学评论》2021 年第 3 期。

虞,有害于董事会中心主义之实现。对作为公司治理核心的董事会进行权力调整,势必导致公司治理系统的关联变化,亦将对整部公司法产生系统性影响,系此次公司法修改之重大事项,不可不察。但最后新《公司法》对董事会职权仍然采用了列举+概括的立法模式,在公司法学界持续良久的董事会中心主义与股东会中心主义之争,依然激烈。

案例28 强制股东提前出资的股东会决议的效力

《公司法》第66条解读

——姚锦城与鸿大(上海)投资管理公司、章歌等公司决议纠纷案①

【最高人民法院2021年公报案例】

《公司法》第66条

股东会的议事方式和表决程序,除本法有规定的外,由公司章程规定。

股东会作出决议,应当经代表过半数表决权的股东通过。

股东会作出修改公司章程、增加或者减少注册资本的决议,以及公司合并、分立、解散或者变更公司形式的决议,应当经代表三分之二以上表决权的股东通过。

一、案情介绍

原告姚锦城系为被告鸿大(上海)投资管理有限公司(以下简称鸿大公司)的发起人与股东,2017年7月17日,鸿大公司形成新的公司章程,载明:第4条鸿大公司注册资本1000万元,姚锦城出资150万元,出资时间为2037年7月1日。此后,公司在登记机关的备案材料显示,姚锦城成为鸿大公司股东,其中姚锦城持股15%,除姚锦城外,鸿大公司还有3位自然人股东。

2018年10月30日,鸿大公司向姚锦城发送临时股东会通知。2018年11月18日,鸿大公司形成临时股东会决议,载明:应到会股东4人,实际到会股东

① 《最高人民法院公报》2021年第3期。

为3个第三人，占总股数85%，原告姚锦城收到股东会通知后未出席股东会，也未委托其他人出席股东会，会议由执行董事主持，到会股东一致同意形成决议如下：通过章程修正案；姚锦城未按照约定缴付出资款700万元，且在鸿大公司多次催缴的情况下仍拒不履行出资义务，股东会决定限制姚锦城的一切股东权利（包括但不限于收益分配权、表决权、知情权等），直至姚锦城履行全部出资义务之日止。临时股东会决议第二项决议所涉章程修正案，载明如下内容：将鸿大公司公司章程第5条姚锦城及3个第三人作为鸿大公司股东的出资时间2037年7月1日修改为出资时间2018年12月1日；并增加以下内容：若公司股东之间或股东与公司之间就出资时间另有约定，无论该出资约定的具体时间在本章程或章程修正案签署之前还是签署之后，股东的出资时间以该出资约定为准，但出资约定的最晚期限不得超过2018年12月1日。

本案的争议事实在于，鸿大公司涉诉的临时股东会决议是否有效。该股东会决议修改了公司章程中的股东的出资时间，并获得了2/3以上有表决权的股东的通过。

原告姚锦城认为：出资期限的提前或修改，需经全体股东一致同意。被告鸿大公司其他股东利用资本多数决规则修改章程关于出资期限的规定，是对资本多数决的滥用，损害了其作为股东的利益，要求判令确认鸿大公司于2018年11月18日作出的临时股东会决议无效。

被告鸿大公司称，已经通过快递向姚锦城送达了临时股东会通知，尽到了通知义务。鸿大公司所形成的股东会决议无程序性问题，经代表全体股东2/3以上表决权的股东通过，合法有效。且2017年6月27日签订的《合作协议书》，约定姚锦城应于2017年6月30日前履行出资义务，故本案不属于要求股东提前出资的情形。

二、判决结果与理由

1. 判决结果

上海市虹口区人民法院于2019年6月28日作出一审判决：确认被告鸿大公司于2018年11月18日作出的2018年第一次临时股东会决议中的第二项决议“通过章程修正案”无效。

一审宣判后，鸿大公司不服，向上海市第二中级人民法院提起上诉。上海市第二中级人民法院驳回上诉,维持原判。

2. 判决理由

上海市第二中级人民法院认为,根据公司法相关规定,修改公司章程须经代表全体股东 2/3 以上表决权的股东通过。本案临时股东会决议第二项系通过修改公司章程将股东出资时间从 2037 年 7 月 1 日修改为 2018 年 12 月 1 日,其实质系将公司股东的出资期限提前。而修改股东出资期限,涉及公司各股东的出资期限利益,并非一般的修改公司章程事项,不能适用资本多数决规则。理由如下:

首先,我国实行公司资本认缴制,除法律另有规定外,2018 年《公司法》第 28 条规定,"股东应当按期足额缴纳公司章程中规定的各自所认缴的出资额",即法律赋予公司股东出资期限利益,允许公司各股东按照章程规定的出资期限缴纳出资。股东的出资期限利益,是公司资本认缴制的核心要义,系公司各股东的法定权利,如允许公司股东会以多数决的方式决议修改出资期限,则占资本多数的股东可随时随意修改出资期限,从而剥夺其他中小股东的合法权益。

其次,修改股东出资期限直接影响各股东的根本权利,其性质不同于公司增资、减资、解散等事项。后者决议事项一般与公司直接相关,但并不直接影响公司股东之固有权利。如增资过程中,不同意增资的股东,其已认缴或已实缴部分的权益并未改变,仅可能因增资而被稀释股份比例。而修改股东出资期限直接关系到公司各股东的切身利益,如允许适用资本多数决,不同意提前出资的股东将可能因未提前出资而被剥夺或限制股东权益,直接影响股东根本利益。因此,修改股东出资期限不能简单等同于公司增资、减资、解散等事项,亦不能简单地适用资本多数决规则。

最后,股东出资期限系公司设立或股东加入公司成为股东时,公司各股东之间形成的一致合意,股东按期出资虽系各股东对公司的义务,但本质上属于各股东之间的一致约定,而非公司经营管理事项。法律允许公司自治,但须以不侵犯他人合法权益为前提。公司经营过程中,如有法律规定的情形需要各股东提前出资或加速到期,系源于法律规定,而不能以资本多数决的方式,以多数股东意志变更各股东之间形成的一致意思表示,故本案修改股东出资期限不应适用资本多数决规则。

三、案例解读

1. 法律规定

关于股东会决议的议事方式和表决程序，规定在新《公司法》第 66 条，相较于 2013 年《公司法》第 43 条，本条规定新增了第 2 款："股东会会议作出决议应当经代表过半数表决权的股东通过。"确定了股东会决议对一般事项的通过比例，即一般多数决。此项规定与实践中的通常做法一致，系为对本条规定的修订，在具体适用上未发生变化。

根据新《公司法》第 66 条的规定，股东会的决议根据所决议的事项分为一般多数决与特别多数决，一般多数决为过半数表决权通过，特别多数决为代表 2/3 以上表决权的股东通过。特别多数决适用的决议事项为修改公司章程，增资、减资的决议和公司合并、分立、解散或者变更公司形式的决议，可以看出，此类决议对公司涉及公司主体或是公司资本的变更，将会对股东权益产生重大的影响，因此，公司法规定此类决议须经 2/3 以上的股东表决权才可通过。同时，依照本条规定，公司章程可以自行规定股东会决议的议事方式和表决程序。

2. 法律适用

本案的核心问题在于，涉及如出资期限等股东固有权利的事项，股东会是否有权予以表决使得股东放弃？本案判决确立的裁判规则是，以多数决方式通过修改出资期限决议，损害其他股东期限权益，其他股东请求确认该项决议无效的，人民法院应予支持。

法院对决议效力的审查主要集中于决议的程序是否违法以及决议的内容是否符合公司章程的规定等，一般而言，对于不违背法律规定与公司章程的决议，法院不会对决议的内容进行过多的干预，最高人民法院在指导性案例 10 号中也明确了司法对决议效力审查的谨慎立场。在本案中，鸿大公司的股东会决议系以修改公司章程的方式修改了股东的出资期限，并获得了 85% 表决权以上的股东的支持。根据新《公司法》第 66 条的规定，修改公司章程系为公司的特别多数决事项，需要代表 2/3 以上表决权的股东通过。从形式上而言，涉诉决议的效力似乎不应当被质疑。

然而，本案的特殊之处在于，涉诉决议虽以修改公司章程为名，但却以修改股东的出资期限为实。这使得本案中法院对决议效力的审查必须直面一个问题:修改股东出资期限是否适用资本多数决规则?一审法院和二审法院对此问题的态度都是否定的,认为:有限责任公司章程或股东出资协议确定的公司注册资本出资期限系股东之间达成的合意,除法律规定或存在其他合理性、紧迫性事由需要修改出资期限的情形外,股东会会议作出修改出资期限的决议应经全体股东一致通过。法院认为,修改股东出资期限的决议是非常特殊的,唯有全体股东一致通过时,该决议方可通过。

本案的裁判结果与公报确立了法院对保护股东期限利益的刚性立场——该类期限非经全体股东一致同意,不得以资本多数决方式予以修改,仅在特定情形下,公司的债权人才能要求股东出资加速到期。依照本案审判的逻辑,要改变股东出资期限的决议,无论是通过普通决议的形式,还是通过修改公司章程的形式,只要没有获得全体股东的一致通过,其效力就是存在疑问的。换言之,股东会决议没有改变股东出资期限的权力,要改变股东出资期限必须由全体股东作出明确的意思表示改变原有的出资期限的约定。

另外需要说明的是,本案裁判很重要的制度基础是资本认缴制,法院认为在资本认缴制之下,股东对出资享有期限利益,如允许公司股东会以多数决的方式决议修改出资期限,则占资本多数的股东可随时随意修改出资期限,从而剥夺其他中小股东的合法权益。而新《公司法》第47条新增规定,要求全体股东认缴的出资额由公司章程规定自公司成立之日起5年内缴足,对资本认缴制进行了一定的限定,导致股东的期限利益的内容亦会发生一定的变化。当然本条规定对本案的判决结果没有影响,但若本案中,涉诉决议若修改股东出资期限至2022年(鸿大公司成立后5年),根据法律的规定,股东本就已经不享有期限利益,应当缴足认缴的出资额,涉诉股东会决议并没有侵害原股东的期限利益,若无其他效力瑕疵,应当认定其为有效决议。

3. 本案延伸思考

本案确立的裁判规则是否会对股东出资的期限利益造成过度保护?

本案中,我们无从得知鸿大公司除姚锦城外的其他股东要求所有股东提前出资的原因为何,假想鸿大公司有重大的投资机会,但公司现有资金不足,急需股东出资来实现其商业目的,这时原告以期限利益为由,要求法院判决撤销决议,法院是否应当介入?

上述问题的本质，是资本认缴制下股东的出资的期限利益与公司经营自主权，股东的出资自由与公司的资本自治究竟该如何平衡的问题。[①] 实际上，有学者对本案确立的刚性的保护股东期限利益的规则提出过质疑："一旦选择的基础发生变化，再保护'僵化的期限利益'就会明显变得不合时宜。尤其是，股东出资契约本身属于涉他契约，不仅涉及股东个人之间的利益，还涉及公司以及债权人等他方利益，对此种涉他性的契约安排，'私法自治'以及'有约必守'的原则会受到更多限制。"[②]实际上，资本制度与公司治理、债权人保护等问题都息息相关，如果法院采取一刀切的做法，在不少案件中，确实可能存在过度入侵公司经营的隐忧，但股东期限利益的保护似乎又是同样重要的课题。这对法院的裁判提出了更严峻的考验：法律判断不能仅仅建立在法律推理的基础之上，还要建立在商业逻辑或商业判断的基础之上。

四、相关原理

股东出资的期限利益

股东出资的期限利益，是指在资本认缴制下，股东在其认缴期限届满前，享有不用提前缴纳出资的利益。虽然理论上对期限利益的研究由来已久，但第一次在法律法规与司法解释中提到期限利益的概念，是在 2019 年《九民纪要》，其第 6 条规定："在注册资本认缴制下，股东依法享有期限利益。债权人以公司不能清偿到期债务为由，请求未届出资期限的股东在未出资范围内对公司不能清偿的债务承担补充赔偿责任的，人民法院不予支持。"本条规定系在 2018 年《公司法》没有规定股东出资责任加速到期制度的情形下，强调对股东期限利益的保护。

在《九民纪要》提出期限利益概念之后，围绕此概念的讨论接踵而来，认缴资本制下的期限利益最初的设计是为了保护股东利益，推动投资并扩大股东出资规模。正是基于此，期限利益与触动出资相关的诸多问题都有一定的关联，除加速到期制度外，还有股东除名制度、股东催缴失权制度以及未届出资期限

① 参见刘迎霜：《资本认缴制：股东出资自由与公司资本自治》，载《政治与法律》2023 年第 8 期。

② 蒋大兴：《论出资义务加速到期的商业逻辑——股东/董事作为履行者与监督者责任之差异》，载《上海政法学院学报（法治论丛）》2022 年第 6 期。

的股权转让后责任承担问题等。在本案中,亦涉及股东会决议是否能让股东放弃出资利益的问题。因此,对期限利益的保护界限系为在认缴资本制下的重要问题。

对期限利益的保护界限,学界亦有不同看法,有学者认为,期限利益是股东的法定利益,不应当被架空,且出资期限届至前,股东未进行出资也不损害债权人的信赖利益。以加速到期制度为例,从债权人保护机制上而言,对债权人的保护并不依赖注册资本评估公司的偿债能力,且担保等债权保护机制运用广泛,破产程序通畅度不断提升,因而不允许加速到期保护股东期限利益的同时,也不会过分损害债权人利益。

另有学者认为,股东和公司之间的关系属于公司内部关系,股东基于内部关系所享有的期限利益不能对抗债权人。期限利益并非刚性的,可以因为各种原因而打破,对其理解不应绝对化。

我们认为,从表面上看,股东期限利益是股东与公司之间的利益协调,但期限利益是否应当被保护的争议往往穿插在股东与公司债权人之间,这使得公司及其债权人的纠纷更为纷繁复杂,在实践中也常常处于模糊的适用地带。正因如此,比起一刀切地为股东期限利益的保护设置界限,不如在不同制度、不同案件中交由法官自由裁量。

案例 29 公司章程划分董事会职权与股东会职权的效力

《公司法》第 67 条解读

——袁某等诉黄某人等公司利益责任纠纷案[①]

【最高人民法院 2017 年再审案例】

《公司法》第 67 条

有限责任公司设董事会，本法第七十五条另有规定的除外。

董事会行使下列职权：

（一）召集股东会会议，并向股东会报告工作；

（二）执行股东会的决议；

（三）决定公司的经营计划和投资方案；

（四）制订公司的利润分配方案和弥补亏损方案；

（五）制订公司增加或者减少注册资本以及发行公司债券的方案；

（六）制订公司合并、分立、解散或者变更公司形式的方案；

（七）决定公司内部管理机构的设置；

（八）决定聘任或者解聘公司经理及其报酬事项，并根据经理的提名决定聘任或者解聘公司副经理、财务负责人及其报酬事项；

（九）制定公司的基本管理制度；

（十）公司章程规定或者股东会授予的其他职权。

公司章程对董事会职权的限制不得对抗善意相对人。

---

① 最高人民法院民事裁定书，（2017）最高法民申 1794 号。

一、案情介绍

雅安珠峰商贸有限责任公司(以下简称珠峰商贸公司)成立于2001年,袁某、潘某、彭某、姜某霞系记载于公司股东名册的公司股东。珠峰商贸公司的公司章程第27条规定:应由公司股东大会作出决议的重大事项为:(1)对公司资产的全部或者部分(300万元以上)的出让、折价投资、合资开发、抵押贷款等(公司自主对公司资产的开发,由董事会决定并向股东大会报告,不受上述金额限制);(2)对股东向股东以外的人转让出资;(3)由董事会、监事会或者25%以上表决权的股东提请审议的其他重大事项。第29条规定:董事会对股东大会负责,行使下列职权……(3)制定公司经营计划和投资计划。

2004年3月27日,珠峰商贸公司作出任职通知书,该通知书载明:公司董事会由5人组成,其中投资参股方珠峰房产公司委派黄某人出任董事、自然人股东黄某出任董事,雅安胜利公司股东选举仲某中、徐某明、舒某3人出任董事。

2004年10月18日和20日,珠峰商贸公司作出两次董事会决议,决定在石棉县投资建设黄磷生产厂。两次董事会决议上均有5名公司董事的签名,并加盖了公司印章。之后,珠峰商贸公司建设黄磷生产线,于2005年12月20日登记设立珠峰石棉磷化分公司。后,珠峰石棉磷化分公司出现亏损。袁某、潘某、彭某、姜某霞以股东代表身份向一审法院提起诉讼,其认为董事会无权作出投资设立珠峰石棉磷化分公司的决议,并追究珠峰商贸公司董事损害公司利益的责任。

本案的核心争议事实为:珠峰商贸公司在公司章程中规定:"公司自主对公司资产开发,由董事会决定并向股东大会报告。"珠峰商贸公司董事会依据该章程规定享有决定公司资产开发的权利,董事会随后作出决议,决定在石棉县投资建设黄磷生产厂,后该厂亏损,其他股东认为董事会无权作出上述决议,并要求追究董事责任。

再审申请人袁某、潘某、彭某、姜某霞申请再审称,二审以珠峰商贸公司的公司章程第27条的规定作为判案依据系适用法律错误,该条违反2013年《公司法》第37、46条的强制性规定,应属无效,应追究珠峰商贸公司董事损害公司利益的责任。

被申请人黄某人、黄某、舒某、仲某中、徐某明提交意见称，珠峰商贸公司公司章程第27条并未违反《公司法》强制性规定。只有公司经营或内部事项的设定涉及对公司外的第三方利益时，公司法才作一定的强制性规定。

二、判决结果与理由

1. 判决结果

四川省雅安市中级人民法院作出（2015）雅民初字第21号民事判决：依照2013年《公司法》第149、151条的规定，判决驳回袁某、潘某、彭某、姜某霞的诉讼请求。

袁某、潘某、彭某、姜某霞提出上诉，四川省高级人民法院作出（2016）川民终950号民事判决，判决驳回上诉，维持原判。

袁某、潘某、彭某、姜某霞向最高人民法院提出再审申请，最高人民法院作出（2017）最高法民申1794号民事裁定，裁定驳回袁某、潘某、彭某、姜某霞的再审申请。

2. 判决理由

最高人民法院认为，袁某、潘某、彭某、姜某霞主张二审以公司章程第27条作为定案依据属于适用法律错误，并主张公司章程第27条因违反2013年《公司法》第37、46条强制性规定而无效。本院认为，2013年《公司法》第37、46条分别是对股东会和董事会职权的相关规定，并不属于效力性强制性规定。而且根据《公司法》第4条规定，公司股东依法享有选择管理者的权利，相应的该管理者的权限也可以由公司股东会自由决定，2013年《公司法》并未禁止有限责任公司股东会自主地将一部分决定公司经营方针和投资计划的权力赋予董事会。故珠峰商贸公司的公司章程第27条有关应由股东大会作出决议的重大事项中“公司自主对公司资产开发，由董事会决定并向股东大会报告，不受上述金额（300万元）限制”的例外规定，并不存在因违反法律、行政法规的强制性规定而无效的情形。且公司章程系由公司股东共同制定，在未被依法撤销之前，其对公司具有约束力，公司股东、董事、监事、高级管理人员也应严格遵守公司章程的规定。二审认定该公司章程依法有效，并无不妥。①

① 参见最高人民法院民事裁定书，（2017）最高法民申1794号。

三、案例解读

1. 法律规定

本案涉及《公司法》对股东会职权与董事会职权的规定，董事会职权规定在新《公司法》第 67 条，本条款与 2018 年《公司法》第 46 条相比，删除了“决定公司的经营计划和投资方案”“制定公司的年度财务预算方案、决算方案”的条文，同时新增了“公司章程对董事会职权的限制不得对抗善意相对人”。

根据新《公司法》第 67 条的规定，有限责任公司董事会的职权包括三类，分别为法定职权、章定职权和授权职权。董事会的法定职权包括 9 项。而董事会在日常的经营管理中，往往会面临更多的问题，需要处理更多的事项，为了让董事会更好地完成工作，有必要在不违背上述法定职权以及法律、行政法规等的前提下，由公司在公司章程中赋予董事会其认为必要的其他职权，也可对董事会的法定职权作出限制，但是为保护公司相对人的合理信赖，在其不知道并且不应当知道公司章程对董事会职权所作限制的情况下，该限制不得对抗公司善意相对人，即该限制性内容对于善意相对人不生效。

2. 法律适用

本案的核心问题是，公司章程将《公司法》规定的股东会职权划归董事会是否有效？本案判决确立的裁判规则是，2013 年《公司法》对股东会职权和董事会职权的规定并非效力性强制规定，公司章程有权对股东会职权和董事会职权自行配置。

作为对公司经营最为举足轻重的两个机构，2013 年《公司法》为董事会和股东会设置了各自的机构职能和职权。但在实践中，为公司经营的效率，经常会出现公司章程对股东会职权与董事会职权进行自行规定的情况，对此，新《公司法》第 59 条和第 67 条最后一款都明确规定了公司章程规定（或股东会授予）的其他职权。据此，公司章程享有对股东会和董事会各自授权的权力应当是无疑问的，但公司章程能否将法律上规定的股东会的职权划归于董事会？这是本案要解决的核心问题。

具体到本案，珠峰商贸公司的公司章程第 27 条的规定：股东会决定对公司资产的全部或者部分（300 万元以上）的出让、折价投资、合资开发、抵押贷款等

(公司自主对公司资产开发,由董事会决定并向股东大会报告,不受上述金额限制)。由此规定,董事会有对公司资产的开发权,其自主对公司资产的开发并不受到300万元金额的限制。本案的核心争议点之一即是,该条款是否因违反原《公司法》第37、46条对股东会和董事会职权的规定而无效?

四川省高级人民法院和最高人民法院都对此问题进行了否定,但其裁判思路是存在不同的:

四川省高级人民法院在判决书中并没有正面回应2013年《公司法》第37、46条是否是强制性规定,其通过2013年《公司法》第46条第11款的规定,认为公司章程有权赋予董事会其他职权。其认为:“本案中,公司章程关于‘对其他重大事项作出决议’的规定予以具体化,规定:应由公司股东大会作出决议的重大事项为:1.对公司资产的全部或者部分(300万元以上)的出让、折价投资、合资开发、抵押贷款等(公司自主对公司资产开发,由董事会决定并向股东大会报告,不受上述金额限制)……”公司章程是调整公司内部组织关系和公司经营行为的自治规范,体现的是公司全体股东的共同意思。从珠峰商贸公司的公司章程关于股东会职权范围的上述规定来看,其并未剥夺我国公司法赋予股东会行使的“决定公司的经营方针和投资计划”等相关重要职权,且我国公司法亦允许公司章程对股东会职权进行其他规定。

最高人民法院则直接认为,2013年《公司法》第37、46条分别是对股东会和董事会职权的相关规定,并不属于效力性强制性规定。根据《民法典》第153条,违反法律、行政法规的强制性规定的民事法律行为无效。但是,该强制性规定不导致该民事法律行为无效的除外。故最高人民法院的裁定认为,《公司法》对股东会职权和董事会职权的规定属于不会导致民事法律行为无效的规定,即使公司章程对于股东会和董事会职权的规定违反了相关规定,亦不会得到公司章程相关条款无效的结论。最高人民法院在裁判书中亦对此内容进行了说理:“根据《公司法》第四条规定,公司股东依法享有选择管理者的权利,相应的该管理者的权限也可以由公司股东会自由决定,《公司法》并未禁止有限责任公司股东会自主地将一部分决定公司经营方针和投资计划的权力赋予董事会。”①

由此,按照最高人民法院在此裁判书中展现的裁判逻辑,股东会职权与董

① 最高人民法院民事裁定书,(2017)最高法民申1794号。

事会职权属于公司自治的范畴,《公司法》第37、46条应当被理解为一种缺省规则或者示范规则,[①]而不是一种效力性的强制规则。

新《公司法》下本案的法律适用逻辑会有变化。新《公司法》第59条对股东会的法定职权进行了修订,相较于2018年《公司法》,其在股东会职权中删除了"决定公司的经营方针和投资计划"和"审议批准公司的年度财务预算方案、决算方案"。新《公司法》将决定公司的经营方针和投资计划的职权赋予了董事会。本案的主要争议即在于,董事会是否能决定公司的经营方针和投资计划,在新《公司法》的规定下,该职权本身就是董事会的固有职权。珠峰商贸公司的《公司章程》的规定与新《公司法》第67条对董事会职权的规定完全契合,根本不涉及对法律的违反,也就无须讨论其规定是否为效力性规定的问题。

3. 本案延伸思考

违反公司法组织机构规范的约定的效力为何?

公司组织机构规范通常被认为是结构性规范、普通规范、内部规范,除少数意见或主张外,公司组织机构规范被认定为一种任意性规范应当是有学界共识的。然而,这种任意或是自由是否是无限度的,值得进一步思考。在本案中,涉诉公司章程中对董事会和股东会职权的划分总体还是较为贴合原《公司法》的规定的。有争议的部分也随着新《公司法》的修订而得到解决。然而在实践中,亦有出现公司通过公司章程的规定,将董事会的重要职权归于股东会或将股东会的重要职权归于董事会的情况。譬如,新《公司法》第59条规定,股东会有权修改公司章程,倘若某公司的公司章程规定,本公司修改公司章程的职权为公司董事会所享有。又如,某公司章程规定,本公司的利润分配方案由董事会审议批准,无须股东会通过。以上公司章程的规定效力为何?倘若适用最高人民法院在本案中确立的裁判逻辑,《公司法》对股东会、董事会职权的规范并非效力性规范,公司有权对股东会和董事会职权进行自由分配,上述公司章程的效力应当被认定为有效。但亦有学者认为,上述规定已经完全违背了《公司法》对股东会和董事会职权的基本职能划分,应当为无效规定。如果我们认为该规定属于无效规定,其法律依据为何?此问题不仅涉及公司章程对公司组织机构职权的自治界限,亦蕴含了公司法规范强制性与任意性的问题。我们认为,在类

① 参见赵旭东:《公司组织机构职权规范的制度安排与立法设计》,载《政法论坛》2022年第4期。

似的案件中,法院在认定公司章程自行配置组织机构权力的规定的效力时,应当区分规定事项的类型和公司的类型予以综合认定,而不应武断地认定其一定有效或一定无效。

四、相关原理

公司法规范的强制性与任意性

公司法的强制性与任意性是公司法理论和实践最基本和最重要的问题,在20世纪80年代中国公司法起步发展的早期,这一问题并未引起学者和立法的关注和重视,直到90年代后期,才逐渐进入人们的视野。其实,在欧美公司法领域,它早已成为理论研究的显学和焦点,并形成了极具引领性和代表性的主张和学说。中国公司法对此问题的探索经历了从介绍境外学说到分析现实问题、从学理探究到立法设计的交互过程,最终无论在理论还是实践上都达成了相当一致的共识:公司法不仅应具有强制性,还应具有任意性,它是强制性规范和任意性规范有机构成、合理布局的法,公司法的合同解释说或共同契约说则是其根本和核心的理论根据。然而,对于公司法强制性规范与任意性规范的具体界定和分布,即究竟哪些规范属于强制性规范、哪些属于任意性规范,却是现行公司法始终未予明确规定的问题,存在着用语含糊、规范类型简单粗疏、规范性质表述不明、规范违反后果不清的缺憾。这也是多年来中外公司法研究众说纷纭的理论难题。为回答和解决此问题,公司法学者多年来付出了不懈的努力,其基本的破解思路是首先对公司法规范进行类型划分,再进一步界定不同类型公司法规范的强制性和任意性。最具代表性的是美国著名公司法学者爱森伯格教授提出的规范分类,他将公司法规范分为结构性规范、分配性规范和信义性规范,并认为结构性规范主要应为强制性规范,分配性规范和信义性规范主要应为任意性规范。[①] 我国公司法学者有的主张将公司法规范分为基本规范和普通规范,基本规范主要属于强制性规范,普通规范基本属于任意性规范。[②] 另有主张从内部关系与外部关系的角度界定公司法规范的强制性和任意

① See Melvin Aron Eisenberg, *The Structure of Corporation Law*, 89 Columbia Law Review 1461, 1462 (1989).

② 参见汤欣:《论公司法的性格——强行法抑或任意法?》,载《中国法学》2001年第1期。

性,调整公司内部关系的规范应以任意性规范为主,调整公司对外关系的规范应以强制性规范为主。此外,还有主张以公司类型来确定公司法规范的强制性与任意性,即调整有限公司关系的规范应主要为任意性规范,调整股份有限公司关系的规范应主要为强制性规范。①

公司法中关于公司组织机构的规范是公司治理制度主要的构成部分,在上述分类中,公司组织机构规范通常被划定在结构性规范、普通规范、内部规范之中,除少数意见或主张外,这些类型的公司法规范都主要属于任意性规范。因此,无论学者们对公司法规范的分类角度有何不同,殊途同归的是对公司组织机构规范强制性和任意性的定性,即公司立法应充分尊重公司自治,公司组织机构规范的基本属性是任意性,应以任意性规范为主,以强制性规范为辅。但是,问题依旧,真正困难的问题是任意性的限度到底在哪里?何时应当自由或不自由?即强制性规范和任意性规范的具体分布如何?公司组织机构哪些事项的职权属于强制性的、哪些属于任意性的,理论的研究和论证并不具体,"就特定内容而言,究竟是否允许当事人变更或排除仍聚讼纷纭",实际上存在相当大的疑问和争议。

① 参见赵旭东:《强化自治、弱化强制依然是公司法修订的重要方向》,载《西北工业大学学报(社会科学版)》2021 年第 1 期。

案例 30 职工监事的选任条件

《公司法》第 76 条解读

——上海保翔冷藏有限公司诉上海长翔冷藏物流有限公司公司决议效力确认纠纷案①

【最高人民法院 2019 年公报案例】

《公司法》第 76 条

有限责任公司设监事会,本法第六十九条、第八十三条另有规定的除外。

监事会成员为三人以上。监事会成员应当包括股东代表和适当比例的公司职工代表,其中职工代表的比例不得低于三分之一,具体比例由公司章程规定。监事会中的职工代表由公司职工通过职工代表大会、职工大会或者其他形式民主选举产生。

监事会设主席一人,由全体监事过半数选举产生.监事会主席召集和主持监事会会议;监事会主席不能履行职务或者不履行职务的,由过半数的监事共同推举一名监事召集和主持监事会会议。

董事、高级管理人员不得兼任监事。

一、案情介绍

被告上海长翔冷藏物流有限公司(以下简称长翔公司)原系第三人江阳公司的全资子公司,2014 年 1 月,原告上海保翔冷藏有限公司(以下简称保翔公

① 《最高人民法院公报》2019 年第 11 期。

司)与江阳公司签订股权转让协议,约定江阳公司将其所持的长翔公司50%股权转让给原告,原告、江阳公司各持长翔公司50%股权。后各方办理了股权变更登记手续。2014年4月,长翔公司召开临时股东会并形成系争股东会决议,决议第二项规定:设立公司监事会,聘请徐根福、孔凌志为股东代表监事,免去魏满鸿监事职务,另一名职工代表监事由魏仁礼担任。

魏仁礼生于1948年,2008年已届退休年龄,其担任被告长翔公司的法定代表人,2013年卸任,涉讼时其仍是第三人江阳公司的法定代表人,但在诉讼过程中卸任。另无证据证明魏仁礼在2014年4月以来与长翔公司之间存在劳动关系。

在被告长翔公司工商登记备案材料中,有一份落款日为2014年4月30日的长翔公司职工代表大会决议,主要内容为:长翔公司职工代表大会于2014年4月30日召开,会议选举魏仁礼为公司职工监事。其他5名职工代表在2014年5月之后均非由长翔公司缴纳社会保险费。经审查其他证据材料,只有范某、张某与长翔公司建立劳动关系的证据较为充分,难以证明另3人与长翔公司存在劳动关系。另外,缺乏能够证明该5人被长翔公司全体职工选举为职工代表或可代表长翔公司全体职工意志的相关证据。

本案的争议事实在于,魏仁礼是否有资格担任职工代表监事?

原告保翔公司诉称:魏仁礼为江阳公司法定代表人,非长翔公司员工,没有资格成为长翔公司的职工代表监事。系争股东会决议中关于监事任免的内容以及表决程序均违反了公司法关于职工代表监事的相关规定,魏仁礼不能担任长翔公司的职工代表监事,故诉请判令:确认被告长翔公司于2014年4月通过的股东会决议关于公司监事会组成的决议条款无效。

被告长翔公司辩称:选举魏仁礼为职工代表监事的决议是通过合法程序形成的,且经过工商部门备案,故请求驳回原告保翔公司的诉讼请求。

二、判决结果与理由

1. 判决结果

上海市宝山区人民法院依照2013年《公司法》第22条第1款、第51条的规定,于2016年12月1日作出判决:被告长翔公司于2014年4月30日作出的股东会决议第二项(设立公司监事会,聘请徐根福、孔凌志为股东代表监事,免去魏满鸿的监事职务，另一名职工监事由魏仁礼担任）无效。

上海市第二中级人民法院判决驳回上诉，维持原判。

2. 判决理由

上海市中级人民法院认为，与公司签订劳动合同或者存在事实劳动关系是成为职工代表监事的必要条件，上诉人魏仁礼并不具备担任原审被告长翔公司职工代表监事的资格，理由如下：第一，职工代表大会是协调劳动关系的重要制度，职工代表须与公司存在劳动关系。参考国务院国有资产监督管理委员会（以下简称国务院国资委）、中华全国总工会等部门制定的《企业民主管理规定》第 23 条的规定，"与企业签订劳动合同建立劳动关系以及与企业存在事实劳动关系的职工，有选举和被选举为职工代表大会代表的权利。依法终止或者解除劳动关系的职工代表，其代表资格自行终止"。本案中魏仁礼于系争股东会决议作出时已不在长翔公司任职，未在长翔公司领取薪水，即与长翔公司不存在劳动关系，故魏仁礼不具备作为职工代表的资格。第二，职工代表监事应通过职工代表大会、职工大会等形式，从职工代表中民主选举产生。《公司法》第 51 条第 2 款规定了监事会应包括公司职工代表，说明职工代表资格是成为职工代表监事的前提。本案中魏仁礼并非职工代表，因此不具备担任长翔公司职工代表监事的资格。另外，《公司法》第 51 条第 2 款亦规定监事会中职工代表的比例不得低于 1/3，该比例系公司法上的效力性强制性规定，本案中魏仁礼不具备职工代表资格，另外两名监事系股东代表，职工代表比例为零，违反前款规定。故一审法院认定系争股东会决议中任命魏仁礼为长翔公司职工代表监事的条款无效，并无不当。至于两上诉人认为选举职工代表监事程序合法、签字职工均有表决资格的主张，因魏仁礼不具备职工代表资格，无论签字职工是否具有表决资格，均无法改变监事会中无职工代表的事实，亦无法补正系争股东会决议相关条款的效力，故对于上诉人的该项主张，法院亦不予采纳。①

① 参见上海市第二中级人民法院民事判决书，(2017) 沪 02 民终 891 号。

三、案例解读

1. 法律规定

本案涉及职工代表监事的选任问题，新《公司法》第 76 条第 2 款的规定与 2013 年《公司法》第 51 条第 2 款的规定没有变化。按照规定，监事会的组成人员中应当包括股东代表和适当比例的公司职工代表。换言之，监事会中必须有职工代表存在，因为除了股东之外，职工利益在公司利害相关者的利益中是最重要的，代表投资者利益的股东和代表生产者利益的职工都应该有权对公司事项进行监督。职工代表的具体比例可以由公司章程根据自身情况规定，但是不得低于 1/3，以保证职工代表对监事会的有效参与，而非流于形式。监事会中的职工代表由公司职工通过职工代表大会、职工大会或者其他形式民主选举产生。

2. 法律适用

本案的核心问题是，职工代表监事是否必须为公司的职工？本案判决确立的裁判规则是，职工代表监事必须是和公司有劳动关系的公司职工。

公司的职工是公司重要的利益相关者，而让职工自行选举代表担任公司监事是公司法保障职工合法权益的重要制度设计之一。本案的核心争议问题有二：其一，新《公司法》第 76 条对职工代表监事的规定是否为强制性规定？可否由公司章程或股东会决议所变更？其二，职工代表监事是否必须和公司有劳动关系，必须为公司的职工？

法院对第一个问题予以了明确的回应，其认为《公司法》对职工代表监事的设置、比例、选任方式的规定系为强制性规定，违反该规定的股东会决议无效。虽然新《公司法》第 76 条第 2 款规定公司章程可以规定职工代表监事的具体比例，但应当不低于法律所规定的 1/3。从目的解释的角度而言，职工代表监事制度系为保障职工的合法权益的制度，其目的是在股东、董事和高级管理人员侵害职工合法权益的时候，给予职工救济路径。若此项规定可另行规定，则公司股东或将通过公司章程、股东会决议等方式将此项规定予以调整，那《公司法》保障职工权益的目的亦无法实现。

在第一个问题分析的基础上，本案的另一个问题的答案亦是清晰的，职工代表监事必须是公司职工,职工以外的人没有职工监事的任职资格。由于公司法并没有对职工的概念进行规定,上海市中级人民法院参考了国资委、中华全国总工会等部门制定的《企业民主管理规定》第23条的规定,“与企业签订劳动合同建立劳动关系以及与企业存在事实劳动关系的职工,有选举和被选举为职工代表大会代表的权利。依法终止或者解除劳动关系的职工代表,其代表资格自行终止”。由此,与公司具有劳动关系是公司职工的必备要素。在本案中,涉诉监事魏仁礼于系争股东会决议作出时已不在长翔公司任职,未在长翔公司领取薪水,即与长翔公司不存在劳动关系,故魏仁礼不具备作为职工代表的资格。

同时,最高人民法院借助本案的公报,对本案的情况进行了一定的延伸:有限责任公司监事会中的职工代表监事应当具有该公司职工的身份,职工代表监事的产生方式应符合2013年《公司法》第51条规定的职工民主选举产生的程序,并符合该条规定的代表比例。公司股东会作出任命职工代表监事的决议,如果该被任命监事并非本公司职工,或该被任命监事的产生程序、代表比例违反《公司法》第51条规定的,该部分决议内容应属无效。

3. 本案延伸思考

《公司法》对职工监事的规定是否足够保障职工利益?

尽管《公司法》对职工保护问题进行了周密的规定,如职工董事、监事、职工代表大会等制度,都是保护职工权益的制度设计。[①] 但不可否认的是,公司职工依旧是公司中权益极其容易被侵害的一类主体。最高人民法院通过本案的公报,确立了职工监事的设置、比例和选任方式皆为强制性规定的裁判规则,对保障职工在监事会中的席位具有一定的意义。

现行法律虽然保障了职工监事能够在监事会中具有一席之地,但对监事会的决策程序的规定的缺位,可能会使得上述规定的目的无法实现,如监事会会议的召开是否以职工监事的参加为必要;监事会会议的通知方式及通知的时间要求;监事会的决议方式,监事会是否可以及如何作出书面、电话、网络决议;监事会决议的必要记录事项,尤其是异议监事的意见是否必须记录在案备查等。如果上述规则缺位,监事会就可能通过在通知方式、通知时间上“做文章”的方式长期召开没有职工监事参加的监事会会议,部分监事平等参加监事会的权利

① 参见赵旭东:《公司法修订中的公司治理制度革新》,载《中国法律评论》2020年第3期。

可能受到侵犯,监事会的决策进程无法有效还原,相关决议的证据和证明材料无法得到完整有效保存,进而影响到监事会的决策质量和责任追究①。

四、相关原理

职工监事与职工董事

新《公司法》扩大了设置职工董事的公司的范围,规定职工人数在300人以上的有限责任公司,其董事会成员中应当有公司职工代表。立法机关公布的公司法修订草案说明指出,该修改的原因在于:“现行公司法在职工董事的设置方面,只对国有独资和国有全资的有限责任公司提出了要求。为更好保障职工参与公司民主管理、民主监督,修订草案扩大设置职工董事的公司范围,并不再按公司所有制类型对职工董事的设置提出要求。考虑到修订草案已规定规模较小的公司不设董事会,并综合考虑中型企业划分标准等因素……”由此可见,该规定的直接原因系单层制改革后承接职工监事的对应安排问题。但是,新《公司法》在监事会的职权中并未明确规定保护职工利益。追本溯源,新《公司法》之所以规定职工监事制度,系由于职工是除了股东以外最关心公司兴衰的群体,公司经营的好坏直接关系着职工利益;职工熟悉本公司情况,能够更好地发挥监事会的监督作用;职工参与公司的经营监督,体现职工利益,符合各国公司法的发展趋势。

由此可见,职工监事的设置系在于提高监事会监督效率,间接实现保护职工利益的制度目的。相应地,职工董事亦应通过此种机制发挥经营监督作用,此种修改并未弱化职工利益保护。值得注意的是,对于职工人数在300人以下的公司,其可以既不设职工董事,又不设职工监事。此外,新《公司法》第20条所新增的社会责任条款明确要求公司从事经营活动要充分考虑职工利益,这种要求贯穿于公司经营决策和执行的各个环节,强化了《公司法》上的职工利益保护,提供了更为直接的规范保护原则。

① 参见赵大伟:《监事会监督方式变革论》,载《当代法学》2017年第2期。

CHAPTER 04

第 四 章

有限责任公司的股权转让

案例 31 有限责任公司实际出资人的显名程序

《公司法》第 84 条解读

——张建中诉杨照春股权确认纠纷案①

【最高人民法院 2011 年公报案例】

《公司法》第 84 条

有限责任公司的股东之间可以相互转让其全部或者部分股权。

股东向股东以外的人转让股权的，应当将股权转让的数量、价格、支付方式和期限等事项书面通知其他股东，其他股东在同等条件下有优先购买权。股东自接到书面通知之日起三十日内未答复的，视为放弃优先购买权。两个以上股东行使优先购买权的，协商确定各自的购买比例；协商不成的，按照转让时各自的出资比例行使优先购买权。

公司章程对股权转让另有规定的，从其规定。

一、案情介绍

原告张建中、被告杨照春签订合作出资协议约定共同出资 1238 万元，以杨

① 《最高人民法院公报》2011 年第 5 期。

照春名义受让南京绿洲设备安装工程有限公司(以下简称绿洲公司)61.75%股权,其中杨照春出资877.501万元,张建中出资360.499万元。张建中同意股权登记在杨照春名下,股东权利由杨照春代为行使。

另外,张建中与杨照春签订补充协议约定,杨照春确认已收到张建中支付的360.499万元,张建中实际持有绿洲公司17.98%的股权;双方同意代为持股的期限为3年;代为持股期限届满后30日内,杨照春应将股权变更登记至张建中的名下;若因绿洲公司其他股东提出异议或其他事由导致变更登记无法完成,则杨照春应以市价受让张建中的股权或将代为持有的股权转让于第三方并将转让款返还张建中。之后,绿洲公司登记其股东为杨照春、马卫忠、曹兆军等14位自然人和南京中船绿洲机器有限公司。然而,双方约定的股权代持期限届满后,被告杨照春未依法办理股权变更登记事宜。

本案的争议事实在于,原告张建中作为实际出资人可否请求确认其为绿洲公司的股东,并变更股权登记,张建中要求办理股权变更登记是否侵害其他股东的优先购买权。

原告张建中诉称:截至原告起诉之日,被告仍未依法办理前述股权变更登记事宜。为此,原告请求判令确认原告为绿洲公司之股东,持股比例为17.98%并履行相应的股权变更登记手续;或判令被告向原告支付前述股权等值之金额(暂计)400万元。

被告杨照春辩称:原告要求确认绿洲公司股权并变更登记违反法律规定和其他股东的优先购买权,被告愿意按市场价值偿还原告出资款。

二、判决结果与理由

1. 判决结果

上海市静安区人民法院作出民事判决:第一,确认被告杨照春持有的绿洲公司股权中17.98%(价值人民币360.499万元)为原告张建中所有;第二,被告杨照春应在本判决生效之日起10日内至工商管理部门将上述股权变更登记至原告张建中的名下。

2. 判决理由

上海市静安区人民法院一审生效裁判认为:原告张建中、被告杨照春之间的合作出资协议、补充协议,系当事人真实意思表示,无法律规定无效的情形,因此,原、被告的合作出资协议、补充协议等合法有效。根据原、被告的约定,被告代为原告持有绿洲公司股权的期限至2009年2月底,现已逾代为持有的期限,原告有权依约主张自己的权利,故应确认争议股权为原告所有。

本案中,争议股权虽应为原告张建中所有,但原告并不当然成为绿洲公司的股东,被告杨照春在代为持股期限届满后,为原告办理相应的股权变更登记手续,形同股东向股东以外的人转让股权。按照2005年《公司法》第72条第2、3款的规定,股东向股东以外的人转让股权,应当经其他股东过半数同意。股东应就其股权转让事项书面通知其他股东征求同意,其他股东自接到书面通知之日起满30日未答复的,视为同意转让。其他股东半数以上不同意转让的,不同意的股东应当购买该转让的股权;不购买的,视为同意转让。因此,被告为原告办理相应的股权变更登记手续,应当由绿洲公司其他股东过半数表示同意。

审理中,法院在绿洲公司张贴通知,并向绿洲公司部分股东发出通知,说明根据公司法有关规定,如绿洲公司股东对原告张建中、被告杨照春之间的股权变更登记有异议,应按规定收购争议的股权,并于2009年12月31日前回复。嗣后,马卫忠等8位股东(过半数)同意股权变更登记。因此,张建中、杨照春之间股权变更登记的条件已经成就,原告要求被告履行相应股权变更登记手续的诉讼请求,符合事实与法律依据,应予支持。

三、案例解读

1. 法律规定

对于实际出资人显名问题,2023年修改前的《公司法》没有专门规定。《公司法司法解释(三)》第24条第3款规定:"实际出资人未经公司其他股东半数以上同意,请求公司变更股东、签发出资证明书、记载于股东名册、记载于公司章程并办理公司登记机关登记的,人民法院不予支持。"该条规定表明实际出资人请求股权变更登记必须经过公司其他股东过半数同意,本质上是将实际出资人显名化类比于对外转让股权,需要履行原《公司法》第71条规定的股权对外转让同意程序。

《九民纪要》第28条规定:"实际出资人能够提供证据证明有限责任公司过半数的其他股东知道其实际出资的事实,且对其实际行使股东权利未曾提出异议的,对实际出资人提出的登记为公司股东的请求,人民法院依法予以支持。公司以实际出资人的请求不符合公司法司法解释(三)第24条的规定为由抗辩的,人民法院不予支持。"将《公司法司法解释(三)》的"同意"扩大到默示同意。

新《公司法》亦没有对实际出资人显名化进行专门规定,但对有限公司股权对外转让作出修改。相较于原《公司法》第71条第2、3款规定,新《公司法》第84条保留了其余股东的优先购买权,但删除了同意程序,对外转让股权不再需要其他股东过半数同意。此项修订简化了股权对外转让程序,提高了股权转让的效率,可以更好地保障股权转让自由。

2. 法律适用

本案的核心问题是实际出资人显名,是否需要履行股权对外转让的同意程序?本案判决确定的裁判规则是实际出资人显名时,不得直接要求公司确认其股东身份并变更登记,而需要遵循股权对外转让同意程序的裁判规则。

在股权代持的法律关系中,实际出资人与名义股东双方之间容易就股东身份以及投资权益归属等问题发生争议。原《公司法》第71条规定,股权对外转让需要取得其他股东过半数同意。由于公司其他股东通常对实际出资人的存在并不知情,与股权对外转让存在相同之处,即公司需要接纳一个新的股东。实际出资人显名是否需要同股权对外转让一样履行同意程序,还是可以不经过同意程序,直接要求公司确认其股东身份?对此以往司法实践存在争议。

上海市静安区人民法院判决认为实际出资人显名需遵循股权对外转让同意程序,理由在于,实际出资人显名形同"股东对外转让股权""本案争议股权根据原、被告之间的协议确为原告张建中所有,但原告并不当然成为绿洲公司的股东"。在此裁判逻辑下,张建中请求股权变更登记,必须依据原《公司法》第71条第2款规定履行同意程序。公司法对有限公司股权对外转让进行限制的法理基础在于有限公司的人合性——股东之间有紧密的人身信赖关系。在实际出资人显名情形中,公司其他股东对于实际出资人的存在并不知情,"接受实际出资人显名"与"股权对外转让中接受一个全新的合作者"相似,因此实际出资人显名时须遵循股权对外转让规则。

由此,在原《公司法》规定下,实际出资人显名程序分为以下步骤:(1)将显名要求通知公司其他股东;(2)若其他股东过半数以上同意显名,实际出资人可以要求公司签发出资证明书、记载于股东名册、记载于公司章程并办理公司登记机关登记；若其他股东过半数不同意显名，则显名失败，公司的股东仍为名义股东。

本案中，原、被告并没有将显名要求通知公司其他股东并履行同意程序，所以尚未具备显名条件。案件审理过程中，法院在绿洲公司张贴通知，在确认公司其他过半数股东同意股权变更登记后，认为原、被告之间的股权变更登记条件已成就，支持了原告要求被告履行股权变更登记的诉讼请求。

本案法院的裁判依据为 2005 年《公司法》第 72 条第 2、3 款规定，与 2018 年《公司法》第 71 条第 2、3 款规定相同。当新《公司法》删除股权转让同意程序后，本案的裁判依据发生变化，而本公报案例确立的裁判规则是否改变，则取决于《公司法司法解释（三）》第 24 条第 3 款规定在新《公司法》生效后能否继续适用。对此问题尚存有争议：若继续适用，则本案中实际出资人显名仍需履行同意程序；若不能继续适用，则按照实际出资人显名准用股权对外转让程序的规则逻辑，不再需要履行同意程序。该问题尚待法律法规的进一步规定，后文也将会对此问题予以详解。然而无论采取哪种观点，本案的裁判结果不变，本案当事人张建中显名已得到公司其他股东过半数同意，删除同意程序更是放宽显名条件，因此其显名请求可以得到支持。

3. 本案延伸思考

（1）《公司法司法解释（三）》第 24 条第 3 款在新《公司法》颁布后应当如何理解与适用？

实际出资人的显名规则是否需要随新《公司法》删除同意程序而调整？有观点认为实际出资人显名毕竟只是一定程度上与股权对外转让存在相似性，但不完全相同，股权对外转让取消“经其他股东过半数同意”的条件，并不意味着实际出资人显名的程序性要件发生变化。新《公司法》第 84 条只是针对股权对外转让情形删除同意程序，而没有扩张到针对实际出资人显名情形也排除同意程序适用。另外，若删除同意程序，对实际出资人显名不加任何限制，将有损有限公司人合性。因而在新《公司法》针对实际出资人显名问题没有规定的情况下，《公司法司法解释（三）》第 24 条仍有适用空间。另有观点认为，由于实际出资人显名与股权对外转让在接受“新的股东”方面具有相似性，《公司法司法解释（三）》的规范逻辑是将实际出资人显名与股权对外转让做同样处理，如果股权对外转让同意程序的规定被修订，则《公司法司法解释（三）》第 24 条第 3 款的规定也应作出修订。

本书认为,《公司法司法解释(三)》是针对原《公司法》法律适用作出的解释,在新《公司法》出台后,与之矛盾冲突之处应予修改。新《公司法》删除股权对外转让的同意程序,意味着《公司法司法解释(三)》第 24 条第 3 款规定的同意程序的准用基础不复存在。至于对该款规定的处理,是作为对实际出资人显名程序的特殊规定继续存在,还是因不符合新《公司法》第 84 条规定而不再适用,尚有待立法与司法进一步的解释和规定。

(2)实际出资人显名是否应适用股权对外转让的优先购买程序?

《公司法司法解释(三)》第 24 条第 3 款规定只明确实际出资人显名准用股权对外转让的同意程序,对于是否适用股权对外转让的优先购买程序没有规定。对于该问题的回答也与实际出资人显名与股权对外转让相似性程度认定相关。若认为本质相同,则应当适用相同规则,即实际出资人显名也应履行优先购买程序。反对观点则认为不完全相同,优先购买权规则根本在于平衡股权转让自由和股东人合性,而实际出资人显名是对实际出资人股东身份的确认,并不涉及股权转让,不应适用优先购买权规则。允许其他股东在此情形下行使优先股买权,存在对公司其他股东过度保护的嫌疑。最高人民法院《公司法司法解释(三)理解与适用》指出,"如果其他股东过半数不同意实际出资人显名,则该股权仍然归属显名股东,其他股东并不能依据第 71 条之对外转让规则享有优先购买权。其他股东只能在名义股东与实际出资人之间进行选择,并不能通过优先购买权取得该部分股权",①即实际出资人显名情形下其他股东不能行使优先购买权。

在本公报案例中,法院在实际出资人显名中并未适用优先购买程序。法院在绿洲公司张贴通知,并向绿洲公司其他股东说明如对张建中、杨照春之间的股权变更登记有异议,应按规定收购争议的股权。并在确认公司的其他过半数股东同意股权变更登记后,认为实际出资人显名的条件已成就。这里的"按规定收购争议股权"应如何理解,是基于"不同意的股东应当购买股权"规则购买,还是基于优先购买权的行使而购买?从法院只对"其他过半数股东同意股权变

① 参见最高人民法院民事审判第二庭编著:《最高人民法院关于公司法解释(三)、清算纪要理解与适用》,人民法院出版社 2014 年版,第 393 页。

更登记”事项进行确认，而未对其他股东是否行使优先购买权事项进行确认，可以认为此处“按规定收购争议股权”是按照同意程序中“不同意股东应当购买”规则购买。但实际上，即使其他股东不同意实际出资人显名也不能购买该股权。

在《公司法司法解释（三）》规定的实际出资人显名规则之下，若公司其他股东过半数不同意显名，则显名失败，名义股东仍然是公司股东。因为该司法解释第 24 条第 3 款只规定准用股权对外转让“过半数同意”规则，而未准用“不同意则应购买相应股权”规则。在实践效果中使得实际出资人显名异常困难，使其陷于其所不欲的股权代持关系中无法脱身。因此有观点认为在此情形下，不同意显名的股东应优先购买该股权，若不购买则应视为显名成功，提高实际出资人显名成功的可能性。

按照实际出资人显名程序随新《公司法》修订而删除同意程序的逻辑，若不适用优先购买程序，则相当于实际出资人显名没有了任何限制，只要实际出资人提出显名请求即显名成功。这在有限公司人合性特征下，不具有合理性。因此，在新《公司法》规定下，实际出资人显名程序规则应进行重新构造，具体可分为以下步骤：（1）实际出资人将显名要求以及相应股权市价通知公司其他股东行使优先购买权；（2）若其他股东放弃行使优先购买权，则显名成功，实际出资人可以要求公司签发出资证明书、记载于股东名册、记载于公司章程并办理公司登记机关登记；若其他股东行使优先购买权，则显名失败，股权由行权股东获得。

（3）若实际出资人的存在被公司其他股东知悉，并实际上行使股东权利，是否还需履行股权对外转让程序？

本案的情形是公司其他股东对于实际出资人的存在并不知情，若公司的其他股东都知晓实际出资人的存在，并一致默许其行使股东权利，在此情形下，实际出资人主张显名是否仍需适用股权对外转让的程序规定？

对于此情形，《九民纪要》第 28 条作出了规定：“实际出资人能够提供证据证明有限责任公司过半数的其他股东知道其实际出资的事实，且对其实际行使股东权利未曾提出异议的，对实际出资人提出的登记为公司股东的请求，人民法院依法予以支持。公司以实际出资人的请求不符合《公司法司法解释（三）》第 24 条的规定为由抗辩的，人民法院不予支持。”本条规定将《公司法司法解释

(三)》第24条其他过半数股东的同意扩大到默示同意,核心在于将知晓实际出资人存在并对其实际行使股东权利未曾提出异议的行为,视为同意并确认实际出资人具有股东身份。该条规则的适用必须同时满足“知情”及“对实际出资人实际行使股东权利未曾提出异议”两个条件,才能相当于已满足《公司法司法解释(三)》第24条规定的“经公司其他股东半数以上同意”,显名便不必再履行同意程序,可以直接登记为公司股东。

在高某诉上海某金属科技有限公司股东资格确认纠纷案[①]中,法院的裁判思路与《九民纪要》的规定相同。二审法院认为实际出资人应当对公司其他股东存在默示同意承担证明责任,仅凭公司其他股东知晓实际出资人存在,无法得出公司其他股东默示同意实际出资人显名。实际出资人除了需证明其他股东知晓自己的存在之外,还需证明自己持续性实际行使股东权利且其他股东未提出异议。只有同时符合以上两个条件,才能认定公司其他股东默示同意其显名。

《九民纪要》的该条规定面临与《公司法司法解释(三)》第24条同样的适用问题,在新《公司法》颁布后,对原《公司法》及相关解释适用而制定的《九民纪要》并不当然适用,与新《公司法》矛盾冲突之处有待修改。在新《公司法》删除股权对外转让的同意程序之下,该条规定中“过半数的其他股东知道其实际出资的事实”便失去了准用依据。结合以上对实际出资人显名应适用优先购买程序的分析,该规则可以修改为,知道实际出资人实际出资的事实,且对其实际行使股东权利未曾提出异议的股东不得行使优先购买权,反之,对实际出资人存在并不知情的股东仍然可以行使优先购买权。

四、相关原理

有限公司的封闭性

封闭性可谓是有限公司最本质特征,新《公司法》对有限责任公司的封闭性没有做明文规定,然而,通过对其条文的分析,可以得出有限责任公司封闭性的几个主要表现:公司股东人数有限;公司资本全部由股东认缴,不得公开发行股

① 参见上海市闵行区人民法院民事判决书,(2019)沪0112民初8064号;上海市第一中级人民法院民事判决书,(2019)沪01民终13146号。

票;股东对外转让股权时,公司的其他股东享有优先购买权;有限责任公司无须向社会公示其经营事项及财务。

封闭公司中股东之间的关系可被类比为是一种合伙,进而将合伙人之间的严格义务扩张适用于股东之间。封闭公司的理论和立法预设是,股东之间基于信赖和信任共同成立公司,封闭公司也即具有极强的人合性。在封闭公司中,股东期待能够共同做决定,按照持股比例分享公司收益和管理权。① 美国马萨诸塞州最高法院在 Donahue v. Rodd Electrotype Co. 一案中,对封闭公司的定义是:(1)具有很小的股东群体;(2)没有成熟的股份交易市场;(3)多数股东直接参与公司的经营管理活动。在这一定义下,马萨诸塞州最高法院进而认为,"封闭公司与合伙是极为相似的,封闭公司只不过是一种'公司化'的合伙,它的股东只不过是为合伙'穿上'了公司的外衣,拥有了公司所具有的有限责任、永续存在等特征。大多数封闭公司在内部关系上实质就是两三个人之间的合作,他们提供了公司所需要的资金、技能、经验和劳务。这与合伙是一致的,如果公司要走向成功,那么股东之间的关系必须是互相信任、信赖以及绝对忠诚的"。②

实际上,传统理论中认为有限公司具有人合性的特征是概念的错位。人合性与资合性的区别在于,公司的信用基础是公司所有资产还是股东自有财产,无论是股份公司还是有限责任公司的股东都仅承担有限责任,公司的信用都以公司资产为基础,故而有限责任公司是完全的资合公司。而学者们讨论的"人合性"意为股东之间对人身信赖以及合作关系的特殊要求,由于有限责任公司所有权和控制权结合较为紧密,重视合作关系当然是有限责任公司的特征,但不能称其为"人合性",以"封闭性"归纳之更为恰当。

---

① See James M. Van Vliet, Jr. & Mark D. Snider, *The Evolving Fiduciary Duty Solution for Shareholders Caught in a Closely Held Corporation Trap*, 18 Northern Illinois University Law Review 239, 249 (1998).

② See Donahue v. Rodd Electrotype Co., 328 N.E.2d 505, 512 (1975).

案例32 股东优先购买权的行使条件

《公司法》第84条解读

——丁某明等与瞿某建优先认购权纠纷案[①]

【最高人民法院2012年再审案例】

《公司法》第84条

有限责任公司的股东之间可以相互转让其全部或者部分股权。

股东向股东以外的人转让股权的，应当将股权转让的数量、价格、支付方式和期限等事项书面通知其他股东，其他股东在同等条件下有优先购买权。股东自接到书面通知之日起三十日内未答复的，视为放弃优先购买权。两个以上股东行使优先购买权的，协商确定各自的购买比例；协商不成的，按照转让时各自的出资比例行使优先购买权。

公司章程对股权转让另有规定的，从其规定。

一、案情介绍

丁某明、李某、冯某琴与瞿某建为杭州盈源贸易有限公司(以下简称盈源公司)股东。该公司注册资本为人民币1398万元，共9个股东，其中：丁某明出资占注册资本的51%；瞿某建出资占30.73%；李某出资占2.79%；冯某琴出资占2.87%。公司的其他股东为陈某某、欧某某、王某、马某某、鲁某某。2006年8月27日盈源公司股东召开临时股东会，形成了公司可以在效益最大化的前提下将全部股权予以整体转让的一致意见。

① 最高人民法院民事判决书，(2012)民抗字第32号。

2006 年 9 月 10 日，盈源公司召开股东会，会议专题讨论公司股权转让问题，与会的全体股东一致同意将个人所持股份以全部转让的方式，以 1∶3 的价格转让给第三方，并形成股东会决议。全体股东均在该股东会决议上签字，瞿某建在该股东会决议上注明：根据公司法和公司章程，本人决定优先购买其他股东转让之股权。同日，瞿某建分别与陈某某、欧某某、王某、马某某、鲁某某签订股权转让合同，以 1∶3 的价格受让该 5 名股东的全部股权，约定付款方式为合同签订之日起 3 日内支付转让款的 2/3 作为定金，适用定金罚则，合同生效之日起 90 日内付清余款。

2006 年 9 月 30 日，丁某明将其与曹某某签订的股权转让合同寄发给瞿某建，履行股权转让的同意程序和优先购买程序，并限瞿某建在 30 日内作出书面答复。该股权转让合同约定的转让价格为 1∶3，付款方式为在合同生效之日起 5 日内一次性付清，并约定受让方必须以转让款为基数，以 1∶1 的比例交纳保证金，由出让方保存 3 年，不计息，如受让方 3 年内有从事损害出让方利益的行为，保证金无偿归出让方所有；如受让方不全额按期支付转让款和保证金的，除不予返还保证金外，还应当向出让方支付全部转让款 50% 的违约金。同日，李某、冯某琴分别与富某签订股权转让合同，将两人持有的全部股权转让给富某。转让条件均与丁某明和曹某某的股权转让合同约定一致。李某、冯某琴均将股权转让合同寄发给瞿某建，并通知其在同等条件下可以行使优先购买权。

瞿某建分别复函丁某明、李某、冯某琴，主张其优先购买权已于 2006 年 9 月 10 日形成，要求丁某明等 3 人按 1∶3 的价格及合同签订之日起 3 日内支付转让款的 50%、合同签订后 90 日内付清余款的付款方式与其签订股权转让合同。

2006 年 10 月 10 日，丁某明复函瞿某建，拒绝按瞿某建所述条件签订股权转让合同。同日，李某、冯某琴分别发函给瞿某建，拒绝按瞿某建所述条件签订股权转让合同。

本案的争议事实在于，瞿某建可否凭借盈源公司于 2006 年 9 月 10 日作出的股东会决议主张优先购买丁某明、李某、冯某琴的股权。

原告瞿某建诉称：其对丁某明、李某、冯某琴股权的优先购买权在 2006 年 9 月 10 日已经形成；请求判令丁某明、李某、冯某琴履行将其股权依法转让的义务，并办理相关转让手续。

最高人民检察院抗诉认为,本案中盈源公司在召开讨论股权转让的股东会时,丁某明、李某、冯某琴与第三人的股权转让关系并未成立。瞿某建对丁某明、李某、冯某琴行使优先购买权的条件并未确定,股东会决议确定的股权转让条件仅涉及股权转让的价格条件,并未涉及股权转让的其他条件和事宜,也没有明确具体的受让方,且瞿某建主张的交易条件和丁某明等 3 人与曹某某、富某之间的交易条件也不能视为同等条件,瞿某建不能在此基础上行使优先购买权。

二、判决结果与理由

1. 判决结果

浙江省杭州市中级人民法院认为本案情形不符合"同等条件"下行使优先购买权的法定条件,瞿某建的优先购买权未能形成,并作出(2006)杭民二初字第 295 号民事判决,驳回原告瞿某建的诉讼请求。

二审法院浙江省高级人民法院支持了瞿某建的部分上诉请求,作出(2007)浙民二终字第 121 号民事判决,撤销杭州市中级人民法院(2006)杭民二初字第 295 号民事判决,确认瞿某建对丁某明、李某、冯某琴持有的盈源公司的股权享有优先购买权。丁某明、李某、冯某琴在本判决书送达之日起 10 日内将持有的盈源公司的股权按照瞿某建与陈某某等 5 人签订的股权转让合同约定的条件全部转让给瞿某建。

最高人民检察院对二审判决提出抗诉,认为二审判决认定的基本事实缺乏证据证明,适用法律确有错误,且依据该判决主文的价格转让股权有失公平。

最高人民法院认为,瞿某建主张的行使优先购买权的条件已经成就,并以其与陈某某等 5 名股东签订的股权转让协议作为向丁某明等 3 人行使优先购买权的同等条件,缺乏事实和法律依据,不予支持。二审判决认定事实和适用法律均有不当,应予纠正,最高人民检察院抗诉意见应予支持。一审判决驳回瞿某建诉讼请求的结果正确,应予维持。最高人民法院最终作出(2012)民抗字第 32 号判决,撤销浙江省高级人民法院(2007)浙民二终字第 121 号民事判决,维持浙江省杭州市中级人民法院(2006)杭民二初字第 295 号民事判决。

2. 判决理由

最高人民法院认为,公司股东依法享有的优先购买权应受保护,但是股东优先购买权是对其他股东自由转让股权这一权利的限制，因此股东行使优先购买权亦应严格按照法律规定进行。

股东优先购买权是相比于股东以外的买受人而享有的优先权，因此，股东行使优先购买权的前提是，拟出让股东与股东以外的人已经就股权转让达成合意，该合意不仅包括对外转让的意思表示，还应包括价款数额、付款时间、付款方式等在内的完整对价。而在本案中，虽然在股东会前全体股东均被通知，将于下午与股东以外的受让人签约，但在股东会上，受让人并未到场，也没有披露他们的身份或者与他们签订的合同，因此，直至股东会结束签署决议时，对外转让的受让方仍未确定，股东行使优先购买权的前提也未成就。瞿某建认为其在股东会决议上签署要求行使优先购买权的意见，是实际行使优先购买权，与法律规定不符。此后，陈某某等 5 名股东自愿将股权转让给瞿某建，属于在股东之间互相转让股权的行为，也不是瞿某建行使优先购买权的结果。

综上，瞿某建主张其行使优先购买权的条件已经成就，并以其与陈某某等 5 名股东签订的股权转让协议作为向丁某明等 3 人行使优先购买权的同等条件，缺乏事实和法律依据，不予支持。二审判决认定事实和适用法律均有不当，应予纠正，最高人民检察院的抗诉意见应予支持。一审判决驳回瞿某建诉讼请求的结果正确，应予维持。

三、案例解读

1. 法律规定

新《公司法》第 84 条第 2 款相比于原《公司法》第 71 条第 2、3 款规定，删除了股权对外转让的同意程序，对外转让股权不再需要其他股东过半数同意，公司其他股东直接就其是否行使优先购买权作出表示。此项修订简化了股东对外转让股权的程序，更好地保障了股权转让的自由。《公司法司法解释（四）》第 17 条是对原《公司法》第 71 条第 1、2 款作出的解释，细化有限公司股权对外转让同意程序的规定，在新《公司法》颁布后，该规定与新法第 84 条相冲突，有待进一步修正。

同时，新《公司法》第 84 条第 2 款在吸收了《公司法司法解释（四）》第 18 条对优先购买权“同等条件”认定的基础上，规定转让股东负有将股权转让事项书面通知其他股东的义务，并明确书面通知的具体事项包括股权转让的数量、价格、支付方式和期限，以此作为“同等条件”的衡量标准，同时也采用“等”字样为司法实践中同等条件认定留下解释空间。此项立法变化与既往司法实践一脉相承，为转让股东履行通知义务提供了更清晰明确的指引，有利于更好地保障其他股东的优先购买权。

2. 法律适用

本案的核心问题是股权转让合意是否达成应如何认定？本案判决确定的裁判规则是股权转让合意不仅包括对外转让的意思表示，还应包括价款数额、付款时间、付款方式等在内的完整对价。

根据新《公司法》第 84 条第 2 款规定，股东行使优先购买权需要具备三个要件：(1)股东与股东之外的人已经就股权转让达成合意；(2)转让股东将股权转让的数量、价格、支付方式和期限等事项书面通知其他股东；(3)其他股东在“同等条件”下购买转让股权；(4)优先购买权在一定期限内行使。本案争议问题在于本案是否满足上述优先购买权的行使要件一：存在股权转让合意。

就本案争议问题，一审法院和二审法院的认定不同。一审法院认为瞿某建不得行使优先购买权。分析其裁判说理，主要理由有二，第一，虽然参与股东会的全体股东一致同意将个人股权全部转让，并形成了股东会决议，但是股权转让法律关系的相对人始终未明确，股权转让合同未订立，此时股东行使优先购买权“股权转让达成合意”的要件未满足；第二，丁某明、李某、冯某琴将股权转让合同寄发给瞿某建，履行股权转让的同意程序和优先购买权程序，瞿某建虽然复函行使优先购买权，但其主张的交易条件低于丁某明、李某、冯某琴与第三人商定的条件，不符合“同等条件”下行使优先购买权要件。基于此，一审法院驳回瞿某建行使优先购买权的诉讼请求。二审法院对股东会中股权转让合同范本进行认定，该合同范本除股权转让的具体价格、股权转让款的支付方式处空白外，对相应的违约责任有较为明确的规定，由此认为瞿某建行使优先购买权的条件已经具备。可见，本案的主要分歧在于对股东会中股权转让合意是否达成的认定，该分歧产生的根本原因是对“股权转让合意”的认定标准不同。

最高人民法院再审对如何认定“股权转让合意”进一步明确，认为该合意“不仅包括对外转让的意思表示，还应包括价款数额、付款时间、付款方式等在内的完整对价”，即认为股权转让合意要完整完备，本质上是强调需要存在一个基于当事人之间的完整合意而达成的股权转让合同。最高人民法院作此认定具有合理性,优先购买权是股东在公司股权对外转让中享有的权利,以股权对外转让法律关系确定发生为前提。股权转让合意在法律上的具体构造为股权转让的要约承诺达成一致,只有要约内容确定且完整,才能一经承诺即在双方之间形成股权转让合同关系。因此,要约若不具备股权转让价款数额、付款时间、付款方式等合同关键内容,很难认定双方之间能够对股权转让达成合意,进而股权转让法律关系实际上并未发生。本案中,股权转让合同范本在股权转让的具体价格、股权转让款的支付方式处为空白,缺乏股权转让合同的核心内容,不能认为存在完整的股权转让合意。故本案中,股权转让合意未达成,股权转让法律关系不存在,行使优先购买权条件未成就,瞿某建不得主张行使该权利。

本案对于股东优先购买权行使要件的认定具有重要意义,行使优先购买权最基本的前提是存在一个完整有效的股权转让合意,合同相对方若不存在,合意内容若不完整,则优先购买权行使的"股权转让合意"要件未满足,股东不得行使优先购买权。

3. 本案延伸思考

股东优先购买权中"同等条件"的确定标准为何?

"同等条件"是股东行使优先购买权的必要条件,但在实践中对"同等条件"的把握却不易,通常以转让股东与受让人之间的股权转让合同约定为参考标准,结合具体情况,对股权转让的数量、价格、支付方式和期限等事项进行综合认定。如股东若只主张对转让的部分股权优先购买,则不符合"同等条件",因为股权存在控制权溢价,在股权的交易数量和价格上都无法达到同等条件。另外,股权交易程序是否属于同等条件的判断标准?如股权进场交易情形中,其他股东主张优先购买权是否也必须进场交易?根据2016年《最高人民法院公报》案例中静实业(集团)有限公司诉上海电力实业有限公司等股权转让纠纷案①,公司其他股东未进场交易并不丧失其优先购买权,可见交易程序不一定是股东行使优先购买权必须接受的"同等条件"。

与其在转让方与受让方达成转让协议之后,股东主张优先购买权使得该协议无法履行,造成缔约成本的浪费,挫伤此类交易的积极性,不如转让方与受让方在磋商阶段即考虑股东行使优先购买权情形,在初步确定交易条件时,即询

① 参见《最高人民法院公报》2016年第5期。

问公司其他股东是否愿行使优先购买权。若股东不愿行权，则转让方与受让方可以该条件或高于该条件进行交易，若后续降低交易条件则应再次通知公司其他股东以确认其是否行权。如此，可以减少此类纠纷的发生，对“同等条件”的认定难题可予以规避。

四、相关原理

优先购买权的法律性质

股东行使优先购买权后，直接在股东与转让人之间产生相同的转让关系，抑或股东可请求转让人与自己订立合同，转让人负有承诺的义务？该问题实质与优先购买权性质的认定有关，学理上主要存在以下几种学说：①

第一，期待权说。该说认为，就优先购买权而言，在某项财产出卖以前，权利人不能向他人主张任何权利，该权利能否行使、何时才能行使都是不确定的。所以法律赋予某人享有优先购买权，只是使其取得了某种期待利益，即期待将来在某项财产出售时可以享受的利益。② 优先购买权人在标的物出卖于第三人之前享有的是期待权，其法律上的地位应受到保护；待出卖人出卖标的物于第三人时，权利人才获得完全的权利。

第二，请求权说。该说认为，优先购买权是权利人得请求出卖人与自己订立买卖合同的权利，③若优先购买权人依同等条件声明承买的，出卖人有承诺出卖之义务。

第三，形成权说。该说认为，优先购买权为特别法上的形成权，其形成效力表现在：转让方与第三方成立股权转让关系时，一旦优先权人主张或者行使优先购买权，就能使优先权人与转让方之间按同等条件产生买卖合同关系，④而无须转让方承诺。德国通说即持这一观点，德国学者梅迪库斯指出，根据现今文献中的通行见解（如拉伦茨《债法分论》第2编第1部分第44章第3节第151

---

① 参见赵旭东：《股东优先购买权的性质和效力》，载《当代法学》2013年第5期。
② 参见于午丁、王宏：《有限责任公司股东优先购买权法律性质刍议》，载《吉林省经济管理干部学院学报》2010年第1期。
③ 参见于午丁、王宏：《有限责任公司股东优先购买权法律性质刍议》，载《吉林省经济管理干部学院学报》2010年第1期。
④ 参见赵旭东：《股东优先购买权的性质和效力》，载《当代法学》2013年第5期。

页),先买权是一种形成权:权利人可以通过单方意思表示而在自己与形成权的相对人(《民法典》将这称作义务人)之间成立买卖合同。此项权利以义务人向一个第三人出卖为前提条件。

第四,附条件的形成权说。虽然该说也认同优先购买权为形成权,但其进一步认为,权利行使以出卖人出卖标的物于第三人为条件,故为附条件的形成权。

期待权说重在描述优先购买权的行使条件,对于实践中争议较大的优先购买权的行使方式和效果问题的解决并无多大的帮助。① 对于附条件的形成权说,出卖人将标的物出卖给第三人应当是优先购买权成立的“要件”,而非影响法律行为效力发生或消灭的“条件”,且根据形成权的性质,其不可附条件或附期限,“附条件的形成权”在表述上即存在问题。② 因此,学理上的争议主要集中于请求权说与形成权说,股东优先购买权的性质及其效力不仅决定了自身的行使方式和效力,也深刻地影响到权利人利益受保护的程度。形成权的定性与有限公司的人合性高度吻合,是更值得采纳的主张。③ 对于形成权性质研究的意义在于对股权受让人的救济手段、救济成本以及损害赔偿的具体范围不同。④ 在不同的优先购买权性质分析下,转让股东与其他股东的股权转让合同成立时间、转让股东不履行债务情形下其他股东的救济方式以及赔偿范围也有所不同。

---

① 参见赵旭东:《股东优先购买权的性质和效力》,载《当代法学》2013 年第 5 期。

② 参见丁春艳:《论私法中的优先购买权》,载《北大法律评论》2005 年第 2 期;蒋大兴:《股东优先购买权行使中被忽略的价格形成机制》,载《法学》2012 年第 6 期。

③ 参见赵旭东:《股东优先购买权的性质和效力》,载《当代法学》2013 年第 5 期。

④ 参见杜万华主编、最高人民法院民事审判第二庭编著:《最高人民法院公司法司法解释(四)理解与适用》,人民法院出版社 2017 年版,第 452 页。

案例 33 侵害优先购买权的股权转让合同效力与责任承担

《公司法》第 84 条解读

——北京新奥特公司诉华融公司股权转让合同纠纷案①

【最高人民法院 2005 年公报案例】

《公司法》第 84 条

有限责任公司的股东之间可以相互转让其全部或者部分股权。

股东向股东以外的人转让股权的,应当将股权转让的数量、价格、支付方式和期限等事项书面通知其他股东,其他股东在同等条件下有优先购买权。股东自接到书面通知之日起三十日内未答复的,视为放弃优先购买权。两个以上股东行使优先购买权的,协商确定各自的购买比例;协商不成的,按照转让时各自的出资比例行使优先购买权。

公司章程对股权转让另有规定的,从其规定。

一、案情介绍

中国华融资产管理公司(以下简称华融公司)与比特科技控股股份有限公司(以下简称比特科技)、北京新奥特集团有限公司(以下简称新奥特集团)签订关于北京北广电子集团有限责任公司(以下简称北广集团)的股权转让协议,协议主要内容是:比特科技、新奥特集团共同组成收购团收购华融公司持有的北广集团 55.081% 的股权,股权转让的最终价格不低于 3 亿元,股权转让款的支付采取分期付款形式。比特科技、新奥特集团依约支付 1 亿元后,华融公司

① 《最高人民法院公报》2005 年第 2 期。

协助办理股权转让的过户手续。受让方完全知悉其他股东不配合办理股权变更工商登记手续的风险,并承诺不为此向出让方提出任何抗辩,不影响受让方支付股权转让价款,出让方已经收到的股权转让价款不予返还。

2002年6月28日,经华融公司提议召开临时股东会会议,拟就华融公司将其持有的北广集团全部股权一次性转让给比特科技和新奥特集团组成的收购团的相关事项作出决议。北广集团的另一股东北京电子控股有限公司(以下简称电子公司)未在相关决议上签章认可。同年9月27日,华融公司与新疆国投、新奥特集团、比特科技;华融公司与新奥特集团、比特科技分别签订《关于股权转让相关问题的协议书》(一)、(二),协议书确定的内容有,因北广集团的另一股东已经以华融公司侵犯其优先购买权为由提起仲裁程序,新奥特集团、比特科技同意对继续履行股权转让协议作出承诺,即如华融公司在仲裁案件中败诉,造成转让的股权不能过户,股权转让协议不能继续履行时,新奥特集团、比特科技不得追究华融公司因签订上述协议而应当或可能负有的对2亿元的资金所产生的利息、融资成本、可预期利益、赔偿等相关责任。

同年12月9日,北京仲裁委员会作出终局裁决,裁决的主要内容为:"2002年12月31日前,电子公司有权行使作为北广集团股东所享有的同等条件对华融公司拟转让的北广集团55%股权的优先购买权。2002年12月31日前一次性将转让的总价款3亿元付给华融公司。"依据上述裁决,同年12月20日,电子公司与华融公司签约;同年12月23日,电子公司向华融公司付款。因电子公司行使优先购买权,华融公司与新奥特集团、比特科技签订的股权转让协议未能继续履行。

本案的争议事实在于,在华融公司的股东电子公司行使优先购买权的情形下,新奥特集团可否请求华融公司继续履行股权转让协议,若该协议无法继续履行,给新奥特集团造成的损失应如何承担?

原告新奥特集团诉称:根据股权转让协议,华融公司应当保证对其持有的北广集团股权享有完全、排他的权利,但电子公司行使优先购买权,股权转让协议不能履行的责任在华融公司,华融公司应当承担损失赔偿责任。请求判令华融公司继续履行股权转让协议,赔偿因违反股权转让协议造成的损失19816077元。

被告华融公司辩称:北京仲裁委员会裁决电子公司对华融公司拟转让的股

权享有同等条件的优先购买权，华融公司履行生效的仲裁裁决而无法继续履行与新奥特集团的股权转让协议，没有过错，不应承担新奥特集团的损失。华融公司已如实告知股权资产状况及股权转让存在的风险。新奥特集团完全理解、知悉和接受股权转让存在的风险，双方约定股权不能过户的风险由新奥特集团承担，华融公司不应对股权转让协议的终止履行承担赔偿责任。

二、判决结果与理由

1. 判决结果

北京市高级人民法院作出(2003)高民初字第1号民事判决：第一，华融公司与比特科技、新奥特集团签订的关于北广集团股权转让的协议及相关协议终止履行。第二，华融公司赔偿新奥特集团损失300万元。

最高人民法院作出(2003)民二终字第143号判决，第一，维持北京市高级人民法院(2003)高民初字第1号民事判决主文第一项；第二，变更北京市高级人民法院(2003)高民初字第1号民事判决主文第二项为：华融公司赔偿新奥特集团损失1844877.88元及占用1亿元资金的利息损失的50%。

2. 判决理由

最高人民法院认为，华融公司与新奥特集团、比特科技签订的股权转让协议是当事人的真实意思表示，且不违反相关的法律、行政法规的禁止性规定，属有效合同。股权转让协议未能继续履行的原因在于北京仲裁委员会生效的裁决书裁决案外人电子公司对华融公司拟转让的股权享有同等条件下的优先购买权，且电子公司与华融公司已在仲裁裁决指定的时间内，签订协议并向华融公司给付了3亿元股权转让款。电子公司实际行使优先购买权的行为，使华融公司与新奥特集团签订的股权转让协议的标的不复存在，继续履行已不可能。原审判令该股权转让协议终止履行并无不当。

现本案争议的焦点之一是，股权转让协议终止履行后，给新奥特集团造成的损失如何承担。华融公司和新奥特集团在签订股权转让协议时，均知悉公司法规定的其他股东在同等条件下享有优先购买权，也知悉电子公司不放弃优先购买权的态度。此后的仲裁裁决电子公司有权行使优先购买权。电子公司实际行使优先购买权的行为，最终导致本案股权转让协议终止履行。由于华融公司与新奥特集团在签约时，应当预见该合同可能因电子公司行使优先购买权而终止，但没有预见，造成合同终止履行，对此双方均有过错。新奥特集团因准备合同履行及实际履行中产生的损失应由华融公司、新奥特集团各自承担 50%。

三、案例解读

1. 法律规定

对于有限公司股东的优先购买权，新《公司法》第 84 条第 2 款有明确规定，股东向股东以外的人转让股权的，书面通知其他股东，其他股东在同等条件下有优先购买权。

对于侵害优先购买权的救济，《公司法司法解释（四）》第 21 条第 1 款规定，“有限责任公司的股东向股东以外的人转让股权，未就其股权转让事项征求其他股东意见，或者以欺诈、恶意串通等手段，损害其他股东优先购买权，其他股东主张按照同等条件购买该转让股权的，人民法院应当予以支持，但其他股东自知道或者应当知道行使优先购买权的同等条件之日起三十日内没有主张，或者自股权变更登记之日起超过一年的除外”。

股东以外的股权受让人，因股东行使优先购买权而不能实现合同目的的，可以依法请求转让股东承担相应的民事责任。《公司法司法解释（四）》第 21 条第 3 款规定的主要内容，是其他股东行使优先购买权导致股权转让合同无法继续履行的责任承担问题，该款规定在新《公司法》颁布后，仍有继续适用的空间。民事责任的具体承担适用《民法典》第 577 条，根据具体情况，由当事人承担违约责任。

2. 法律适用

本案的核心问题是侵害股东优先购买权的股权转让合同的效力如何认定？以及股权转让协议终止履行后，给股权受让方造成的损失如何承担？本案判决确定的裁判规则是股权转让合同的效力不受影响，但因继续履行不能而应终止履行，当事人双方应当按照各自的过错承担违约责任。

当优先购买权受侵害的公司其他股东主张行权时，股权转让法律关系可能产生以下两个方面的问题：第一，股权转让合同的效力是否受影响？第二，股权转让协议无法继续履行的情况下，股权受让人可以请求转让股东承担何种民事责任？本案对于这个问题都有所回应。

(1)股权转让合同的效力不受影响

本案中，华融公司与新奥特集团签订股权转让协议之后，并未将股权转让的事项以书面或者其他能够确认收悉的合理方式通知电子公司征求同意，也未将股权转让的数量、价格、支付方式和期限等事项通知电子公司，损害了电子公司的优先购买权。对于侵害公司其他股东优先购买权的合同效力认定，理论上主要有四种观点：有效说、无效说、效力待定说、撤销权说，司法实践中也认定不一。

从尊重当事人意思自治的角度出发，股权转让协议是转让方与受让方真实意思表示达成的合意，只要不存在其他效力瑕疵事由，应认定为有效合同。有限公司股权转让程序的规定并非效力强制性规定，违反该规定并不会导致合同无效。并且股东优先购买权的行使条件之一为满足股权转让合同约定的“同等条件”，若不认可股权转让合同成立且生效，则“同等条件”将丧失判断依据。从保护合同当事人的角度出发，若认为合同无效，则受让人只能要求转让人承担缔约过失责任，还需要对转让人的过错承担证明责任，赔偿范围仅为信赖利益损失。若承认合同有效，则受让人可以依据合同要求转让人承担违约责任，违约责任不要求过错要件，减轻了受让人的证明责任，且赔偿范围为履行利益损失。相较之下，承认合同有效更有利于保护受让人。《最高人民法院公司法司法解释(四)理解与适用》一书中指出，一般情况下，转让股东与第三人之间订立的股权转让合同是有效的。合同的效力是可以与权利变动的结果相区分的，法律要否定的是非股东第三人优先于公司其他股东取得公司股份的行为，而不是转让股东与第三人成立转让协议的行为，法律可以通过在权利变动领域施以控制以保护相关利害关系人的权益，而不必在合同效力领域加以干涉。①

由此，新《公司法》对优先购买权的规定并不是对股权自由转让的限制，是为了保障有限公司人合性而赋予公司原有股东的权利，优先购买权的行使与否并不能影响股权转让协议的效力，只能影响该协议能否履行。《公司法司法解释(四)》第21条第3款规定，其他股东行使优先购买权会导致股权转让合同无

① 参见杜万华主编、最高人民法院民事审判第二庭编著：《最高人民法院公司法解释(四)理解与适用》，人民法院出版社2017年版，第461页。

法继续履行,但并不影响该股权转让合同的效力,股权受让人可以依据合同要求转让股东承担相应的民事责任。

本案中,最高人民法院认为华融公司与新奥特集团、比特科技签订的股权转让协议是当事人的真实意思表示,且不违反相关的法律、行政法规的禁止性规定,属有效合同。由于北京仲裁委员会生效裁决认定电子公司对华融公司拟转让的股权享有同等条件下的优先购买权,且电子公司已通过签订协议并支付股权转让款实际行使了优先权,使华融公司与新奥特集团签订的股权转让协议的标的不复存在,继续履行已不可能,属于《民法典》第 580 条第 1 款第 1 项规定之履行不能,故认为该股权转让协议应终止履行。

(2)当事人应按照股权转让协议的约定承担违约责任

关于承担何种民事责任的问题,最高人民法院认为本案当事人双方应当承担违约责任。根据《民法典》第 577 条的规定,“当事人一方不履行合同义务或者履行合同义务不符合约定的,应当承担继续履行、采取补救措施或者赔偿损失等违约责任”。华融公司和新奥特集团签订股权转让协议时,均知悉公司法规定的其他股东在同等条件下享有优先购买权,也知悉电子公司不放弃优先购买权的态度,应当预见该合同可能因电子公司行使优先购买权而终止,但没有预见,最终导致合同终止履行,对此双方均有过错,须在各自过错范围内承担责任。对于过错比例的裁量,法院应根据案件具体情况进行认定。本案中,法院判决华融公司和新奥特集团平均分担新奥特集团准备合同履行及实际履行中产生的损失。赔偿损失数额的认定是实践中的难点,在本案以外,《最高人民法院公司法司法解释(四)理解与适用》指出,要根据案件的具体情况,按照民事赔偿的一般原理,正确适用法律,对案件作出公正处理。①

3. 本案延伸思考

(1)当事人恶意串通损害股东优先购买权的股权转让合同效力如何?

本案中,华融公司和新奥特集团只是对电子公司可能行使优先购买权知情,没有恶意串通阻止其行使优先购买权。但是在实践中存在转让股东与公司外部人恶意串通,签订虚假股权转让合同,恶意提高股权转让的“同等条件”,隐

① 参见杜万华主编、最高人民法院民事审判第二庭编著:《最高人民法院公司法解释(四)理解与适用》,人民法院出版社 2017 年版,第 467 页。

瞒真实股权转让价格，损害其他股东的优先购买权，在这种情形下应该如何认定股权转让协议的效力？

在姜某松与李某柱等股权转让纠纷案[①]中，转让股东与受让人商定以 270 万元的价格转让股权，但为避免其他股东按照实际转让价格行使优先购买权，双方签订转让价格为 450 万元的协议，制造了按照 450 万元转让股权的假象，并在对其他股东的通知中告知转让价格为 450 万元。江苏省高级人民法院认为，依据《合同法》第 52 条第 2 项（现《民法典》第 154 条）的规定："恶意串通，损害国家、集体或者第三人利益的合同无效。"转让股东与受让人恶意串通，签订虚假转让股权合同，隐瞒真实的股权转让价格，损害了公司其他股东的优先购买权，应认定其签订的股权转让协议无效。本案中，江苏省高级人民法院并没有一味刻板地适用"损害优先购买权的股权转让合同有效"的裁判观点，而是结合案件具体情形，作出的合理判决，值得肯定。

（2）侵害股东优先购买权进行股权转让，并且已进行股权变更登记，是否发生股权变动的效力？

根据《公司法司法解释（四）》第 21 条第 1 款的规定，即使受让股东已经进行股权变更登记，公司其他股东仍然可以在股权变更登记之日起一年内主张优先购买权。那么在侵害股东优先购买权进行股权转让并变更股权登记的情形下，公司其他股东可行使优先购买权的一年内，受让人是否取得了转让的股权，可否行使股东权利？此问题涉及股权变动发生效力时间点的认定，以及股东优先购买权是否具有排除股权变动的物权效力。

对于股权转让中股权变动产生效力的时间点，原《公司法》及其司法解释并没有明确规定，在以往的理论研究和司法实践中，对于股权变动时间点的认定混乱不一，有的认为股权转让合意达成时产生变动效果，有的认为以股东名册变更为准，还有的认为以变更公司登记为准。原《公司法》第 32 条第 2 款和第 3 款规定，"记载于股东名册的股东，可以依股东名册主张行使股东权利。公司应当将股东的姓名或者名称向公司登记机关登记；登记事项发生变更的，应当办理变更登记。未经登记或者变更登记的，不得对抗第三人。"依此规定，股东名册的主要效力为确定股东身份，公司只认定记载于股东名册上的股东享有股东

① 参见江苏省高级人民法院民事判决书，（2014）苏商外终字第 0011 号。

对公司的各项权利。但股东名册只是一种证权文件，不具有创设权利的效力，如果异议者能够成功举证股东名册上记载的名义股东实质上不具有股东资格，该股东资格就会被否认，公司可随时停止其权利。此外，公司登记机关对股东与股权的登记是股权取得和变动的重要形式要件，具有公示效力。它虽不是股权取得和变动的生效要件，未经登记不影响股权的取得或变动，但其是股权变动的对抗要件，未经登记不具有对抗善意相对人的效力。第三人依据公司登记机关的登记识别当事人的股东身份、对股权的归属作出判断并由此作出交易的决定时，当事人不得以未登记的股权变动对抗第三人提出的请求。①

新《公司法》新增第 86 条规定，股东转让股权，受让股东可以请求变更股东名册、办理变更登记。受让人自记载于股东名册时起，可以向公司主张行使股东权利。该条规定的重大意义在于明确了股权转让中股权变动效力发生的时间点，立法者更加倾向于股权变动的形式主义立场，并以变更股东名册作为股权变动的形式要件。故在新《公司法》规定下，股权受让人在股东名册变更之时取得转让股权，对应到侵害优先购买权的股权转让情形中，若受让人已被记载于股东名册已具备股权变动的形式要件，判断其是否取得股权，需要进一步考虑其他股东优先购买权是否具有阻却股权变动效力发生的物权效力。

对于股东优先购买权的效力问题，多数观点认为其具有阻碍股权变动的物权效力，即侵害股东优先购买权的股权转让中，在股东行使优先购买权之前，即使变更股东名册，也不会发生股权变动的效果。但在实践中，公司其他股东在股权变更登记之日起，可以主张优先购买权的一年内，往往对转让股东与受让人侵害其优先购买权的行为不知情。受让人虽不具备行使股东权利的资格，但在公司和其他股东看来其已通过股权转让成为公司股东，可以行使股东权利。那么，在公司其他股东发现其优先购买权受到侵害，行使权利后，受让人在此一年间行使股东权利所获的收益如何处置，是司法审判中需要解决的难题。我们认为，在此期间行使股东权利的收益或者亏损，应依公平原则和诚实信用原则进行分配或分担。

① 参见赵旭东主编：《公司法学》（第 4 版），高等教育出版社 2015 年版，第 254 页。

四、相关原理

股权转让方式及限制

股权转让，是指有限责任公司的股东根据法律或公司章程的规定，将其所持有的股权转让给他人的行为。具体而言，股权转让分为两种方式：一是股权对内转让，即股东将其股权转让给公司现有的其他股东；二是股权对外转让，即股东将股权转让给公司外部投资者。股权转让的限制主要分为法定限制和约定限制两类。法定限制是一种强制限制，通过法律规定设置股权转让的限制条件，如公司其他股东享有优先购买权。约定限制则是根据公司章程或者股东之间的协议来规定股权转让的条件和程序。

1. 比较法上的一般性限制

从比较法视角观察，因公司的类型不同而对股权转让有不同的限制。股份有限公司的股份对内对外转让通常采自由主义。有限责任公司股东之间存在人身信赖，股权对内转让不会损及股东之间的合作关系，各国或地区通常不加约束，但对股权对外转让都会进行较为严格的限制。如《德国有限责任公司法》第 15 条规定，股东的股权转让必须通过合同协议或公证方式进行，在此之上又附加了一系列限制条件，包括经转让需经公司同意以及转让的股权应保持独立性等。《日本有限责任公司法》第 19 条规定，股东可以将其股份的全部或一部分转让给其他股东。如果股东想要将其股份的全部或一部分转让给非股东，必须经过股东会的承认。此外，一些国家还规定，如果股权转让导致公司的控制权发生变更，必须经过股东会的批准。除公司性质的差异之外，一些国家为防止外资控制本国的关键产业，也会禁止外国购买本国公司的股权。

2. 我国《公司法》的限制

根据我国新《公司法》第 84、85 条的规定，有限公司股东之间的股权转让受到一定的限制。这些规定将股权转让分为三种情况：股权对内转让、股权对外转让以及股权在司法强制程序中进行的转让。

(1)除公司章程另有规定外，我国《公司法》对股权对内转让采自由主义原则，法律并未就股权在公司内部的转让设置限制性规定，只要转让方与受让方达成合意即可。

(2)除公司章程另有规定外,我国《公司法》对股权对外转让进行一定程度的限制,股东向公司外部投资者转让股权,同等条件下,公司的其他股东可以行使优先购买权来阻却股权对外转让,让股权仍然保留在公司现有股东手中,避免外部投资者破坏公司原有的合作格局。公司的其他股东可以选择行使或不行使其优先购买权。

(3)根据我国《公司法》的规定,当人民法院依法启动强制执行程序执行股东股权时,应通知公司及所有股东。在此情况下,其他股东在同等条件下享有优先购买权。若自法院通知之日起满 20 日,其他股东未行使优先购买权,则视为放弃该权利。

案例34 优先购买权在股权拍卖、在产权交易所转让中的行使

《公司法》第84条解读

——中静实业有限公司诉上海电力实业有限公司等股权转让纠纷案①

【最高人民法院2016年公报案例】

《公司法》第84条

有限责任公司的股东之间可以相互转让其全部或者部分股权。

股东向股东以外的人转让股权的,应当将股权转让的数量、价格、支付方式和期限等事项书面通知其他股东,其他股东在同等条件下有优先购买权。股东自接到书面通知之日起三十日内未答复的,视为放弃优先购买权。两个以上股东行使优先购买权的,协商确定各自的购买比例;协商不成的,按照转让时各自的出资比例行使优先购买权。

公司章程对股权转让另有规定的,从其规定。

一、案情介绍

上海电力实业有限公司(以下简称电力公司)与中静实业(集团)有限公司(以下简称中静公司)在上海新能源环保工程有限公司(以下简称新能源公司)的股权占比分别为61.8%、38.2%。2012年2月15日,新能源公司通过股东会决议,内容为:(1)同意电力公司转让其所持的61.8%股权,转让价以评估价为依据;(2)中静公司不放弃优先购买权。

① 《最高人民法院公报》2016年第5期。

电力公司属集体所有制企业,按相关法律规定其股权转让须进产权交易所(以下简称产交所)挂牌交易。2012 年 5 月 25 日,新能源公司将股权公开转让材料报送产交所。6 月 1 日,产交所公告新能源公司 61.8% 股权转让的信息:“标的企业股权结构”一栏载明老股东未放弃行使优先购买权;“交易条件”为挂牌价格 48691000 元,一次性付款,继续履行原标的公司员工的劳动合同……意向受让方应在确认资格后 3 个工作日内向产交所支付保证金 1400 万元,否则视为放弃受让资格……意向受让方在产交所出具产权交易凭证后 1 个工作日内须代标的公司偿还其对转让方的 3500 万元债务。标的公司其他股东拟参与受让的,应在产权转让信息公告期间向产交所提出受让申请,并在竞价现场同等条件下优先行使购买权,否则视为放弃受让。

电力公司通过手机短信、特快专递、公证等方式通知了原告中静公司相关的挂牌信息。7 月 2 日,中静公司向产交所发函称,系争转让股权中静公司享有优先购买权,请求产交所暂停挂牌交易。

7 月 3 日,被告中国水利电力物资有限公司(以下简称水利公司)与被告电力公司签订产权交易合同,合同交易的标的为电力公司持有的新能源公司的 61.8% 股权。次日,产交所出具产权交易凭证,水利公司亦履行了股权转让款以及债务承担的合同义务。同日,产交所向原告中静公司发出不予中止交易决定书,称经审核,股权转让程序符合产权交易相关规定,故决定不同意中静公司的申请。9 月 11 日,新能源公司向水利公司出具出资证明书,并将其列入公司股东名册,但未能办理工商登记变更。

本案的争议事实在于,电力公司擅自转让股份侵害了中静公司的股东优先购买权,中静公司未进场交易,是否丧失了案涉股权的优先购买权。

原告中静公司诉称,电力公司擅自转让股份侵害了其股东优先购买权。中静公司于 7 月 2 日向第三人产交所提出异议,明确表示保留优先购买权,要求暂停交易重新进行信息披露。产交所于 7 月 6 日才向中静公司送达交易不予中止决定通知书。电力公司与水利公司于 7 月 3 日签订的产权交易合同是在中静公司异议审查期间完成的。水利公司和产交所以中静公司未进场交易为由认定中静公司放弃优先购买权没有法律依据,故请求判令:中静公司对电力公司与水利公司转让的新能源公司的 61.8% 股权享有优先购买权。审理中,中静公司表示愿意接受电力公司、水利公司签订转让合同的条件。

被告电力公司、水利公司辩称，中静公司收到挂牌交易通知后未至产交所行权，等于放弃了优先购买权的行使，故其诉讼请求不能成立。

二、判决结果与理由

1. 判决结果

上海市黄浦区人民法院一审判决：原告中静公司对被告电力公司与被告水利公司转让的第三人新能源公司的股权享有优先购买权；原告中静公司应当在本判决生效之日起20日内行使优先购买权，否则视为放弃；原告中静公司优先购买权的行使内容、条件，与被告电力公司和被告水利公司签订的产权交易合同相同。

上海市第二中级人民法院认为一审认定事实清楚，判决并无不当，判决驳回上诉，维持原判。

2. 判决理由

上海市第二中级人民法院认为，本案争议焦点为：被上诉人中静公司是否已经丧失了涉案股权的股东优先购买权。法院认为，中静公司并未丧失涉案股权的股东优先购买权。

第一，考虑到有限公司的封闭性特征，我国《公司法》等相关法律法规规定股东向股东以外的人转让股权的，应当向其他股东充分履行通知义务。其他股东在同等条件下享有优先购买权。此处所涉通知的内容，应当包括拟转让的股权数量、价格、履行方式、拟受让人的有关情况等多项主要的转让条件。结合本案，首先，在上诉人电力公司于一审第三人新能源公司股东会议中表示了股权转让的意愿后，被上诉人中静公司已明确表示不放弃优先购买权。其次，电力公司确定将股权转让给上诉人水利公司后，也并未将明确的拟受让人的情况告知中静公司，故对于中静公司及时、合法地行权造成了障碍，并且权利的放弃需要明示，故不能当然地认定中静公司已经放弃或者丧失了该股东优先购买权。

第二，被上诉人中静公司在一审第三人产交所的挂牌公告期内向产交所提出了异议，并明确提出了股东优先购买权的问题，要求产交所暂停挂牌交易。但产交所未予及时反馈，仍然促成上诉人电力公司与水利公司达成交易，并在交易完成之后才通知中静公司不予暂停交易，该做法明显欠妥。需要说明的是,产交所的性质为经市政府批准设立,不以营利为目的,仅为产权交易提供场所设施和市场服务,并按照规定收取服务费的事业法人。基于此,产交所并非司法机构,并不具有处置法律纠纷的职能,其无权对于中静公司是否享有优先购买权等作出法律意义上的认定。故当中静公司作为新能源公司的股东在挂牌公告期内向产交所提出异议时,产交所应当暂停挂牌交易,待新能源公司股东之间的纠纷依法解决后方恢复交易才更为合理、妥当。故产交所不应擅自判断标的公司其余股东提出的异议成立与否,其设定的交易规则也不应与法律规定相矛盾和冲突。

综上,二审法院认为中静公司对涉案股权享有优先购买权,一审认定事实清楚,判决并无不当。

三、案例解读

1. 法律规定

本案中的电力公司是集体所有制企业,并非国有企业。对于集体企业产权交易应采何种方式,是否必须在产交所转让(进场挂牌交易),目前《城镇集体所有制企业条例》《乡村集体所有制企业条例》中均未规定。部分地方对集体企业的产权交易方式进行规范,如《北京市产权交易管理规定》第 5 条第 2 款,“金融类企业国有产权转让和上市公司的国有股权转让,依照国家有关规定执行。城镇集体企业产权以及其他产权的交易,可以在产权交易机构进行”。该条文表明集体企业产权“可以”进场交易,而非“应当”,是否进场交易应结合当地的具体规定予以确认。当集体企业产权进场交易时,就具体的交易程序规则,法院在司法裁判中通常参照国有企业的相关规定,如本案中,上海市黄浦区人民法院对于电力公司股权进场交易程序的认定是参照《企业国有产权交易操作规则》的相关规定。因此下面对国有股权进场交易相关的规则进行梳理。

新《公司法》第 84 条第 2 款规定了有限公司股权对外转让,公司的其他股东在同等条件下享有优先购买权。对于优先购买权在特殊情况下行使的问题,新《公司法》仅通过第 85 条对强制执行程序中优先购买权行使进行规定,没有对股权拍卖以及股权在产交所转让(进场挂牌交易)情形进行规定。

《公司法司法解释(四)》第 22 条第 2 款规定,“在依法设立的产权交易场所转让有限责任公司国有股权的,适用公司法第七十一条第二款、第三款或者

第七十二条规定的‘书面通知’‘通知’‘同等条件’时,可以参照产权交易场所的交易规则”。在新《公司法》颁布之后,该规定仍有继续适用的空间,适用的公司法规则应变更为新《公司法》第84条第2款和第85条。但本款只规定了国有股权在产交所转让的规范适用问题,并未涉及集体所有制企业。

针对国有企业产权转让的法律法规主要有《企业国有资产法》和2009年国务院国资委发布的《企业国有产权交易操作规则》,其对国有产权进场挂牌交易的程序作出进一步的细化规定。本案中,集体企业可参照《企业国有产权交易操作规则》中的相关规定。

第9条:“转让方应当在产权转让公告中披露转让标的基本情况、交易条件、受让方资格条件、对产权交易有重大影响的相关信息、竞价方式的选择、交易保证金的设置等内容。”

第13条:“转让方应当在产权转让公告中充分披露对产权交易有重大影响的相关信息,包括但不限于……(三)有限责任公司的其他股东或者中外合资企业的合营他方是否放弃优先购买权。”

第22条:“信息公告期间出现影响交易活动正常进行的情形,或者有关当事人提出中止信息公告书面申请和有关材料后,产权交易机构可以作出中止信息公告的决定。”

第32条:“产权转让信息公告期满后,产生两个及以上符合条件的意向受让方的,由产权交易机构按照公告的竞价方式组织实施公开竞价;只产生一个符合条件的意向受让方的,由产权交易机构组织交易双方按挂牌价与买方报价孰高原则直接签约。涉及转让标的企业其他股东依法在同等条件下享有优先购买权的情形,按照有关法律规定执行。”

2. 法律适用

本案的核心问题是在股权进场交易情形下,股东未进场交易是否丧失其优先购买权?本案判决确定的裁判规则是,产交所不具有判断交易一方是否丧失优先购买权的权利,在法律无明文规定且股东未明示放弃优先购买权的情况下,享有优先购买权的股东未进场交易,其权利并不丧失,不能适用交易所自行制定的“未进场则视为放弃优先购买权”的交易规则。

由于新《公司法》没有对股权在产交所交易情形下,股东优先购买权的行使进行规定,对其他股东行使优先购买权是否必须进场存在不同意见。一种观点认为股东必须进场交易,因为"同等条件"包括程序同等,并且令股东进场交易有利于其知晓价格的形成,保障其行使优先购买权。另一种观点认为不以进场交易为必要,因为股东的优先购买权是法律赋予的权利,要求其必须进场交易是对其权利的限制,在法律没有明确规定的情况下,不应对权利进行限制。

本案的争议焦点在于中静公司是否因为未进场交易而丧失其优先购买权。对于该问题的判断,一审法院和二审法院的观点一致,认为中静公司的优先购买权未丧失,经过分析梳理,其主要理由分为以下四个角度:第一,产交所的性质与职能角度,产交所仅是"为产权交易提供场所设施和市场服务"的事业法人,不是司法机构,不具有处置法律纠纷的职能,其对"交易标的是否存在权属争议和交易一方是否丧失优先购买权"的判断不具有法律意义。第二,产交所制定的交易规则的效力角度,法律并未明确规定股权在产交所交易时,股东行使优先购买权必须进场,不进场则视为放弃优先购买权,产交所在信息公告中表明的"标的公司其他股东拟参与受让的,应在产权转让信息公告期间向产交所提出受让申请,并在竞价现场同等条件下优先行使购买权,否则视为放弃受让"的规则与法律规定矛盾而无效。第三,当事人是否放弃权利角度,在法律没有规定、当事人没有约定情况下,中静公司未明示放弃优先购买权,不得认为其已放弃行使优先购买权。第四,利益保护角度,考虑到兼顾商事交易效率和交易主体利益,认为股东不到场并不必然影响交易效率,"若片面强调股东不到场即丧失优先购买权会导致利益失衡,突出对产交所利益和善意第三人利益的保护,而弱化对优先购买权股东利益的保护"。

本案为最高人民法院发布的十起依法平等保护非公有制经济典型案例之一,体现了对混合所有制中非公有制经济的保护,保障了民营企业在集体企业股权转让中优先购买权的行使。本公报案例的裁判指示了股权进场交易股东优先购买权的行使路径:在产权转让信息公告期满后,确定符合条件的意向受让方。股东可以进场以特殊竞价规则行使优先购买权,若未进场也不必然意味丧失权利。享有优先购买权的股东也可向产交所提出异议,由于集体企业股权进场交易程序具体规则的缺失,本案一审法院参照《企业国有产权交易操作规则》的相关规定认为,优先购买权股东在股权交易前提出异议要求暂停交易,产交所应暂停挂牌交易,待股东之间的纠纷依法解决后再恢复交易,不应擅自判断标的公司其他股东提出的异议成立与否。

3. 本案延伸思考

股权在产交所转让时，股东如何行使其优先购买权？

股权在产交所转让与一般股权买卖中有确定的转让价格不同，其交易价格采用的是拍卖、招投标、网络竞价以及其他竞价方式确定，以竞价方式进行交易是为了寻求标的物的最高转让价格。在利益衡量中，除了要保障股东的优先购买权，同时也要考虑股权价值最大化和受让方的权益。在此情形下，优先购买权股东是否参与竞价？如何确定同等条件下的股东转让价格？由于集体企业股权进场交易参照国有股权相关规则，故以下讨论以国有股权的相关规则展开。

《公司法司法解释(四)》第 22 条第 2 款规定“同等条件”可以参照产权交易场所的交易规则。产交所对于如何保障股东优先购买权的行使一般参照具体竞价方式的法律法规。《企业国有产权交易操作规则》第 32 条规定，“……涉及转让标的企业其他股东依法在同等条件下享有优先购买权的情形，按照有关法律规定执行”。另根据该规则第 33 条的规定，“公开竞价方式包括拍卖、招投标、网络竞价以及其他竞价方式”。因此，可以参照的法律法规及司法解释包括《招标投标法》《拍卖法》《执行拍卖变卖规定》《关于人民法院网络司法拍卖若干问题的规定》等。

以股权场内交易采取拍卖竞价方式为例，拍卖采取现场竞价方式进行，当交易条件相同时，需要继续竞价，直到出现一个最高报价者作为拍卖标的买受人。此情形下，应如何保护有限公司股东的优先购买权呢？对此，主要有两种观点：一种观点认为，应当保障优先购买权的行使。因为当事人的协议转让与进场通过拍卖方式交易并无本质不同，意思自治都是股权转让行为的内核，而且股东优先购买权是一项法定权利，不能因噎废食，以保护优先购买权可能会对进场交易规则产生影响为由，就放弃对法定优先购买权的保护。因此，问题的关键不在于是否应保护优先购买权，而在于如何有效保护优先购买权。另一种观点认为，国有企业股权转让时，存在保护国有财产的客观需要，所以对市场经济中的股权自由转让进行了一定程度的限制，所有股权受让方，包括优先购买权人，都应参与交易并一同竞价，并不需要对优先购买权人进行特别保护。

在具体拍卖过程中，保护优先购买权主要采用过两种方法，跟价法和询价法。跟价法中法院会通知优先购买权人直接参与竞拍。当出现最高应价时，优先购买权人可以选择以该最高价接受,如果其他竞拍者未在此基础上报出更高价,则拍卖品将卖给优先购买权人;反之,若他人报出更高价且优先购买权人不再继续加价,则拍卖品归最高应价者所有。这种做法将优先购买权人视为普通竞买人,如要行使优先购买权获得股权,公司原有股东需按照普通拍卖程序进行竞买登记、交纳保证金并参与竞价。若不参加拍卖,则视为放弃优先购买权。而在询价法中,优先购买权人虽到达拍卖现场,但不直接参与竞价。当最高应价者产生后,拍卖师会主动询问优先购买权人是否愿意购买,如不愿意购买,则最高应价者将购得拍卖标的;如愿意购买,则拍卖师将询问最高应价者是否愿意加价,如不加价,则优先购买权人将购得拍卖物,如加价,则在加价后再询问优先购买权人,循环往复,直至有一方退出,交易方告成立。最高人民法院《关于人民法院民事执行中拍卖、变卖财产的规定》采用了跟价法,这种方法渐渐成为更加常见的保护优先购买权的手段。

除拍卖程序外,在国有股权转让过程中招标方式的运用也非常普遍,但不同于拍卖程序的公开性,招标程序中的投标和评标都具有秘密性,开标之前,公司其他股东无从得知招投标的具体情况,也就无法确认"同等条件"。而且在招投标程序中很难认定同等条件,因为招投标程序并不以转让价格作为竞争的唯一因素,还会考虑投标人的企业状况等综合因素。即便在确定同等条件之后,其他股东也无法行使优先购买权,因为在开标之后,除非所有投标都不符合招标文件要求,否则招标人只能从投标人中确定投标人,而不能再另行确定中标人。

四、相关原理

特殊情形下对股东优先购买权的保护

优先购买权行使的特殊情形主要指股权进场交易及股权强制执行情形。新《公司法》第 85 条已明确规定法院依照强制执行程序转让股东股权时,其他股东在同等条件下可以行使优先购买权。但是对于股权进场交易适用拍卖、招投标等规则时,是否允许股东行使优先购买权并未规定。应当认为优先购买权是公司法赋予有限公司股东的法定权利,对该权利的保护不应因交易方式或程序的改变而有所不同。

《企业国有资产法》第 54 条第 2 款规定，除按照国家规定可以直接协议转让的以外，国有资产转让应当在依法设立的产权交易场所公开进行。企业国有产权转让进场交易规则旨在减少和避免在国有产权转让过程中国有资产的流失，加强企业国有股权交易的监督管理，并且通过竞价方式实现国有资产的保值增值与社会资源的优化配置。[①] 在国有股权转让中涉及四种利益平衡，一为股东股权转让自由，二为基于有限公司人合性对股东优先购买权的保护，三为基于市场竞争秩序对第三人竞价利益的保护，四为国有资产的保值增值。然而目前相关规则并不完善，《企业国有产权交易操作规则》第 32 条仅仅规定，涉及转让标的企业其他股东依法在同等条件下享有优先购买权的情形，按照有关法律规定执行，回避了对股东优先购买权如何在股权进场交易中具体行使问题的明确，司法实践中仍然存在股权进场交易如何通知其他股东？何时通知？其他股东行使优先购买权是否需要缴纳保证金？是否需要进场？是否需要与征集到的其他意向受让方一并竞价等争议。股权进场交易与一般股权对外转让相比，其所具有的复杂利益格局和交易程序，设置股权进场交易程序中兼顾股东优先购买权行使的交易规则，能真正实现国有资产监督和股东优先购买权保护价值目标的契合，对于解决实践中大量的国有股权转让交易纠纷至关重要。

① 参见郑太福、张杰：《国有股转让与股东优先购买权行使冲突的实证研究》，载《江西社会科学》2014 年第 5 期。

案例35 公司章程对股权转让另有规定的效力

《公司法》第84条解读

——宋文军诉西安市大华餐饮有限公司股东资格确认纠纷案①

【最高人民法院2018年指导性案例】

《公司法》第84条

有限责任公司的股东之间可以相互转让其全部或者部分股权。

股东向股东以外的人转让股权的,应当将股权转让的数量、价格、支付方式和期限等事项书面通知其他股东,其他股东在同等条件下有优先购买权。股东自接到书面通知之日起三十日内未答复的,视为放弃优先购买权。两个以上股东行使优先购买权的,协商确定各自的购买比例;协商不成的,按照转让时各自的出资比例行使优先购买权。

公司章程对股权转让另有规定的,从其规定。

一、案情介绍

2004年5月,西安市大华餐饮有限责任公司(以下简称大华公司)由国有企业改制为有限责任公司,宋文军系大华公司员工,出资2万元成为大华公司的自然人股东。大华公司章程第三章"注册资本和股份"第14条规定"公司股权不向公司以外的任何团体和个人出售、转让。公司改制1年后,经董事会批准后可在公司内部赠予、转让和继承。持股人死亡或退休经董事会批准后方可继承、转让或由企业收购,持股人若辞职、调离或被辞退、解除劳动合同的,人走

① 最高人民法院指导性案例96号,最高人民法院审判委员会讨论通过2018年6月20日发布。

股留,所持股份由企业收购……”第13章“股东认为需要规定的其他事项”下第66条规定“本章程由全体股东共同认可,自公司设立之日起生效”。该公司章程经大华公司全体股东签名通过。

2006年6月3日,宋文军向公司提出解除劳动合同,并申请退出其所持有的公司的2万元股份。经大华公司法定代表人赵来锁同意,宋文军领到退出股金款2万元整。之后,大华公司召开2006年度股东大会,会议审议通过了宋文军、王培青、杭春国3位股东退股的申请并决议“其股金暂由公司收购保管,不得参与红利分配”。后宋文军以大华公司的回购行为违反法律规定,未履行法定程序且公司法规定股东不得抽逃出资等,请求依法确认其具有大华公司的股东资格。

本案的争议事实在于,大华公司章程中关于“人走股留”的规定,是否违反《公司法》禁止性规定,该章程是否有效。

原告宋文军诉称,大华公司收回其股份程序违法,并且其强行收回宋文军股份的行为属于抽逃出资,违反《公司法》的禁止性规定。大华公司的公司章程中关于“人走股留”的规定,违反了《公司法》禁止性规定,不属于公司自治的范围。请求依法裁判宋文军具有大华公司股东身份。

被告大华公司辩称:本案中宋文军申请退股,大华公司同意其退股且经公司股东会表决通过,回购程序没有违法之处。大华公司的回购行为也没有造成公司注册资本的减少,不构成抽逃出资;大华公司的公司章程关于公司股权回购的约定,不违反《公司法》的禁止性规定,亦不存在《合同法》第52条规定的合同无效的事由,应为有效。请求判决驳回宋文军的诉讼请求。

二、判决结果与理由

1. 判决结果

西安市碑林区人民法院作出(2014)碑民初字第01339号民事判决,判令:驳回原告宋文军要求确认其具有被告大华公司股东资格之诉讼请求。西安市中级人民法院作出了(2014)西中民四终字第00277号民事判决书,驳回上诉,维持原判。陕西省高级人民法院作出(2014)陕民二申字第00215号民事裁定,驳回宋文军的再审申请。

2. 判决理由

陕西省高级人民法院认为，本案的焦点问题之一为，大华公司的公司章程中关于“人走股留”的规定，是否违反了《公司法》的禁止性规定，该章程是否有效。

第一，大华公司章程第14条规定，“公司股权不向公司以外的任何团体和个人出售、转让。公司改制一年后，经董事会批准后可以公司内部赠与、转让和继承。持股人死亡或退休经董事会批准后方可继承、转让或由企业收购，持股人若辞职、调离或被辞退、解除劳动合同的，人走股留，所持股份由企业收购”。依照2013年《公司法》第25条第2款“股东应当在公司章程上签名、盖章”的规定，有限公司章程系公司设立时全体股东一致同意并对公司及全体股东产生约束力的规则性文件，宋文军在公司章程上签名的行为，应视为其对前述规定的认可和同意，该章程对大华公司及宋文军均产生约束力。第二，基于有限责任公司封闭性和人合性的特点，由公司章程对公司股东转让股权作出某些限制性规定，系公司自治的体现。在本案中，大华公司进行企业改制时，宋文军之所以成为大华公司的股东，其原因在于宋文军与大华公司具有劳动合同关系，如果宋文军与大华公司没有建立劳动关系，宋文军则没有成为大华公司股东的可能性。同理，大华公司章程将是否与公司具有劳动合同关系作为取得股东身份的依据继而作出“人走股留”的规定，符合有限责任公司封闭性和人合性的特点，亦系公司自治原则的体现，不违反《公司法》的禁止性规定。第三，大华公司章程第14条关于股权转让的规定，属于对股东转让股权的限制性规定而非禁止性规定，宋文军依法转让股权的权利没有被公司章程所禁止，大华公司章程不存在侵害宋文军股权转让权利的情形。综上，本案一、二审法院均认定大华公司章程不违反《公司法》的禁止性规定，应为有效的正确结论。

三、案例解读

1. 法律规定

新《公司法》第84条规定了有限公司股权转让事项，其第3款规定公司章程可以对股权转让事项另行规定，这意味着公司对其股权转让有一定的自治空间。从内容的关联性上看，公司章程的规定与《公司法》规定之间的关系大致呈现出三种样态:其一,公司章程的规定是对公司法规定的细化;其二,公司章程的内容是对公司法规定的补充;其三,公司章程的内容是对公司法规定的替代。前两种情形下公司法及公司章程都可以适用,第三种情形公司章程排除了公司法规定的适用。①

2. 法律适用

本案的核心问题是公司章程对股权转让另有规定的效力应如何判断?本案裁判确定的裁判规则是从以下三个角度展开的,即公司初始章程是否对后加入公司股东产生约束力、章程股权转让的限制规定是否符合有限公司封闭性和人合性特点、限制股权转让规定有效而禁止股权转让规定无效,来判断公司章程另有规定的效力。

本案涉及章程对股权转让另有规定的效力及章程对股权回购另有规定的效力两个焦点问题,本部分先仅就第一个焦点问题进行讨论。

新《公司法》第 84 条规定了有限公司股权对内可以自由转让,对外转让则受到一定的限制,即履行优先购买权程序,此外该条款还赋予了公司对股权转让事项另行规定的权利。公司法确立的是一般规则或原则,是对所有公司都适用的规定,而由于各个公司自身存在独特性,这就要求公司章程对公司法所确立的一般规则或原则加以细化,使其具体化。② 然而公司的自治空间有多大是值得讨论的问题,公司章程可否设置比《公司法》的规定更严格的股权转让限制,如公司是否可以禁止股权对外转让,是否可以完全禁止股东转让股权?是否可以设置比《公司法》规定更宽松的股权转让规定?如限制其他股东优先购买权的行使?

本案的争议焦点之一在于大华公司的公司章程中关于"人走股留"的规定,是否违反了《公司法》的禁止性规定,该章程是否有效。分析陕西省高级人民法院的裁判理由,其主要从以下三个方面进行说理:首先,强调"初始章程"的效力,认为大华公司初始章程是经全体股东一致同意对全体股东发生约束力的规则性文件,宋文军作为后续加入公司的股东,其在章程上签名的行为,表示其对章程的认可和同意,该章程对宋文军具有约束力;其次,从有限公司封闭性和人

① 参见赵旭东主编:《公司法学》(第 4 版),高等教育出版社 2015 年版,第 131 ~ 132 页。

② 参见赵旭东主编:《公司法学》(第 4 版),高等教育出版社 2015 年版,第 131 页。

合性的特点出发，认为大华公司章程将劳动合同关系作为取得股东身份的依据作出“人走股留”的规定，符合有限公司封闭性和人合性的特点，得出该章程不违反《公司法》禁止性规定的结论；最后，从大华公司章程对股权转让限制的程度进行判断，认为其属于限制性规定而非禁止股东转让股权的规定，未侵害宋文军股权转让的权利。综合以上三点理由，法院认为大华公司章程合法有效。

本指导案例对于判断公司章程限制股权转让规定的效力具有重大指导意义，司法实践中法院对章程股权转让规定的合法性判断，可以参考本案的如下裁判思路：其一，公司初始章程对后续加入公司并在章程上签名的股东产生约束力；其二，判断章程股权转让限制规定是否符合有限公司封闭性和人合性的特点，从而初步认定其是否合法有效；其三，注意区分限制股权转让规定和禁止股权转让规定，限制性规定有效，而完全禁止股权转让规定无效。此论证逻辑有一定的自洽性，为司法实践中的类案提供了裁判角度和思路。

3. 本案延伸思考

在新《公司法》对“公司章程对股权转让另有规定”没有进一步规定的情况下，本指导案例为司法实践提供了较为完整的裁判思路，但在纷繁复杂的商事交易实践中，本案是否能为章程限制股权转让效力问题提供全面系统的指导，存在疑问。有观点认为，本案裁判理由存在很多值得商榷之处。本案的延伸思考有三个问题。

(1)将公司章程分为初始章程和后续修改章程是否有必要？

本案法院强调，公司设立时全体股东一致同意并对公司及全体股东产生约束力的规范性文件即为初始章程。但是否有必要区分初始章程与后续修改章程呢？

初始章程对公司设立时一致同意的股东以及后续加入公司并同意章程的股东具有效力，但经股东多数决修改通过的章程（即后续修改章程）对股东产生拘束力的内在机理和现实效力是否与初始章程有所不同？

在德国法上，如果章程的后续修改导致股东给付义务提高或特别权利剥夺，必须经过涉及股东的同意。未经相关股东同意，章程修改不能将转让不受限制的股权改为转让受限制。我国实践也不乏通过后续修改章程限制股权转让的现象，对此学者普遍认为，此种后续限制对于公司现有持反对意见的股东不具约束力，但对新加入股东应当具有约束力。这体现了章程拘束力均源自股东同意的规范原理,也体现了未经股东同意不得对股东权利状况造成不利影响和保护中小股东权利的精神。[①] 因此,初始章程和后续修改章程对股东产生效力的内在机理和具体效力并无不同,无区分二者之必要。

(2)仅以有限公司封闭性、人合性特点判断章程股权限制转让规定合法性是否合理?

仅以有限公司的封闭性和人合性特点来判断章程股权限制转让规定的合法性是不合理的,因为封闭性和人合性是所有有限公司的共同特征,无法进一步体现不同有限公司间的差异性。如果仅仅依据这两个标准来判断,法院将忽视股权转让限制的复杂性,将绝大多数的章程股权转让限制都简单地认定为符合标准,即便认识到问题的复杂性,这两个标准也无法对法院提供足够的规范指引。需要注意的是,有限公司不仅具有封闭性和人合性,还具有资合性。在保护有限公司的人合性的同时,也需要注意保护股东的股权转让自由,否则将会出现利益失衡的情况。[②] 反过来看,保障股权的自由转让对于维护有限公司的人合性也具有重要意义。[③]

(3)如何区分股权限制转让规定和股权禁止转让规定?

本案确立了"限制性股权转让规则有效,禁止性股权转让规则无效"的裁判原则,并获得了其他案件的认同,例如,在周某、卢某股权转让纠纷案中,[④]法院便认定绝对禁止股权对外转让的约定应属无效,然而,本指导性案例却并未对何为限制性规定、何为禁止性规定作出更详细的论证,仅以"宋文军依法转让股权的权利未被公司章程所禁止"为由,认定大华公司章程股权转让规定属于限制性而非禁止性规定。实际上,一方面,大华公司章程绝对禁止股东对外转让股权,另一方面,即便是对内转让也需在公司改制一年后经董事会批准时才能在内部进行赠与、转让和继承,而且对董事会具体批准程序和标准未作规定,这是否在实质上剥夺了股东股权转让自由?是否在实质上属于禁止股权转让的

① 参见赵旭东主编:《公司法学》(第4版),高等教育出版社2015年版,第133页。

② 参见楼秋然:《股权转让限制措施的合法性审查问题研究——以指导案例96号为切入点》,载《政治与法律》2019年第2期。

③ 参见张其鉴:《我国股权转让限制模式的立法溯源与偏差纠正——兼评〈公司法司法解释(四)〉第16-22条》,载《现代法学》2018年第4期。

④ 参见浙江省杭州市中级人民法院民事判决书,(2020)浙01民终3668号。

规定？对此需要更谨慎深入地分析认定，但本案法院仅片面分析了“人走股留”的限制或禁止属性，而未对大华公司章程进行更为深入和系统的审查，在某种程度上可能导致公司通过拆解股权转让限制性规定的方式逃避违法性审查。

四、相关原理

公司法与公司章程在公司治理中的互动关系

公司法确立的是一般规则或原则，是对所有公司都适用的规定，而由于各个公司自身存在独特性，这就要由公司章程对公司法所确立的一般规则或原则加以细化，使其具体化。从内容的关联性上看，公司章程的规定与公司法规定之间的关系大致呈现三种样态：①

其一，公司章程的规定是对公司法规定的细化。例如，《公司法》第 70 条规定，董事任期由公司章程规定。

其二，公司章程的内容是对公司法规定的补充。例如，《公司法》第 66 条规定，股东会的议事方式和表决程序，除本法有规定的外，由公司章程规定。《公司法》第 73 条第 1 款规定，董事会的议事方式和表决程序，除本法有规定的外，由公司章程规定。

其三，公司章程的内容是对公司法规定的替代，它排除了公司法规定的适用。例如，《公司法》第 65 条规定，股东会会议由股东按照出资比例行使表决权；但是，公司章程另有规定的除外。

公司章程作为公司的自治宪章，在公司运营中发挥至关重要的作用。2005 年和 2013 年两次公司法修改都不断减少国家干预，重视和扩大公司自治空间，这就对公司章程的功能发挥提出了更高的要求。然而，我国公司的公司章程规范程度不高，在实践中存在较多问题，如公司章程直接照搬《公司法》的规定，毫无基于本公司自身特点设置的章程内容；公司章程对公司组织运营过程中的许多重要事项未作出规定，导致公司章程沦为摆设，不具有可操作性；公司章程规定不符合公司法精神，出现剥夺股东固有权的不合理内容等。

对于上述问题的解决，首先要提升公司章程在经营者和投资者观念中的重

---

① 参见赵旭东主编：《公司法学》（第 4 版），高等教育出版社 2015 年版，第 131～132 页。

要程度，使其认识到公司章程是公司组织活动的根本准则，具备权利赋予、权利救济以及权利约束等功能，更好地理解公司章程之于公司治理的极端重要性，更好地处理公司自治问题。公司是依托于制度规则组建起来的组织关系，公司法为公司提供了一般平和的治理规则，而章程则是公司通过意思自治，根据本公司的发展阶段、资本规模、股权结构、经营计划、发展前景等因素，为自身量身定做的自治规则，可以在不违反法律、行政法规强制性规定，不违反法律基本原则的前提下，对一般性公司法的规则进行具体化或调节，更好发挥公司章程自治功能。

案例36 股权让与担保的认定和效力

《公司法》第84条,《民法典担保制度解释》第68、69条解读

——昆明哦客商贸有限公司、熊志民与李长友等股东资格确认纠纷案①

【最高人民法院2022年公报案例】

《公司法》第84条

有限责任公司的股东之间可以相互转让其全部或者部分股权。

股东向股东以外的人转让股权的,应当将股权转让的数量、价格、支付方式和期限等事项书面通知其他股东,其他股东在同等条件下有优先购买权。股东自接到书面通知之日起三十日内未答复的,视为放弃优先购买权。两个以上股东行使优先购买权的,协商确定各自的购买比例;协商不成的,按照转让时各自的出资比例行使优先购买权。

公司章程对股权转让另有规定的,从其规定。

《民法典担保制度解释》第68条

债务人或者第三人与债权人约定将财产形式上转移至债权人名下,债务人不履行到期债务,债权人有权对财产折价或者以拍卖、变卖该财产所得价款偿还债务的,人民法院应当认定该约定有效。当事人已经完成财产权利变动的公示,债务人不履行到期债务,债权人请求参照民法典关于担保物权的有关规定就该财产优先受偿的,人民法院应予支持。

① 《最高人民法院公报》2022年第6期。

债务人或者第三人与债权人约定将财产形式上转移至债权人名下，债务人不履行到期债务，财产归债权人所有的，人民法院应当认定该约定无效，但是不影响当事人有关提供担保的意思表示的效力。当事人已经完成财产权利变动的公示，债务人不履行到期债务，债权人请求对该财产享有所有权的，人民法院不予支持；债权人请求参照民法典关于担保物权的规定对财产折价或者以拍卖、变卖该财产所得的价款优先受偿的，人民法院应予支持；债务人履行债务后请求返还财产，或者请求对财产折价或者以拍卖、变卖所得的价款清偿债务的，人民法院应予支持。

债务人与债权人约定将财产转移至债权人名下，在一定期间后再由债务人或者其指定的第三人以交易本金加上溢价款回购，债务人到期不履行回购义务，财产归债权人所有的，人民法院应当参照第二款规定处理。回购对象自始不存在的，人民法院应当依照民法典第一百四十六条第二款的规定，按照其实际构成的法律关系处理。

《民法典担保制度解释》第 69 条

股东以将其股权转移至债权人名下的方式为债务履行提供担保，公司或者公司的债权人以股东未履行或者未全面履行出资义务、抽逃出资等为由，请求作为名义股东的债权人与股东承担连带责任的，人民法院不予支持。

一、案情介绍

景德镇市鸿荣房地产开发有限公司（以下简称鸿荣公司）由昆明哦客商贸有限公司（以下简称哦客公司）和熊志民共同出资设立，注册资本为 1000 万元人民币。哦客公司出资认缴额为人民币 510 万元，占股比 51%。熊志民出资认缴额为人民币 490 万元，占股比 49%。2014 年 12 月 2 日，熊志民与余晓平签订了一份股权转让协议，协议约定：熊志民将其持有的鸿荣公司 49% 的股权转让给余晓平，转让价为 490 万元。同日，哦客公司与徐颖签订了一份股权转让协议，协议约定：哦客公司将其持有的鸿荣公司 51% 的股权转让给徐颖，转让价为

510 万元。

2014 年 12 月 23 日,鸿荣公司办理了股东变更登记,法定代表人变更为徐颖。同时鸿荣公司将公章移交给了徐颖、余晓平。2011 年 11 月 3 日至 2015 年 8 月 14 日,李长友、徐颖、余晓平、冯晓萍、李爱珍、闵冬香、张湾等向昌江综合农贸批发市场、刘红梅、尧标华、鸿荣公司、抚州市临川房屋建筑工程公司等汇款,金额合计 7329.4 万元。本案纠纷涉及资金 7329.4 万元,均制作了借条,33 张借条均分别注明用于工程款、还货款、交付保证金、鸿荣公司日常开支、测绘费、规费、广告费、装修费等用途。鸿荣公司股权变更后,熊志民仍继续负责该公司的日常经营管理直至 2015 年 8 月。

本案的争议事实在于,本案中的股权转让协议的性质是股权转让合同还是担保合同,熊志民、哦客公司可否主张其仍实际享有鸿荣公司股权,并请求确认其股权并办理工商变更登记。

原告熊志民、哦客公司诉称:熊志民、哦客公司将鸿荣公司股权过户给余晓平、徐颖是作为借款担保。2014 年 12 月 2 日,熊志民、哦客公司分别与余晓平、徐颖签订了股权转让协议,并办理股权过户登记。此后,熊志民、哦客公司仍然行使公司股东权利,余晓平、徐颖也从未支付任何股权转让款。原告熊志民、哦客公司请求确认其股权并办理工商变更登记至其名下。

被告余晓平、徐颖辩称:股权转让协议是双方真实意思表示,徐颖、余晓平支付了转让价款,办理了工商变更登记,实际取得股权。

二、判决结果与理由

1. 判决结果

江西省景德镇市中级人民法院作出(2019)赣 02 民初 85 号民事判决,认为熊志民、哦客公司请求确认双方为让与担保法律关系,要求返还股权,证据不足,不予支持,判决驳回原告熊志民、哦客公司的诉讼请求。

江西省高级人民法院认为一审判决认定事实不清,适用法律错误,应予纠正,作出二审判决:第一,撤销江西省景德镇市中级人民法院(2019)赣 02 民初 85 号民事判决;第二,确认熊志民享有鸿荣公司 49% 的股权,哦客公司享有鸿荣公司 51% 的股权;第三,驳回熊志民、哦客公司其他诉讼请求。

2. 判决理由

江西省高级人民法院认为,本案的争议焦点为:案涉股权转让协议的性质应如何认定;上诉人熊志民、哦客公司关于确认其股权并办理工商变更登记的请求是否成立。

(1)关于案涉股权转让协议性质的问题

股权让与担保的目的是为债务提供担保,并非转让股权,让与担保权人受让的股权并不是完整的权利,实际权利内容不得超出担保之目的,其只是名义上的股东。结合当事人之间的债权债务关系和真实意思表示,案涉股权转让协议在性质上应认定为股权让与担保。

第一,股权转让各方存在债权债务关系。本案纠纷涉及资金 7329.4 万元,均制作了借条。案涉资金应当根据借条记载认定为借款。

第二,股权转让各方具有担保的意思表示,没有真实转让股权的意思表示。从股权转让各方的沟通情况看:首先,让与方多次表示以股权担保,而没有表示出让股权的意思;受让方也多次表示不要股权。其次,案涉股权约定了返还条件,即还清借款本息便归还股权。最后,纠纷发生后,股权转让各方还在商谈股权合作和买断股权的问题,说明并未实际买断鸿荣公司股权。从股权转让协议的实际履行情况看:首先,鸿荣公司经营的账目以及工程证照并未实际移交。其次,被上诉人承认公司一直由熊志民负责经营管理。受让方并未实际接手公司经营管理,这也与股权实际转让相矛盾。

综合以上分析,本案股权转让协议的真实意思并非转让股权,而是为债务提供担保,应当认定为股权让与担保。

(2)关于上诉人熊志民、哦客公司确认其股权并办理工商变更登记的请求是否成立的问题

首先,真实权利人应当得到保护。虽然工商部门登记的股东为徐颖、余晓平,但工商登记是一种公示行为,为证权效力,股权是否转让应当以当事人的真实意思表示和事实为基础。因此,徐颖、余晓平仅系名义股东,而非实际股东,其享有的权利不应超过以股权设定担保这一目的。熊志民、哦客公司的股东权利并未丧失,对其真实享有的权利应予确认。且从本案实际情况来看,熊志民、哦客公司在 2015 年 8 月以后不能对公司进行经营管理,已经出现了名义股东通过担保剥夺实际股东经营管理自由的现象。因此,应当确认熊志民、哦客公

司为鸿荣公司的真实股东。其次，确认熊志民、哦客公司为真实股东不损害被上诉人享有的担保权利。从本案来看，股权已经登记在被上诉人名下，上诉人与被上诉人在沟通中也就被上诉人掌握鸿荣公司公章、账户达成一致，被上诉人有充分的途径保护自身的担保权利，确认熊志民、哦客公司为真实股东并不影响其基于让与担保而受到的保障。

关于办理工商变更登记的问题。设定让与担保，是双方的真实意思表示，且不违反强制性法律规定，该约定对双方具有约束力。同时，从当事人沟通情况看，双方已约定将案涉债务清偿完毕，才能将股权登记变更回上诉人名下。而上诉人并未清偿完毕案涉债务，将股权变更回上诉人名下的条件尚未成就，如此时将股权变更回上诉人名下，则会导致被上诉人的债权失去基于股权让与担保而受到的保障。因此，对上诉人办理工商变更登记的请求不予支持。

三、案例解读

1. 法律规定

有关股权让与担保的问题，新《公司法》并没有规定。《民法典担保制度解释》第 68 条就让与担保的认定及权利实现程序作出一般规定，承认了让与担保的合法性及物权效力，债务人或第三人与债权人约定以将财产形式转让的方式提供担保，若已完成权利变动公示，当债务人不履行到期债务时，债权人可以就担保财产折价或拍卖、变卖优先受偿，但不可以主张对担保财产享有所有权，当事人之间就债务人不履行到期债务，担保财产归债权人所有的约定无效；若权利变动未进行公示，则债权人不可主张就担保财产优先受偿。

另外，《民法典担保制度解释》第 69 条规定在股权让与担保的情形下，债权人作为名义股东不承担瑕疵出资、抽逃出资等情形下的补足出资责任。股权让与担保作为让与担保的类型之一，应符合让与担保的基本架构，但由于股权具有不同于传统让与担保标的物的特质，应对其特殊性予以关注。

2. 法律适用

本案的核心问题是如何判断当事人之间是股权转让法律关系还是股权让与担保法律关系？由此核心问题衍生的其他问题为在股权让与担保的情形下，股东资格由担保人享有还是担保权人享有，股东权利又应由谁行使？担保人能否要求确认其股东资格并变更股东登记?本案判决确定的裁判规则为应注意审查相关合同的具体约定,准确认定当事人的真实意思表示,判断当事人之间的法律关系究竟是股权转让还是股权让与担保,以充分尊重当事人的意思自治。至于衍生问题请见下文详解。

股权让与担保是指债务人或第三人(让与担保人)为担保债务人的债务,将公司股权转让给债权人(让与担保权人),债务清偿后,股权应转回让与担保人,债务未适当履行时,让与担保权人可以就该股权优先受偿的一种担保形式。由于债务人会将股权形式上转移至债权人名下,具体表现为变更股东名册、变更公司登记等,因此在实践中经常与股权转让混淆。应该认识到股权让与担保与股权转让完全不同,从目的上讲,股权转让是为了发生股权权属变动,而股权让与担保仅仅是为债权人提供担保,当事人并没有转移股权归属的意思。本公报案例为实践中判断当事人之间究竟是股权转让还是股权让与担保法律关系、认定股权让与担保对担保人和担保权人的效力以及担保人能否请求确认其股权并办理变更登记的问题提供了指引,具有重大意义。

(1)如何判断是股权转让协议还是股权让与担保协议?

本公报案例中,江西省高级人民法院确立的裁判规则为:应当结合当事人之间的债权债务关系和真实意思表示判断当事人之间的法律关系究竟是股权转让还是股权让与担保,应注意审查相关合同的具体约定,准确认定当事人的真实意思表示,充分尊重当事人的意思自治。

首先,判断当事人之间是否存在债权债务关系。由于股权让与担保具有存在上的从属性,必须依附于主债权债务存在,这也是股权转让与股权让与担保的区别之一——是否存在主债权债务关系。本案中,各方当事人之间的资金往来认定为借款,股权转让各方之间存在债权债务关系。

其次,仅以主债权债务存在不足以证明当事人之间是股权让与担保法律关系,还需要判断当事人之间达成的股权转让协议究竟是转让股权的意思表示,还是为债权提供担保的意思表示。本案中,法院从两个角度来探寻当事人的真实意思,即股权转让各方的沟通情况以及股权转让协议的实际履行情况。从各方沟通的情况来看,法院将“让与方多次表示以股权担保,没有表示出让股权的意思,受让方也多次表示不要股权”以及当事人约定还清借款本息后返还股权来证明当事人只具有为债权提供担保的目的,而不存在变动股权权属的目的。

此外,法院还根据当事人的后续行为,即在该纠纷发生之后,仍然在商谈股权转让事项,进一步证明当事人没有转让股权的意思,当事人都知晓股权转让协议不发生股权变动的效果。从股权转让协议的实际履行情况来看,本案中当事人并没有约定移交也未实际移交公司经营账目及工程证照。公司一直都由熊志民负责经营管理,受让股东并没有实际接手公司的经营管理,与股权转让会带来的公司经营管理者的变化完全不同。在本案之外,司法审判中也会通过判断受让人是否支付股权转让的合理对价,来推断当事人的真实意思。

综上,当事人之间确实存在主债权债务关系,并且通过对当事人签订股权转让协议的沟通情况及该协议的实际履行情况分析,其真实意思表示是为债权提供担保而非真正转让股权,因此应当认定当事人之间存在股权让与担保法律关系。本案中法院的裁判思路逻辑严密,对类案裁判具有启发借鉴意义。

(2)股权让与担保的效力

由于在股权让与担保之中,确实具有股权变更的外观,本案中,徐颖、余晓平受让了股权并办理了工商变更登记。此时,谁是公司真正股东,股东权利由谁行使,谁来承担股东出资义务等问题曾在理论和实践中产生争议。该公报案例对上述问题给出了明确答案,"股权让与担保目的是为债务提供担保,并非转让股权,让与担保权人受让的股权并不是完整的权利,实际权利内容不得超出担保之目的,其只是名义上的股东"。

对担保权人而言,其是名义股东,享有的实际权利内容不得超出担保的目的范围。在修水县巨通投资控股有限公司诉福建省稀有稀土(集团)有限公司等合同纠纷案①中,最高人民法院同样认为债权人作为股权受让人,其权利范围不同于完整意义上的股东权利,会受到担保目的的限制。上述认定立场与《民法典担保制度解释》第69条对股权让与担保的规定相一致,让与担保权人是名义股东,不承担瑕疵出资、抽逃出资等出资责任。根据权责相一致原则,股东不享有超出担保目的范围的股东权利,也无须承担公司股东应当承担的出资责任。

对担保人而言,其是实际出资人,可以行使股东权利,但并非不受任何限制。另外根据《民法典担保制度解释》第69条的规定,仍需要承担出资义务。

---

① 参见最高人民法院民事判决书,(2018)最高法民终119号。

股权变更登记在股权让与担保中仅起到担保公示作用，不具有转移股权权属作用。根据《民法典担保制度解释》第68条第1款规定，让与担保中，当事人已经完成财产权利变动公示，债务人不履行到期债务，债权人可以就担保财产优先受偿。因此，本案中徐颖、余晓平受让了股份并办理了工商变更登记，已完成财产权利变动公示，在债务人不履行到期债务时，可以就涉案股权优先受偿。

(3)担保人能否请求确认其股权并办理变更登记？

法院对于担保人确认其股权的主张予以支持，并从以下三个角度进行逐步分析：

首先，真实权利人应当得到保护，即熊志民、哦客公司是实际出资人，应对其享有股东权利予以确认和保护。在名义股东余晓平、徐颖欲通过担保剥夺实际股东经营管理自由并阻碍债务履行的情况下，应当明确肯定担保人享有股东权利，避免其利益受到损害。其次，确认熊志民、哦客公司的股权并不会损害担保权人的担保权利。担保权人可以根据股权变更登记，在债务人不履行到期债务时，就该股权优先受偿，有充分的途径保障和实现其担保权利。

法院对于熊志民、哦客公司办理公司变更登记的请求不予支持，原因在于当事人登记股权至余晓平、徐颖名下，以设定让与担保，是双方的真实意思表示，且不违反强制性法律规定，该约定对双方具有约束力。同时，双方还约定股权登记变更回熊志民、哦客公司名下的条件是案涉债务清偿完毕，在债务清偿完毕之前进行股权变更登记会导致担保权人的债权失去股权让与担保的保障，相当于实质上改变当事人之间的股权让与担保法律关系，剥夺担保权人的担保权利。由此可知，股权登记作为权利表征，在股权让与担保中具有担保债权实现的功能，担保人在债务清偿完毕之前不得请求变更公司登记。

综上，本公报案例为股权让与担保法律关系的判断和当事人在此法律关系中的权利状态确立了如下裁判规则：名为股权转让，但转让各方资金往来表现为借贷关系，存在以债务清偿为股权返还条件、转让后受让方未接手公司管理、表达了担保意思等不享有股东权利特征的，应当认定为股权让与担保，股权让与担保权人仅为名义股东，不实际享有股东权利。股权让与担保人请求确认自己享有的股权的，应予支持。在清偿完被担保的债务前，股权让与担保人请求变更股权登记至其名下的，不予支持。

3. 本案延伸思考

股权让与担保期间，担保权人享有不超出担保目的范围的股东权利具体如何认定？担保人行使股东权利又会受到何种限制？

股权不同于传统担保物的特质决定了股权让与担保的独特之处。股权并非一种单一性的民事权利，是股东基于股东地位在法律上对公司享有的一系列权利的总称。股权在内容上是多种民事权利的集合，包含了多项具体权利。[①]与动产、不动产让与担保仅涉及财产权利不同，股权兼具财产权和成员权的双重属性，使得名义股东的权利义务认定更加复杂。因此，在分析时不能仅关注担保财产股权的归属，还需讨论股权所包含的多项具体权利的状态。

当事人在让与担保合同中对股权权利行使作出安排的，应按照当事人的约定。最高人民法院在赵某莲、新疆爱家园投资有限公司确认合同无效纠纷案[②]中遵从当事人作出的股东权利配置安排，依照合同约定确定当事人之间的权利义务关系。其再审判决认为，在担保权存续期间，担保权人只能根据约定在有限范围内行使股权，若滥用股权则构成违约，应对违约造成的损失进行赔偿。此外，当事人可以自行安排对股权权利的配置。在最高人民法院二审裁判的深圳市奕之帆贸易有限公司、侯某宾与深圳兆邦基集团有限公司、深圳市康诺富信息咨询有限公司、深圳市鲤鱼门投资发展有限公司、第三人广东立兆电子科技有限公司合同纠纷案[③]中，当事人约定担保人为股权的实际所有人，股东权利义务均由担保人行使。在亚芯电子科技(上海)有限公司、上海久玮投资有限公司合同纠纷案中，[④]当事人约定担保权人作为公司股东，其股东权利仅限于预约房屋的经营、管理及收益，不参与公司日常经营管理，不承担公司资产贬损或其他方面的风险和责任，放弃在公司除预约房屋外的收益分配。可见，当事人之间可以对股权权利进行自治性配置，此种交易安排可以仅使股权形式上转让，股东权利仍由担保人实际行使，也可以是完全实质上的转让，也可以是对股东权利的分解分配。

若当事人未就股东权利配置作出约定，担保权人作为名义股东仅可在不超

---

① 参见李建伟:《公司法学》，中国人民大学出版社 2022 年版，第 241 ~ 242 页。

② 参见最高人民法院民事判决书，(2017)最高法民再 136 号。

③ 参见最高人民法院民事判决书，(2018)最高法民终 751 号。

④ 参见最高人民法院民事判决书，(2018)最高法民再 455 号。

出担保目的范围内享有股权。在此意义上,应认为债权人作为名义股东并不能对公司实际行使股东权利。[①] 如田某川、河南省太行置业有限公司与公司有关的纠纷案中,[②]最高人民法院再审认为,担保权人是名义股东仅对股权享有优先受偿权而不享有公司法上的股东权利。但担保权人可以在保全担保财产价值的必要范围内限制作为实际出资人的担保人股东权利的行使。如最高人民法院裁判认为担保权人可参加标的公司的股东会议,以担保权人和名义股东的身份对其出借给公司的资金进行监督和控制。[③] 担保人行使股权恶意减损股权价值影响担保权人担保目的实现的,其行为效力可能受到否定性的法律评价。[④]

四、相关原理

股权让与担保的法律构造

在我国,股权已经成为让与担保的重要标的物,仅次于房屋。然而,立法上并未明确规定股权让与担保的相关条款,《民法典担保制度解释》中仅有两个条文涉及股权让与担保。但是,实践中股权让与担保纠纷层出不穷。因此,有必要对股权让与担保的构造进行理论研究,从而进一步研究其具体效力。

对股权让与担保的构造有所有权构造说和担保权构造说,两者的区别在于,所有权构造说关注所有权的实际转移,无论内部视角还是外部观察,担保物所有权绝对性转移给担保权人,担保权人行使担保物所有权及有关权利受债权内容约束。担保权构造说认为,担保权人取得的仅为担保权而非所有权,担保人仍为担保物所有人。

但是,所有权构造说和担保权构造说各有其不周延之处,都无法妥当协调股权让与担保形为“转让”的法律手段和实为“担保”的经济目的之间的冲突。所有权构造说过于强化担保权人的优势地位,过分强调形式而忽略实质担保目的,在债权人破产时,担保物会归入责任财产,而债务人只能依据债之关系向债

---

① 参见最高人民法院民事审判第二庭编著:《最高人民法院民法典担保制度司法解释理解与适用》,人民法院出版社 2021 年版,第 574 页。

② 参见最高人民法院民事裁定书,(2019)最高法民申 6422 号。

③ 参见最高人民法院民事裁定书,(2018)最高法民申 4165 号。

④ 参见最高人民法院民事判决书,(2019)最高法民终 133 号。

权人请求赔偿。担保权构造说则会造成名为所有权转移实为担保权设立的名实不符现象,不利于交易第三人的预期利益保护。

从域外实践来看,很多都是在平衡各方利益的基础上,充分发挥让与担保的制度效能。德国、日本的司法实践对股权让与担保的态度都逐渐从所有权构造说向担保权构造说探索和转变。可见,对于担保权法律构造的选择,应该充分考虑哪一种构造更符合社会经济发展的客观需求。

另外,应当从制度体系构建的角度考虑让与担保的构造问题,某些具体问题将对让与担保法律构造的选择产生关键影响。例如,在让与担保的制度构造中需要判断所有权是否从设定人处转移至债权人处,如果没有发生转移,该如何保障债权人的优先受偿权?尤其是在设定人破产或自愿对外处分标的物之时,债权人能否提出异议或行使优先受偿权;如果发生了权利转移,是否违背了股权让与担保合同的担保目的,是否违背了禁止流押流质规则;在债权人破产时,设定人又能否行使取回权?

从我国的司法实践来看,对股权让与担保构造的理论重要性还不够重视,在裁判说理中未形成稳定统一的观点。最高人民法院在某案中认为,股权让与担保中,股权变更登记至债权人名下,具有股权转让的外观,债权人的股东权利范围受到担保目的的限制,似采用担保权构造说。① 然而,最高人民法院在另案中认为,基于担保债权目的而受让股权的主体仅为名义股东,并未实际取得股权的观点,又似采取所有权构造说。② 抑或,在某种意义上,我国司法实践与德国、日本一样,在让与担保法律构造的选择上呈现出了基于利益衡平的灵活性。③

担保权构造论已逐渐成为主流观点,以立法和司法解释的解释论角度观之,《民法典》第 388 条规定担保合同包括"其他具有担保功能的合同"。最高人民法院对《民法典担保制度解释》第 1 条规定中"所有权保留买卖、融资租赁、保理等涉及担保功能发生的纠纷,适用本解释的有关规定"内容所作的解释认为,非典型担保包括《民法典》有所规定,但未规定在担保物权部分的所有权保留买

---

① 参见最高人民法院民事判决书,(2018)最高法民终 119 号。

② 参见最高人民法院民事裁定书,(2015)民申字第 3620 号。

③ 参见刘牧晗:《股权让与担保的实行及效力研究——基于裁判和学说的分析与展开》,载《国家检察官学院学报》2022 年第 2 期。

卖、融资租赁、有追索权的保理,以及《民法典》未有规定但具有担保物权功能的担保,如让与担保。[1]《民法典担保制度解释》第68、69条也对让与担保进行了明确规定。可见,我国担保制度体系奉行功能主义,将让与担保纳入担保范畴。然而,正如德国、日本从利益衡量出发,不断探索最符合社会经济制度和发展需求的股权让与担保构造,单一的理论构造不足以解决让与担保制度面临的全部实践问题,应注意到两种学说之间应有的融合或创新。[2]

---

① 参见《最高人民法院民法典担保制度司法解释理解与适用》,人民法院出版社2021年版,第86页。

② 参见刘牧晗:《股权让与担保的实行及效力研究——基于裁判和学说的分析与展开》,载《国家检察官学院学报》2022年第2期。

案例37 未届期股权转让后的出资责任

《公司法》第88条解读

——榆林市德厚矿业建设有限公司、陕西太兴置业有限公司等案外人执行异议之诉纠纷案①

【最高人民法院2021年再审案例】

《公司法》第88条

股东转让已认缴出资但未届出资期限的股权的，由受让人承担缴纳该出资的义务；受让人未按期足额缴纳出资的，转让人对受让人未按期缴纳的出资承担补充责任。

未按照公司章程规定的出资日期缴纳出资或者作为出资的非货币财产的实际价额显著低于所认缴的出资额的股东转让股权的，转让人与受让人在出资不足的范围内承担连带责任；受让人不知道且不应当知道存在上述情形的，由转让人承担责任。

一、案情介绍

2007年榆林市德厚矿业建设有限公司（以下简称德厚公司）与陕西中化益业能源有限公司（以下简称益业能源公司）签订合同，益业能源公司将工程承包给德厚公司。在施工过程中，因益业能源公司没有取得矿业权而暂停施工。2018年9月29日，陕西省高级人民法院作出（2018）陕民终397号民事判决书，判决承包合同解除，益业能源公司向德厚公司支付工程款7431489.4及利息。

① 最高人民法院民事裁定书，（2021）最高法民申6423号。

判决生效后，德厚公司申请强制执行，执行法院未发现有可供执行财产，裁定终止执行程序。另榆林市中级人民法院作出（2019）陕08执异200号执行裁定书：追加陕西中化益业能源投资有限公司（以下简称益业能源投资公司）为被执行人。

益业能源公司注册资本为2亿元，益业能源投资公司认缴出资额7500万元，占比25%，实缴1500万元。其余出资额缴付期限为2008年10月30日。2008年6月25日，益业能源投资公司转让其7500万元出资额（包含1500万元实缴出资），退出益业能源公司。

本案的争议事实在于，益业能源投资公司在出资期限届满之前将未缴足出资的股权转让，股权受让人此后未按期缴纳出资，转让人是否仍需要对债权人承担补充清偿责任？

原告益业能源投资公司诉称，榆林市中级人民法院作出（2019）陕08执异200号执行裁定书，追加益业能源投资公司为榆林市中级人民法院（2019）陕08执15号案件的被执行人，属于法律适用错误，故而提起执行异议之诉。

被告德厚公司辩称，益业能源投资公司认缴出资7500万元，实际缴纳1500万元，既未足额出资，又在未足额出资等情况下转让股权，根据法律规定，应当对益业能源公司的债务承担连带责任。

二、判决结果与理由

1. 判决结果

一审法院认为益业能源投资公司主张不予追加为被执行人的诉讼请求不能成立。

二审法院认为益业能源投资公司不属于“未依法履行出资义务即转让股权的股东”，不得追加其为被执行人，并依法改判。

最高人民法院再审裁定驳回德厚公司的再审申请，维持二审判决。

2. 判决理由

最高人民法院认为，根据2018年《公司法》第28条第1款“股东应当按期足额缴纳公司章程中规定的各自所认缴的出资额”之规定，在认缴期限届满前，股东享有期限利益，故股东在认缴期限内未缴纳或未全部缴纳出资不属于未履行或未完全履行出资义务。在认缴期限届满前转让股权的股东无须在未出资本息范围内对公司不能清偿的债务承担连带责任,除非该股东具有转让股权以逃废出资义务的恶意,或存在在注册资本不高的情况下零实缴出资并设定超长认缴期等例外情形。

首先,本案中益业能源投资公司于2008年6月25日转让股权之前,益业能源公司已确认其股东尚未缴纳出资额的缴付期限为2008年9月30日,益业能源投资公司转让全部股权时,所认缴出资额的出资期限尚未届满。因此,益业能源投资公司不属于“未依法履行出资义务即转让股权的股东”。

其次,益业能源公司设立于2006年11月3日,设立时确认股东未缴纳出资的缴付期限为2008年10月30日。益业能源投资公司作为发起人于2006年10月25日缴纳了第一期出资1500万元,剩余出资的缴付期限定为2008年9月30日,未违反法律及公司章程的规定。益业能源投资公司转让股权经过益业能源公司第六次股东(董事)会决议同意,并完成工商变更登记其转让股权的行为均属依法实施。

最后,益业能源投资公司于2008年6月25日转让股权时,益业能源公司尚在正常经营,德厚公司与益业能源公司签订的建设施工合同亦处于正常履行过程中,益业能源投资公司无逃避债务的主观故意,不存在恶意规避公司债务清偿的情形。在与德厚公司签订建设施工合同以及益业能源投资公司转让股权时,益业能源公司1.332亿元注册资本已经实缴到位,而益业能源公司应向德厚公司支付的工程款为7431489.4元及其利息,德厚公司主张其对益业能源公司的信赖利益因益业能源投资公司未缴纳出资并转让股权而受到损害,明显依据不足。此外,《九民纪要》第6条系关于股东出资应否加速到期的规定,不适用于本案股东已经转让股权的情形。

三、案例解读

1. 法律规定

原《公司法》及其司法解释均对未届期股权转让原股东是否承担出资责任问题没有规定,使得实践和理论上的争议极大,司法认定不一。新《公司法》第88条第1款规定,未届期股权转让,首先由受让人按期足额缴纳出资,受让人未按期足额缴纳的,转让人对未按期缴纳部分承担补充责任。就此问题明确了统

一的适用规则,填补了以往的立法空白,具有重大意义。该款规定规定了以下内容:

首先,被转让的是已认缴但未届出资期限的股权。在未届出资期限时,转让股东可以将股权转让给受让人,此时随未届期股权转移的还有如期向公司缴付出资的出资义务。受让股东在继受取得股东资格后,在后续出资期限届满时需向公司履行如期缴纳出资的义务。

其次,当受让股东在出资期限届满后未能如期缴纳出资时,由此产生的出资责任应由受让股东承担。出资责任是违反出资义务而产生的责任,受让股东应向公司足额缴纳出资。

最后,转让股东应对出资责任承担补充责任。新《公司法》规定要求转让股东在转让未届期股权后承担补充出资责任。补充责任的典型特征是次位性,仅当受让股东不能承担出资责任时,公司方可向转让股东主张。并且转让股东承担补充责任并不要求过错,也没有责任承担期限限制,实际上确立了转让股东无过错、无期限的补充责任。只要受让股东无法按期履行,无论转让股东的主观状态如何,转让股东就要承担次位的补充责任,且时间上需要一直承担后续补充责任,没有最长责任期限。

2. 法律适用

本案的核心问题是股东转让已认缴出资但未届缴资期限的股权的,是否需要在认缴范围内继续承担出资责任?本案裁判确定的裁判规则为转让股东无须在未出资本息范围内承担出资责任,从而无须对公司不能清偿的债务承担连带责任。

针对本案的核心问题,在新《公司法》施行前,司法审判主要有两种裁判认定,第一种,转让人仍需承担补足出资责任。股东兼具约定性和法定性,故公司股东因股权转让发生变动,不能当然推定认缴股东的法定出资义务随之发生转移。在受让人未按期缴纳出资的情况下,转让股东仍应对其原认缴的出资承担责任。[①] 第二种,裁判转让人不需承担补足出资责任。股东出资享有期限利益,股东在出资期限届满前转让股权,不再承担出资责任,也不再对公司债务承担

① 参见上海市第二中级人民法院民事判决书,(2018)沪02民终9359号。

责任。[①] 至于在第一种裁判下,转让人具体承担何种责任,以往学理上又有补充责任说、连带责任说(详见后书)。

绝大多数支持转让股东担责的判例中援引《公司法司法解释(三)》第13条第2款或者第18条以及最高人民法院《关于民事执行中变更、追加当事人若干问题的规定》第19条。但在未届期股权转让中上述规定不宜直接适用,上述规范的适用条件为原股东"未依法履行出资义务",而股东在股权认缴期限届满之前未缴纳出资,并不属于"未依法履行出资义务"。

本案一审法院肯定未届出资期限即转让股权的原股东属于"未依法履行出资义务即转让股权",二审、再审法院则予以否定:股东享有出资期限利益,股东出资期限尚未届满即转让股权的行为,不属于未依法履行出资义务即转让股权的情形,股东无须在未出资本息范围内对公司不能清偿的债务承担连带责任。最高人民法院在"曾某、甘肃华慧能数字科技有限公司股权转让纠纷案"中也认为:"甘肃华慧能数字科技有限公司原股东冯某甲、冯某乙二人转让全部股权时,所认缴股权的出资期限尚未届满,不构成《公司法司法解释(三)》第十三条第二款、第十八条规定的情形。"

虽然在新《公司法》出台前,要求转让未届期股权的股东继续承担出资责任未有法律依据,但为避免股东利用出资期限利益恶意逃避出资责任,司法实践中往往会在例外情形下要求原股东继续承担出资补足责任。本案中最高人民法院将例外情形认定为"该股东具有转让股权以逃废出资义务的恶意,或存在在注册资本不高的情况下零实缴出资并设定超长认缴期等例外情形"。其他司法裁判也往往将"公司原股东明知公司负有债务或者可能负有债务,将未届出资期限的股权转让给没有偿付能力的第三人,主观上具有逃避认缴出资义务的恶意"认定为属于最高人民法院《关于民事执行中变更、追加当事人若干问题的规定》第19条中的"未依法履行出资义务即转让股权"的股东,使其在未出资范围内对公司不能清偿的债务承担赔偿责任。[②]

---

① 参见最高人民法院民事判决书,(2019)最高法民终230号;最高人民法院民事裁定书,(2020)最高法民申2285号。

② 参见马士鹏、王颖:《安徽皖垦种业股份有限公司诉刘某某申请执行人执行异议之诉案——追加未届出资期限即转让股权的公司原股东为被执行人的认定规则》,载最高人民法院中国应用法学研究所编:《人民法院案例选》第2辑,人民法院出版社2023年版。

总体而言，在新《公司法》施行前，司法实践秉持谨慎适用原则，原则上肯定股东依法享有期限利益，在认缴期内未缴纳出资不应认定为“未履行、未全面履行或者未依法履行出资义务”，债权人不能直接请求该原股东在出资范围内承担连带清偿责任。

为回应实践争议，新《公司法》第88条第1款对未届出资期限即转让股权的原股东的责任承担问题作出了专门规定，根据该规定本案的裁判结果会有所不同。原裁判判决股权转让人益业能源投资公司不承担出资补足责任，不能将其追加为被执行人。而依照新《公司法》规定，如本案中股权受让人并未按期足额缴纳出资，则转让人益业能源投资公司应当对其未按期缴纳的出资承担补充责任。从规则适用效果来看，新《公司法》第88条实际上加重了转让未届期股权股东的责任。转让人需对受让人未按期缴纳出资的部分承担补充责任意味着：权利人必须按照先后顺序行使请求权，只有股权受让人无法完全履行出资义务时，才能请求排在后位的原股东补足义务。原股东在转让未届缴资期限的股权后，依然有可能在出资范围内承担责任；其承担责任并非按照原司法实践中采用的在例外情况下“滥用出资期限利益，恶意逃避认缴出资义务”的认定标准，而是采用一般情况下“股权受让人无法完全履行出资义务”标准。

3. 本案延伸思考

(1) 未届期股权转让责任承担的学理观点及立法选择

未届期股权转让后的出资责任问题，核心争议集中于转让股东是否应承担出资责任。在新《公司法》出台以前，社会各界常见的观点可归纳为如下四种：

第一种学说，受让人责任说。支持者认为因受让人继受取得了股东身份，在享有股东权利的同时当然也需要履行股东的出资义务，该学说的基础理论构造是债务承担，转让股东将对于公司出资的债务转移给了受让股东，转让股东不再享有股东身份，因此也无须履行出资义务。①

第二种学说，转让股东补充责任说。转让股东极有可能通过股权转让逃脱应有的出资义务，并且通过将股权转让给无履行能力的受让人损害债权人利益。考虑到债权人所信赖的是原转让股东，也为避免转让股东恶意转让未届期股权逃脱出资责任，转让股东也需要承担出资责任，在受让股东未能履行时承

---

① 参见顾克强、王敬、何建：《分期缴纳出资股权转让中的几个问题》，载《人民司法》2011年第16期。

担次位的补充责任。[①]

第三种学说，转让股东与受让股东连带责任说。支持者主张扩张适用《公司法解释(三)》第18条，以利益衡量为研究方法，结合法律目的可见，扩张解释具有正当性基础，也存在可供参考的先例，未届期股权转让应该适用受让股东与转让股东连带责任制度。[②]

第四种学说认为应区分债权形成的时间进行归责。若股权转让在前则由受让股东承担责任，若股权转让在后则由转让股东承担责任，基于股东身份的商事外观，债权人往往对股东的资信能力产生信赖，对应催生了与公司的债权债务关系，因此应根据债权产生时对应的股东主体进行区分归责。[③]

在新《公司法》修订的过程中，诸多专家学者也对新《公司法》第88条第1款的规定发表了看法：有学者建议，应当在第1款后增加规定，股东通过将股权转让给无清偿能力的第三人来逃避债务时的法律责任。有学者提出，应将第1款修改为“股东转让已认缴出资但未届缴资期限的股权时，知道或者应当知道受让人缺乏履行出资义务的能力仍继续转让股权的，与受让人在出资不足的范围内承担连带责任。”有学者建议将第1款修改为“股东出资到期前转让股权的，受让股东承担该转让股权的出资义务，转让股东在股权转让后五年内承担补充责任。”有学者提出，应当让出让人和受让人承担连带责任，避免恶意逃避缴纳出资的义务，并且对连带责任设定一个期限。

尽管以往的司法实践及学理观点不一，立法过程中也争论颇多，但新《公司法》第88条对此问题已盖棺定论。转让股东承担补充责任的制度设计体现了立法者所作出的价值选择，即债权人保护的目标更优于股东的退出自由与期限利益，这一制度设计赋予了公司与债权人更多的博弈筹码，在受让股东无法履行出资义务时，转让股东需以其先前认缴承诺为限充实公司资本。但转让股东的责任也并非当然的、无条件的，而是次位性的、有条件的。

(2)原股东承担补充责任后能否向受让股东追偿?

新《公司法》第88条第1款明确转让人需对受让人未按期缴纳出资的部分

---

① 参见王东光:《论股权转让人对公司债权人的补充责任》，载《法律科学(西北政法大学学报)》2020年第2期。

② 参见王东光:《论股权转让人对公司债权人的补充责任》，载《法律科学(西北政法大学学报)》2020年第2期。

③ 参见李志刚等:《认缴资本制语境下的股权转让与出资责任》，载《人民司法·应用》2017年第13期。

承担补充责任,但却未对追偿权进行规定。那么转让人承担补充责任后,是否可以向受让人追偿?

若转让人和受让人在股权转让合同中对追偿权有约定的,应按其约定;若当事人未有约定,对该问题作出解答需要对新《公司法》的规范进行分析。我们认为新《公司法》第88条第1款并未赋予出卖人以追偿权:从文义解释的角度来看,该款没有规定转让人在承担补充责任后对买受人享有追偿权。从体系解释的角度来看,作为私法一般法的《民法典》第1198、1201条在赋予补充责任人追偿权时作出了明确规定,而在作为私法特别法的《公司法》未明确规定补充责任人追偿权的情况下,应解释为补充责任人不享有该权利。除此之外,追偿权是一项积极权利,如果既没有法律规定也没有合同约定,转让人不具有主张该权利的请求权基础。

从规范逻辑来看,新《公司法》的规定并无不当。《民法典》侵权责任编之所以需要对补充责任人的追偿权进行明确规定,是因为在侵权责任场合,当事人间几乎无可能对事后的追偿权作出事前安排,在意思自治缺席的情况下,法律的规定就极其重要。而在股权转让场合,商事主体可以通过较为充分的事前谈判对自身利益作出最佳安排。如立法明确赋予转让人追偿权,则转让人承担责任的风险较小,股权转让价款会相对较低;如立法不赋予其追偿权,则转让人承担责任的风险较高,股权转让价款会相对较高。因此,无论是否赋予出卖人追偿权,当事人都可以通过对股权转让对价的安排,来达成主体间的利益平衡。

(3)未届期股权在连续转让情形下,出资责任在当事人间应如何承担?

"股权是由股东出资而取得的,依法定或公司章程的规则和程序参与公司事务并在公司中享受财产利益的,具有转让性的权利。"①作为独立的民事权利,股权的财产属性不可忽略,因财产的流通性特征,股权天然存在被多次转让的可能。若股权发生了多次转让,股权转让链条中会存在多位转让股东。如果未届期股权被多次转让,则多位转让股东之间的责任顺序如何安排?在受让股东无法承担出资责任时,公司是可以任意选择股权转让链条中曾经出现的任意转让股东进行追责?还是需要由后往前进行追责?

比较法上与学理上对股权多次转让时的出资责任问题存在多样化的制度

① 江平、孔祥俊:《论股权》,载《中国法学》1994年第1期。

设计:其一,如英国方案,设置责任切断规则,如只要是从被免除责任的前手股东继受取得股份的,后续的受让人亦无须承担缴付责任。其二,如德国方案,设置责任的最长期限与责任顺序规则,德国规则将转让股东的责任限制于5年内,且必须由后往前追索,多位转让股东之间存在明显的责任顺序之别。[①] 其三,如增加补充责任的主观要件前提,主张有过错的补充责任,如要求原股东具有逃避债权等不法目的或者原股东使债权人产生了合理信赖。[②]

新《公司法》第88条并未对股权多次转让中的复杂情形进行明确规定。在文义上,新《公司法》并不能直接解释出多位转让股东之间的责任顺序、责任期限、主观要件区别。若存在多位前手转让股东,转让股东之间承担责任的顺序存在两种解读可能,一种是多位转让股东并没有承担责任的顺序之别,公司可以选择转让链条中的任意转让股东进行追偿,第二种可能是转让股东之间需以时间先后为顺序,公司只能由后往前追责。我们认为,第二种解读更为合理,公司若要主张未届期股权转让后的出资责任,需由后往前进行主张,第一位的责任主体是受让股东,第二位的责任主体是受让股东的前手转让股东,再者才是由后往前的其他转让股东。在责任期限与主观要件上,新《公司法》第88条第1款本质上确立了转让股东无过错、无期限的补充责任。

相比于国外的立法与学术观点,新《公司法》第88条所设定的责任对于转让股东来说较为严格。就此,想要加入股权转让链条中的每一位主体均应慎重考虑该股权所负担的出资义务与出资责任,并慎重选择后续的受让股东。

四、相关原理

未届期股权转让中转让股东承担出资责任的利益考量

相比起受让股东承担出资责任的应然性,对于转让股东在股权转让后是否仍应向公司承担出资责任,社会各界的争议很大。转让股东是否应该承担责任、如果应该承担,对应的责任形态又是什么。这一问题本质上关系着债权人保护与股东退出自由、期限利益的平衡。

---

① 参见江平、孔祥俊:《论股权》,载《中国法学》1994年第1期。

② 参见陈群峰、张衡:《论出资未届期股权转让后原股东的补充责任》,载《首都师范大学学报(社会科学版)》2022年第3期。

(1)转让股东的期限利益与退出自由

公司的独立人格使得公司的财产独立于股东,而有限责任原则使得股东的财产亦与公司区分,由此,公司的财产价值与股东个人的经济状况相互隔离,股权的自由流转成为可能。因所有权与经营权的分离,公司的代理成本无法根本避免,但股权的自由流转有助于股东降低该代理成本。自组织法视角观察,股权的自由流转使得转让股东能够实现退出公司的目标,当公司盈利情况并未满足股东的投资期待时,股东可通过股权转让退出公司,并且受让股权转让对价、减少经济损失。股权的自由流转也倒逼经营者提升经营管理水平,在代理人市场中为股东利益的最大化勤勉尽责。

但是,若要求转让股东在转让股权后仍然承担出资责任,实际上转让股东并不能实现退出公司的目标。无期限限制的后续责任意味着转让股东即便已经形式上退出公司,但仍然有被追究责任的可能,转让股东欲退而未能退,有损其退出自由,出资请求权不受诉讼时效限制的特性进一步加剧了该损害,①进一步催生相应的不利后果:保障股东的退出自由实则是公司内在资合性的要求,而退出自由的保障需通过股权的自由流转来实现,若退出自由无法保障,则股东投资设立公司均要三思而后行,公司股权转让的封闭使得资合性消减而人合性上升,不利于激发市场活力,退出渠道的封锁可能抑制潜在投资者的投资热情。

在未届期股权转让的情况下,转让股东的利益除了退出自由外,还有期限利益。认缴约定是股东与公司达成的远期支付合意,在期限届满前通常股东无须提前缴纳出资,面对公司的出资请求权,股东享有期限未至的抗辩权。而若未届期股权转让后的股东还需承担后续出资责任,则意味着在股权转让完成后不再受出资期限约束的股东反而丧失了期限利益,在一些案例中,受让股东持股期间可能发生公司破产或解散的情形,此时受让股东的出资义务加速到期,而转让股东若也需承担出资责任,其期限利益无疑被限制或剥夺,有违转让股东股权转让后不受出资期限约束的合理预期。

(2)债权人保护的价值判断

若要求转让股东在股权转让后仍需承担可能的责任,最重要的制度目的在

---

① 参见陈甦:《股权受让人出资责任的规则建构分析》,载《环球法律评论》2023年第3期。

于保护债权人。在完全认缴制时期,股东享有无限制的期限自决空间,可以自行决定实缴出资的期限,实践中因此出现了大量动辄设定过长出资期限的股东,此类转让股东在公司运营过程中不仅分毫未出,在参与公司分红后还可能将股权转让给毫无偿债能力的受让人,此即学界常言的“富翁找穷亲戚垫背”现象。由此,股东与公司的权利义务呈现不平等的极端状态,股东在享受股权财产利益的同时,并未履行基本的出资义务,而公司缺少维持运营的经营资本,并且在股权转让后往往无法成功向受让股东主张出资,公司资本未能得到根本的充实。认而未缴的股东可能对公司的经营不善具有一定的责任,而若允许股东转让股权且无须承担责任,则无疑为股东提供了逃避责任的渠道,股东可以通过股权转让逃避责任,并且将股权转让给无履行能力的受让人,损害债权人利益。

由此,转让股东承担相应责任的制度构建,能够使转让股东在退出公司后仍然需受其认缴意思的拘束,即便不再具有股东身份,转让股东也需要就受让股东无法清偿的部分向公司或债权人承担责任。这一责任配置降低了转让股东通过股权转让逃避责任的可能性,在一定程度上也促使转让股东谨慎选择受让股东,为避免自己无法实现完全退出公司的目标,转让股东需审慎考察受让股东的履行能力,又或者需要仔细设计与受让股东签订的股权转让合同,赋予自己在承担可能的补充责任后能及时向受让股东追偿的权利。

综上可见,转让股东在对外转让股权、丧失股东资格后是否仍需承担出资责任,本质上是债权人保护与股东退出自由的利益角逐,这一价值判断问题,需要立法选择优位保护的立场。新《公司法》第 88 条第 1 款规定转让股东承担补充责任的制度设计体现了立法者所作出的价值选择,即债权人保护的目标更优于股东的退出自由与期限利益。结合新《公司法》改革的其他制度,如加速到期制度、催缴失权制度、5 年实缴期限改革等可观察到,加强对债权人的保护力度是本次修法的重点,体现了立法者优化营商环境、构建良好市场秩序的决心。

案例38 瑕疵股权转让的责任承担

《公司法》第88条、《公司法司法解释(三)》第18条解读

——天津滨海泰达酒店开发公司、天津中盈置业公司等股东出资纠纷案①

【最高人民法院2020年再审案例】

《公司法》第88条

股东转让已认缴出资但未届出资期限的股权的,由受让人承担缴纳该出资的义务;受让人未按期足额缴纳出资的,转让人对受让人未按期缴纳的出资承担补充责任。

未按照公司章程规定的出资日期缴纳出资或者作为出资的非货币财产的实际价额显著低于所认缴的出资额的股东转让股权的,转让人与受让人在出资不足的范围内承担连带责任;受让人不知道且不应当知道存在上述情形的,由转让人承担责任。

《公司法司法解释(三)》第18条

有限责任公司的股东未履行或者未全面履行出资义务即转让股权,受让人对此知道或者应当知道,公司请求该股东履行出资义务、受让人对此承担连带责任的,人民法院应予支持;公司债权人依照本规定第十三条第二款向该股东提起诉讼,同时请求前述受让人对此承担连带责任的,人民法院应予支持。

① 最高人民法院民事判决书,(2020)最高法民再85号。

受让人根据前款规定承担责任后,向该未履行或者未全面履行出资义务的股东追偿的,人民法院应予支持。但是,当事人另有约定的除外。

一、案情介绍

2002 年,天津泰盈酒店管理有限公司(以下简称泰盈酒店)与天津泰达投资控股有限公司(以下简称泰达控股)共同出资设立天津滨海泰达酒店开发有限公司(以下简称泰达酒店)。2008 年,泰达控股与泰盈酒店、天津中盈置业有限公司(以下简称中盈公司)、泰达酒店签订增资协议书约定,追加泰达酒店注册资本 140000000 元,泰达控股认缴出资 82318000 元,中盈公司认缴出资 57652000 元。三方同意中盈公司以其所有的万丽公寓项目房产进行出资,评估价值为 57652000 元。

为履行增资协议书,泰达酒店与中盈公司就 86 套房产分别签订了《天津市商品房买卖合同》,总价款为 57713880.96 元,并约定:交房日期为 2009 年 8 月 31 日(其中 2111 号房屋约定的交房日期为 2009 年 12 月 31 日),不能按期交房的,按延期处理,逾期在 90 日内的,泰达酒店有权向中盈公司追究已付款利息,利息自合同约定的应交付商品房次日起至实际交付商品房之日止,按银行同期贷款利率计算,如超过上述约定期限的,合同继续履行,中盈公司应支付泰达酒店已付款利息,利息自合同约定应交付商品房之日次日起至实际交付商品房之日止,按银行同期贷款利率计算,此外,中盈公司还应每日按商品房价款的 0.1‰支付违约金;自初始登记完毕之日起 180 日内办结房屋权属登记,逾期应按房屋价款的 0.1% 支付违约金。

2009 年 4 月 1 日,中盈公司与泰盈酒店签订股权转让协议,约定中盈公司将 25.62% 的股权依法转让给泰盈酒店。2009 年 4 月 15 日,泰盈酒店、中盈公司及泰达控股形成股东会决议,并修改公司章程,同意中盈公司与泰盈酒店签署的股权转让协议,其他股东自愿放弃优先权。后将股东变更事项进行了工商登记变更。

涉诉的 86 套房产中,1602 - 1607、1702 - 1704 号房产已在诉前交付,其余 77 套的交付时间为 2017 年 8 月 17 日,均已超过出资期限。涉诉 86 套房产均存在逾期办理产权证的情形。

本案的争议事实在于，泰盈酒店作为股权受让方，是否应当对中盈公司瑕疵出资的违约责任承担连带责任。

原告泰达酒店诉称：(1)要求被告中盈公司全面履行出资义务，将案涉房产全数登记至泰达酒店名下，并将未交付的77套房产交付给泰达酒店。(2)要求中盈公司就未履行按期交付77套房产的出资义务向泰达酒店支付自2009年9月1日起至实际交付房屋之日止的逾期交房利息、逾期交房违约金、逾期办证违约金以及逾期交房造成的经济损失。(3)要求泰盈酒店对上述第1、2项主张承担连带责任。

被告泰盈酒店辩称：即便中盈公司存在出资瑕疵，但泰盈酒店在受让股权时对此并不知情，其不应当承担连带责任，故应当驳回泰达酒店有关请求泰盈酒店承担责任的诉讼请求。

二、判决结果与理由

1. 判决结果

天津市第二中级人民法院作出(2017)津02民初110号民事判决：中盈公司于判决生效之日起10日内给付泰达酒店逾期交房利息、逾期交房违约金及逾期办证违约金，驳回泰达酒店要求泰盈酒店承担连带责任的诉讼请求。

天津市高级人民法院作出(2017)津民终588号民事判决：改判一审认定的逾期交房利息及逾期交房违约金的时间计算期间，维持驳回泰达酒店要求泰盈酒店承担连带责任诉讼请求的判决。

二审宣判后，泰达酒店申请再审。最高人民法院作出(2020)最高法民再85号民事判决：泰达酒店的再审请求成立，原判决认定事实基本清楚，但适用法律有误。撤销天津市高级人民法院(2017)津民终588号民事判决，撤销天津市第二中级人民法院(2017)津02民初110号民事判决中驳回泰达店要求泰盈酒店承担连带责任诉讼请求部分；维持天津市第二中级人民法院(2017)津02民初110号民事判决中对于逾期交房利息、逾期交房违约金及逾期办证违约金时间计算期间的认定。此外，判决泰盈公司对中盈公司的上述给付义务向泰达酒店承担连带责任。

2. 判决理由

最高人民法院认为:

首先,中盈公司需承担逾期出资的违约责任。中盈公司以其享有所有权的商品房出资,应将涉案房屋依约交付泰达酒店并办理所有权过户手续以完成出资义务,否则将承担未全面履行出资义务的违约责任。从查明的事实看,中盈公司应按照《天津市商品房买卖合同》约定的时间,即 2009 年 8 月 31 日,将房屋交付给泰达酒店,但中盈公司仅办理了 86 套房屋的所有权预告登记,并未将涉案房屋实际交付泰达酒店。中盈公司实际履行出资义务的时间应为涉案房屋交付之时,即 2017 年 8 月 17 日。虽然中盈公司已将非货币出资缴纳到位,但仍需承担逾期出资的违约责任。

其次,泰盈酒店应就中盈公司逾期交房利息、违约金及逾期办证违约金承担连带责任。《公司法司法解释(三)》第 18 条规定,"有限责任公司的股东未履行或者未全面履行出资义务即转让股权,受让人对此知道或者应当知道,公司请求该股东履行出资义务、受让人对此承担连带责任的,人民法院应予支持"。此处公司请求股东履行的"出资义务",应包括股东逾期出资时所应承担的赔偿责任。泰盈酒店作为泰达酒店的设立人一直持有泰达酒店股份,同时也是 2008 年 12 月 16 日签订《增资协议书》的主体之一,其应当知道在 2009 年受让股权时,中盈公司尚未实际交付房屋从而未履行出资义务。泰达酒店请求中盈公司给付逾期交房利息、违约金、逾期办证违约金的实质是要求中盈公司承担逾期出资的赔偿责任,泰盈酒店对此应当承担连带责任。泰盈酒店抗辩其并非《天津市商品房买卖合同》的当事人,泰达酒店依据买卖合同法律关系来请求其承担连带给付责任的理由不能成立。两审法院未判令泰盈酒店承担连带给付责任存在不当,本院予以纠正。

三、案例解读

1. 法律规定

关于瑕疵股权转让责任承担问题,新《公司法》第 88 条第 2 款有所规定。另根据现行《公司法司法解释(三)》第 18 条,瑕疵股权转让后的出资责任规则应做如下解读:首先,在出资责任的内容上,不仅包含对公司的出资之债,也包含对债权人在出资不足范围内的补充清偿责任。其次,在责任主体与责任形态的配置上,受让股东与转让股东承担连带责任,但受让股东的连带责任需要考虑其主观状态,只有在受让股东知道或应该知道被转让股权的瑕疵状况时,才需要与转让股东承担连带责任。最后,司法解释还规定了当事人在没有特殊约定时受让股东对转让股东的追偿权。

新《公司法》弥补了2018年《公司法》在瑕疵股权转让责任承担方面的规范漏洞,吸收了《公司法司法解释(三)》第18条第1款,将"未履行或者未全面履行出资义务"界定为"未按照公司章程规定的出资日期缴纳出资或者作为出资的非货币财产的实际价额显著低于所认缴的出资额"。"未按照公司章程规定的出资日期缴纳出资",包括完全未履行和未完全履行两种形式。其中,"完全未履行"是指出资期限届满后转让人根本未出资的情形,包括拒绝出资、不能出资、虚假出资、抽逃出资;"未完全履行"是指出资期限届满后,转让人只履行了部分出资义务,未足额支付。"非货币财产出资的实际价额显著低于所认缴的出资额"是指股东虽然向公司交付了非货币财产,但该财产的实际价值显著低于其已认缴的出资额,系出资不实行为。另外,受让人受让瑕疵出资股权,且对该股东瑕疵出资事实知道或应当知道的,应在出资不足的范围内承担连带责任。受让人在受让股权时负有审查义务,应当通过查阅公司章程、公司登记或企业信息公示系统等方式核实转让人的实际出资情况。新《公司法》第88条第2款采用"转让人与受让人在出资不足的范围内承担连带责任"的概括性表述,模糊请求权主体,表明同《公司法司法解释(三)》第18条第1款规定一致,公司和公司债权人都可以要求该受让人与转让股东就履行出资义务承担连带责任。在对内关系上,新《公司法》删除了该司法解释第18条所规定的追偿权,应该认为,追偿权的有无依股东间关系调整即可,法定追偿权亦有《民法典》第178条予以规制,新法删除了司法解释的冗余表述,体现了立法技术上对旧有规定的调整与优化。

2. 法律适用

本案的核心问题是瑕疵股权转让中的受让人承担连带责任的范围是否包括转让股东逾期出资应承担的违约赔偿责任？本案判决确立的裁判规则为,瑕疵股权转让中的受让人承担连带责任的范围不仅包括继续履行出资义务,还包括股东逾期出资应承担的赔偿责任。

根据新《公司法》第 88 条第 2 款的规定，受让人承担连带责任应具备两个条件：一是未按期足额缴纳出资或者作为出资的非货币财产的实际价额显著低于所认缴的出资额的股东转让股权；二是受让人不属于不知道且不应当知道瑕疵出资情形。满足以上两个条件，受让人在出资不足的范围内与该股东承担连带责任。但在具体适用上，连带责任的范围应如何界定，是否包含转让股东瑕疵出资的违约责任？本案裁判对此问题的回应具有借鉴意义。

本案中，中盈公司以其所有房产进行出资，虽然已经将涉诉的 86 套房产于 2017 年 8 月 17 日实际交付给泰达酒店，但是实际交付时间晚于当事人协议约定时间，存在逾期缴纳出资的瑕疵出资情形，中盈公司应当承担为履行出资义务而签订的《天津市商品房买卖合同》中约定的违约责任。另外，泰盈酒店作为泰达酒店的设立人一直持有其股权，并且是《增资协议书》的签订主体，在受让股权时应当知道中盈公司未按期缴纳出资，应与中盈公司在出资不足的范围内承担连带责任。由于中盈公司在出资期后已缴足，泰盈酒店不需承担继续履行出资义务的连带责任，故本案的争议焦点在于，泰盈酒店是否对中盈公司的违约责任承担连带责任。

一审和二审法院均驳回了泰达酒店要求泰盈酒店承担连带责任的诉讼请求。一审法院认为依据《公司法司法解释（三）》第 18 条第 1 款的规定，受让股权的股东应对继续履行出资义务承担连带责任，现中盈公司的出资义务已履行完毕，泰达酒店要求中盈公司承担违约责任系基于《天津市商品房买卖合同》的约定，并非中盈公司履行出资义务的范畴，且泰盈酒店并非《天津市商品房买卖合同》的当事人，故泰达酒店要求泰盈酒店对该部分违约责任承担连带责任的依据不足，不予支持。二审法院认为受让股权的股东应对于继续履行出资义务承担连带责任，中盈公司已将全部涉诉房屋交付泰达酒店并办理了权属证书，其出资义务已经履行完毕。泰达酒店上诉请求泰盈酒店就逾期交房利息、逾期交房违约金及逾期办证违约金承担连带给付责任缺乏事实及法律依据，不予支持。

最高人民法院再审认为，《公司法司法解释（三）》第 18 条规定的公司请求股东履行的“出资义务”，应包括股东逾期出资时所应承担的赔偿责任。泰达酒店请求中盈公司给付逾期交房利息、违约金、逾期办证违约金的实质是要求中盈公司承担逾期出资的赔偿责任，泰盈酒店对此应当承担连带责任。本案中最高人民法院判决知情的股权受让人对转让人的违约责任承担连带责任的原因在于,其认为承担违约责任属于股东出资义务的一部分。泰达酒店与中盈公司签订《天津市商品房买卖合同》目的是履行《增资协议书》约定的出资义务,买卖合同中约定的违约责任是为了保障出资义务的履行。因此,知情受让人承担连带责任的范围应包括保障出资义务履行的违约责任。

3. 本案延伸思考

在新《公司法》规定下,瑕疵股权转让中受让人承担连带责任的范围,除补足出资责任外,是否还包括损害赔偿责任?

从文义角度来看,新《公司法》第 88 条第 2 款规定受让人在“出资不足”的范围内承担连带责任,与《公司法司法解释(三)》中受让人对“股东履行出资义务”承担连带责任相比,似乎含有以认缴出资额为限而不包含瑕疵出资赔偿责任的含义。后续司法裁判如何认定还有待考察。

从股东违反出资义务应承担的责任的性质来看,股东瑕疵出资责任是股东违反出资义务的法律后果,在公司成立之后,除股东之间的违约责任外,股东瑕疵出资还同时构成公司法上损害公司利益的行为,公司有权向其追究责任。在公司法学理及各国公司立法上一般将股东的出资责任分为出资违约责任和资本充实责任。出资违约责任适用于对一般股东出资责任的追究,资本充实责任适用于对公司发起人的出资责任追究,本案中的出资责任应为出资违约责任形态。

股东承担出资违约责任的主要方式是:

(1)补足出资。公司对违反出资义务但仍有履行可能的股东要求其继续履行出资义务。经公司追缴,股东如仍不履行出资义务的,公司有权请求强制履行。

(2)损害赔偿。股东的出资义务是一种债的义务,股东违反出资义务给公司和其他股东造成损失的,应承担损害赔偿责任。如果由于股东违反出资义务而导致公司不能成立或被撤销、解散,违约的股东应向其他守约的股东承担损害赔偿责任。大多数国家公司法都规定损害赔偿是可以和其他救济手段并用的一种救济方式,当其他救济手段不足以弥补其所遭受的损失时,公司或其他守约股东仍可要求股东承担损害赔偿责任。新《公司法》第 49 条第 3 款即明确规定了“股东未按期足额缴纳出资给公司造成损失的,应当承担赔偿责任”。

从对责任性质的分析,我们认为,补足出资和损害赔偿本质上都属于出资违约责任的承担方式,从法理角度来看,受让人应对转让人的出资违约责任承担连带责任,当然应同时对补足出资和损害赔偿负责。

四、相关原理

瑕疵股权转让后出资责任配置的利益衡量

从转让股东的角度看,若要求转让股东仍然承担出资责任,本质上是资本充实原则与债权人保护的要求。从受让股东的角度看,若要求受让股东与转让股东承担连带责任,也是因为受让股东继受取得股权,依债务承担原理需要履行对公司的出资责任。

1. 转让股东承担出资责任的应然性

瑕疵股权在股权转让时出资期限已经届满,在瑕疵股权转让后,转让股东虽然不再是股东,但仍然需要承担对公司的出资责任。这除了体现债权人保护的价值判断之外,还体现了自己责任原理的归责要求。在股权转让时该股权即已然处于瑕疵状态,转让股东已届期而未实缴的行为是出资违约行为,违反了与公司的出资约定。既然股权的出资瑕疵源于转让股东的违约行为,若转让股东还能通过转让该瑕疵股权而逃脱责任,无疑有违自己责任的理念。因此,转让股东即便不再是公司股东,也需要继续承担对公司的出资责任,且在内部关系中,相较于受让股东而言,转让股东是股权瑕疵的起源,具有更强的可归责性。

2. 受让股东承担出资责任的利益衡量

理论上,股东对公司的出资义务是基于股东身份而产生的法定义务。但在瑕疵股权转让情形中,受让股东取得股东身份,却并不当然承担后续的出资责任。瑕疵股权转让中的受让股东责任需区别于未届期股权转让中的受让股东责任,原因在于:未届期股权发生转让时,股权出资期限尚未届满的事实具有公示性,作为相对人的受让股东可以在国家企业信息公示系统等公示途径中查询到该股权的认缴期限与实缴金额,而瑕疵股权既包含货币出资不足,也包含非货币财产出资不实的瑕疵情形,此时受让股东存在对瑕疵情况无知悉基础的可能。在瑕疵股权转让中,相较于转让股东责任的应然性,受让股东是否应该承担责任,需要进行利益衡量,一方面,受让股东有对出资瑕疵不知且不应知悉的可能,另一方面,受让股东与出资违约行为并无直接关联。

现行规范为受让股东配置了无须承担出资责任的善意抗辩,旨在平衡受让股东与债权人保护的利益。善意的受让股东本质上是对瑕疵出资情况无知悉基础的外部相对人,已尽谨慎审查义务后仍无法觉察受让标的股权的瑕疵情况,此类瑕疵通常意味着转让股东的恶意隐瞒或欺骗,如非货币财产出资评估造假或抽逃出资,该瑕疵情形并不属于受让股东有能力控制的风险,此时受让股东与外部债权人均属信息获取能力有限、善意相信交易外观的无辜主体,受让股东并无须劣后于债权人,其与因股东资本不实而遭受损害的债权人一样,具有相似的不可归责性。出于风险负担与无可归责性的考虑,比较法上也多认为善意受让瑕疵股权的股东并无承担连带责任的法理基础。

案例39 异议股东回购请求的行使条件

《公司法》第89条解读

——袁朝晖与长江置业(湖南)发展有限公司请求公司收购股份纠纷案[①]

【最高人民法院2016年公报案例】

《公司法》第89条

有下列情形之一的,对股东会该项决议投反对票的股东可以请求公司按照合理的价格收购其股权:

(一)公司连续五年不向股东分配利润,而公司该五年连续盈利,并且符合本法规定的分配利润条件;

(二)公司合并、分立、转让主要财产;

(三)公司章程规定的营业期限届满或者章程规定的其他解散事由出现,股东会通过决议修改章程使公司存续。

自股东会决议作出之日起六十日内,股东与公司不能达成股权收购协议的,股东可以自股东会决议作出之日起九十日内向人民法院提起诉讼。

公司的控股股东滥用股东权利,严重损害公司或者其他股东利益的,其他股东有权请求公司按照合理的价格收购其股权。

公司依照本条第一款、第三款规定的情形收购的本公司股权,应当在六个月内依法转让或者注销。

① 《最高人民法院公报》2016年第1期。

一、案情介绍

2010 年 3 月 5 日，长江置业（湖南）发展有限公司（以下简称长江置业公司）形成股东会决议，明确由沈良、钟继光、袁朝晖三位股东共同主持工作，确认全部财务收支、经营活动和开支、对外经济行为必须通过申报并经全体股东共同联合批签才可执行，对重大资产转让要求以股东决议批准方式执行。但在实行联合审批办公制度之后，长江置业公司对案涉二期资产进行了销售，该资产转让从定价到转让，均未取得股东袁朝晖的同意，也未通知其参加股东会。袁朝晖因此未参加股东会，未通过投反对票的方式表达对股东会决议的异议。2010 年 8 月 19 日，袁朝晖申请召开临时股东会，明确表示反对二期资产转让，要求立即停止转让上述资产，长江置业公司驳回了袁朝晖的申请，并继续对二期资产进行转让。

经查，长江置业公司的公司章程中规定，股东权利受到公司侵犯，股东可书面请求公司限期停止侵权活动，并补偿因被侵权导致的经济损失。如公司经法院或公司登记机关证实，公司未在所要求的期限内终止侵权活动，被侵权的股东可根据自己的意愿退股，其所拥有的股份由其他股东协议摊派或按持股比例由其他股东认购。长江置业公司在没有通知袁朝晖参与股东会的情况下，于 2010 年 5 月 31 日作出股东会决议，取消了袁朝晖的一切经费开支，长江置业公司和其股东会没有保障袁朝晖作为股东应享有的决策权和知情权。

本案的争议事实在于，袁朝晖未在股东会中通过投反对票的方式表达对决议的异议，是否还能要求公司回购其股权？

袁朝晖诉称，要求长江置业公司根据 2013 年《公司法》及公司章程的约定收购其 20% 股权。

长江置业公司辩称，根据 2013 年《公司法》第 74 条，对股东会该项决议投反对票的股东可以请求公司按照合理的价格收购其股权，袁朝晖并未出席股东会并对该决议投反对票，因此无权要求长江置业公司收购其股权。

二、判决结果与理由

1. 判决结果

最高人民法院审查再审申请过程中认为二审法院依照 2013 年《公司法》第

74 条之规定,认定袁朝晖有权请求长江置业公司以公平价格收购其股权,并无不当,驳回长江置业公司的再审申请。

2. 判决理由

最高人民法院认为,关于袁朝晖是否有权请求长江置业公司回购股权的问题,长江置业公司转让案涉二期资产未取得股东袁朝晖的同意,也未通知其参加股东会,根据 2013 年《公司法》第 74 条的规定,对股东会决议转让公司主要财产投反对票的股东有权请求公司以合理价格回购其股权。本案从形式上看,袁朝晖未参加股东会,未通过投反对票的方式表达对股东会决议的异议。但是,2013 年《公司法》第 74 条的立法精神在于保护异议股东的合法权益,之所以对投反对票作出规定,意在要求异议股东将反对意见向其他股东明示。本案中袁朝晖未被通知参加股东会,无从了解股东会决议,并针对股东会决议投反对票,况且,袁朝晖在 2010 年 8 月 19 日申请召开临时股东会时,明确表示反对二期资产转让,长江置业公司驳回了袁朝晖的申请,并继续对二期资产进行转让,已经侵犯了袁朝晖的股东权益。因此,二审法院依照 2013 年《公司法》第 74 条之规定,认定袁朝晖有权请求长江置业公司以公平价格收购其股权,并无不当。

同时,长江置业公司的公司章程中规定,股东权利受到公司侵犯,股东可书面请求公司限期停止侵权活动,并补偿因被侵权导致的经济损失。公司未在所要求的期限内终止侵权活动,被侵权的股东可根据自己的意愿退股,其所拥有的股份由其他股东协议摊派或按持股比例由其他股东认购。本案中,长江置业公司和其股东会没有保障袁朝晖作为股东应享有的决策权和知情权,侵犯了袁朝晖的股东权益,符合公司章程所约定的“股东权利受到公司侵犯”的情形。因此,袁朝晖有权根据公司章程的规定,请求公司以回购股权的方式让其退出公司。

从本案实际处理效果看,长江置业公司股东之间因利益纠纷产生多次诉讼,有限公司人合性已不复存在,通过让股东袁朝晖退出公司的方式,有利于尽快解决公司股东之间的矛盾和冲突,从而保障公司利益和各股东利益。综上,袁朝晖请求长江置业公司收购其 20% 股权符合《公司法》和长江置业公司的公司章程的规定。

三、案例解读

1. 法律规定

新《公司法》第 89 条规定了有限公司股权回购的三项法定情形，并且指明了异议股东请求公司回购股权的程序，为异议股东股权回购之诉提供了请求权基础。新《公司法》相比原《公司法》新增了第 3、4 款规定，第 3 款赋予了其他股东在控股股东滥权时的回购请求权，新增了股东压迫情形下，中小股东股权回购救济的一般规定，此项修订具有重要意义。由于我国公司股权结构比较集中，实践中大股东滥用权利现象频发，为了保护中小股东的利益，借鉴了国外规制股东压制的相关规则。此外，由于有限公司具有封闭性，缺乏公开的股权流通市场，股权转让相比于开放式公司较为困难，本款规定增加了中小股东退出公司的渠道，也有利于缓和公司解散制度的适用，为当事人和法院解决公司僵局提供了新思路。该款规定的中小股东因股东压迫退出公司须满足的条件有：(1)公司控股股东滥用股东权利；(2)严重损害公司或者其他股东利益；(3)请求公司按照合理的价格收购股权。本条第 4 款规定增加了回购股权的处置方式，该项修改可以与新《公司法》第 162 条更好地协调，促进股份回购处理方式的统一，维护公司的资本真实。

2. 法律适用

本案的核心问题是：股东未出席股东会并对决议投反对票，是否还可以行使异议回购请求权？本案裁判确定的裁判规则为，对股东会决议转让公司主要财产持反对意见的股东，非因自身过错未能参加股东会且未对决议投出反对票，并非必然不能行使股权回购请求权，关键要对股东权益是否受到损害、股东是否对决议明确表示反对意见进行判断。若符合以上要件，股东可以主张行使异议回购请求权。

对于袁朝晖可否要求长江置业公司回购其股权问题，最高人民法院先论证袁朝晖不仅基于新《公司法》第 89 条第 2 项规定享有法定回购请求权，而且依据公司章程享有约定的回购请求权，后从案件处理的最佳效果出发，作出有利于维持有限公司人合性的裁判。本案重点在于对袁朝晖是否享有法定回购请求权的认定。

首先,袁朝晖具有法定的回购请求权。根据新《公司法》第 89 条第 1 款的规定,对股东会决议投反对票的股东可以请求公司按照合理的价格收购其股权。从文义解释,股东出席股东会并对决议投反对票,似乎是股东行使异议回购请求权的前置程序,但对于法条的适用不能仅遵循文义解释,还应探求法条背后的立法精神和立法目的。本公报案例中,最高人民法院便从立法精神出发,认为出席股东会并投反对票并非异议股东回购请求权行使的必备条件。

本案中,长江置业公司对其资产转让事项未通知袁朝晖参加股东会表决,袁朝晖因此未能参加股东会,未对公司的该项决议投出反对票。虽然从形式上看,袁朝晖确实没有参加股东会并投反对票,但是通过对新《公司法》第 89 条立法精神的探求,其立法目的在于保护异议股东的合法权益,法条之所以要求股东需要对决议投出反对票,意图在于要求股东明确表示反对意见以表明自己的权益受到了损害,因而赋予其回购请求权以退出公司。所以股东只需要基于自己受损害的权益明确表示异议,而表示异议的方式是多样的,并不仅限于参加股东会并投反对票。本案中,袁朝晖未参加股东会是因为未收到通知,非因自身的过错无法对决议投反对票,且袁朝晖申请召开临时股东会时明确表示反对资产转让,此时袁朝晖认为自己的权益受到了损害并明确表示了异议,符合行使异议请求权的条件。且袁朝晖的股权权益确实受到了损害,在决议程序存在重大瑕疵的情形下,袁朝晖要求公司立即停止资产转让,而公司驳回其请求继续转让,侵犯了袁朝晖的股东权益。

从立法目的而言,异议股东回购请求权是赋予中小股东的救济手段,当少数股东客观上受到“绑架”或“裹挟”,其合理预期落空时,可退出公司。① 股东回购请求权应当适用于对股东造成实质不公平损害的各类情形,否则将导致该制度的救济目的落空。② 可见,欲实现其制度目的,股东回购请求权行使的实质标准是对股东是否遭受实质不公平损害进行判断,并不能单纯因股东未在股东会上表示反对意见而剥夺其回购请求权。最高人民法院在本案中的裁判符合立法规定异议股东回购请求权的立法目的,充分发挥了其对中小股东的救济功能,值得肯定。

---

① 参见安建主编:《中华人民共和国公司法释义》,法律出版社 2005 年版,第 113 页。

② 参见刘斌:《中国公司法语境下的不公平损害救济》,载《法律适用》2023 年第 1 期。

其次,袁朝晖不仅享有法定的回购请求权,而且依据公司章程享有约定的回购请求权。根据长江置业公司公司章程的规定,股东权利受到公司侵犯,股东可书面请求公司限期停止侵权活动,并补偿因被侵权导致的经济损失。如公司经法院或公司登记机关证实,公司未在所要求的期限内终止侵权活动,被侵权的股东可根据自己的意愿退股,其所拥有的股份由其他股东协议摊派或按持股比例由其他股东认购。本案中,长江置业公司未通知袁朝晖参加股东会,取消其一切经费开支的行为,侵犯了袁朝晖作为股东的决策权和知情权,符合公司章程约定的"股东权利受到公司侵犯"的情形,并且长江置业公司并未终止其侵权行为,因此袁朝晖有权根据公司章程请求公司回购其股权。

最后,最高人民法院还从保护公司的人合性角度,认为长江置业公司股东之间因利益纠纷已产生多次诉讼,股东之间的信任关系已不复存在,公司的人合性遭到破坏,在此情形下,允许公司回购袁朝晖股权使其退出公司,有利于尽快解决公司股东之间的矛盾和冲突,保障公司和各股东的利益,也有利于公司的存续和发展,有利于发挥股权回购制度解决公司僵局的功能,符合《公司法》第89条的立法目的,值得肯定。

综上,最高人民法院支持了袁朝晖要求公司回购其股权的诉讼请求。

3. 本案延伸思考

有限公司股权回购是否仅限于新《公司法》第89条规定的三种情形?公司章程可否规定股权回购其他情形?

新《公司法》对股权回购制度进行规制的主要目的在于防止股东抽走出资,确保公司资本充实。因此在理论和实践中,曾对有限公司股东可否基于法定回购情形之外的事由要求股权回购存在争论。本公报案例肯定了有限公司章程可以对股权回购情形另有规定,最高人民法院判决承认了长江置业公司章程中股权回购规定的效力,认为袁朝晖可以在公司章程约定的股权回购情形下行使权利。

实际上,异议股东回购请求权的立法目的在于为权益受到损害的股东提供退出公司的救济方式。本案中,长江置业公司章程规定的是公司侵害股东权益时,股东享有回购请求权。新《公司法》第89条第3款新增公司控股股东滥用股东权利损害公司或其他股东利益时,股东享有回购请求权。规则核心都符合为遭受实质不公平损害的股东提供救济的制度规范目的,承认公司章程约定的此种股东回购规则,有利于保护中小股东利益,缓解大股东与中小股东之间的矛盾,促进公司治理的完善。

另外,司法审判中也承认了公司出于其他目的在章程中规定股权回购情形的合法性,且并不属于股东提出异议的回购。如在宋文军诉西安市大华餐饮有限公司股东资格确认纠纷案中,大华餐饮有限公司出于维护公司人合性的目的,在章程中约定公司股东"人走股留",并由公司予以回购。陕西省高级人民法院认为该章程约定的股权回购虽然不属于新《公司法》第 89 条规定的三种法定回购情形,但大华餐饮有限公司基于公司章程的约定具有回购宋文军股权的权利,可以依照公司章程的规定回购其股权。

可见,有限公司回购其股东股权的情形并不仅限于新《公司法》第 89 条规定的三种情形。该条规定第 3 款新增大股东滥权情形下的回购请求权,实质上是以"股东受到实质不公平损害"为标准扩大了股东异议回购请求权的适用情形,为不属于本条法定的三种情形兜底。

四、相关原理

股东压迫情形下的回购救济

本案中,无论是最高人民法院裁判中对"保护异议股东合法权益"的立法目的分析,还是长江置业公司的公司章程对"股东权利受到公司侵犯"的退股规定,都体现了股东压迫情形下回购救济的原理。

在我国,封闭型公司占据绝对主流地位,股东之间的利益冲突是公司治理中最突出的矛盾。[①] 随着风险投资等融资方式的发展,股东压制问题更加突出和复杂。依发生冲突的股东所持股权比例之不同,股东之间的冲突可表现为势均力敌的股东间的股东僵局和力量失衡的股东间的股东压迫。股东之间的内斗和大股东对中小股东的欺压是有限责任公司存在的最为典型和突出的问题。[②]

股东压迫也称股东压制,是英美公司法上的常见概念,常用于描述公司(尤其是封闭公司)中控制股东或多数股东凭借自身优势通过影响公司的劳动雇佣、薪酬计划、股利分配等事项排挤、欺压其他股东(主要是少数股东),令其不

---

① 参见刘斌:《公司机构设置的组织法逻辑与改革路径》,载《法律适用》2021 年第 7 期。

② 参见赵旭东:《公司治理中的控股股东及其法律规制》,载《法学研究》2020 年第 4 期。

能获得相应的投资回报或者不能正常参与经营管理的情形。[①] 在股东压迫的情况下，股东之间合作的基础已被严重削弱，甚至不复存在，此时应允许受压迫的股东通过一定的方式离开公司。

股东压迫情形下的回购救济讨论最多的问题是如何认定股东压迫，或者说，在何种情形下应对受压迫股东提供救济。在比较法上，界定股东压迫有三种思路：一是，多数股东实质性地挫败少数股东的合理期待，这种标准被称为股东合理期待原则[②]；二是，股东压迫是对股东间提高的信义义务的违反，此标准为股东信义义务标准；三是，把股东压迫理解为繁重的、苛刻的、不正当的行为，违背了公平交易标准和股东信任的游戏规则。[③] 这三种思路看起来的确都在界定股东压迫，效果也有相似之处，但是其背后的法理构造、构成要件以及在部分案型中的适用结果仍有细微的不同。其中，第一种思路，即股东合理期待原则在英美法系得到非常普遍的适用，并且在中国的司法实践中已经初现端倪[④]；第二种思路面临着理论和实践上的诸多分歧；第三种思路对司法救济设定的门槛较高，在实践中较少被采用。

我国原《公司法》第 74 条对于有限公司异议股东回购请求权仅规定了三类主要情形：连续 5 年盈利且符合分配条件时不向股东分配利润；合并、分立、转让主要财产；营业期限届满或者其他解散事由出现后决议延续。从立法目的而言，异议股东回购请求权是赋予中小股东的救济手段，当少数股东客观上受到"绑架"或"裹挟"，其合理预期落空时，可以退出公司。[⑤] 前述情形显然系损害

① 参见李建伟：《股东压制的公司法救济：英国经验与中国实践》，载《环球法律评论》2019 年第 3 期。

② 在英美判例法的实践和研究中，称其为股东合理期待标准、股东合理期待方法或股东合理期待原则。国内的研究者多以原则相称，本书亦沿用这种表述。以"股东合理期待原则"为表述的著述，参见张学文：《英美法中的股东合理期待原则》，载《比较法研究》2011 年第 4 期；冯果、段丙华：《公司法中的契约自由——以股权处分抑制条款为视角》，载《中国社会科学》2017 年第 3 期；杨署东：《合理期待原则下的美国股东权益救济制度及其启示》，载《法律科学（西北政法大学学报）》2012 年第 2 期；龚博：《有限公司股东股利分配权的司法救济》，载《法学》2016 年第 12 期；彭冰：《理解有限公司中的股东压迫问题——最高人民法院指导案例 10 号评析》，载《北大法律评论》2014 年第 1 期。

③ 参见邓江源：《有限责任公司股东压制的困境与出路》，人民法院出版社 2015 年版，第 22～23 页；范世乾：《控制股东滥用控制权行为的法律规制——中国公司法相关制度的构建》，法律出版社 2010 年版，第 164～167 页。

④ 参见彭冰：《理解有限公司中的股东压迫问题——最高人民法院指导案例 10 号评析》，载《北大法律评论》2014 年第 1 期。

⑤ 参见安建：《中华人民共和国公司法释义》，法律出版社 2005 年版，第 113 页。

股东权益的不完全列举，预设条件严格，涵盖情形狭窄，易于被公司控制者规避。故而，股东回购请求权的事项不应当局限于具体的个别情形，而应当扩充至继续留在公司将对股东造成实质不公平损害的各类情形，否则将导致该制度的救济目的落空。[①] 例如，公司发生重大交易或者重大变更时，均有可能导致评估权的适用。[②]

另外，在原《公司法》规定下，司法实践常使用抽象的理论和原则或借助于其他条款来对受压迫的股东提供救济。原《公司法》中没有专门针对股东压迫的立法，也没有赋予被压迫股东以回购救济，这使得当事人只能以原《公司法》第 182 条的公司解散之诉进行诉讼，法院只能调解双方进行股权回购，如调解不成，法院只能解散公司。[③] 法院提供解散公司这一种救济手段时，并不是对股东压迫进行认定，而是通过认定公司僵局裁判公司解散。但是，公司僵局与股东压迫具有完全不同的表现形式：前者以公司经营管理发生严重困难为前提条件，常表现为股东表决权僵持无法作出决议；后者往往意味着公司从权力机构运行到业务经营都由控制股东控制，公司的日常经营其实是正常的。因此在原《公司法》下，欲对股东压迫进行救济，只能在同时存在公司僵局的情形下裁判公司解散，若公司不存在僵局，则难以进行有效的救济。

针对上述立法不足，新《公司法》第 89 条第 3 款新增："公司的控股股东滥用股东权利，严重损害公司或者其他股东利益的，其他股东有权请求公司按照合理的价格收购其股权。"以上规定在我国正式确立了有限公司股东压迫情形下的回购救济制度，明确了股东压迫的判断标准和回购救济手段。在此规定之下，中小股东因股东压迫退出公司须满足的条件有：第一，公司控股股东滥用股东权利；第二，严重损害公司或者其他股东利益；第三，请求公司按照合理的价格收购股权。

---

① 参见刘斌：《中国公司法语境下的不公平损害救济》，载《法律适用》2023 年第 1 期。

② 参见施天涛：《公司法论》，法律出版社 2018 年版，第 571 页。

③ 根据《公司法司法解释（二）》第 5 条第 1 款规定，法院可以调解双方进行股权回购，但是法院不能直接进行这样的判决，而且一旦发生股东压制，双方是否愿意心平气和地协商卖出、减资仍是一个疑问。《公司法司法解释（二）》第 5 条第 1 款规定："人民法院审理解散公司诉讼案件，应当注重调解。当事人协商同意由公司或者股东收购股份，或者以减资等方式使公司存续，且不违反法律、行政法规强制性规定的，人民法院应予支持。当事人不能协商一致使公司存续的，人民法院应当及时判决。"

案例40 公司章程限制继承规定的效力

《公司法》第90条解读

——启东市建都房地产开发有限公司与周某股东资格确认纠纷上诉案①

【最高人民法院2018年终审案例】

《公司法》第90条

自然人股东死亡后，其合法继承人可以继承股东资格；但是，公司章程另有规定的除外。

一、案情介绍

2009年2月起，周某新出资启东市建都房地产开发有限公司（以下简称建都公司）2100万元受让2100万股，出资占注册资本42%。

2007年9月12日建都公司章程第20条规定"自然人股东死亡后，其合法继承人可以继承股东资格"。2009年2月11日、2009年4月29日、2012年3月29日建都公司对章程进行修改，删除了2007年9月12日章程第20条股东资格允许继承的条款，同时在第四章第7条规定："股东之间经股东会批准，可以相互转让其全部或者部分股权。股东不得向股东以外的人转让股权……对免职、调离、终止合同、退休（退休后继续任职的除外）等人员及时办理股权转让手续，由公司其他股东按原出资额受让，转让股权的股东，除公司发生累计亏损外，其持股期间每年另按出资额的8%享受公司增值资产固定回报。"

① 最高人民法院民事判决书，（2018）最高法民终88号。

2015年1月,建都公司经股东会决议修改公司章程,在原章程第四章第7条中增加规定“对正常到龄退休(返聘除外)、长病、长休、死亡的股东,应及时办理股权转让手续,股东退股时,公司累计有盈余的,持股期间按本人持股额每年享受20%以内回报”,该内容作为第7条第3款。

周某系周某新唯一女儿。周某新自1997年10月至去世之前一直担任建都公司法定代表人。2015年11月23日,周某新订立遗嘱:“……本人去世后,投资于建都公司的股权及相对应的股东权利均由本人女儿周某继承。”

一审诉讼中,建都公司提供了2016年7月2日、2017年10月3日本案纠纷发生后建都公司的股东会决议。2016年7月2日的股东会决议载明:“……四、公司股东辞职、离职、去世或退休后不再返聘的,按公司章程规定应及时办理股权转让或退股手续……原董事长周某新持股期间按其持股额的20%计算……五、股东周某新因病去世,其持有的2100万元股权按公司章程规定办理股权转让或退股手续……”2017年10月3日的股东会决议载明:“一、周某新因2015年12月4日病逝而退股2100万元……二、周某新的退股回报为持股期间按持股额每年享受20%的回报……三、因没有其他股东认购这些股权,故由公司回购作退股处理……”

本案的争议事实在于,周某作为周某新股权继承人,要求确认其股东资格,并要求建都公司办理股权变更手续是否有事实和法律依据。

原告周某诉称,要求确认其股东资格,并要求建都公司办理股权变更手续。

被告建都公司辩称,建都公司章程明确规定退休、离职、死亡等股东应及时退股,排除外部人员通过继承成为公司股东,是建都公司章程应有之义和基本原则,周某继承的仅系股权相对应的财产权益。

二、判决结果与理由

1. 判决结果

江苏省高级人民法院一审作出(2016)苏民初10号民事判决:(1)确认周某继承取得周某新股东资格,对建都公司享有2100万元出资额,出资比例为注册资本的42%;(2)建都公司于一审判决生效之日起20日内将周某载入股东名册,并向公司登记机关申请办理将周某新2100万元出资额由周某继承取得的变更登记手续。

建都公司不服一审判决，提起上诉，最高人民法院作出(2018)最高法民终88号判决：(1)撤销江苏省高级人民法院(2016)苏民初10号民事判决；(2)驳回周某的诉讼请求。

2. 判决理由

最高人民法院认为，本案争议焦点为：周某要求确认其股东资格，并要求建都公司办理股权变更手续是否有事实和法律依据。

《公司法》赋予了自然人股东的继承人继承股东资格的权利，但是同时亦允许公司章程对死亡股东的股权处理方式另行作出安排。因此，判断本案中周某是否有权继承其父周某新的股东资格，关键在于解读建都公司章程有无对股东资格继承问题作出例外规定。

正确理解章程条款，应在文义解释的基础上，综合考虑章程体系、制定背景以及实施情况等因素。首先，建都公司自2007年以来先后经历4次章程修改。自2009年起章程中删除了继承人可以继承股东资格的条款，且明确规定股东不得向股东以外的人转让股权，这可以反映出建都公司具有高度的人合性和封闭性特征。其次，2015年1月10日的公司章程第7条第3款对死亡股东股权的处理已经作出了规定，虽然未明确死亡股东的股东资格不能继承，但结合该条所反映的建都公司高度人合性和封闭性的特征，以及死亡股东应及时办理股权转让手续的表述，可以认定排除股东资格继承是章程的真实意思表示。最后，周某新去世之前，股东郁某新、曹某华在离职时均将股权进行了转让，即不再是建都公司的在册股东，建都公司亦根据章程规定支付了其持股期间的股权回报款。该事例亦进一步印证了股东离开公司后按照章程规定不再享有股东资格的实践情况。因此，纵观建都公司章程的演变，并结合建都公司对离职退股的实践处理方式，本案应当认定公司章程已经排除了股东资格的继承。

排除股东资格继承后，标的股权如何处理属于公司治理事项，不影响本案股东资格的判断。案涉股权排除继承后，究竟是由公司回购还是由其他股东受让，均可通过公司自治实现。这两种方式均有利于打破公司僵局，维持公司的人合性和封闭性，体现公司意志，保护股东权益。此外，周某虽无权继承股东资格，但其财产权利可以得到保障，其依然能取得退还的股本金和按照持股额每年计算一定比例的回报款。周某作为周某新的继承人，将能够从建都公司获取较为丰厚的财产收益，对其权益的保护亦属合理。同时，建都公司目前离职的股东均系采取收回股本金和领取一定比例回报款的方式获得补偿,遵照公司章程对股东权益平等予以保护,符合本案实际情况。

综上所述,周某要求确认其股东资格,并要求建都公司办理股权变更手续,缺乏事实和法律依据。上诉人建都公司的上诉请求成立,予以支持。

三、案例解读

1. 法律规定

新《公司法》第90条与原《公司法》规定一致,未有修改,即继承人可以继承股东资格,并赋予公司对于股权继承事项另行规定的权利。同时,《公司法司法解释(四)》第16条规定:“有限责任公司的自然人股东因继承发生变化时,其他股东主张依据公司法第七十一条第三款规定行使优先购买权的,人民法院不予支持,但公司章程另有规定或者全体股东另有约定的除外。”在股权因继承发生变动的情形下,公司其他股东不得主张优先购买权。但是,公司章程对该事项可以另行规定,全体股东也可以另有约定。该规定在新《公司法》颁布之后仍可以继续适用。

新《公司法》对有限责任公司股东资格继承作出了一般原则性规定,即自然人股东的合法继承人可以继承股东资格,但也允许公司章程作出其他安排。具体而言:

其一,自然人股东的合法继承人可以继承其股东资格。股东资格与股东的财产权密不可分,股东身份应当随财产权一同转移给自然人股东的合法继承人。

其二,公司章程可以作出除外规定。允许公司依据章程对股东资格继承事项进行自治,完全是出于对有限公司人合性的尊重。值得注意的是,对公司章程自治亦有限制,即公司章程只能限制继承人继承股东资格,而不得违反继承法的基本原则,剥夺继承人获得与股权价值相当的财产对价的权利。如果公司章程未约定股东资格继承办法,则应当按照新《公司法》第90条规定的一般原则由继承人继承死亡股东的股东资格。

2. 法律适用

本案的核心问题是,在公司章程对股权继承规定不明确的情形下,如何认定其是否排除了股东资格的继承？本案判决确定的裁判规则为，对公司章程内容的解释应在文义解释基础上，综合考虑章程体系、制定背景以及实施情况等因素，并且需充分考虑有限公司的人合性和封闭性。对无法取得股权的继承人仍需要保障其合法的财产权利。

根据新《公司法》第90条规定，有限公司股权可以继承，但如果公司章程另有规定，则需依照公司章程规定处理，此为公司章程对公司法的替代性规定。本案的争议焦点为建都公司章程是否排除了继承人对股东资格的继承。

对于建都公司章程含义的认定，一审法院和二审法院存在差异。一审法院认为建都公司章程对于继承问题的规定具有不完全性。本案中，周某新去世后，公司和其他股东应按章程规定处理其股权，即公司应安排其他股东受让周某新的股权，但公司其他股东无人认购受让周某新的42%的股权，该种情形如何处理在建都公司的章程中并未作出明确规定，故虽然公司章程可以对股权继承问题作出另行规定，但对公司章程中没有明确规定的情形则应按法律规定处理。因此，在公司无人受让周某新股权的情况下应按《公司法》第90条的规定而支持周某根据遗嘱继承股东资格。

最高人民法院并不认同一审法院的裁判，认为章程排除股东资格继承后，标的股权如何处理属于公司治理事项，而不应认为章程规定不完全而适用公司法规定。建都公司作为有限责任公司，具有独立的法人人格和治理结构，案涉股权排除继承后，究竟是由公司回购还是由其他股东受让，均可通过公司自治实现。这两种方式均有利于打破公司僵局，维持公司的人合性和封闭性，体现公司意志，保护股东权益。二审法院认为，对于章程内容的解释，应在文义解释基础上，综合考虑章程体系、制定背景以及实施情况等因素。

首先，建都公司章程删除了股权资格允许继承的条款，代表了对股权允许继承态度的转变，同时规定股权不得对外转让，对正常到龄退休、长病、长休、死亡的股东，应及时办理股权转让手续，反映出建都公司具有高度的人合性和封闭性。且周某新参与了章程的修订并签字确认，该章程修订内容对其具有约束力。

其次，虽然建都公司章程没有明确股东资格不能继承，但是根据章程规定的股权不得对外转让，以及死亡股东股权应办理转让手续，可以解读出死亡股东的股权应由公司内部人受让，而不得由公司外部的继承人取得。

最后，公司其他股东离职的股权转让处理，表明建都公司目前离职的股东均系采取收回股本金和领取一定比例回报款的方式获得补偿，从平等保护股东权益的角度，认定周某不得继承股东资格具有合理性。因此，最终认定建都公司章程排除了股东资格的继承。

此外，周某虽无权继承股东资格，但其财产权利可以得到保障，其依然能取得退还的股本金和回报款，对其权益的保护亦属合理。

本案为司法实践中正确解释公司章程的含义提供了正确指引，最高人民法院的判决既可以维持建都公司的人合性，又保障了周某作为继承人应享有的财产权利，值得肯定。在股权继承案件中，除了需要判断公司章程是否排除了股权的继承，还需要充分保障无法取得股权的继承人合法的财产权利。

3. 本案延伸思考

公司章程可以对股权继承在多大程度上予以限制？

与一般财产继承不同是，股权继承具有组织法特征，不仅涉及获得股权的财产性利益，还涉及股东资格等非财产性利益的继受，直接影响有限公司的人合性。因此，公司法虽然允许公司章程对股权继承问题进行自治，但现行法律并未明确自治的限度为何。我们认为，可以从章程相关条款设定的时间和内容两方面对股权继承问题进行分析。

首先，关于章程条款设定时间。对股权继承产生限制的条款必须在股东逝世之前订立，而且该股东生前应确认遵守并接受公司章程对股权继承的制约。如果限制条款是在股东逝世之后由其他股东对公司章程作出的变更，那么，该变更不应对已逝世的未参与章程变更决议的股东产生约束力，也不能将该限制条款适用于该股东的继承人。在本案中，最高人民法院认为，周某新在逝世前参与各次章程修订并签字确认，因此，认定公司章程对其股权继承具有约束力，符合决议行为的本质。

其次，就章程条款规定内容的限制范围而言，需要注意两点：第一，章程内容不能限制财产性权益的继承，只能限制非财产性权益。因为只有非财产性权益才关乎组织治理事项，才会对有限公司的人合性产生影响，而财产性权益的继承则与一般财产继承无本质区别。如果对财产性权益也进行限制，则超过了限制股权继承的规范目的，违反《民法典》继承编乃至《宪法》关于公民个人财产权的规定，该项限制也将因此无效。第二，公司章程规定的股权继承事项，包括股权可否继承、股权继承的具体程序、继承人资格的限制以及股权继承后的权利义务范围等问题,实质反映了自然人股东生前对遗产的自由处分,属于被继承人及公司意思自治的事项。然而,意思自治亦有其边界,章程条款必须遵守公序良俗和法律法规的强制性规定,需要在司法审判中接受合法性检验。

总而言之,如果章程对继承人资格进行的限制具有合理性,是为了满足公司发展和其他股东利益保障需求(如要求继承人必须具备特定专业资质或没有犯罪记录等),符合限制股权继承的规范目的,则应视为有效。但是,如果该项限制违背公序良俗或可能导致"大股东压制"等损害中小股东利益的情况(如继承人必须是男性或被继承股权不得超过一定比例等),则可能涉嫌违反公序良俗原则或具体法律规定,其合理性将受到质疑。

四、相关原理

有限公司股权继承中的利益平衡

对有限责任公司自然人股东资格继承问题而言,法律不仅需要保障公司股东之间的人合性,更需要考虑基于特定亲缘关系而发生的财富分割和自由流动。当二者发生冲突时,对特定亲属关系的优先照顾是法律伦理性和人文主义的表现和必然选择。面对因继承而发生的股权变动,法律对公司其他股东优先购买权的保护居次。并且仅当公司章程对股东资格的继承作出特别限制时,才尊重股东的意思自治,优先保障公司的人合性。

允许公司依据章程对股东资格继承事项进行自治,完全是出于对有限公司人合性的尊重。毕竟有限责任公司股东之间的合作基础是相互信任,自然人股东死亡后的合法继承人不是原股东本人,实质上相当于发生了股权转让,此时公司其他股东对原股东的信任并不能当然转变为对股东资格继承人的信任,如此可能会引发新的股东纠纷,甚至可能形成公司僵局。对此,公司法从实际出发,应当允许公司章程规定股东资格继承的办法。但公司章程对股东资格继承的限制必须具有合理性,具体体现为公司利益、其他股东利益、已死亡股东生前的意愿以及继承人利益之间的协调与平衡。并且公司章程不得违反继承法的基本原则,剥夺继承人获得与股权价值相当的财产对价的权利。

CHAPTER 05

第 五 章

股份有限公司的设立、组织机构、股份发行和转让

案例 41 股份有限公司股东抽逃出资的责任承担

《公司法》第 107 条解读

——石嘴山青年乘用车有限公司、金华青年莲花控股集团有限公司股东出资纠纷案①

【最高人民法院 2020 年再审案例】

《公司法》第 107 条

本法第四十四条、第四十九条第三款、第五十一条、第五十二条、第五十三条的规定,适用于股份有限公司。

一、案情介绍

石嘴山国马科技股份有限公司(以下简称国马公司)注册资本 1.66 亿元,发起人为石嘴山青年曼莲花汽车有限公司(以下简称石嘴山青年曼公司,持股 25%)、石嘴山青年乘用车有限公司(以下简称石嘴山乘用车公司,持股 25%)、

① 最高人民法院民事裁定书,(2020)最高法民申 200 号。

金华青年莲花控股集团有限公司(以下简称莲花控股公司,持股20%)、宁夏石嘴山市矿业(集团)有限责任公司(以下简称石嘴山矿业集团,持股30%)。石嘴山青年曼公司股东为青年汽车集团有限公司(以下简称青年汽车集团,持股49%)和金华青年汽车制造有限公司(以下简称金华汽车制造公司,持股51%)。浙江某乘用车集团有限公司(以下简称浙江乘用车集团)是石嘴山乘用车公司的控股股东(持股51%)。青年汽车集团在石嘴山设立石嘴山项目部。庞某年是上述除石嘴山矿业集团外所有公司的法定代表人。

庞某年为国马公司法定代表人。国马公司董事共9人:庞某年、王某丹、庞某萍、厉某平、孙某海、傅某、刘某学、魏某贵、杨某朝。其中,石嘴山青年曼公司委派厉某平、孙某海、傅某担任国马公司董事,石嘴山乘用车公司委派王某丹、庞某萍担任国马公司董事,莲花控股公司委派庞某年担任国马公司董事、董事长,石嘴山矿业集团委派刘某学、魏某贵、杨某朝担任国马公司董事。

2011年1月4日,国马公司将4900万元转入莲花控股公司在中国银行金华市分行的账户,此后该笔款项未返还国马公司。

2012年3月1日,国马公司与石嘴山青年曼公司签订《"青年曼"曼卡销售合同》,约定国马公司购买石嘴山青年曼公司200台青年曼卡车,购车总价款1.076亿元,双方签字盖章后30天内交付。3月16日,国马公司分两笔将6800万元转入石嘴山青年曼公司中国建设银行石嘴山贺兰山南路支行账户。同日,石嘴山青年曼公司将2300万元转入其中国银行石嘴山市分行账户,将4500万元转入金华汽车制造公司在中国工商银行衢州分行营业部账户。但国马公司与石嘴山青年曼公司之间并无真实的债权债务关系。

本案的争议事实在于,国马公司向莲花控股公司转账4900万元,以及与石嘴山青年曼公司签订虚假销售合同,并向石嘴山青年曼公司转账6800万元,是否构成抽逃出资,若构成,哪些主体应该承担何种责任?

原告石嘴山矿业集团诉称,庞某年系石嘴山青年曼公司、石嘴山乘用车公司、莲花控股公司的共同法定代表人。三公司人事统一管理,相互交叉任职,互相混同。国马公司1.16亿元的注册资本已被抽逃。浙江乘用车集团、金华汽车制造公司系国马公司的实际控制人,依法应承担连带责任。庞某年作为国马公司董事,涉案6家公司的法定代表人,国马公司资金被抽逃与其有关。孙某海系国马公司董事、石嘴山青年曼公司的财务总监,又是石嘴山项目基地负责人,傅某系国马公司董事、石嘴山青年曼公司的财务总监,国马公司资金被转出多系二人签字或其指令他人签字,其应承担连带责任。王某丹系青年汽车集团执行总裁,厉某平系副总裁,分管战略项目、对外合作、价格中心,该二人与庞某萍明知国马公司资金被抽逃而不制止和监督,存在过错,未尽到忠实、勤勉义务。

被告石嘴山青年曼公司、石嘴山乘用车公司、莲花控股公司、浙江乘用车集团、金华汽车制造公司、青年汽车集团、庞某年、王某丹、庞某萍、厉某平、孙某海、傅某辩称,石嘴山青年曼公司和莲花控股公司客观上没有抽逃行为,主观上没有抽逃故意。浙江乘用车集团、金华汽车制造公司不是国马公司的实际控制人,更没有协助行为,不应承担连带责任。庞某年等6名董事无协助抽逃的主观故意,不属于协助抽逃资金,不应承担连带责任。

二、判决结果与理由

1. 判决结果

宁夏回族自治区高级人民法院作出(2016)宁民初66号民事判决:(1)石嘴山青年曼公司、石嘴山乘用车公司、莲花控股公司于本判决生效后10日内共同向国马公司返还抽逃资金11620万元及利息;(2)浙江乘用车集团、金华汽车制造公司、青年汽车集团、庞某年、孙某海、王某丹、庞某萍、傅某、厉某平对上述债务承担连带清偿责任。

最高人民法院作出(2018)最高法民终913号民事判决,驳回上诉,维持原判。最高人民法院作出(2020)最高法民申200号民事裁定,驳回再审申请。

2. 判决理由

最高人民法院认为,根据案件事实及法律规定,石嘴山乘用车公司、莲花控股公司、浙江乘用车集团、金华汽车制造公司、青年汽车集团、庞某年、王某丹、庞某萍、孙某海、傅某、厉某平的申请再审事由不能成立。

第一,原审判决认定的基本事实有证据支持。关于石嘴山乘用车公司、莲花控股公司、石嘴山青年曼公司是否应返还出资款及利息的问题。首先,莲花控股公司未归还国马公司案涉4900万元出资款。虽然莲花控股公司提交凭证主张已将案涉4900万元转回国马公司,但凭证仅载明“转款”,并未注明归还出资也未经法定验资程序,且款项转入国马公司后又于当日转给了石嘴山青年曼公司或先后分散于其他公司。其次,国马公司与石嘴山青年曼公司不存在真实的曼卡销售合同关系。最后,石嘴山乘用车公司、莲花控股公司、石嘴山青年曼公司构成人格混同。石嘴山乘用车公司、莲花控股公司、石嘴山青年曼公司均系青年汽车集团下属公司,与国马公司统归青年汽车集团在石嘴山设立的石嘴山项目部管理,不仅三家公司财务受石嘴山项目部管理,统一服从青年汽车集团调度,而且石嘴山乘用车公司、石嘴山青年曼公司、国马公司的 12 枚公章亦由石嘴山项目部持有。由于上述 3 家公司的法定代表人均为庞某年,而且其在财务、表决权、业务上均存在混同,其将已出资到位的资本转出,严重损害了国马公司的权益。据此,原审判决认定石嘴山乘用车公司、莲花控股公司、石嘴山青年曼公司互相配合完成了抽逃出资的行为,应当共同向国马公司返还抽逃出资款及利息并无不当。

第二,原审判决浙江乘用车集团、金华汽车制造公司、青年汽车集团及庞某年、王某丹、庞某萍、孙某海、傅某、厉某平承担连带责任,适用法律正确。首先,浙江乘用车集团、金华汽车制造公司、青年汽车集团是国马公司的实际控制人。原审查明,石嘴山乘用车公司的控股股东为浙江乘用车集团,石嘴山青年曼公司的全额控股股东为青年汽车集团,金华汽车制造公司的控股股东为青年汽车集团。其次,浙江乘用车集团、金华汽车制造公司、青年汽车集团通过统一管理和控制石嘴山乘用车公司、莲花控股公司、石嘴山青年曼公司,实施抽逃出资的行为,被抽逃的资金又用于青年汽车集团控股的金华汽车制造公司。最后,庞某年、王某丹、庞某萍、孙某海、傅某、厉某平等作为国马公司的董事分别以"积极实施"和"不履行法定义务"的方式协助股东抽逃出资。庞某年、王某丹、庞某萍、孙某海、傅某、厉某平分别为莲花控股公司、石嘴山乘用车公司、石嘴山青年曼公司委派担任国马公司的董事,庞某年、孙某海、傅某系抽逃国马公司资金的具体决策和直接实施者,王某丹、庞某萍、厉某平违反对国马公司的忠实义务和勤勉义务。据此,原审判决认定浙江乘用车集团、金华汽车制造公司、青年汽车集团及庞某年、王某丹、庞某萍、孙某海、傅某、厉某平等应承担返还抽逃资金利息的连带责任亦无不当。

综上,最高人民法院认为再审申请不符合法定再审情形,裁定驳回。

三、案例解读

1. 法律规定

针对股份有限公司股东抽逃出资问题,2018 年《公司法》第 91 条仅概括性规定股东不得抽回股本,对于抽逃出资的具体情形和法律后果都没有规定。由于抽逃出资行为往往具有复杂性、模糊性和隐蔽性等特点,认定较为困难,需要明确界定哪些行为构成抽逃出资。《公司法司法解释(三)》第 12 条规定了抽逃出资的情形包括:"(一)制作虚假财务会计报表虚增利润进行分配;(二)通过虚构债权债务关系将其出资转出;(三)利用关联交易将出资转出;(四)其他未经法定程序将出资抽回的行为。"同时本条规定,股东的上述行为只有"损害公司权益",才能认定为抽逃出资。另其第 14 条第 1 款规定了抽逃出资的出资返还责任:"股东抽逃出资,公司或者其他股东请求其向公司返还出资本息、协助抽逃出资的其他股东、董事、高级管理人员或者实际控制人对此承担连带责任的,人民法院应予支持。"

新《公司法》第 105 条第 2 款规定股份有限公司发起人不得抽回其股本。另新增第 107 条参照适用的引致条款,规定股份有限公司适用有限公司关于抽逃出资的规定,即股份有限公司适用新《公司法》第 53 条规定:"公司成立后,股东不得抽逃出资。违反前款规定的,股东应当返还抽逃的出资;给公司造成损失的,负有责任的董事、监事、高级管理人员应当与该股东承担连带赔偿责任。"相较于 2018 年《公司法》并没有引致条款,仅有不得抽回股本的概括性规定,新《公司法》使股份有限公司股东抽逃出资的规范体系更加完整。

2. 法律适用

本案的核心问题是,在股东抽逃出资情形下,应当由哪些主体承担何种责任?本案裁判确定的裁判规则为,股东抽逃出资应当返还抽逃出资款及利息,协助抽逃出资的董事、实际控制人对股东返还出资本息承担连带责任。

抽逃出资是指股东在公司成立后,未经法定程序,将其已经缴纳的出资抽回的行为。抽逃出资主要违背了资本维持原则,导致实缴资本虚假,背离了资本真实的法律要求,被法律严厉禁止。根据《公司法司法解释(三)》第 14 条第 1 款规定,可以将股东抽逃出资产生的责任按照主体分为两类,第一类为股东的出资返还责任;第二类为其他股东、董事、高级管理人员或实际控制人的出资返还连带责任。以下将分析最高人民法院在本案中对上述两种责任的认定。

(1)股东的出资返还责任

本案中,最高人民法院二审认为国马公司资金转出和虚构交易的行为,均系未经合法程序转出公司已出资到位的资金,分别属于《公司法司法解释(三)》第12条第2、4项规定的"通过虚构债权债务关系将其出资转出"和"其他未经法定程序将出资抽回"的抽逃出资情形。并且在上述两种行为中,股东将公司资产转移,却未支付公平、合理对价,已造成对公司权益的损害。资金接收方莲花控股公司和石嘴山青年曼公司存在抽逃出资行为。

另外,最高人民法院认为,石嘴山乘用车公司、莲花控股公司、石嘴山青年曼公司构成人格混同。上述3家公司的法定代表人均为庞某年,而且在财务、表决权、业务上均存在混同,因此认定3家公司互相配合完成抽逃出资,其应当共同返还抽逃出资款及利息。上述3家公司均为青年汽车集团的下属公司,属于否认子公司或关联公司之间法人人格的横向人格否认。2018年《公司法》第20条仅规定了否认股东与公司之间独立人格的纵向人格否认,《九民纪要》第11条在此基础上规定了横向人格否认情形,新《公司法》第23条第2款也明确了横向人格否认规则。

(2)董事及实际控制人的出资返还连带责任

针对抽逃出资情形下股东承担的责任性质,理论上有违约责任和侵权责任之争。我们认为,实缴资本一经形成,即构成公司的独立财产,尽管它来源于股东的出资但却属于公司财产,股东一旦出资即丧失了对该财产的所有权而取得公司的股权,股东出资后再对其出资财产进行占有、使用、收益和处分就构成了对公司财产的侵犯。抽逃出资正是对实缴资本项下的公司财产实施的侵权行为。[①] 因此,协助抽逃出资人与股东共同实施损害行为,具有共同的主观故意,构成共同侵权,应承担连带责任。《公司法司法解释(三)》第14条第1款便如此规定,即协助抽逃出资的董事、实际控制人对股东返还出资本息承担连带责任。本案中的争议焦点在于对"实际控制人"和"协助抽逃出资"的认定。

首先,对于"实际控制人"的认定,新《公司法》第265条第3项规定:"实际

---

① 参见赵旭东主编:《公司法学》(第4版),高等教育出版社2015年版,第196页。

控制人,是指通过投资关系、协议或者其他安排,能够实际支配公司行为的人。"新《公司法》将2018年《公司法》第216条对实际控制人界定中"不是公司的股东"的限制条件删除,具有合理性。本案中,最高人民法院系从国马公司的股权和组织架构判断浙江乘用车集团、金华汽车制造公司和青年汽车集团是其实际控制人。

其次,"协助抽逃出资"本质上属于共同侵权行为。本案中最高人民法院认为上述实际控制人通过统一管理和控制石嘴山乘用车公司、莲花控股公司、石嘴山青年曼公司,实施抽逃出资的行为,应承担返还抽逃资金利息的连带责任。同时,庞某年、孙某海、傅某是抽逃资金的具体决策和直接实施者,属于以"积极实施"方式协助股东抽逃出资。王某丹、庞某萍、厉某平违反对国马公司负有的忠实义务和勤勉义务,属于以"不履行法定义务"的方式协助股东抽逃出资。可见最高人民法院认为"积极实施"和"不履行法定义务"都属于董事协助抽逃出资行为。因此,国马公司的实际控制人和6名董事应承担返还抽逃资金本息的连带责任。

3. 本案延伸思考

新《公司法》规定下,股东抽逃出资的相关责任主体和责任内容是否会发生变化?

新《公司法》施行前,《公司法司法解释(三)》第14条规定,抽逃出资的股东应当向公司返还出资本息,协助抽逃出资的其他股东、董事、高级管理人员或者实际控制人对此承担连带责任。据此可见,在我国司法机关看来,股东抽逃出资的责任仅包括返还出资责任,责任主体除股东外还包括协助抽逃出资的其他股东、董事、高级管理人员或者实际控制人,责任范围是股东抽逃的出资及其利息。

新《公司法》新增第107条参照适用的引致条款,规定股份有限公司适用有限公司关于抽逃出资的规定,即股份有限公司适用新《公司法》第53条规定。新《公司法》第53条第2款厘清了实缴资本与公司因实缴资本被抽逃而遭受损失之间的关系,对返还出资责任及主体和赔偿责任及主体作分别规定。具体而言,返还出资责任仅由股东承担。此外,如果股东抽逃出资的行为不仅造成公司实收资本减少,还使公司因此蒙受其他损失,股东应对该损失承担赔偿责任。如果公司内部其他人员,即公司的董事、监事、高级管理人员,对股东抽逃出资行为“负有责任”,帮助股东抽逃出资,则应按照帮助侵权责任原理,与股东就公司损失承担连带赔偿责任,而不需要对出资返还承担连带责任。在赔偿责任主体上,新《公司法》将公司内部其他人员限定为董事、监事、高级管理人员,未包含《公司法司法解释(三)》第14条规定的“实际控制人”。但应认为实际控制人仍有对损失赔偿承担连带责任的可能性,因新《公司法》新增第192条:“公司的控股股东、实际控制人指示董事、高级管理人员从事损害公司或者股东利益的行为的,与该董事、高级管理人员承担连带责任。”若实际控制人指示董事、高级管理人员协助股东抽逃出资,则仍需对抽逃出资给公司造成的损失承担连带赔偿责任。

另外,根据对该条款的文义解释,股东返还抽逃出资责任成立不要求对公司造成损害,股东和公司其他内部人员承担损害赔偿责任则需要以公司遭受损失为前提。但实际上对股东是否构成抽逃出资行为进行认定时,仍需要对是否“损害公司权益”的实质要件进行判断,从而进一步认定该股东是否应承担出资返还责任及损害赔偿责任,以避免将正常的债权债务关系认定为抽逃出资,损害公司经营交易自由。

四、相关原理

抽逃出资与资本真实

新《公司法》对公司注册资本制度进行的重大改革之一是将自2013年《公司法》施行以来的公司注册资本完全认缴制改为5年限期认缴制。此项改革将股东实缴出资的法定最长期限由原先的不限期变为5年,使得资本认缴与资本实缴之间的时间差距极大程度地缩小。在原先的完全认缴制下,公司资本可以认而不缴,由此出现了否定抽逃出资行为违法性的观点。须知,不论《公司法》确立何种类型的公司注册资本缴纳制度都不否定公司资本真实的基本要求,完全认缴制、限期认缴制或实缴制都不免除注册资本之下的股东出资义务和出资责任,抽逃出资仍然是《公司法》当然禁止的违法行为。

资本的真实既包括认缴资本的真实,更包括实缴资本的真实,后者在公司法理论和实务中的意义和作用更为突出。与抽逃出资行为对应的是实缴资本,它是股东向公司实际缴纳、公司已经实际获得的财产数额,实缴资本一经形成,既表明股东履行其出资义务的期限已到,也表明股东已经实际履行了其出资义务。如果事实相反或股东履行出资后又将财产取回,则构成股东的抽逃出资。因此,抽逃出资是实缴资本语境下的违法行为。

尽管《公司法》未明确规定实缴资本的概念,但实缴资本对确定抽逃出资行为无疑有着不可或缺的决定意义,它是认定抽逃出资行为的前提和基础,没有实缴资本,就无所谓出资的真假,不确定实缴资本,就无法认定出资的抽逃。即使在对实缴期限要求最宽松的认缴资本制之下,实缴资本依然有着不能替代的法律价值。其一,作为股东向公司实际移转的财产,它能够更为直接地反映公司当时或曾经实际拥有的财产和能力。其二,作为股东实际履行的出资数额,它是确定股东是否享有某些股东权益的直接依据。在公司法上,一些股东权利并非依股东认缴的出资比例享有而是按其实际出资的比例享有。比如,我国《公司法》规定,股利分配权、新股认购权、公司剩余财产分配权都是以股东实缴的出资比例行使,《公司法》也允许公司章程规定股东的表决权按实缴的出资比例行使。《公司法》在分红、认购新增资本以及表决权再分配上,已透射了根据实际出资比例分配股东权利的思想。其三,实缴资本在公司财务会计上更具有特殊的意义。作为最基本的公司财务报告,公司资产负债表上记载的资本是实缴的资本,而不是认缴的资本。从公司财务角度看来,登记注册的认缴资本的财务价值要远逊于未登记的实缴资本,因为实缴资本才是公司实际拥有和可支配的现实资产,它更具有财务核算包括资本盈亏计算的价值。

实缴资本更重要的法律效力在于,它对于股东出资义务的免责和对公司独立财产的界定。实缴资本一经形成,意味着相应金额的出资义务已由股东履行,从此也就免除了股东在该金额范围内的出资责任。换言之,此后即使公司资不抵债或不能支付到期债务,都不可要求股东对公司债务再承担责任,因为股东的有限责任已随实缴资本的形成而承担完成。同时,实缴资本的形成也界定了公司独立财产的范围,拥有独立财产既是公司的基本法律特征,也是公司具有独立法律人格的重要条件。公司取得独立财产的初始来源及其后的来源之一则是资本的实缴,实缴资本项下的财产虽然来源于股东,但一经出资,即成为公司独立财产,股东非基于公司经营需要或为公司利益而对该项财产的占有或处分,构成对公司财产的侵权行为。

无论是基于实缴资本对股东出资的免责效力,还是基于其对公司独立财产的界定效力,都决定了实缴资本必须真实。如果股东出资后又抽逃,则不仅导致实缴资本的虚假,也构成对公司财产的侵权。因此,抽逃出资是完全缺少法律正当性和现实合理性的行为,其与现行资本法律秩序的冲突和违法性显而易见。认缴资本制的施行并不否定和排斥实缴资本应有的价值和法律效力,不会减弱更不会消除抽逃出资行为的违法性。

案例42 上市公司股票代持的效力

《公司法》第140条解读

——申银万国证券股份公司诉上海国宏置业公司财产权属纠纷案①

【最高人民法院2010年公报案例】

《公司法》第140条

上市公司应当依法披露股东、实际控制人的信息，相关信息应当真实、准确、完整。

禁止违反法律、行政法规的规定代持上市公司股票。

一、案情介绍

原告申银万国证券股份公司（以下简称申银万国）于1994年购入上海九百股份有限公司（以下简称上海九百）法人股，截至1999年，原告共持有上海九百法人股4354560股。2000年10月10日，原告与被告上海国宏置业公司（以下简称国宏公司）签订法人股转让协议书一份，约定原告同意将所持上海九百法人股400万股（每股面值人民币1元）按每股人民币1.60元的价格转让给被告，转让金额合计人民币640万元；双方同意上述股票及原告所有股东权益自中登公司过户之日起归被告所有；被告在协议生效之日起15日内，将上述转让款项划入原告指定账户。上海市静安区公证处就上述转让协议出具（2000）沪静证经字第4331号公证书。同年10月13日，原、被告双方至中登公司办理了

① 《最高人民法院公报》2010年第3期。

相关过户手续,中登公司出具的投资者记名证券持有变动记录载明,被告账户下的上海九百法人股数量为400万股,过户类型为非交易变动。后该400万股法人股经送股增至600万股。

2002年1月24日,原告申银万国与被告国宏公司签订还款质押协议一份,约定:鉴于被告并未履行划款义务,现被告确认对原告负有人民币640万元未履行的债务,并以其名下600万股上海九百法人股作为质押,如被告在本协议签署之日起一个月内仍未能履行其债务,则原告有权直接凭本协议书向法院起诉;本协议生效后,被告负责办理上述股权质押登记手续。上海市静安区公证处对该份协议书亦进行了公证。同年4月26日,原、被告双方至中登公司办理了相关的质押登记手续。

由于被告国宏公司未能履行还款义务,原告申银万国与被告于2005年7月又签订协议书一份,约定被告应在协议书签署之日起15日内将人民币640万元支付给原告,前述股权仍继续为上述债务提供质押担保。

本案的争议事实在于,申银万国与国宏公司签订的股权转让协议约定的内容为股权转让还是代持?若为股票的代持,其效力应当如何认定?

原告申银万国诉称,2001年9月30日,中国证监会发布了《关于加强对上市公司非流通股协议转让活动规范管理的通知》,规定对未按照证券交易所、证券登记结算公司有关业务规则进行的上市公司非流通股协议转让,证券交易所、证券登记结算公司一律不得办理股份转让、过户登记手续。至此,由被告代持的上述法人股无法转回至原告名下。2006年9月22日,被告出具承诺书,承诺将其代持的上海九百法人股600万股及相应的孳息全部归还原告。上述法人股在2007年年初上市流通,但被告至今未将上述法人股转回给原告。故请求判令确认被告名下的600万股上海九百法人股归原告所有。

二、判决结果与理由

1.判决结果

上海市第二中级人民法院认定涉诉的股权转让协议为股权转让,涉诉股权不归申银万国所有,驳回了申银万国的诉讼请求。申银万国向上海市高级人民法院提出上诉,上海市高级人民法院驳回上诉,维持原判。

2. 判决理由

上海市高级人民法院认为，首先，申银万国与国宏公司签订的股权转让协议系股权转让，而非股权代持：第一，上诉人申银万国与一审被告国宏公司所签订的系争法人股转让协议书中，“转让”的意思表示明确并约定了转让对价，协议内容并没有“代持”的意思存在。而且，协议经过了公证，转让的真实意思也已经公证确认，之后，双方又办理了股权转让的登记手续。因此，系争股权转让协议清楚地反映了双方的股权转让关系。国宏公司没有依约履行支付股权对价的义务，仅说明其对申银万国负有债务，并不能证明实际存在代持关系。

第二，按照上诉人申银万国陈述，其签订股权转让协议是为了规避前五大股东不能获得配股承销权的证监会规定。但是，上海九百 1999 年年报显示，当时排位第六大股东的持股数为 280 万股。申银万国若要合法获得承销权，减持股数只需满足相关规定即可，协议约定出让 400 万股股数不合常理。申银万国关于签订股权转让协议是为了取得配股承销权的陈述，法院难以采信。

第三，按照证监会关于前五大股东不能获得配股承销权的规定，上诉人申银万国作为前五大股东，要取得配股承销权，就必须减持股份，退出前五大股东之列。也就是说，申银万国在获取配股承销权与继续持有相应股权之间，必须作出选择，两者不可兼而得之。既然申银万国选择了获取配股承销权，就只能放弃继续持有相应股权。因此，从申银万国的选择行为来看，能够推断申银万国签订系争股权转让协议之时的意愿应是股权转让，而不应是股权代持。

其次，即使按上诉人申银万国所称其与一审被告国宏公司存在实际的代持股权关系，申银万国要求确认系争法人股归其所有的主张，依法亦不能予以支持。申银万国与国宏公司签订股权转让协议后已在中登公司办理了股权转让的变更登记手续，故系争股权已移转于受让人国宏公司名下，即股权变动已发生法律效力。根据我国《公司法》和《证券法》的相关规定，公司股权转让应办理变更登记手续，以取得对外的公示效力，否则不得对抗第三人。该规定遵循的是商法的外观主义原则，立法目的在于维护商事交易安全。该种对抗性登记所具有的公示力，于第三人而言有权信赖登记事项的真实性。同时，根据《证券法》公开、公平、公正的交易原则以及上市公司信息公开的有关规定，对上市公司信息披露的要求，关系到社会公众对上市公司的信赖以及证券市场的交易安全和秩序。因此,上海九百作为上市公司,其股东持有股权和变动的情况必须以具有公示效力的登记为据。申银万国称其为了规避证监会有关规定而通过关联企业国宏公司隐名持有股权,并要求确认已登记在国宏公司名下的股权实际为其所有,显然不符合上述相关法律规定,也有违《公司法》所规定的诚实信用原则。现国宏公司被法院执行的债务达亿元之多,而其名下系争股权市值仅3000余万元,远不足以支付对外债务。故国宏公司的债权人基于中登公司登记而申请法院查封执行国宏公司名下系争股权的信赖利益,应依法予以保护。因此,即使如申银万国所称有实际的代持股权关系存在,系争股权也不能归申银万国所有。

三、案例解读

1. 法律规定

本案涉及上市公司的股票代持问题,对此,新《公司法》第140条规定,上市公司应当依法披露股东、实际控制人的信息,相关信息应当真实、准确、完整。禁止违反法律、行政法规的规定代持上市公司股票。此规定为本次修法新增条款,其旨在在公司法层面上要求信息真实,并明确上市公司的股票不得代持。按此规定,原则上代持上市公司股票并不为《公司法》所规制,但如果法律、行政法规有规定不得代持股票,则不得代持上市公司股票。

上市公司股东违反法律、行政法规的规定,代持上市公司股票的,其代持股票的效力如何,存在争议。一种观点认为,上市公司股东代持股票的,一律应当认定为无效,另一种观点认为,上市公司的股票代持,原则上应当认定为有效,例外情况下无效,即在通常情况下,即使违反法律、行政法规的规定代持上市公司股票,该股票代持亦应当有效,只有在特定情况下认定为无效,譬如违反公共利益、违反其他效力性强制性规定等。此问题尚无结论,有待理论研究和司法实践的进一步探索。本案亦涉及此问题,详见法律适用部分。

2. 法律适用

本案的核心问题是股权转让和股权代持行为的认定标准,以及上市公司股权代持的效力。本案的判决确认的裁判规则是,股权转让协议中确定了转让对价以及所有权的转移问题的,不属于股权的代持或挂靠;当事人为规避法律法规的规定，代持上市公司股权的，代持行为无效。现对两个问题予以分别说明：

（1）股权转让和股权代持的区别。应当明确的是，股权代持不同于股权转让。前者以代持为目的，虽然名义股东记载为股东，但是其目的并非要真正成为股权的受益人，仅仅是挂名而已。后者以合同或协议为载体，双方的目的在于将股权进行转让，受让人以最终取得股权并以其名称记载于股东名册为目的。二者看似不同，在实践中却很难加以区分。究其实质，股权代持之内里，也是一种股权转让，即实际出资人将本应获得的股权一定程度上（且在一定条件下）“转让给”名义股东。但是该“转让”的意图，并非让名义股东实际持有股权，也不是让名义股东享有股东权利，而是转移该股权的一部分权利，通过名义股东代持的方式，来确保被代持人自己的权益。依据上述逻辑，股权转让行为和股权代持行为往往是需要综合认定的。在本案中，法院将涉诉协议认定为股权转让协议而非股权代持协议的依据有以下几点：其一，本案中的协议明确约定双方的协议系股权转让协议且经过公证；其二，双方当事人于后签订了还款质押协议，协议明确国宏公司对申银万国负有640万元股权转让对价未履行的债务；其三，原告申银万国声称的，签订股权转让协议是为了规避前五大股东不能获得配股承销权的证监会规定，不符合逻辑。由上观之，法院在认定涉诉协议为股权转让或股权代持协议时，应当综合全案的情况探析双方当事人的真实意思表示，进而对协议性质进行认定。最高人民法院在对此裁判思路进行总结时，特别强调协议中是否有明确转让对价和所有权转移问题：“对于一方原本就是法人股的所有人，对方则是通过有偿转让的方式取得法人股的所有权，双方所签订的是法人股转让协议，协议中确定了转让对价以及所有权的转移问题的，不属于股权的代持或挂靠，可以认定双方是通过出售方式转移法人股的所有权，即使受让方没有支付过任何对价，出让方也已丧失了对系争法人股的所有权，而只能根据转让协议主张相应的债权。”

（2）法院认为即使涉诉法律关系为股权代持关系，申银万国也不能获得股权。上市公司的股权代持问题涉及《证券法》公开、公平、公正的交易原则以及上市公司信息公开的有关规定，对上市公司信息披露的要求，关系到社会公众对上市公司的信赖以及证券市场的交易安全和秩序。因此，法院认为，上海九百作为上市公司，其股东持有股权和变动的情况必须以具有公示效力的登记为据。申银万国称其为了规避证监会有关规定而通过关联企业国宏公司隐名持有股权，并要求确认已登记在国宏公司名下的股权实际为其所有，显然不符合上述相关法律规定，也有违《公司法》所规定的诚实信用原则。据此法院认为，即使如申银万国所称有实际的代持股权关系存在，系争股权也不能归申银万国所有。

在本案中，法院虽然没有直接对股权代持的效力进行判断，但其认为上市公司的股权和变动情况必须以具有公示效力的登记作为依据，而不能以协议约定的股权代持关系作为依据。换而言之，在法院看来，股权代持并不能发生上市公司股权变动的效力。由此观之，法院更倾向于上市公司股票代持无效的立场。新《公司法》下，本案与类似案件的审判思路会发生变化。法院认定上市公司股权代持的效力时，应当分为以下两步：

首先，审查该代持行为是否为法律法规所禁止。依据新《公司法》第 140 条对上市公司股票代持的规定，只有违反法律、行政法规的股票代持行为才为公司法所禁止。

其次，即使代持行为违反了法律法规的规定，亦需要对其违反的规定进行进一步分析。譬如股权代持行为危害了社会公共利益，则该代持行为无疑是无效的。举例而言，最高人民法院在(2017)最高法民终 529 号民事裁定书中认为，实际出资人通过股权代持的方式持有某保险公司超过我国法律规定比例的股权，该代持行为加大了保险公司的经营风险，进而损害了金融秩序和社会稳定，危及公共利益，所以代持协议无效。

同时，《民法典合同编司法解释》第 16 条规定了对效力性强制性规定的识别，法院在审理上市公司股权代持案件时，亦应当考虑是否存在以下情形：(1)强制性规定虽然旨在维护社会公共秩序，但是合同的实际履行对社会公共秩序造成的影响显著轻微，认定合同无效将导致案件处理结果有失公平公正；(2)强制性规定旨在维护政府的税收、土地出让金等国家利益或者其他民事主体的合法利益而非合同当事人的民事权益，认定合同有效不会影响该规范目的的实现；(3)强制性规定旨在要求当事人一方加强风险控制、内部管理等，对方无能力或者无义务审查合同是否违反强制性规定，认定合同无效将使其承担不利后果；(4)当事人一方虽然在订立合同时违反强制性规定，但是在合同订立后其已经具备补正违反强制性规定的条件却违背诚信原则不予补正；(5)法律、司法解释规定的其他情形。特别是第1项规定的影响显著轻微和第2项规定的认定合同有效不会影响规制目的的实现,应当为法院审理上市公司股权转让案件的重要依据。

3. 本案延伸思考

本案确立的股权转让和股权代持的区分的规则是否妥当?

股权转让和股权代持的区分问题是司法实践中较为混乱的问题,最高人民法院在公报该案例时总结:协议中确定了转让对价以及所有权的转移问题的,不属于股权的代持或挂靠。进而,其确立了这样的裁判思路:协议中如果明确有股权转让的对价和所有权转移的约定,那就不属于股权代持或者挂靠。

然而这个裁判规则某种程度上是让人困惑的,股权转让和股权代持关系之所以让人难以区分,恰恰就在于很多股权代持关系往往披着股权转让的外衣。如前文所述,股权转让往往是股权代持的一种形式,假设双方当事人的真实意思是股权代持,其亦有可能通过一份股权转让协议来承载该意思表示。倘若严格遵循本案的裁判规则,即只要存在股权转让的对价和所有权转移的约定就一定不是股权代持,那么在类案中,将几乎不存在法律关系被认定为股权代持的可能性。

故而有学者提出:“本案从客观事实来说,我更相信它是一个代持,而股权转让仅仅是形式。因为,这个案件中,实际出资人事实上有股款支付,行使共益权、自益权的行为。在认定合同性质这点上,是不是我们可能有点过分地拘泥于表面上的转让合同,而忽略了与股权转让相对立的、其他的相关事实和证据。比如说当事人作了约定,你一个月不还我就可以起诉要回来等等。还有他还参与了公司管理事务,这些实际上跟股权转让是冲突的。”[①]该问题值得我们进一步思考:区分股权转让和股权代持问题,究竟应该提供一套明确的、“一刀切”的裁判规则,还是交由法官在个案中根据本案的具体情况探析当事人的真实意思?

---

① 赵旭东、叶林、朱慈蕴、刘凯湘:《股权代持典型案例四人谈》,载《法律适用·司法案例》2018年第22期。

四、相关原理

股权代持的性质

不同性质的认定影响着股权代持纠纷的不同处理方向。目前关于上市公司股权代持的法律性质认定,与有限公司的股权代持性质认定相似,主要有代理关系说、信托关系说、股权转让说以及个案分析说等。

代理关系说。所谓代理关系说,认为股权代持现象之实质即为代理法律关系,即名义股东代理实际出资人持有公司股权的法律关系。事实上,现实之中的股权代持,但凡以书面协议为表现形式的,绝大多数确实是以委托之名、代理之名而签署,这或许是将股权代持定格为代理性质最为有力的现实支撑。按照代理关系说的基本观点,实际出资人委托名义股东进行投资,或名义股东代理实际出资人持有股权,此类委托与代理一般应为有效,至于代持股权的最终归属问题,则应依据合法与否,以及公司或股东是否认可等条件综合进行判断,这也是《公司法司法解释(三)》第24条的核心理念所在。

信托关系说。所谓信托关系说,认为股权代持现象的实质应为信托关系。不少研究信托法律的学者持该观点。事实上,在我国法律实践中,确有不少股权代持是以信托之名而构建,以信托协议而签署,并以信托关系而主张。如前文所述,因股权代持而形成的信托,可以分为民事股权信托与商事股权信托,前者更接近代理性质,多是徒有信托之名。后者虽有商业利益分享,但往往也可能为实际出资人所操控。信托关系说认为,之所以将股权代持定性为信托关系,是因为股权代持的本质就是信托。并且,将股权代持认定为信托关系显然比代理关系要更好——不仅可以让信托股权有更加相对的独立性,而且对受托人诚信的法律要求也更高。

股权转让说。所谓股权转让说,认为股权代持的实质应为股权转让,即股权代持的实质是实际出资人与名义股东之间围绕标的股权转让形成的一种法律关系。就股权代持涉及的股权转让关系而言,有两种不同方向的转让关系,也可以称之为双层股权转让关系:其一为实际出资人向名义股东的初始转让(转出),由此形成股权代持关系;其二为名义股东向实际出资人的回流转让(转回),由此解除股权代持关系。无论是股权的转出还是转回,实质均是发生在实际出资人与名义股东之间的股权转让关系。该说认为将股权代持认定为一种股权转让关系,主要是指名义股东将股权转回给实际投资人这一方向的转让。并且,一般而言,因为股权属于代持性质,故实际出资人应当实质享有代持股权的权益,实际出资人既可以强制要求名义股东向其整体转回股权,当然也可以要求名义股东部分转回股权,包括各种股东权益的单独转让,如分配权、表决权、控制权等。按股权转让关系把握股权代持的性质,更是涉及有限公司其他股东的优先购买权保护与平衡问题,当然也涉及股权转让合法与否的审查问题等。

个案分析说。所谓个案分析说,认为股权代持仅仅是个法律现象,并非法律关系,现实中的股权代持究竟属于何种法律关系,应当按具体股权代持事实具体判断,或由法官根据个案具体事实予以裁断。个案分析说认为,任何按一种性质统一认定股权代持法律性质的做法,都与现实不符,难以照顾到股权代持可依多种法律关系而形成的复杂客观现象。这种观点显然是综合以上多种学说而形成。在该说看来,股权代持既可能是由委托代理而形成,也可能是根据信托架构而组建,还可能是股权转让所引发,甚至还可能是以其他纯借名关系而形成,等等。股权代持可能是委托代理持有、信托持有、借用名义持有、转移财产持有、公司内部关系安排持有或是名义持有等。总之,形成股权代持的原因多种多样,因为发生原因的不同,股权代持性质亦可以发生变化,任何仅以一种性质来认定与判断股权代持的观点都难免片面。所以,认定股权代持法律性质时应当回归具体案件,具体法律关系的认定必须结合相关合同与具体交易安排来得出。

案例43 股份公司发起人股权转让的认定与效力

《公司法》第160条解读

——张桂平诉王华股权转让合同纠纷案①

【最高人民法院2007年公报案例】

《公司法》第160条

公司公开发行股份前已发行的股份,自公司股票在证券交易所上市交易之日起一年内不得转让。法律、行政法规或者国务院证券监督管理机构对上市公司的股东、实际控制人转让其所持有的本公司股份另有规定的,从其规定。

公司董事、监事、高级管理人员应当向公司申报所持有的本公司的股份及其变动情况,在就任时确定的任职期间每年转让的股份不得超过其所持有本公司股份总数的百分之二十五;所持本公司股份自公司股票上市交易之日起一年内不得转让。上述人员离职后半年内,不得转让其所持有的本公司股份。公司章程可以对公司董事、监事、高级管理人员转让其所持有的本公司股份作出其他限制性规定。

股份在法律、行政法规规定的限制转让期限内出质的,质权人不得在限制转让期限内行使质权。

一、案情介绍

2002年9月20日,南京浦东建设发展股份有限公司(以下简称浦东公司)依法成立,注册资金1亿元人民币。本案原告张桂平与本案被告王华作为浦东

① 《最高人民法院公报》2007年第5期。

公司的发起人、股东,分别出资1800万元、1700万元,占浦东公司股份比例分别为18%、17%。2004年10月22日,王华作为甲方、张桂平作为乙方,签订了《股份转让协议》,约定:甲方确认浦东公司注册资本为20000万元,截至本协议签订之时,甲方持有浦东公司3400万股自然人股份(占总股本的17%),甲方同意将上述股份(以下简称标的股份)以每股人民币2.44元,共计人民币8300万元的价格转让给乙方。乙方同意以8300万元受让上述标的股份。双方一致同意,乙方分两期向甲方支付股份转让金8300万元。本合同生效后10日内,乙方向甲方支付4300万元,在此之前乙方根据《过渡期经营管理协议》已经向甲方支付的定金2000万元自动充抵股份转让金。2004年12月31日前,乙方向甲方支付了其余股份转让金4000万元。

《股份转让协议》第4、5条约定,双方应在签订协议的同时开始办理股份转让期授权委托手续。协议签订之日起至甲方所持标的股份按期转让于乙方名下止的期间为过渡期,有关过渡期内双方的权利和义务,双方另行签订《过渡期经营管理协议》进行约定。

《股份转让协议》第7条约定,双方办理完毕股份变更手续后,乙方即取得标的股份,在标的股份项下享有作为浦东公司出资人及股东的相应权利并承担相应的义务。

2004年10月22日,本案被告王华作为甲方,本案原告张桂平作为乙方签订了《过渡期经营管理协议》。该协议第1、2、3条确定了双方签订过渡期协议的目的和背景,重申了双方间的权利和义务,约定在过渡期内,甲方对标的股份的一切权利均由乙方行使,乙方也相应承担由此而产生的全部责任。

上述《股份转让协议》和《过渡期经营管理协议》签订后,本案被告王华签署了向浦东公司董事会提出辞去该公司董事职务的申请,并依约向本案原告张桂平出具了《授权委托书》,全权委托张桂平代为行使王华在浦东公司股份项下享有的一切权利,并确认,在王华将其名下股份全部转让给张桂平之前《授权委托书》始终有效并不得撤销。

本案的争议事实在于,双方签订的《股份转让协议》和《过渡期经营管理协议》约定的过渡期后,王华将所持的标的股份转让于张桂平名下的约定是否违背股份公司发起人股权转让的限制性规定。

原告张桂平诉称,原告一共向被告支付了8100万元,请求法院依法判令被告继续履行双方签订的《股份转让协议》和《过渡期经营管理协议》，并依照《股份转让协议》中的约定向原告支付违约特别赔偿金人民币 41500 万元。

被告王华辩称，原告张桂平与被告签署的《股份转让协议》及《过渡期经营管理协议》违反了法律强制性规定和《南京浦东建设发展股份有限公司章程》的规定，为无效协议；即使《股份转让协议》及《过渡期经营管理协议》有效，张桂平也无权要求被告承担违约特别赔偿金，原告关于协议履行情况的陈述与事实不符，其所称被告违约没有事实根据。

二、判决结果与理由

1. 判决结果

江苏省高级人民法院认为，本案原告张桂平与本案被告王华签订的《股份转让协议》和《过渡期经营管理协议》是双方当事人真实意思表示，内容合法有效。对张桂平要求继续履行协议的请求，应予以支持。张桂平在履行协议过程中并无违约行为，王华以张桂平没有如期支付 3800 万元以及尚欠 200 万元为由，认为张桂平构成根本违约，要求解除合同，没有事实根据和法律依据，其单方解除协议的行为已构成违约，应承担相应的违约责任。

2. 判决理由

本案《股份转让协议》及《过渡期经营管理协议》是否有效、能否撤销的问题为本案的核心问题。本案原告、反诉被告张桂平和本案被告、反诉原告王华作为浦东公司的发起人，在浦东公司成立两年后，于 2004 年 10 月 22 日签订《股份转让协议》及《过渡期经营管理协议》，约定过渡期后王华将所持的标的股份转让于张桂平名下。上述约定并不违反 1993 年《公司法》第 147 条关于"发起人持有的本公司股份，自公司成立之日起三年内不得转让。公司董事、监事、经理应当向公司申报所持有的本公司的股份，并在任职期间内不得转让"的规定，不违反《南京浦东建设发展股份有限公司章程》的相关规定，亦不违反社会公共利益，应认定为合法有效。

首先，股份有限公司发起人的主要职责在于设立公司，发起人需要对公司设立失败的后果负责，在公司设立过程中因发起人的过错造成公司损失的，发起人也需要承担相应的责任。公司成功设立后，发起人的身份就被股东的身份所替代,其对公司的权利义务与其他非发起人股东相同。考虑到有些不当发起行为的法律后果和法律责任的滞后性,如果发起人在后果实际发生前因转让股份退出了公司,就很难追究其责任,不利于保护他人或社会公众的合法权益,因此,需要在一定时期内禁止发起人转让其持有的公司股份。1993 年《公司法》第 147 条第 1 款的立法目的即在于防范发起人利用公司设立谋取不当利益,并通过转让股份逃避发起人可能承担的法律责任。该条第 2 款关于“公司董事、监事、经理应当向公司申报所持有的本公司的股份,并在任职期间内不得转让”的规定,也是基于相同的立法目的。

其次,1993 年《公司法》第 147 条所禁止的发起人转让股份的行为,是指发起人自公司成立之日起 3 年内实际转让股份。法律并不禁止发起人为公司成立 3 年后转让股份而预先签订合同。只要不实际交付股份,就不会引起股东身份和股权关系的变更,即拟转让股份的发起人仍然是公司的股东,其作为发起人的法律责任并不会因签订转让股份的协议而免除。因此,发起人与他人订立合同约定在公司成立 3 年之后转让股权的,并不违反 1993 年《公司法》第 147 条的禁止性规定,应认定为合法有效。本案中,根据双方当事人所签订的《股份转让协议》第 5、6 条关于过渡期的规定,第 7 条关于“办理股份变更手续”的规定,第 10 条关于“依照《中华人民共和国公司法》的规定,合法有效地将甲方所持有的股份转让于乙方名下”和“如遇法律和国家政策变化,修改了股份有限公司发起人股份的转让条件和限制,将依照新的法律和政策的规定相应调整合同的生效时间”的规定等协议内容,可以确定双方对公司发起人转让股份的限制有着清醒的认识,故双方虽然在公司成立后 3 年内签订股份转让协议,但明确约定股份在“过渡期”届满即浦东公司成立 3 年之后再实际转让。同时,双方签订《股份转让协议》和《过渡期经营管理协议》后,本案被告、反诉原告王华即签署了向浦东公司董事会提出辞去该公司董事职务的申请,不再担任公司董事。综上,双方当事人的上述约定显然并不违反 1993 年《公司法》第 147 条的规定,亦不违反《浦东公司章程》的相关规定,应认定为合法有效的合同。

再次,本案原告、反诉被告张桂平和本案被告、反诉原告王华未在公司成立后 3 年内实际转让股份,不存在违反 1993 年《公司法》第 147 条的行为。本案中,王华所持有的是记名股票,根据《公司法》第 145 条第 1、2 款关于“记名股票,由股东以背书方式或者法律、行政法规规定的其他方式转让。记名股票的转让,由公司将受让人的姓名或者名称及住所记载于股东名册"的规定,判断记名股票转让与否应当以股东名册和工商登记的记载为依据。本案中,根据浦东公司股东名册及该公司工商登记的记载,王华仍是浦东公司的股东和发起人,涉案标的股份至今仍属于王华所有。

最后,根据本案原告、反诉被告张桂平和本案被告、反诉原告王华所签订的《过渡期经营管理协议》和《授权委托书》,王华在过渡期内作为股东的全部权利和义务都授权张桂平行使。该《过渡期经营管理协议》的性质属于股份或股权的托管协议,双方形成事实上的股份托管关系,即法律上和名义上的股东仍是王华,而实际上王华作为浦东公司股东的权利和义务由张桂平享有、承担。由于我国公司法对公司股份的托管行为和托管关系并无禁止性规定,本案当事人所签订的《过渡期经营管理协议》合法有效。尽管双方在协议中约定过渡期内王华作为浦东公司股东的一切义务和责任由张桂平承担,但这种约定只在双方当事人内部有效,对第三人并不具有法律约束力。正因为该《过渡期经营管理协议》并不能免除王华作为发起人、股东的责任,故王华与张桂平签订《过渡期经营管理协议》和《授权委托书》的行为应确认为合法有效。

三、案例解读

1. 法律规定

对于上市公司发起人股份转让的限制,新《公司法》在原《公司法》的基础上有一定的变化。2018 年《公司法》第 141 条第 1 款规定,发起人持有的本公司股份,自公司成立之日起一年内不得转让。公司公开发行股份前已发行的股份,自公司股票在证券交易所上市交易之日起一年内不得转让。新《公司法》第 160 条规定:公司公开发行股份前已发行的股份,自公司股票在证券交易所上市交易之日起一年内不得转让。法律、行政法规或者国务院证券监督管理机构对上市公司的股东、实际控制人转让其所持有的本公司股份另有规定的,从其规定。二者相较,有两点变化:(1)新《公司法》第 160 条将规制对象从发起人扩展到股东与实际控制人;(2)新《公司法》第 160 条不再作强制性规定,而是交由其他法律、法规、规章另行规定。虽然新《公司法》不再对股份公司发起人的股份转让进行限制,但其他法律法规有相关规定的,应当从其规定。此类规定主要对象为上市公司的股东、实际控制人,譬如,证监会的《上市公司章程指引》第

29 条第 1 款规定：发起人持有的本公司股份，自公司成立之日起一年内不得转让。公司公开发行股份前已发行的股份，自公司股票在证券交易所上市交易之日起一年内不得转让。

2. 法律适用

本案的核心问题是，当事人为规避股份公司发起人股份禁售的规定，而约定的在过渡期后再转让股权的约定，是否违反《公司法》的禁售规则？本案判决确立的裁判规则是，此种约定有效，并不违反《公司法》对股份公司发起人股份禁售的规定。

1993 年《公司法》第 147 条与 2005 年《公司法》第 142 条均有对股份公司发起人股份禁售期的规定，前者为 3 年，后者改为 1 年，本案审判适用的是 1993 年《公司法》。本案的原、被告恰是在禁售期内订立了股份转让协议。同时，该协议还有一定的特殊性，当事人双方约定了转让的标的、价款等，但关于股份权属何时移转却没有规定明确的日期。涉诉协议指出："协议签订之日起至甲方所持标的股份按期转让于乙方名下的期间为过渡期。"综合本案案情可知，所谓过渡期，实际上就是作为发起人王华受法律限制不得转让股份的期限。由此，总结本案涉诉协议的内容：双方签订股权转让协议的时间在《公司法》规定的禁售期之内，但履行股权转让协议的时间是在限制股权转让期限届满之后。本案最重要的争议焦点是对该约定的认定，即其是否违反禁售规则。本案的判决认为此种约定有效，并不违反《公司法》对股份公司发起人股份禁售的规定。双方约定过渡期是实践中当事人为规避股份公司发起人股份禁售的规定而经常采用的手段，本案确立的裁判规则对后续类似的案件亦有指引作用。①

本案需要回应两个问题：其一，"转让"在文义上包含形成转让的合意和移转标的权属两层意思，在本案中，法院将 2018 年《公司法》第 141 条的转让限缩在股份权属的移转，原因为何？此处法院采取了目的解释的方法，其认为，1993 年《公司法》第 147 条第 1 款关于"发起人持有的本公司股份，自公司成立之日起三年内不得转让"的规定，旨在防范发起人利用公司设立牟取不当利益，并通过转让股份逃避发起人可能承担的法律责任。而股份有限公司的发起人在公司成立后 3 年内，与他人签订股权转让协议，约定待公司成立 3 年后为受让方

① 参见南通市中级人民法院民事判决书，(2005)通中民二初字 0090 号。

办理股权过户手续,并在协议中约定将股权委托受让方行使的,该股权转让合同不违反1993年《公司法》第147条第1款的规定。协议双方在1993年《公司法》所规定的发起人股份禁售期内,约定将股权委托给未来的股权受让方行使,也并不违反法律的强制性规定,且在双方正式办理股权登记过户前,上述行为并不能免除转让股份的发起人的法律责任,也不能免除其股东责任。因此,上述股权转让合同应认定为合法有效。

其二,在本案中,作为发起人的王华已经将其股份的全部权利都授予张桂平行使,并已经在禁售期内获得了全部价款,王华只有股东之名,但实质上是否已经转让了股份?在此,法院对股权转让进行了限缩解释。尽管股权托管的实际效果和股权转让相同,但法院仍然遵从形式要件,即只要王华仍登记在股东名册和工商登记上,就拒绝承认发生了实际的股权转让。这显然是对转让的一种限缩性解释思路。①

需要指出的是,本案在新《公司法》的规定下判决结果会发生变化。本案的涉诉公司系非上市的股份有限公司,按照2018年《公司法》第141条的规定,发起人在公司成立之日起一年内不得转让股份,但该规定已经被新《公司法》所删除。因此,如果公司为非上市的股份有限公司,发起人对外转让股份不再有一年的禁售期,如果公司是上市公司,则需要满足法律、行政法规或国务院证券监督管理机构对上市公司股东、实际控制人转让其所持有的股份的规定。

3. 本案延伸思考

股份公司发起人股权转让的限制的立法目的为何?

本案中,法院的论证有一个很重要的论证基础,即2018年《公司法》对发起人转让股权的限制规定旨在防范发起人利用公司设立谋取不当利益,并通过转让股份逃避发起人可能承担的法律责任。但规定发起人责任的立法目的是否仅有这一个,是存在疑问的。对此,不妨从以下角度思考:如果公司设立失败或发起人在设立中有过失,需要追究发起人民事责任时,发起人是否持有股份是否会有不同的法律效果?进一步而言,限制发起人转让股份是否相当于将其股

① 参见彭冰:《股东优先购买权与间接收购的利益衡量——上海外滩地王案分析》,载《清华法学》2016年第1期。

份锁定(或“质押”)于公司从而起到某种“担保”的作用?[①] 从这个角度来思考,在本案中,王华实际上已经获得了股权转让款,也已经将公司权利授权给张桂平,那么限制发起人转让股份的立法目的是否能够完全实现?由此,值得进一步思考的问题是,新《公司法》为何将非上市的股份公司的发起人转让限制的规定删除?

四、相关原理

公司发起人的法律地位

公司发起人是公司设立过程中所产生的权利义务的主要承担者。对公司发起人的法律地位,理论上有无因管理说、为第三人利益契约说、设立中的公司机关说和当然继承说等主张。无因管理说认为,发起人与设立中的公司之间属于一种无因管理关系,在公司成立后,因发起人的设立行为所产生的权利义务,依无因管理的法理移归于公司。为第三人利益契约说认为,发起人因设立行为而与他人间所成立的法律关系,是以将来成立的公司为第三人(受益人)而订立的为第三人契约。设立中的公司机关说认为,发起人为设立中公司的机关。当然继承说认为,发起人是未经登记成立的公司代理人。

上述4种观点都有各自的局限性:依据公司法承担公司的设立工作是发起人的义务,而按民法无因管理的理论,行为人从事管理行为应并无义务。故“无因管理说”不妥。为第三人契约只能为第三人设定利益,而不能使之负义务,故“为第三人利益契约说”无法说明发起人对于股份认购人所负义务在公司成立后移转于公司的法律现象。“设立中的公司机关说”无法说明在公司不能成立时设立行为所需的费用和债务由发起人负连带责任而不由该无权利能力社团承受的法律现象。“当然继承说”无法说明设立行为所生的效果为何当然由公司承继,因为公司在登记成立前尚无法律人格,自然无法以发起人为代理人而成立委任关系,其行为的效果也不能依代理或委任的关系当然由公司承继。[②]

因而,我们认为,发起人的法律地位应当从这样两个方面来确定:一方面,应从设立中公司与发起人的关系来看。在该关系中,发起人作为一个整体应属

---

① 参见王军:《中国公司法》(第2版),高等教育出版社2017年版,第205页。

② 赵旭东主编:《公司法学》(第4版),高等教育出版社2015年版,第89页。

于设立中公司的机关，对外代表设立中的公司进行创立活动、履行设立义务。由于设立中的公司与成立后的公司其实体是同一的，所以发起人因设立行为所生的权利义务自然归属于将来成立的公司。另一方面，应从发起人之间的关系来看。发起人之间的关系是合伙关系，所以如果公司未能合法成立，发起人对其设立行为所产生的义务对第三人负连带责任。

案例 44 禁止公司收购本公司股份的例外情形

《公司法》第 162 条解读

——强制执行广东恒通集团股份有限公司持有的股份以抵顶其债务执行案①

【最高人民法院 2001 年公报案例】

《公司法》第 162 条

公司不得收购本公司股份。但是,有下列情形之一的除外:

(一)减少公司注册资本;

(二)与持有本公司股份的其他公司合并;

(三)将股份用于员工持股计划或者股权激励;

(四)股东因对股东会作出的公司合并、分立决议持异议,要求公司收购其股份;

(五)将股份用于转换公司发行的可转换为股票的公司债券;

(六)上市公司为维护公司价值及股东权益所必需。

公司因前款第一项、第二项规定的情形收购本公司股份的,应当经股东会决议;公司因前款第三项、第五项、第六项规定的情形收购本公司股份的,可以按照公司章程或者股东会的授权,经三分之二以上董事出席的董事会会议决议。

公司依照本条第一款规定收购本公司股份后,属于第一项情形的,应当自收购之日起十日内注销;属于第二项、第四项情形的,应当在六个月内转让或者注销;属于第三项、第五项、第六项情形的,公司合计持有的本公司股

① 《最高人民法院公报》2001 年第 6 期。

份数不得超过本公司已发行股份总数的百分之十,并应当在三年内转让或者注销。

上市公司收购本公司股份的,应当依照《中华人民共和国证券法》的规定履行信息披露义务。上市公司因本条第一款第三项、第五项、第六项规定的情形收购本公司股份的,应当通过公开的集中交易方式进行。

公司不得接受本公司的股份作为质权的标的。

一、案情介绍

江苏省无锡市南长区房地产经营公司(以下简称南长公司)、上海浦东国有资产投资管理有限公司(以下简称浦东公司)和被告广东恒通集团股份有限公司(以下简称恒通公司),都是第三人江苏省无锡新江南实业股份有限公司(以下简称新江南公司)的股东。在新江南公司8000万元的股本金中,恒通公司持有4400万元的股份,为新江南公司的控股股东,南长公司持有1450万元股份,浦东公司持有400万元股份,其余股份由各小股东占有。

1998年,被告恒通公司和第三人新江南公司签订了《债权债务处理协议书》,确认至1998年6月30日,恒通公司欠新江南公司3971万元。恒通公司以其在深圳上水径工业区的第13号厂房等共计17987.04平方米的房产,作价40352784元给新江南公司冲抵债务,房产与债务冲抵后的余额642784元,作为房产过户费用。协议签订后,被告恒通公司将其他房产过户给第三人新江南公司。

新江南公司的非控股股东认为:恒通公司利用担任新江南公司董事长、总经理的优势地位,将评估价值仅为2516万元的房产,作价4035万余元给新江南公司抵债,损害了新江南公司和他们的利益,遂决定起诉恒通公司侵权。但由于恒通公司是新江南公司的控股股东,新江南公司无法在董事会上形成起诉恒通公司的决议,非控股股东遂委托南长公司、浦东公司作为他们的代表,对恒通公司提起侵权诉讼。

案经无锡市中级人民法院审理认为:被告恒通公司给第三人新江南公司抵

债的房产，实际价值仅为 1119 万元，根本不能抵偿其欠新江南公司的 3971 万元债务。恒通公司利用自己在新江南公司的控股地位，用以物抵债、低值高估的方法为本公司牟取非法利益，给新江南公司造成损失，侵害了新江南公司以及其他非控股股东的权益。恒通公司对其侵权行为给新江南公司造成的损失，应负赔偿责任。

接到执行申请后，无锡市中级人民法院依法立案，并向被执行人恒通公司送达了执行通知书。执行中了解到，除持有的新江南公司股份以外，恒通公司再无其他财产可供执行，遂于 2001 年 1 月 16 日查封了恒通公司持有的 4000 万股新江南公司股份，并委托无锡普信会计师事务所对该股份的价值进行评估。

2001 年 4 月 16 日，无锡市中级人民法院委托无锡华东拍卖行有限公司拍卖查封的 4000 万股新江南公司股份。拍卖未成交，该股份也无法变卖。

二、判决结果与理由

1. 判决结果

无锡省中级人民法院裁定，以新江南公司对恒通公司享有的 36426331 元债权作为收购款，强制收购恒通公司持有的 39593838 股新江南公司股份。收购后，新江南公司依法相应减少其注册资本并注销股份。

2. 判决理由

被执行人恒通公司所欠主要是申请执行人新江南公司的债务，而现在执行回来的只是恒通公司持有的 4000 万股新江南公司股份，该股份目前无法拍卖和变卖，只有由新江南公司收回以抵顶恒通公司欠其的债务。1993 年《公司法》第 149 条规定："公司不得收购本公司的股票，但为减少公司资本而注销股份或者与持有本公司股票的其他公司合并时除外。公司依照前款规定收购本公司的股票后，必须在十日内注销该部分股份，依照法律、行政法规办理变更登记，并公告。公司不得接受本公司的股票作为抵押权的标的。"从此条规定可以看出，一般情况下，公司是不能收购本公司股票的，但在特殊情况下，法律允许公司按照法定程序收购公司的股票。新江南公司收购了恒通公司所持的股份，恒通公司在新江南公司的股份才能注销，如此新江南公司的资本必然会减少，从而符合了法律对收购本公司股票的特殊要求。但是要做到这一步，必须经新江南公司的股东大会同意授权。恒通公司至今仍然是新江南公司的控股股东,新江南公司无法在股东大会上作出这样的决议。为维护法律的尊严,规范和完善股份公司制度,依法保护股份公司所有股东的合法权益,制裁股份公司内部发生的侵权行为,只能由人民法院强制新江南公司收购恒通公司持有的新江南公司股份。

三、法律适用

1. 法律规定

本案例涉及问题为公司收购本公司股份的禁止与例外,相关规定在新《公司法》第 162 条,本规定相较于 2018 年《公司法》第 142 条的规定无实质性变化。本条对禁止股份回购作出了原则性规定,但同时允许公司在以下情形时回购股份:

(1)减少公司注册资本。公司减少注册资本的,应当经股东会决议,由公司对股东发出收购要约。一般而言,收购条件应使每一股东均有机会按照持股比例出让一定数额的股份。在公司完成收购后,应当自收购之日起 10 日内注销该部分股份,完成减资程序。

(2)与持有本公司股份的其他公司合并。公司股份可以为其他公司持有,当公司与拥有本公司股份的其他公司合并时,被合并的其他公司的资产都归属本公司,也包括其他公司所持有的本公司的股份,形成股份回购。该事项亦应经股东会决议,公司回购股份后,应当在回购之日起 6 个月内转让或者注销股份。

(3)将股份用于员工持股计划或者股权激励。员工持股计划是指公司根据员工意愿,通过合法方式使员工获得本公司股票并长期持有,股份权益按约定分配给员工的制度安排。股权激励是指上市公司以本公司股票为标的,对其董事、高级管理人员及其他员工进行的长期性激励,激励对象可以包括上市公司的董事、高级管理人员、核心技术人员或者核心业务人员等。

(4)股东因对股东会作出的公司合并、分立决议持异议,要求公司收购其股份。为维护异议股东权利,当股东对股东会作出的合并、分立决议持异议时,可以要求公司回购其股份,公司应当回购,无须经股东会或者董事会决议。

(5)将股份用于转换上市公司发行的可转换为股票的公司债券。可转换为股票的公司债券是以债券形式发行的，在一定时期内依据约定的条件可以转换为股票的债券。依据新《公司法》第 202 条规定，上市公司经股东会决议可以发行可转换为股票的公司债券，并在公司债券募集办法中规定具体的转换办法；上市公司发行可转换为股票的公司债券，应当报国务院证券监督管理机构核准。

(6) 上市公司为维护公司价值及股东权益所必需。为提高效率简化决策程序此类回购可以依照公司章程的规定或者股东大会的授权，经 2/3 以上董事出席的董事会会议决议。所回购的股份，应当在 3 年内转让或者注销。

2. 案例解读

本案的核心问题是，在执行阶段，法院能否依职权强制执行回购交易？本案确立的裁判规则是，在特殊情形下，即使股东会作不出回购的决议，法院也可以依职权强制执行回购。

本案适用的是 1993 年《公司法》，其对于公司不得收购本公司股票的规定相较新《公司法》而言较为简单，1993 年《公司法》第 149 条规定，公司不得收购本公司的股票，但为减少公司资本而注销股份或者与持有本公司股票的其他公司合并时除外。公司依照前款规定收购本公司的股票后，必须在 10 日内注销该部分股份，依照法律、行政法规办理变更登记，并公告。从 1993 年至今，《公司法》对于公司收购本公司股份的态度是一致的，即以禁止收购为原则，除法律特别规定的情形外，公司不得收购本公司股份。

本案中，作为新江南公司控股股东的恒通公司拖欠新江南公司大量债务，在执行环节发现该股东已无其他可执行财产，股份也无法变卖，因而，新江南公司对恒通公司的债权已无事实上实现的可能。在此情况下，公司为实现债权，可以先行以债权作为对价收购该股东的股份，而后注销该股份，减少公司资本。公司在减少注册资本的情况下，便可按照《公司法》的规定收购本公司股份。

然而，本案的特殊之处在于，这一连串相互联系的法律行为均需要公司股东会作出决议，恒通公司作为新江南公司的控股股东，必然没有动力通过对自己不利的决议。若公司无法作出减资的决议，则新江南公司无法收购本公司的股份。在此种情况下，在执行阶段，法院能否依职权强制执行回购交易，进而使公司可以收回公司控股股东的股份以抵偿其拖欠公司的债务？本案的裁判逻辑是法院可以依职权强制执行回购交易：新江南公司收购了恒通公司所持的股份，恒通公司在新江南公司的股份才能注销，如此新江南公司的资本必然会减少，从而符合了法律对收购本公司股票的特殊要求。但是要做到这一步，必须经新江南公司的股东大会同意授权。恒通公司至今仍然是新江南公司的控股股东，新江南公司无法在股东大会上作出这样的决议。为维护法律的尊严，规范和完善股份公司制度，依法保护股份公司所有股东的合法权益，制裁股份公司内部发生的侵权行为，只能由人民法院强制新江南公司收购恒通公司持有的新江南公司股份。

3. 本案延伸思考

公司做不出减资决议的情况下，法院强制公司减资是否合理？

该案至今已有 20 余年，当时的公司法律体系中对控股股东违法行为的规制体系尚不完备，股东代表诉讼制度亦没有建立。在此情况下，无锡中院在审理控股股东侵权案中，大胆地突破了我国《公司法》和《民事诉讼法》中的一些传统理论和法律规定，运用股东代表诉讼理论，保护了当事人的正当利益，取得了较好的社会效果。① 但在公司做不出减资决议的情况下，法院强制公司减资是否完全合理？本书在此以与目标公司对赌协议的履行问题为例，为读者提供一个思考的视角。

与目标公司对赌协议的效力与履行问题一直是学界近年来的热点问题。②《九民纪要》第 5 条规定，投资方请求目标公司回购股权的，人民法院应当依据 2018 年《公司法》第 35 条关于“股东不得抽逃出资”或者第 142 条关于股份回购的强制性规定进行审查。经审查，目标公司未完成减资程序的，人民法院应当驳回其诉讼请求。按此规定，目标公司未完成减资程序，人民法院就会驳回原告的诉讼请求，与本案的情况类似，实践中，目标公司的减资决议一般获得不了股东会的通过。但法院面对此类争议时，往往不会依职权强制减资，而是会驳回履行对赌协议的请求。读者不妨思考，与目标公司对赌协议的履行与本案有何不同？当减资决议无法在公司股东会通过时，法院是否可以依职权强制执行？

① 参见梁上上：《控股股东侵权案的法律障碍与制度创新》，载《法学》2002 年第 7 期。

② 参见赵旭东：《第三种投资：对赌协议的立法回应与制度创新》，载《东方法学》2022 年第 4 期。

四、相关原理

资本维持制度和清偿能力测试制度的比较

法律规定公司原则上不得收购本公司股份,很重要的理由是这会减少公司资本,进而损害债权人利益,违反资本维持制度的要求。近年来,公司法学界对同为公司资本制度的清偿能力测试制度的讨论颇多,新《公司法》虽然没有引入该制度,但围绕着二者的讨论亦非常激烈。总体而言,资本维持制度和清偿能力测试制度均系各国公司法上资本规制规则体系的一部分。其不但与公司资本规制的其他制度相关联,也与公司治理、公司融资等制度密切相关。故而,两种制度的规制差异实际上部分源于其他制度的效力影响。剥离掉非核心性不同之后,二者的规制差异主要体现在以下方面。

1. 规制基础差异

资本维持模式的逻辑起点是注册资本以及附加资本数额,而清偿能力模式的逻辑起点是公司对债权人的清偿能力和破产标准。资本维持模式下公司资本是公司经营风险的缓冲垫,而清偿能力模式则放弃了公司资本的担保价值和清偿功能。比如,《美国标准商事公司法》规定的衡平清偿能力和破产清偿标准与股东出资和公司资本并无直接关联,可以确保分配后公司能够按期支付到期债务和公司总资产大于或等于总负债。

2. 规制强度差异

由于规制基础差异,资本维持模式和清偿能力模式的规制强度存在显著不同:资本维持模式具有更高的资本约束强度,清偿能力模式则更为灵活自由。在德国公司法上,包括已发行资本、资本公积金、库存股准备金、其他利润准备金等均不属于可分配范畴。在我国,根据《公司法》的规定,公司资本、资本公积金、法定准备金为不可分配部分;在以当年税后利润作为分配起点的基础上,还应当首先弥补历年亏损,按照10%额度标准计提法定公积金,直至达到注册资本的50%以上方可不再提取。

在清偿能力模式下,不同测试标准的规制强度也有差异。比如,《美国特拉华州普通公司法》和《美国标准商事公司法》在分配标准上即存在差异。特拉华州公司法规定的股利分配有两种:第一种系根据《美国特拉华州普通公司法》第

154条所界定的公司盈余，即公司净资产超过确定为资本的部分，净资产实质资产总额超出负债总额的部分；第二种系快捷股利，此时适用的判断标准为净利润标准。在《美国标准商事公司法》中并不存在前述特拉华州公司法上的特别限制和通过公司法实践所得到的实质规制，其在分配标准的规制上更为灵活。早在1975年，《加州公司法》即首先创设了统一的分配概念，将所有公司向股东的资产转移行为统一界定为分配。值得注意的是，2011年修改后的《美国加利福尼亚州公司法典》也采纳了《美国标准商事公司法》的清偿能力模式，放弃了之前对留存收益或资产负债表比例的要求。

3. 规制路径差异

从规制措施的顺序来看，资本维持模式偏重事前规制，清偿能力模式则重在事后规制。资本维持模式通过设定实现的法定标准，防止分配或变相分配行为的发生；清偿能力模式则通过严格的事后责任促进董事会商事决策更加审慎、谨慎。比如，根据《美国特拉华州普通公司法》第174条的规定，对于公司违法分配的行为，管理公司的董事在非法支付股利后6年内的任何时候，或者非法购买或回购股份后6年之内的任何时间，向公司承担连带责任，在公司清算或者无力偿债时，向公司债权人承担连带责任，责任范围及于非法支付的全部股利，或者为购买或回购公司股份而支付的全部数额，并加上自责任产生之时起算的利息。

4. 规制重心差异

从规制重心角度而言，资本维持模式的规制重心在于公司资本或者资产的数量和质量，清偿能力模式的规制重心在于资本交易行为及其法律责任。在资本维持模式下，公司法制度的重点在于建构明确的分配标准，设定详细的分配、减资、回购等确定的财务标准，在实践中又将转换为对会计制度的高度依赖，这也在一定程度上解释了法定资本制国家为何往往伴随着高强制力的会计准则。在清偿能力模式下，公司法制度将商业决策的权限极大程度地授予了公司管理层，法院不再就分配标准等关涉商事经营的事项作出判断，转而关注公司管理层在此过程中的信义义务及法律责任，这种规制方式高度依赖于良好的公司治理机制和信义义务法律体系。

CHAPTER 06

第六章

公司董事、监事、高级管理人员的资格和义务

案例 45 违反董事忠实义务的认定

《公司法》第 180 条第 1 款解读

——凯利置业有限公司与聚融商务城有限公司企业借贷纠纷案[①]

【最高人民法院 2015 年终审案例】

《公司法》第 180 条第 1 款

董事、监事、高级管理人员对公司负有忠实义务，应当采取措施避免自身利益与公司利益冲突，不得利用职权牟取不正当利益。

一、案情介绍

光大发展海外有限公司（以下简称光大公司）与吴泰集团有限公司（以下简称吴泰集团）约定组建吉斯达公司，合作开发海门国际商务港项目，项目所需资金由吴泰集团的吴某某负责筹措，光大公司给予配合。2003 年 6 月 10 日，吉斯达公司在海门独资设立了聚融商务城有限公司（以下简称聚融公司），投资总额

① 最高人民法院民事判决书，（2015）民四终字第 31 号。

及注册资本均为2600万美元。2003年6月至2004年12月,王某担任聚融公司的法定代表人和董事。在此期间,王某也同时担任凯利置业有限公司(以下简称凯利公司)的法定代表人和董事。

2003年7月至10月,凯利公司通过中国银行(香港)有限公司汇给聚融公司5笔资金,以上款项均作为吉斯达公司的出资并经验资程序投入到聚融公司。此后凯利公司多次请求融资公司偿还本金以及利息。

本案的争议事实在于,王某同时担任两个公司法定代表人和董事,代表聚融公司在《借款确认函》上签字,是否构成忠实义务的违反,进而影响《借款确认函》的效力以及聚融公司与凯利公司之间借款合同法律关系的成立。

凯利公司诉称:2003年7月,聚融公司因经营资金不足向凯利公司借款,凯利公司通过中国银行(香港)有限公司汇入聚融公司5笔资金,该事实有聚融公司加盖印章、聚融公司法定代表人王某签署的《借款确认函》证明,该《借款确认函》有效,能够证明聚融公司与凯利公司之间成立借款合同法律关系。据此,请求法院判令聚融公司偿还本金及利息,并由聚融公司承担本案诉讼费用及由此发生的其他费用。

聚融公司答辩称:聚融公司与凯利公司之间没有签订借款合同,《借款确认函》上的印章不具有真实性,聚融公司法定代表人王某签署《借款确认函》属于与凯利公司恶意串通,损害聚融公司利益的行为,应为无效。因此,聚融公司与凯利公司没有事实上的借款关系。请求驳回凯利公司的诉讼请求。

二、判决结果与理由

1. 判决结果

一审江苏高院于2014年9月30日作出的(2010)苏商外初字第0005号民事判决认为,凯利公司的诉讼主张缺乏证据证实,驳回凯利公司的诉讼请求。

二审最高人民法院于2015年10月27日作出(2015)民四终字第31号民事判决认为,江苏高院一审判决认定凯利公司和聚融公司之间的借款关系不成立,认定事实清楚,适用法律基本正确,最高人民法院予以维持。凯利公司的上诉理由不能成立,最高人民法院予以驳回。

2. 判决理由

本案涉及董事忠实义务违反对公司法律行为效力影响的问题。本案的核心问题是，在涉及双方代表的合同中，聚融公司与凯利公司之间《借款确认函》对聚融公司是否具有法律约束力，即聚融公司法定代表人王某的签字是否有效。本案判决确定的裁判规则是法定代表人实施双方代表行为违反了忠实义务，其代表该公司承认借款并签字的行为无效，聚融公司与凯利公司之间《借款确认函》对聚融公司不具有法律约束力。

最高人民法院认为，王某在《借款确认函》中代表聚融公司向其控制的凯利公司确认债务，属于双方代表行为，构成利益冲突的自我交易，其行为的实质是增加聚融公司的债务，使聚融公司收到的出资款被变相抽回，损害了聚融公司的利益。董事、监事、经理应当遵守公司章程，忠实履行职务，维护公司利益，不得利用在公司的地位和职权为自己牟取私利。王某利用担任聚融公司法定代表人的地位签署的《借款确认函》，构成违反法律限制性规定的越权代表行为。凯利公司作为王某控制的公司，应当知道公司法关于董事忠实义务的规定以及聚融公司内部对法定代表人代表权的限制，其不属于有正当理由信赖王某代表权外观的善意相对人。因此王某的越权代表行为无效，该《借款确认函》对聚融公司不具有法律约束力。

三、案例解读

1. 法律规定

新《公司法》第 180 条第 1 款规定了公司董事、监事和高级管理人员对公司的忠实义务。实践中，董事、监事和高级管理人员如果从事下述行为，则很有可能被认定为违反对公司的忠实义务，进而被要求承担损失赔偿责任，包括：利用或篡夺公司机会，从事竞业行为，侵占公司财产，挪用公司资金，将公司资金以其个人名义或者以其他个人名义开立账户存储，利用职权贿赂或者收受其他非法收入，接受他人与公司交易的佣金归为己有，擅自披露公司秘密等，以及其他未经允许而利用职权牟取不正当利益的行为或者与公司利益相冲突的行为。

董事的忠实义务核心在于要求董事避免与公司发生利益冲突。如果董事同时代表两个公司签订合同，则董事与公司之间很可能会发生利益冲突。新《公司法》第 183 条规定了董事实施自我交易与关联交易行为应完成的公司程序，即向董事会或者股东会报告，并按照公司章程的规定经董事会或者股东会决议。新《公司法》第 183 条规制范围不限于原《公司法》中的董事与公司自我交易，拓展了规制范围。新《公司法》第183条第1款规定，董事、监事、高级管理人员，直接或者间接与本公司订立合同或者进行交易，均应遵守特定程序；第183条第2款规定董事、监事和高级管理人员近亲属，董事、监事、高级管理人员或者其近亲属直接或者间接控制的企业，以及与董事、监事、高级管理人员有其他关联关系的关联人，与公司订立合同或进行交易，也需要遵守特定程序。

2. 法律适用

本案的核心问题是，在关联交易中，如何认定董事违反了忠实义务？本案判决确立的裁判规则是，董事从事双方代表行为，损害公司利益的，构成对忠实义务的违反。

新《公司法》第180条第1款明确了忠实义务的实质判断标准，为司法裁判提供了更为明确的依据。忠实义务要求公司的董事、监事和高级管理人员应避免自身利益与公司利益冲突，不得利用职权牟取不正当利益，公司的管理者不得将自己或者他人的利益置于公司利益之上。诉诸其信托源流，忠实义务应包括两方面的含义：一是受托人不得未经允许从其受托事务中牟取私利，二是受托人不得使自己的利益与所受义务产生冲突。新《公司法》第180条第1款彰显了忠实义务的本质意涵。

在本案中，最高人民法院认为，王某在《借款确认函》中代表聚融公司向其控制的凯利公司确认债务，属于双方代表行为，构成利益冲突的自我交易，其行为的实质是增加聚融公司的债务，使聚融公司收到的出资款被变相抽回，损害了聚融公司的利益。

具体而言，王某同时作为借款人和出借人的董事，同时对出借人、借款人负有信义义务，即同时负有为出借人、借款人争取最大利益的义务，如果王某不在借款合同中为凯利公司争取最大利益，则很可能构成对凯利公司的信义义务的违反，但如果他为凯利公司争取最大利益，又会构成对聚融公司信义义务的违反，王某使自己的利益与聚融公司利益发生了冲突。

对于存在利益冲突的交易，原《公司法》仅规定了自我交易，未规定关联交易。新《公司法》第183条对关联交易进行了具体规范，本案中王某的行为可以落入该条规制的范围内。新《公司法》第183条第2款规定，董事、监事和高级管理人员近亲属，董事、监事、高级管理人员或者其近亲属直接或者间接控制的企业，以及与董事、监事、高级管理人员有其他关联关系的关联人，与公司订立合同或进行交易,也需要遵守特定程序。王某担任法定代表人和董事的凯利公司,应为具有关联关系的关联人,凯利公司与聚融公司订立合同的,王某应向公司报告,并经过董事会或股东会决议。在本案中,不存在批准该借款合同的董事会决议或股东会决议,因此,应认定王某构成忠实义务的违反。进一步来说,即使王某履行了上述程序,鉴于该借款合同增加了聚融公司的债务,使聚融公司收到的出资款被变相抽回,损害了聚融公司的利益,王某仍构成忠实义务的违反。但是,新《公司法》目前仍欠缺对关联交易实质性的规制,法院在裁判相关纠纷时,需要结合交易条件、价格、对象等分析该交易是否符合公平合理性。

3. 本案延伸思考

(1)董事忠实义务违反如何对越权交易中第三人的善意认定产生影响?

最高人民法院在本案中构建了董事忠实义务违反与交易中相对人的善意的认定之间的联系,认为凯利公司作为王某控制的公司,应当知道公司法关于董事忠实义务的规定以及聚融公司内部对法定代表人代表权的限制,其不属于有正当理由信赖王某代表权外观的善意相对人,因此王某的越权代表行为无效。一审判决认定王某签署《借款确认函》的民事行为不具有法律约束力的结论是正确的。

善意是指公司的相对人不知道且不应知道代表公司的人员超越权限订立合同,新《公司法》规定了董事的忠实义务,以及关联交易下的程序条件,属于在法律上对董事代表权的限制。新《公司法》已经明确规定了公司法定代表人或者其他公司的其他人员代表公司与相对人交易需要履行的条件,比如需要经过股东会或董事会决议,如果相对人未获得相关决议,就径直与公司交易,则非善意。本案涉及关联交易,凯利公司作为王某直接控制的公司,聚融公司与凯利公司进行交易应该经过股东会或者董事会决议。本案中的合同订立欠缺公司相关决议授权,最高人民法院基于上述事实认为凯利公司非善意相对人,切中肯綮。

(2)董事违反忠实义务下公司应采取何种救济措施?

如果董事、监事和高级管理人员违反信义义务,与公司进行关联交易行为,公司的救济措施包括:行使归入权;行使对董事、监事和高级管理人员的损害赔偿请求权。

公司归入权是公司对董事、监事和高级管理人员违反法律或公司章程规定实施交易而取得的收益，享有将收益收归公司的权利。比如，如果董事、监事和高级管理人员与公司进行关联交易，自营或为他人经营与公司同类的业务，利用职务便利为自己或他人谋取属于公司的商业机会，获得收益的，公司有权要求董事、监事和高级管理人员将该收益返还给公司。新《公司法》第 186 条单独规定了公司的归入权，该条作为公司行使归入权的请求权基础，规定了董事、监事、高级管理人员违反新《公司法》第 181 条至第 184 条规定所得的收入应当归公司所有。董事违反忠实义务所得收入收归公司所有，本身对董事而言具有一定的惩罚性质，且公司行使归入权请求没收董事所得收入，不以公司遭受损失为要件，即不以存在损害行为、因果关系、公司损害事实等为要件，其所得收入并非以实际对公司造成的具体损失为计算方式。

四、相关原理

董事的忠实义务的内涵以及判断标准

董事的忠实义务来源于受托人的信义义务。依据传统信义义务学说，受托人的忠实义务内涵主要包括两个方面，一是受托人必须以受益人的利益为唯一利益，二是受托人不能将自己放在与受益人的利益冲突的位置。随着实践的发展，董事履行忠实义务的唯一利益标准的例外逐步出现，即如果存在委托人授权、受益人同意等情形，即使受托人实施的行为存在利益冲突，法院也并不会因此认定受托人违反忠实义务，因为虽然这些行为不符合唯一利益标准，但却符合受益人最大利益。

新《公司法》第 180 条规定了董事忠实义务的内涵，即董事应避免与公司发生利益冲突，利用职权为自己牟取不当利益。第 182 条与第 185 条针对董事存在利益冲突的交易规定了董事的报告和回避表决的义务，从程序上防范董事滥用职权为自己牟取不当利益的风险。域外规定中，《英国 2006 年公司法》也规定了董事在公司将要进行的交易或安排中公布利益的义务。但值得注意的是，新《公司法》仅关注了董事、监事和高级管理人员从事自我交易需要经过股东会、股东大会批准，对自我交易的披露程序和股东同意提出了要求，但未赋予董事、高管证明交易公平、合理的权利，也忽略了经过股东会、股东大会同意后，异议股东再行挑战其公平性，由法院进行实质公平审查的可能。这些都是我国法上没有明确规定“公平测试”规则而导致的。对此，我们可参考成熟的自我交易规制规则，如《特拉华州普通公司法》第 144 条规定了公司内部人可以从事自我交易的三个条件，择一满足即可：(1)交易已向董事会或者委员会披露并表决通过；(2)交易已向股东会披露并表决通过；(3)交易被证明是公平的。该规则确立了由上述(1)(2)建立的“安全港”规则，以及(3)所设立的“公平测试”规则。类似的规则也为美国绝大多数州所接受。新《公司法》缺少“公平测试”规则，引入这一规则有利于进一步完善我国目前的自我交易制度。通过引入“公平测试”，保留法院对自我交易实质公平性的兜底审查权，可以较大程度地限制损害公司利益的自我交易行为，更好地实现关联交易规则对滥用权利行为的规范作用。

案例46 董事违反勤勉义务的司法认定

《公司法》第180条第2款解读

——山东海之杰纺织有限公司、盖博损害公司利益责任纠纷案①

【最高人民法院2020年再审案例】

《公司法》第180条第2款

董事、监事、高级管理人员对公司负有勤勉义务,执行职务应当为公司的最大利益尽到管理者通常应有的合理注意。

一、案情介绍

2011年1月至2014年3月,盖博在山东海之杰纺织有限公司(以下简称海之杰公司)任总经理职务。2011年1月8日,祥辉公司向海之杰公司传真合同一份,约定订购男装衬衫。海之杰公司在合同上加盖公司印章,祥辉公司没有支付定金,也未在合同上签章。为履行上述合同,盖博指示公司计划部经理分别于2011年1月20日和2月22日与金律公司签订《产品采购合同》各1份,采购亚麻棉交织提花染色布。海之杰公司计划部经理向其投资人请示后,安排将祥辉公司订购的男装衬衫全部生产完毕。但该批衬衫未能出售成功。2013年12月23日至31日,盖博带领海之杰公司采购人员到广州库存市场采购、验收和运输光坯布,共从周某等15名供应商处采购了布匹,价款(含运费)共计1283892元。

① 最高人民法院民事判决书,(2020)最高法民申640号。

本案的核心争议事实是，盖博在祥辉公司未付定金和预付款情况下，指示公司计划部采购原材料生产产品，是否构成对公司勤勉义务的违反。

海之杰公司诉称，盖博在担任海之杰公司总经理期间，严重违反公司财务制度，在祥辉公司未付定金和预付款情况下指示公司计划部采购金律公司产品，后衬衫无法出售，且从广州采购的光坯布存在严重质量问题，盖博违反公司高管忠实、勤勉义务，给公司造成严重经济损失，应向公司承担赔偿责任。

被告辩称，其履行职务符合法律规定，不构成忠实、勤勉义务的违反。

二、判决结果与理由

1. 判决结果

一审山东省枣庄市中级人民法院(2015)枣民二商初字第78号民事判决，认为盖博不应赔偿海之杰公司的损失，驳回原告诉讼请求。

二审山东省高级人民法院作出(2019)鲁民终615号民事判决，认为海之杰公司提供的证据仅能说明盖博的经营判断行为存在瑕疵，不能证明盖博主观上故意违反公司的内部审核制度，损害公司利益，维持了一审的判决结果。再审最高人民法院裁定驳回再审申请人的申请，认为原判决认定盖博未违反公司高级管理人员的忠实义务和勤勉义务，并无不当。

2. 判决理由

本案的核心问题是，公司高级管理人员在公司相对人未付定金和预付款情况下指示公司计划部采购原材料生产产品，公司相对人拒绝收货给公司造成损失时，是否构成对公司勤勉义务的违反。本案判决确定的裁判规则是，高级管理人员生产产品前已经请示公司全体股东，且高级管理人员在其职责范围内履职，故不构成对勤勉义务的违反。

从法律规定看，《公司法》仅原则性规定了公司高级管理人员的勤勉义务，并未规定违反勤勉义务的具体情形。综观公司法实践，勤勉义务所要求的尽一个普通谨慎之人在类似情况下应尽到的合理注意，是一个经过实践而被逐渐总结出来的标准。面对市场不断变化的商事交易实践，如果要求每一个经营判断都是正确的，其结果会使公司高级管理人员过于小心谨慎，甚至裹足不前，延误交易机会，降低公司经营效率，最终不利于实现公司和股东权益。特别是在不涉及公司高级管理人员个人利益与公司利益冲突等可能违反忠实义务的情形中，公司高级管理人员依照法律和公司章程履行经营管理职责的行为，应受到法律的认可和保护。

在本案中，盖博作为海之杰公司的总经理，具有依照法律和公司章程主持公司生产经营管理工作的职权。从海之杰公司在原审中提交的《山东海之杰纺织有限公司章程》的具体内容看，海之杰公司赋予了总经理组织领导公司日常生产技术和经营管理工作的广泛职权。案涉交易中，包括海之杰公司与祥辉公司签订衬衫供货合同、与金律公司签订《产品采购合同》、在广州采购光坯布，均系盖博为开展公司日常经营而履行总经理职权的行为，并未超越海之杰公司章程规定的职责范围，并不违反勤勉义务。

其一，在案涉衬衫生产前，盖博已请示公司投资人。无论股东对请示是形式审查还是实质审查，都可以证明其对海之杰公司生产案涉衬衫是知情的。且根据海之杰公司一方的证人在原审庭审中的证言，案涉衬衫未能出售成功的原因是公司交易相对人祥辉公司对包装、吊牌有异议而拒绝收货。

其二，对于盖博任职期间在广州所采购的光坯布，因海之杰公司所提交《损失价值公估报告》的保险评估机构不具有光坯布质量鉴定的资质，故不能依据该公估报告认定案涉光坯布存在质量问题，也就不能因此证明盖博采购光坯布的行为导致海之杰公司发生具体损失。且海之杰公司虽主张盖博违反公司内部审核、财务等制度以及存在虚假陈述、推卸责任行为，但却没有提供相关的财务制度等证据。故原判决认定盖博不负赔偿责任，并无不当。

三、案例解读

1. 法律规定

勤勉义务在英美法系被称为“注意义务”或“勤勉、注意和技能义务”，在大陆法系往往被称为“善良管理人的注意义务”。此前的公司法对于勤勉义务的规定仅限原则性表述，并未界定其定义或具体规则，导致了司法适用上的困难。勤勉义务要求公司的管理者在作出经营决策或履行职务时，行为标准必须以公司的最大利益为出发点，以适当方式并尽合理的注意义务。基于勤勉义务此种要求管理者审慎、尽责、善意的概念本旨，新《公司法》第 180 条第 2 款首次明确了勤勉义务的内涵，将其界定为“应当为公司的最大利益尽到管理者通常应有的合理注意”,落脚于“注意义务”这一概念,除了强调管理者的责任心外,还包含了克服管理者的懒惰这一层含义,具有法律上的作为和不作为两种面向。勤勉义务是对董事、监事、高级管理人员称职的要求,因而属于经营能力的范畴。管理层“通常应有的合理注意”义务的概念较为抽象且主观性较强,且司法应对介入公司的自主商业决策保持谦抑性,因此“合理注意”的程度为何,又如何判断,是勤勉义务司法适用最为关键的问题。我国目前在《上市公司治理准则》第21、22条,《上市公司章程指引》第98条中对勤勉义务的具体内容作出了规定,可以为董事勤勉义务的认定提供参考。

2. 法律适用

本案的核心问题是,如何认定董事、高管违反勤勉义务?本案判决确立的裁判逻辑是,公司高级管理人员的勤勉义务是指他们在履行职责时应为公司的最佳利益,表现出善良管理人的细心和普通谨慎之人的合理注意。

本案中,最高人民法院确立了对董事勤勉义务的判断标准,系法官通过对公司法有关勤勉义务积极解释作出判决的案例。尽管2018年《公司法》原则性规定了董事对公司负有勤勉义务,但未详细规定具体违反勤勉义务的情形。

最高人民法院在本案中指出,公司高级管理人员的勤勉义务是指他们在履行职责时应为公司的最佳利益,表现出善良管理人的细心和普通谨慎之人的合理注意,提出了“公司最佳利益”“善良管理人”“合理注意”的概念。“公司最佳利益”与新《公司法》第180条第2款规定中“公司的最大利益”对应;就“善良管理人”而言,新《公司法》第180条第2款规定的概念为“管理者”,后者根据公司经营这一商业环境,对“善良管理人”进行了具体的规定;新《公司法》第180条也规定了“合理注意”这一概念。

最高人民法院在对“勤勉义务”进行解释时提出,面对不断变化的商事交易环境,要求每个经营判断都完全正确会导致高级管理人员过于谨慎,可能错失交易机会,降低公司经营效率,不利于公司和股东权益。尤其是在没有明显个人与公司利益冲突的情况下,公司高级管理人员按法律和公司章程履行管理职责应受法律保护。上述论述体现了最高人民法院对高级管理人员商业判断的尊重。

与董事忠实义务不同,新《公司法》缺乏对勤勉义务履行行为的具体的类型的列举。在本案中,最高人民法院在判断海之杰公司总经理盖博是否履行勤勉

义务时,考虑了如下要素:

第一,该董事、高级管理人员行使职权是否符合公司章程的规定,是否超出章程规定的职责范围。在本案中,最高人民法院认为被告有权主持公司的生产经营管理工作,被告实施的包括签订供货合同和采购行为,都是履行总经理职责的一部分,没有超出章程规定的职责范围。

第二,在作出重大决策之前,该董事、高级管理人员是否取得有权公司机关的同意。在本案中,法院认为,在衬衫生产前,盖博已请示公司投资人,表明股东已了解案涉衬衫的情况。

第三,损害发生的原因,是否包含其他第三方的介入。在本案中,根据证人证词,衬衫未能成功销售的原因是交易相对方拒绝收货,与盖博的行为无关,第三方的行为中断了损害与董事行为的因果关系。且依据本案证据,评估机构无法证明采购货物质量问题,不能因此认定盖博的采购行为导致具体损失。

相较于原《公司法》,新《公司法》增加了有关董事保险的规定,即公司可以在董事任职期间为董事因执行公司职务承担的赔偿责任投保责任保险。公司为董事投保责任保险或续保后,董事会应当向股东会报告责任保险的投保金额、承保范围及保险费率等内容。因此,对于董事违反勤勉义务承担的赔偿责任,公司可以为董事的此类责任(因董事故意或重大过失造成的损害赔偿责任一般不在承保范围以内)购买责任保险,在董事因违反勤勉义务被索赔时,可以由保险公司履行赔付义务。

3. 本案延伸思考

(1)商事判断规则如何适用于对董事勤勉义务履行的认定

对于勤勉义务的判断标准,新《公司法》采取的是专家标准,即董事、监事、高级管理人员执行职务应当为公司的最大利益尽到管理者通常应有的合理注意。有观点认为,新《公司法》对勤勉义务的具体化规定可能存在对董事、高级管理人员履职施加过重义务的问题,有必要引入比较法上的商业判断规则,体现对董事作出商业决策的尊重。

在域外公司法实践中,为了激励风险承担和商业革新,确保董事不因其商业判断而受苛责,商业判断规则应运而生。适用商业判断规则需要满足三项条件:第一,董事与该商业判断的有关事项没有利益关系;第二,董事所知悉的有关商业判断的事项的范围是高级主管或董事在当时情况下合理相信是恰当的;

第三，董事理性地相信该商业判断是为公司最佳利益作出的。只要满足上述三个条件，法院推定董事作出的商业决策是合理的，此时由原告来举证证明董事商业决策违反公平标准，体现了对董事商业决策的尊重，为董事和高管提供了必要的保护。

商业判断规则的一个核心法律特征是，它是针对董事行为适当性的一个合理假定，即董事在作出经营决策时是以透彻了解情况为基础，怀有善意，并且真诚地相信所采取的行动符合公司的最佳利益。只要董事行为满足前述三个条件，即推定董事履行了勤勉义务，由原告证明董事作出的决策违反公平合理标准。商业实践是不断变化的，无法要求董事作出每一个商业决策或经营判断都是正确的，否则会导致董事履职时过于小心谨慎，裹足不前，延误交易机会，损害公司与股东的利益。新《公司法》第 180 条第 2 款仅对勤勉义务的内涵进行了界定，但未引入商业判断规则，未来公司法可以考虑引入该规则，以完善董事勤勉义务的判断标准。

(2) 董事责任保险制度的内涵及其功能

新《公司法》引入了董事责任保险制度，可以减少董事履行勤勉义务承担责任的风险。董事责任保险制度在多数发达国家已有丰富的实践和立法经验。以美国《特拉华州普通公司法》为例，该法第 145 条规定了公司有为其董事、高管等购买和续保的自由。被保险人的主体范围不仅涵盖了本公司的董事、高级管理人员、雇员或者代理人，还包括应公司的要求担任其他公司、合伙合资企业、信托或者其他企业董事、高级管理人员、雇员或者代理人职务的人员。在德国，起初饱受争议的董事责任保险制度逐渐被接受，2009 年《德国股份公司法》修订中引入了董事责任保险"强制性自我承担比例"的规定，从而消除了对董事责任保险的合法性质疑。如今董事责任保险在德国的上市公司中已经成为"标配"，即董事或监事任职的标准物质条件，而且在封闭性公司中也非常普遍。尽管董事责任保险制度在诸多国家的发展并非一帆风顺，但是如今其在多数成熟市场中已广受欢迎。我国可以考虑引入董事责任保险制度，与国际成熟市场的制度安排保持一致。

四、相关原理

董事勤勉义务的内涵

新《公司法》对董事、监事、高级管理人员忠实义务的内容进行了较为详尽的规定，而对勤勉义务仅作了简单内涵界定，未明确其具体的行为类型。

就董事勤勉义务履行标准而言，英国公司法采取了一般勤勉标准，美国公司法采取的是宽松的一般勤勉标准，德国与法国公司法采取的则是严格勤勉标准，日本公司法采取的是折中的严格勤勉标准。英美的勤勉义务均由判例发展而来。其中，英国采纳一般勤勉标准，董事仅对重大过失行为负责，对一般过失与轻微过失不承担责任。在董事违反勤勉义务的情形下，即使董事构成重大过失，但只要董事未违反忠实义务或诚信要求，美国即允许公司章程免除或减轻董事的赔偿责任，因此美国的勤勉标准较为宽松。德国和法国在探讨董事勤勉义务时，往往回归到善良管理义务上，德国采纳普通谨慎商人的勤勉标准，也即专家标准；法国采善良家父的勤勉标准。日本则是折中的做法，董事仅对其重大过失所致公司损失承担赔偿责任，对于善意的一般过失，则可依法减轻或免除赔偿责任。

董事、监事、高级管理人员在任期间履行勤勉义务，一般需要符合如下要求：保证公司经营符合国家法律、法规的有关规定；应当公平对待所有股东；及时了解公司业务经营管理状况；对决议事项应进行合理的和必要的调查；在公司章程与股东大会授予的权限范围内履行职权，不超越权限；其他法律、行政法规、公司章程规定的其他应尽的注意义务。《上市公司治理准则》第21、22条以及《上市公司章程指引》第98条对董事勤勉义务进行了规定，可以为董事履职和司法裁判提供指引。需注意的是，董事、高级管理人员和监事的履职内容一般不同，后者更注重对公司监督的勤勉尽职。此外，对于独立董事，也应依据其特定职责采取不同于一般执行董事、内部董事的标准，法官需结合具体情形对勤勉义务的履职标准和内容作出分析。

案例47 事实董事的认定标准

《公司法》第180条第3款解读

——单某庆等与叶某芳等侵权责任纠纷上诉案①

【最高人民法院2017年终审案例】

《公司法》第180条第3款

公司的控股股东、实际控制人不担任公司董事但实际执行公司事务的，适用前两款规定。

一、案情介绍

叶某芳于1996年与单某庆在香港注册成立富亿船务有限公司(以下简称富亿公司),两人各占50%的股份。富亿公司董事会成员包括叶某芳与单某庆。1997年,富亿公司与日升大厦(香港)有限公司(以下简称日升公司)在香港注册成立鸿港公司,富亿公司占80%的股份。1998年4月,鸿港公司与南海市汇海发展公司(以下简称南海汇海)、南海市里水商贸实业总公司(以下简称南海商贸)合资成立里水市场,鸿港公司在里水市场的股份为90%。叶某芳实际占有里水市场的股份为36%。2002年5月,单某庆、邱某平在叶某芳并未授权的情况下,以1.264亿元的价格将富亿公司在鸿港公司的80%股份转让给万利公司。

本案的核心争议事实是,邱某平是否是富亿公司的事实董事,富亿公司出让持有的鸿港公司的股权给第三人是否经过有效的董事会决议?

① 最高人民法院民事判决书,(2017)最高法民终869号。

叶某芳诉称，邱某平并非富亿公司的董事，本案股权转让合同未经有效董事会决议，且其从未见到过股权转让合同书原本，也一直未予承认。万利公司并未实际支付股权转让款，而是在开具虚假支票未能得逞的情况下，将应付的转让款变换为“融资款”，分文未付便攫取了富亿公司在鸿港公司的股份，导致叶某芳在里水市场的合法权益严重受损。单某庆、邱某平、万利公司恶意串通，在叶某芳没有授权、同意、签字的情况下，由单某庆私下将其股权转让给万利公司。万利公司持有无效股权转让合同和虚假公证骗得政府批文，强行接管叶某芳参股企业的经营权、管理权，严重侵害了叶某芳的合法权益。

单某庆、邱某平辩称，邱某平系富亿公司的事实董事，本案的股权转让合同已经经过富亿公司董事会合法授权。自1999年至2002年，叶某芳一直在美国，未参加富亿公司的业务运作。邱某平受富亿公司委托参加了20余次鸿港公司和里水市场的董事会，与单某庆一起负责富亿公司、鸿港公司和里水市场的经营管理，履行董事的职责，如此才使富亿公司以及由富亿公司控股的鸿港公司、里水市场正常运作。单某庆系经富亿公司董事会合法授权与万利公司签订涉案股权转让协议，胡某升系富亿公司的董事，其知道并同意转让富亿公司所持有鸿港公司80%的股权。即便胡某升反悔，不同意转让，富亿公司的另外两名董事单某庆、邱某平也有权代表富亿公司董事会转让富亿公司的股份。

二、判决结果与理由

1. 判决结果

一审广东省高级人民法院于2017年6月29日作出的（2012）粤高法民四重字第1号民事判决，认为邱某平并非公司的事实董事，虽然其多次参与里水市场的董事会会议并在董事会决议上签字，但该等证据仅显示邱某平可能担任里水市场董事会成员的职务。富亿公司和里水市场为不同的法律实体，该证据无法证明邱某平为富亿公司的董事，本案富亿公司出让持有的鸿港公司的股权给第三人未经过有效的董事会决议，叶某芳诉请万利公司向富亿公司返还鸿港公司80%的股权，有事实依据和法律依据，该院予以支持。

二审最高人民法院作出（2017）最高法民终869号民事判决，维持一审法院判决结果。

2. 判决理由

本案的核心问题是，本案的股权转让合同是否已经经过富亿公司董事会合法授权，以及邱某平是否是富亿公司的事实董事。本案判决确定的裁判规则是，公司章程规定股权转让协议需经股东授权的，未经该股东授权，该股权转让协议对公司不生效力。邱某平如认为其为富亿公司事实董事，应向富亿公司登记地法院香港特别行政区的法院主张权利，按照我国香港地区法律，认定公司事实董事条件包括公开以公司董事名义行事，事实上行使公司董事权力，和其他按照法律程序任命的董事同等地参与公司事务。

最高人民法院认为，富亿公司章程没有对事实董事是否享有表决权、事实董事是否应当与登记董事同等计算表决权以及如何形成多数表决权等问题作出规定。《备忘录》明确记载因缺乏胡某升授权需要再行商议股权转让协议，此表明即使邱某平是富亿公司的事实董事，富亿公司的董事业已对股权转让协议的授权达成一致协议，即富亿公司对外转让股权需要得到胡某升的书面同意而非事实董事与一名登记董事即形成董事会多数决。本案中，邱某平亦没有反诉请求确认其为富亿公司的股东或董事。因此，邱某平是否为富亿公司隐名股东以及事实董事并非本案争点及需要审理的问题。邱某平如认为其为富亿公司事实董事，其应向富亿公司登记地法院香港特别行政区的法院主张权利，本案中不予处理。对单某庆、邱某平、万利公司关于因邱某平同意而使得案涉股权转让协议符合富亿公司董事会多数决之表决权规定的上诉理由不予采信。单某庆代表富亿公司向万利公司转让所持有的鸿港公司 80% 的股权，未经富亿公司章程规定的董事会授权，不符合董事达成的合意，且叶某芳或胡某升均拒绝予以追认，故单某庆的行为不能代表富亿公司的真实意思表示，并构成越权代表的滥用董事代表权行为。一审判决认定案涉股权转让协议不是富亿公司的真实意思表示是正确的，最高人民法院予以维持。

三、案例解读

1. 法律规定

2013 年《公司法》对事实董事并未作出规定。新《公司法》第 180 条第 3 款创新性地规定，公司的控股股东、实际控制人不担任公司董事但实际执行公司事务的,适用有关公司董事、监事和高级管理人员忠实义务和勤勉义务的规定。在新《公司法》的修订过程中,对于事实董事的规定在《公司法(修订草案)(一次审议稿)》《公司法(修订草案)(二次审议稿)》中均未出现,在《公司法(修订草案)(三次审议稿)》中作出首次规定,这属于公司法上重大的立法创新,该款进一步强化了对控股股东和实际控制人的规范。

具体而言,新《公司法》第180条第3款的规制对象系不担任董事的控股股东和实际控制人,旨在解决二者对公司的操纵控制问题。根据新《公司法》第265条的定义,控股股东,系其出资额占有限责任公司资本总额超过50%或者其持有的股份占股份有限公司股本总额超过50%的股东;出资额或者持有股份的比例虽然低于50%,但依其出资额或者持有的股份所享有的表决权已足以对股东会的决议产生重大影响的股东。

实际控制人系通过投资关系、协议或者其他安排,能够实际支配公司行为的人。若控股股东或实际控制人担任公司董事,则其自然受到新《公司法》第180条前两款义务的限制;对于不担任公司董事的控股股东或实际控制人,若其实际执行公司事务,则按照本款的规定适用董事对公司负有忠实义务和勤勉义务的规定。

本条规定中,"实际执行公司事务"的认定标准系理解适用本条的关键,对此我们认为,相关人员执行公司事务应当达到成为公司的事实董事的程度,即履行了只有公司董事才能进行的职责或者行为。新《公司法》第67条规定了我国董事会的职权,因此事实上参与或行使了新《公司法》第67条法定职权的控股股东与实际控制人,应一并纳入忠实义务与勤勉义务适用的主体范畴。

2. 法律适用

本案的核心问题是,如何认定事实董事?本案判决确立的裁判规则是,认定事实董事,需考虑其是否公开以公司董事名义行事,事实上行使公司董事权力,和其他按照法律程序任命的董事同等地参与公司事务。

一审法院依据香港地区法律,概括认定公司事实董事的标准包括:公开以公司董事名义行事,事实上行使公司董事权力,和其他按照法律程序任命的董事同等地参与公司事务。我国香港地区《公司条例》第2条对董事的规定采实质界定,包括无论以何职称担任董事职位的人,以及法人团体的一众董事或过半数董事惯于按照其指示或指令(不包括以专业身份提供的意见)行事的人(幕后董事)。香港法院认定事实董事的考虑因素包括该名人士是否声称担任董事职务,公司是否主张该名人士为董事,该名人士是否使用该头衔,该名人士是否能获得适当的资讯以作出决定,以及该名人士是否不得不作出主要的决定等。要证明事实董事的身份,仅证明该名人士关注公司事务的管理或者承担与公司业务有关的工作远远不够,因为该等事务可由董事会下面的管理人员承担。

在本案中,虽然邱某平提交了附有其签名的《富亿公司董事会、股东内部决议》以证明自己为公司事实董事,但法院认为,在决议上签名的还有其他非董事人员,因此该证据并不能证明邱某平是以富亿公司董事的身份参加该次会议,本案并没有充分证据证明邱某平是公司的事实董事。由于公司与公司间接控股的公司是独立的法人,邱某平参与被控股公司的董事会并不足以证明其为公司的事实董事。最高人民法院考虑到,公司章程没有对事实董事是否享有表决权、事实董事是否应当与登记董事同等计算表决权以及如何形成多数表决权等问题作出规定,且《备忘录》明确记载因缺乏胡某升授权需要再行商议股权转让协议,所以富亿公司对外转让股权需要得到胡某升的书面同意而非事实董事与一名登记董事即形成董事会多数决。

综合上述,本案的裁判规则为事实董事的认定提供了一定的参考:判断特定主体是否是公司的事实董事,法院认为需考虑其是否公开以公司董事名义行事,事实上行使公司董事权力,和其他按照法律程序任命的董事同等地参与公司事务。此外,事实董事是否享有表决权,还取决于公司章程规定。

新《公司法》第 180 条第 3 款体现了该案判决中确定的事实董事的认定要素中的两个要素。就事实董事的认定而言,新《公司法》第 180 条第 3 款的 3 个条件为“控股股东、实际控制人”“不担任公司董事”“实际执行公司事务”。在本案中,依据新《公司法》的规定,邱某平并非公司的事实董事,其并未持有富亿公司过半数股份,且公司董事会决议此前由叶某芳与单某庆作出,邱某平并未参与公司董事会,邱某平参与的是里水市场董事会,而非富亿公司的董事会,因此,邱某平也不享有对公司的实际控制权,无法认定其为公司的事实董事。

3. 本案延伸思考

(1)除本案的事实董事制度外,新《公司法》对控股股东、实际控制人权利规制的规范还有哪些?

新《公司法》第 180 条第 3 款将事实董事限于控股股东、实际控制人,明确了控股股东、实际控制人在实际执行公司事务时与公司的登记董事同样负有对公司的信义义务，包括忠实义务和勤勉义务。控股股东、实际控制人对公司义务相关的规定，不限于新《公司法》第180条第3款。新《公司法》第21条规定了股东不得滥用股东权利损害公司、股东合法权益的义务；第22条规定了控股股东、实际控制人不得利用关联交易损害公司利益的义务；第192条规定公司的控股股东、实际控制人指示董事、高级管理人员从事损害公司或者股东利益的行为的，与该董事、高级管理人员承担连带责任。上述规范相结合共同组成我国公司法关于实际控制人、控股股东的规范体系，构建起控制股东与实际控制人完整的义务与责任规范。

虽然都是对控股股东、实际控制人的义务，但新《公司法》第180条第2款规定与新《公司法》第21、22条规定存在差异。第一，控股股东、实际控制人作为事实董事时，其侵害公司利益的手段为执行公司事务权利的行使，与其作为股东行使包括表决权等股东权利的情形存在差异。第二，控股股东、实际控制人作为事实董事时，负有的义务包括不得利用职权牟取不当利益的消极义务，也包括应勤勉尽责的积极义务，当其作为股东行使表决权时，负有的主要义务为不得滥用权利损害公司、股东利益的消极义务。第三，控股股东、实际控制人作为事实董事时，对其责任的追究需要考虑其作为董事进行商业判断决策的背景，但依据第21条、第22条追究股东责任时，对其责任的追究需要考虑其作为股东行使股东权利，诸如表决权等的正当性。因此，虽然新《公司法》第180条第3款、第21条和第22条都规定了控股股东、实际控制人的义务，但其在构成要件和责任承担上存在差异。

(2)从董事的形式主义走向董事的实质主义

我国股权高度集中模式之下，控股股东或实际控制人常常通过各种方式操纵董事会及董事，使得董事会或董事沦为公司治理中的“提线木偶”，股东和董事的角色日渐难以厘清：股东可以像董事一样对经营决策施加影响，且其在法律上不属于形式董事之列，从而可以规避法律上设定的董事义务，而无须为其不当行为负责。

为克服这种问题，域外形成了实质董事的制度模式，将董事义务及于事实上执行董事业务或操控公司之行为，亦即董事的实质主义模式。“实质董事”的规则肇始于英国公司法，早在1917年，英国公司法就第一次引入了“影子董事”

概念。《英国2006年公司法》第250条规定,所谓董事包括任何占据董事职位之人而不论其称谓为何;第251条规定,影子董事为公司董事习惯听从其指令或命令而为行为之人。与之类似,《澳大利亚公司法》第9条规定,公司董事意指依法选任的董事、事实上执行董事职务者以及董事习惯于听从其指令或意愿者。我国香港地区《公司条例》第2条对董事的规定亦采实质界定,包括无论以何职称担任董事职位的人,以及法人团体的一众董事或过半数董事惯于按照其指示或指令(不包括以专业身份提供的意见)行事的人(幕后董事)。前述规定虽稍有不同,但均涵盖了事实董事与影子董事两种类型。新《公司法》亦参考域外关于实质董事之制度经验,分别在第180条与第192条规定了事实董事与影子董事的认定标准与具体规则,以规制脱离公司法预设的公司治理实质参与者,全面回应了对控股股东与实际控制人的规制需求。

四、相关原理

控股股东、实际控制人执行公司事务时对公司的信义义务

新《公司法》第180条第3款规定了控股股东、实际控制人在实际执行公司事务时对公司的信义义务,可以称之为具有我国特色的事实董事制度。我国公司的股权呈现普遍集中的现象,"一股独大"的情况十分明显,控制股东或实际控制人虽不担任公司董事,却掌握着公司控制权,成为实质上的公司决策者,但依据原《公司法》的规定,其并不存在任何义务或责任;董事、监事、高级管理人员负有忠实义务与勤勉义务,却可能没有独立决策的能力,一定程度上沦为了控股股东或实际控制人的代言人。这造成了实践中管理层与控股股东、实际控制人"权、义、责"不符的问题。为了解决这种权责不符的问题,新《公司法》选择了事实董事的规制路径,创新性地在本条第3款规定了事实董事的认定规则,即公司的控股股东、实际控制人不担任公司董事但实际执行公司事务的,系公司的事实董事,对公司负有信义义务。

就比较法而言,针对控股股东、实际控制人对公司的信义义务,在美国,20世纪初,联邦法院就曾通过引入信义义务对控制股东过度控制公司进行规制。在1919年的SouthernPac. Co. v. Bogert一案中,美国最高法院认可了在封闭公司中控制股东应承担信义义务的观点。此后,将信义义务扩张到控制股东、多

数股东乃至在公司事务中积极行事的股东的尝试不断推进，留下了许多可供借鉴的经验。美国的控股股东信义义务规则大体上可以分为马萨诸塞模式和特拉华模式。前者仅适用于封闭公司中，该模式认为封闭公司类似于一种以公司为形式的“合伙”，故股东之间互负类似于合伙人之间的信义义务；而后者则否定了这种观点，并认为信义义务存在于控股股东与公司之间，而非股东与股东之间，同时将信义义务推广至公开公司。

尽管我国也有部分学者旗帜鲜明地反对引入控股股东或实际控制人负有受信义务的规则，但是这些反对意见都有一定的片面性。比如有观点认为，我国新《公司法》第20条第1款、第2款所规定的对股东滥用权利的限制，经过一定的解释，便足以有效规制控股股东的行为，而不必移植美国法上的规则。然而，一方面该规则无法规制事实上掌握公司经营决策但并不直接持股的实际控制人滥用权利的行为，另一方面在控股股东转让控股股份获取控制利益溢价、从事竞业等场合似乎都难以发挥作用，无法完全代替忠实义务。再如有观点认为，控股股东对其他股东负受信义务的观点存在逻辑谬误，这类规则会影响公司的效率。但是实际上，要求控股股东对中小股东负受信义务的观点只是马萨诸塞模式的特点，相比之下，特拉华州模式只是要求控股股东对公司负有受信义务，而间接保护了中小股东利益，引入后这类规则并不存在其主张的逻辑谬误，理论上也不会影响公司运行的效率。我国新《公司法》只要求控股股东、实际控制人对公司负有信义义务，且前提条件为该控股股东、实际控制人执行公司事务，如此既兼顾了效率，也保障了公平，且为公司以及中小股东利益提供了保护。

案例 48 董事高管侵占公司财产行为的法律责任

《公司法》第 181 条解读

——李某与滕州市绿原机械制造有限责任公司专利权权属纠纷案①

【最高人民法院 2021 年终审案例】

《公司法》第 181 条

董事、监事、高级管理人员不得有下列行为：

(一)侵占公司财产、挪用公司资金；

(二)将公司资金以其个人名义或者以其他个人名义开立账户存储；

(三)利用职权贿赂或者收受其他非法收入；

(四)接受他人与公司交易的佣金归为己有；

(五)擅自披露公司秘密；

(六)违反对公司忠实义务的其他行为。

一、案情介绍

滕州市绿原机械制造有限责任公司(以下简称绿原公司)成立于 1999 年 11 月 18 日。2018 年 8 月 10 日，绿原公司执行董事及经理由李某尧变更为李某，李某尧由持股 51% 变更为 27.2727%，李某持股由 49% 变更为 72.7273%。2019 年 6 月 19 日，执行董事兼经理由李某变更为李某尧。2020 年 3 月 25 日至今，股东及持股情况为：李某尧出资 1100 万元，持股 100%。

① 最高人民法院民事判决书，(2021)最高法知民终 194 号。

2007年7月5日,绿原公司向国家知识产权局提出涉案专利申请,于2009年2月4日获得授权并公告,专利权人为绿原公司。该专利于2019年7月5日因未在期限内缴纳或缴足年费被终止,于2020年3月4日恢复。李某担任绿原公司执行董事兼经理期间,绿原公司(转让人)与李某(受让人)于2018年8月29日签署涉案专利权转让声明,声明内容为:绿原公司享有涉案专利权,现绿原公司自愿将该专利权转让给自然人李某。自转让之日起,李某享有该发明专利的一切权利。2018年10月19日,李某委托的专利代理机构向国家知识产权局申报著录项目变更。2018年10月29日,国家知识产权局作出手续合格通知书,将涉案专利的专利权人变更为李某。上述专利转让为无偿。

本案的核心争议焦点为,绿原公司与李某之间的专利权转让合同是否无效,李某受让绿原公司的专利权是否构成对公司财产的侵占。

绿原公司向原审法院提起诉讼,起诉请求确认涉案专利权归绿原公司所有,主张李某在担任绿原公司法定代表人期间,利用职务之便,在公司不知情的情况下,擅自将涉案专利权过户至其个人名下,侵害了绿原公司的发明专利权。

李某主张绿原公司、李某双方对于涉案专利权属不存在纠纷,双方纠纷已经涉案调解书解决。该调解书证明李某、刘某和绿原公司认可包括绿原公司在内的股权、法人、财产所有纠纷再无纠葛,互不追究,系当事人真实意思表示,现已生效,各方应受协议内容约束。

二、判决结果与理由

1. 判决结果

一审山东省济南市中级人民法院于2020年11月24日作出的(2020)鲁01民初1341号民事判决认为,绿原公司及股东李某尧对涉案专利的转让没有追认的意思表示,李某作为公司的执行董事兼经理,将绿原公司财产无偿转让到自己名下,属于利用职权侵占公司财产的行为,应属无效,支持绿原公司的诉讼请求。

二审最高人民法院作出(2021)最高法知民终194号民事判决,维持一审判决效力。

2. 判决理由

本案的核心问题是,李某作为公司法定代表人,与公司签订无偿的专利权转让合同,是否违反忠实义务,该专利权转让合同是否有效。本案判决确定的裁判规则是,法定代表人李某无法证明其与公司之间的专利权转让合同对公司有利且已经符合公司章程规定的流程,构成忠实义务的违反,该合同无效。

最高人民法院认为,《公司法》第 147 条规定,董事、监事、高级管理人员应当遵守法律、行政法规和公司章程,对公司负有忠实义务和勤勉义务。董事、监事、高级管理人员不得利用职权收受贿赂或者其他非法收入,不得侵占公司的财产。本案中,李某在其担任绿原公司执行董事兼经理期间,于 2018 年 8 月 29 日签署涉案专利权转让声明,将涉案专利权的一切权利无偿转让给李某自己,并在其后到国家知识产权局办理了相应变更手续。虽然李某在原审庭审中陈述,其代表公司将涉案专利权转至自己名下时,曾口头通知另一股东李某尧,但李某未提供相应证据加以证明,且李某尧在原审中表示其对此转让并不知情,亦不同意。因此,本院认为,虽然在涉案专利权转让时李某系占绿原公司 2/3 以上股权的股东,但涉案专利权的转让系李某利用职务之便将绿原公司的专利权无偿转让到个人名下,且李某未提供充分证据证明其代表绿原公司转让涉案专利权时按照公司章程的规定履行了合法手续,也未提供充分证据证明该转让行为系为绿原公司利益所为。故这一转让行为违反了李某对公司的忠诚义务,应属无效,涉案专利权转让声明及所办理的变更手续并不能产生转让专利权的法律效力,涉案专利权仍应归绿原公司所有。涉案专利权是否对绿原公司有价值不影响对涉案专利权权属的认定。对李某的有关上诉主张,最高人民法院不予支持。

三、案例解读

1. 法律规定

2013 年《公司法》第 147 条规定了董事、监事和高级管理人员对公司的忠实义务与勤勉义务,第 148 条第 1 款列举了董事、高级管理人员违反忠实义务的行为,第 2 款规定了董事、高级管理人员违反忠实义务所得的收入应当归公司所有。新《公司法》第 180 条第 1 款规定,董事、监事、高级管理人员对公司负有忠实义务,应当采取措施避免自身利益与公司利益冲突,不得利用职权牟取不正当利益。第 181 条列举式地规定了董事违反忠实义务的行为。实践中,董事、监事和高级管理人员如果从事下述行为,则很有可能被认定为违反对公司的忠实义务，进而被要求承担损失赔偿责任，包括利用或篡夺公司机会、从事竞业行为、侵占公司财产、挪用公司资金，将公司资金以其个人名义或者以其他个人名义开立账户存储，利用职权贿赂或者收受其他非法收入，接受他人与公司交易的佣金归为己有，擅自披露公司秘密等以及其他未经允许而利用职权牟取不正当利益的行为或者与公司利益相冲突的行为。

新《公司法》第181条相较于2018年《公司法》的规定，删除了有关自我交易的内容，将董事自我交易纳入关联交易范围，并在第182条单独规定了董事关联交易需履行的程序。依据新《公司法》规定，董事自我交易行为并不会当然地构成侵占公司财产行为，但如果董事与公司自我交易未经法定程序，则构成对忠实义务的违反。董事与公司进行直接或者间接交易需要依据公司章程经过董事会、股东会决议，且关联董事不得行使表决权。当董事自我交易行为经过上述程序时，则董事实施自我交易行为获得公司有权机关的授权，该法律行为获得完全的效力。

新《公司法》第186条规定了董事、监事和高级管理人员违反忠实义务所得的收入应当归公司所有。新《公司法》与原《公司法》的差异在于，在第186条单独规定了公司的归入权，实质上内容并无差异。公司的归入权的行使前提是董事、高级管理人员所实施的法律行为成立且有效，只是因该法律行为的收益归公司所有。

2. 法律适用

本案的核心问题是公司法定代表人与公司签订无偿的专利权转让合同是否有效，本案判决确定的裁判规则是公司法定代表人与公司签订无偿的专利权转让合同，如不能证明对公司有利，构成忠实义务的违反以及对公司财产的侵占，则该专利权转让合同无效。

最高人民法院认为，李某在其担任绿原公司执行董事兼经理期间，通过与绿原公司签署涉案专利权转让声明，将绿原公司所享有的涉案专利权的一切权利无偿转让给李某自己，并在其后到国家知识产权局办理了相应变更手续，属于自我交易行为。该自我交易行为没有经过公司机关决议批准，且李某未提供充分证据证明该转让行为系为绿原公司利益所为，因此这一转让行为违反了李某对公司的忠诚义务，构成对公司财产的侵占，因此无效。本案的专利归属于公司，李某应将该专利返还给公司。

在新《公司法》的背景下分析本案，被告李某系利用其作为公司执行董事的身份，将公司的财产无偿转让给自己，未经过有效公司决议的批准。依据公司章程规制，本案交易应由股东会表决通过，本案不存在成立生效的公司决议，李某虽然持有公司2/3以上的股权，但其同意本次交易不意味着存在一个成立、生效的股东会决议。李某未召开股东会，其他中小股东也未对本次交易进行表决，且李某也没有提供证据证明该转让是为了公司利益所为，因此，李某系违反对公司忠实义务，构成新《公司法》第182条规定的侵占公司财产行为。侵占公司财产行为指董事、监事、高级管理人员利用自己的职权，直接将公司财产非法占为己有。董事、监事、高级管理人员侵占公司财产或挪用公司资金均严重侵害了公司法人的财产权，损害公司的独立财产基础，如果允许董事、高级管理人员侵占公司财产或随意挪用公司资金，必然会损害公司的利益，甚至导致公司的章程业务无法顺利进行，理应被禁止。基于前述，本案专利转让无效，李某应将专利返还给公司。

3. 本案延伸思考

(1)股东会决议中关联股东的表决权回避问题

本案涉及大股东将公司所持专利进行无偿转让引发的纠纷。本案中，控股股东主张其受让专利符合公司章程规定，且其持股比例超过2/3，控股股东李某拥有的表决权原则上足以让公司一切决议通过。据本案事实认定部分，绿原公司的章程规定，股东会会议对所议事项作出决议，决议应由代表1/2以上表决权的股东表决通过；但股东会对本章程第13条第8项、第10项、第11项规定事项所作出的决定，应由代表2/3以上表决权的股东表决通过。对于该主张，最高人民法院指出，控股股东仅仅是通知小股东该专利权转让行为，并未实际召开股东会会议，因此，在欠缺公司有权意思机关决议的批准时，控股股东不得将公司财产进行转让。存在疑问的是，如果控股股东召开了股东会，并以其2/3以上表决权通过该公司无偿转让财产的决议，那该股东会决议效力为何？最高人民法院在说理时提及了小股东对该无偿转让专利权的行为持有异议，并将其作为反驳控股股东主张的理由之一，可见即使控股股东同意该转让，也不意味着该交易具有合理性与正当性，暗含了关联股东表决权在涉及其自身利益事项上不得行使，进而需适用回避规则的意思。进一步来说，该转让为无偿转让，即使该转让行为从程序上获得了有效的决议批准，也因实质上侵害公司合法权益无效。综上,最高人民法院指出,即使是大股东,也不能滥用表决权侵占公司财产,专利权无偿转让需符合公司利益,控股股东虽然持有公司大多数股权,但如果其未能证明公司转让财产符合合法手续要求和让公司受益,那该转让将被视为违反忠实义务而无效。

(2)关联交易正当性的举证责任

对于关联交易规制的前提往往是关联交易损害了公司的利益。如果一项关联交易并没有损害公司的利益,甚至增加了公司的利益,那其就应当是被允许的。实体的公正往往要通过程序的公正去平衡,举证责任的分担就是一种通过程序正义实现实体正义的方式。关联股东在关联交易中处于优势地位,对于信息交易的前景可以作出正确的判断。因此,证明该关联交易正当性的举证责任应该由具有关联关系的股东承担。该股东可以从以下几个方面来证明关联交易是正当的:(1)该关联交易在形式上并没有违反国家法律、法规的强制性规定。这是对关联交易正当性的一个基本规定。如果关联交易本身是违反强制性规定的,即使其有益于公司的利益,也不能算作是正当的关联交易。(2)关联交易最基本的是应满足公平独立交易原则。公司独立交易不应由公司本身来进行判断,而应由独立的第三方机构来判断,如会计事务所、审计事务所。判断时涉及定价问题的,可以按照销售给无关联关系的第三方的情形,也可以按照成本加合理的费用和利润的方法来判断。必要时,法院可以组织相应机构和中介组织来进行审查。(3)正确适当履行了信息披露义务,没有造成信息不对称。

四、相关原理

关联交易的效力认定

对于不正当关联交易的法律效力,新《公司法》并未明确规定。《公司法司法解释(五)》第 2 条提及了关联交易合同存在无效、可撤销或对公司不发生效力的情形,但未予以明确。在公司法修订过程中,对不正当关联交易的效力争议巨大。

有观点认为,不正当关联交易对公司发生效力,但公司可要求控股股东、实际控制人、董事、监事、高级管理人员承担赔偿责任。该观点认为,否认关联交易的效力存在破坏交易安全以及交易秩序的问题,关联交易的本质是公司的内部纠纷，公司因不正当关联交易遭受损害的，可以要求负有责任的控股股东、实际控制人、董事、监事和高级管理人员承担责任。新《公司法》第22条规定了上述主体利用关联交易损害公司利益时对公司的赔偿责任，可以为公司提供救济。

有观点认为，不正当关联交易对公司不发生效力。对于关联交易，新《公司法》第182条规定了需依据公司章程规定，经由公司的股东会或董事会决议，如果未经上述公司有权机关决议，法定代表人未经过公司决议代表公司签订关联合同，构成越权代表，此时应考察相对人的善意，如果相对人未尽合理的审查义务，该不正当关联交易对公司不发生效力。

也有观点认为，不正当关联交易的效力应为无效。不正当关联交易系公司控股股东、实际控制人、董事、监事和高级管理人员滥用权利的行为。《民法典》第132条规定，民事主体不得滥用民事权利损害国家利益、社会公共利益或者他人合法权益等。任何权利都是有界限的，超过该界限行使权利即为权利的滥用。如果关联方利用关联交易，违反公平、诚信原则损害公司利益，则应认定关联交易无效。

还有观点认为不正当关联交易的效力为可撤销，公司可以选择予以撤销或者不予撤销。由于不正当关联交易的情形众多，违反的关联交易规则并不一致，应当区分具体的情形予以判断。

案例49 关联交易中的关联方的认定

《公司法》第182条解读

——重庆文融投资有限公司等与三亚海方房地产开发有限公司确认合同无效纠纷上诉案①

【最高人民法院2019年终审案例】

《公司法》第182条

董事、监事、高级管理人员，直接或者间接与本公司订立合同或者进行交易，应当就与订立合同或者进行交易有关的事项向董事会或者股东会报告，并按照公司章程的规定经董事会或者股东会决议通过。

董事、监事、高级管理人员的近亲属，董事、监事、高级管理人员或者其近亲属直接或者间接控制的企业，以及与董事、监事、高级管理人员有其他关联关系的关联人，与公司订立合同或者进行交易，适用前款规定。

一、案情介绍

2012年9月，三亚海方房地产开发有限公司（以下简称海方公司）作为甲方，重庆文融投资有限公司（以下简称文融公司，系国有独资公司）、海南鑫泽投资有限公司（以下简称鑫泽公司）作为乙方，签订《合作协议一》，约定：鉴于海方公司为海南中信国安投资开发有限公司（简称中信国安公司）山钦湾一期项目的唯一合作方，甲、乙双方就合作开发山钦湾二期项目的相关事宜达成协议。《合作协议一》约定，由文融公司、鑫泽公司直接与中信国安公司签订目标地块

① 最高人民法院民事判决书，(2019)最高法民终123号。

的合作开发协议。甲方与乙方约定合作权益转让金为9295万元。甲方有权根据本协议的约定收取权益转让金,并有义务负责协助乙方与中信国安公司签订二期项目合作协议,并保证协议签订后甲方一期项目与乙方二期项目各自独立,互不影响。乙方有义务按本协议约定支付权益转让金。截至一审庭审时即2018年7月6日,文融公司、鑫泽公司共向海方公司支付了8650万元权益转让金。

2014年1月29日,海方公司致函文融公司。该函载明,朱某成系海方公司股东之一。海方公司得知,在文融公司投资山钦湾二期项目及与海方公司合作过程中,朱某成同时损害文融公司及海方公司利益,并涉嫌违法犯罪,现将有关情况向文融公司作以下介绍:(1)2012年9月7日,就山钦湾二期项目有关事宜,文融公司、鑫泽公司签订《合作协议一》,鑫泽公司的股东系文融公司及合信公司,合信公司的3位股东是王某玲、邱某礼、刘某生,控股股东王某玲系朱某成的配偶。(2)文融公司支付完4000万元合同款后,朱某成向海方公司其他股东及管理人员声称文融公司一直未付余款。海方公司嗣后得知,2012年9月至12月期间,朱某成未经海方公司股东会及管理层决议,擅自冒用海方公司名义,指示文融公司将《合作协议一》项下数千万元合同款支付给与《合作协议一》无关的第三方,使文融公司陷入违约之虞,亦严重损害了海方公司利益。综上,朱某成的行为已经严重损害文融公司及海方公司的各自利益和共同利益,在维护自身权益问题上,海方公司愿意与文融公司展开深入合作。

本案的核心争议事实是,海方公司是否为鑫泽公司的关联方,本案的《合作协议一》是否涉关联交易,本案是否存在国家出资企业的关联方恶意串通使国有资产严重受损的情况。

文融公司、鑫泽公司诉称,2012年9月7日签订的《合作协议一》涉关联交易,国家出资企业的董事及其近亲属所有或者实际控制的企业均应被认定为该企业的关联方,朱某成可以实际控制海方公司,且朱某成与鑫泽公司董事王某玲系夫妻关系,鑫泽公司与海方公司构成《企业国有资产法》第43条项下的“关联方”,因此《合作协议一》应无效,并请求判令海方公司立即向鑫泽公司返还已支付款项8650万元,并支付资金占用损失。

海方公司辩称,本案不存在关联交易,《合作协议一》有效,文融公司、鑫泽公司无权要求其返还款项和资金占用损失。

二、判决结果与理由

1. 判决结果

一审法院海南省高级人民法院作出(2018)琼民初9号民事判决,认为海方公司并不属于文融公司或鑫泽公司的关联方,涉案交易并非关联交易,合同有效。

二审最高人民法院作出(2019)最高法民终123号民事判决,维持一审判决,驳回原告诉讼请求。

2. 判决理由

最高人民法院认为,关联方的范围主要包括三类:一是国家出资企业的董事、监事、高级管理人员;二是国家出资企业的董事、监事、高级管理人员的近亲属;三是国家出资企业的董事、监事、高级管理人员及其近亲属所有或实际控制的企业。对于第三类又存在两种情形:一种是国家出资企业的董事、监事、高级管理人员及其近亲属作为股东的企业,一般应当是控股股东;另一种是国家出资企业的董事、监事、高级管理人员及其近亲属虽然不是股东,但是通过投资关系、协议或者其他安排,能够实际支配该企业行为的企业。本案中,根据原审法院查明,海方公司的股东为张某豪(持股20%)、方某君(持股40%)、朱某成(持股40%)。朱某成虽持有海方公司40%股份,但仅是大股东之一,文融公司、鑫泽公司没有提交证据证明朱某成是海方公司控股股东,不能据此认定海方公司符合上述关联方的情形。文融公司、鑫泽公司主张朱某成在多次诉讼中作为海方公司法定代表人、总经理参加诉讼,朱某成代表海方公司对外签署各种工程合同、设计合同、合作开发合同等。最高人民法院认为,朱某成不是海方公司工商登记记载的法定代表人,其即便代表海方公司参加诉讼、对外签署合同,亦是根据海方公司授权或被海方公司追认,不能据此认定海方公司由朱某成实际控制。从海方公司向文融公司致函的事实看,海方公司并非由朱某成控制,海方公司亦仅认可朱某成为海方公司的股东之一,并未认可朱某成系其实际控制人。因此,最高人民法院认为鑫泽公司、文融公司主张海方公司系鑫泽公司关联方,理据不足,不予采信。

三、案例解读

1. 法律规定

本案涉及对于企业关联交易中关联方的认定。

2018 年《公司法》第 216 条第 4 项规定，关联关系，是指公司的控股股东、实际控制人、董事、监事、高级管理人员与其直接或者间接控制的企业之间的关系，以及可能导致公司利益移转的其他关系。新《公司法》第 265 条第 4 项作出了相同的规定。

此外，2018 年《公司法》第 148 条第 1 款第 4 项将董事、高级管理人员违反公司章程规定或者未经股东会、股东大会同意，与公司订立合同或者进行交易列入董事、高级管理人员禁止实施的行为，仅对董事、高级管理人员实施自我交易的行为作出规范，且一概予以否定评价。

新《公司法》第 182 条为此次《公司法》修订的新增条文，首次明确了关联交易的规制方式。新《公司法》将原《公司法》中关于自我交易的规则独立，新增了关联交易的限制规则，将监事纳入自我交易与关联交易的规制范围，同时扩大了关联人的范围，加强了对关联交易的规范。同时，增加了董事、监事、高级管理人员的自我交易报告义务，将自我交易与关联交易的决策机关交由公司章程自行决定，增加董事会作为公司可选择的同意权主体，提高了对自我交易与关联交易的审查效率，以适应商业需求。

2. 法律适用

本案的核心问题是，公司的股东是否属于公司的关联方，其与公司的交易是否为关联交易。本案判决确定的裁判规则是，公司的控股股东或者实际控制人是公司的关联方，公司股东不因持有公司的股权而成为公司的关联方，其与公司之间的交易并非关联交易，因此有效。

最高人民法院适用《企业国有资产法》第 43 条对关联方进行认定，包括：公司的董事、监事、高级管理人员；公司的董事、监事、高级管理人员的近亲属；公司的董事、监事、高级管理人员及其近亲属所有或实际控制的企业。最高人民法院认为，海方公司并非鑫泽公司的关联方，虽然对鑫泽公司享有间接控制权的股东与海方公司的股东为夫妻，但是海方公司的股东对海方公司并不具有实际控制权,因此海方公司并非鑫泽公司的关联方,涉案交易并非关联交易。对于控制权利的认定,最高人民法院认为单纯持股并不构成控制,至少本案中40%的持股比例不足以认定对公司有实际控制权利。此外,即使该股东代表公司参加诉讼、对外签署合同,亦是根据公司授权或被公司追认,不能据此认定公司由该股东实际控制。最高人民法院还考虑了公司向合作协议相对人发函的内容,最终认定公司并非由该股东控制。

相较于原《公司法》,新《公司法》对关联交易作出了细致的规定,为法院对关联交易与关联方的认定提供了更加详细的规范依据,在不涉及国有资产转让的案件中,法院可以直接适用新《公司法》第182条对具体案件中的关联方进行认定。

关联交易的主体从董事、高级管理人员扩张至董事、监事和高级管理人员。监事作为公司的监督管理的内部人员,与董事、高级管理人员实际上都存在与公司进行交易或者订立合同的可能性,从而在该交易中会与公司产生利益冲突,且有可能利用自己与公司的关系不当影响交易的公平合理性,需要进行程序上的控制。因此,在认定关联方时,需要考虑新《公司法》相较于原《公司法》在主体范围上的扩张。

新《公司法》第182条第1款规范对象为董事、监事和高级管理人员直接以及间接与公司订立合同或者进行交易的行为,后者体现为利用自己担任控股股东或者实际控制人的公司与公司交易;第182条第2款规范对象为,董事、监事、高级管理人员的近亲属,董事、监事、高级管理人员或者其近亲属直接或者间接控制的企业,以及与董事、监事、高级管理人员有其他关联关系的关联人,与公司订立合同或者进行交易的行为。

就本案而言,鑫泽公司董事的配偶是朱某成,朱某成在鑫泽公司交易相对人海方公司处担任法定代表人,但担任法定代表人这一事实并不能证明其直接或者间接控制公司。朱某虽然代表海方公司对外签署各种工程合同、设计合同、合作开发合同等,但是根据海方公司授权或被海方公司追认的,不能据此认定海方公司由朱某成实际控制,且海方公司亦仅认可朱某成为海方公司的股东之一,并未认可朱某成系其实际控制人。因此,海方公司并非鑫泽公司董事的配偶控制的公司,本案不构成关联交易。

3. 本案延伸思考

(1)关联交易实质公平合理性的认定

值得注意的是,在本案中,对于合作协议的效力进行分析时,最高人民法院不认可上诉人依据原《合同法》第52条认定涉案合作协议无效的主张。最高人民法院提出,法律并不禁止关联方与公司进行交易,并进一步对本案交易是否损害上诉人合法利益进行分析,加强说理论证。首先,文融公司签订涉案系列协议,是经过其开办单位文资公司的研究决定的,文资公司对于文融公司投资山钦湾项目问题召开了总裁办公会议进行研究,并形成会议纪要,同意文融公司推进合资合作。同时,文资公司时任总裁陈某是鑫泽公司法定代表人,《合作协议一》亦由其代表文融公司、鑫泽公司签订。其次,涉案《合作协议一》主要合同目的已经实现。中信国安公司与文融公司、鑫泽公司签订了《山钦湾项目合作开发协议书》,取得二期项目合作开发权。至于最终《合作协议一》被解除,是文融公司、鑫泽公司未向中信国安公司支付合作权益款项所致,不能归责于海方公司。该说理体现了新《公司法》第182条规定的正当程序要求,同时考虑了交易的实质内容公平合理性。

(2)关联方的认定

本案涉及关联方的认定,关联方的认定是关联交易的核心问题之一,新《公司法》第265条明确列举了关联关系,但仍未明确对"可能导致公司利益转移的其他关系"的界定。从新《公司法》的规定分析,公司关联方包括公司控股股东、实际控制人、董事、监事、高级管理人员及与其直接或者间接控制的企业;董事、监事、高级管理人员近亲属以及董事、监事、高级管理人员近亲属控制的企业。

部门规章、规范性文件中对关联方的界定,可以为"可能导致公司利益转移的其他关系"的界定提供依据,包括《上市公司信息披露管理办法》《上海证券交易所股票上市规则》《深圳证券交易所股票上市规则》等。证监会发布的《上市公司信息披露管理办法》第62条对关联方作出了界定,即包括关联法人和关联自然人。对于关联关系的界定,上述部门规章强调了期间对关联关系界定的影响,即在过去12个月内或者根据相关协议安排在未来12个月内,存在规定的关联情形之一的,会被认定为关联方。此外,中国人民银行发布的《金融控股公司关联交易管理办法》对特殊类型公司的关联方也作出了界定,其中第6条规定,金融控股公司的关联方,是指与金融控股公司存在一方控制另一方,或对另一方施加重大影响，以及与金融控股公司同受一方控制或重大影响的自然人、法人、非法人组织或中国人民银行认定的其他主体等。

司法实践中法院对关联方的界定，可以为“可能导致公司利益转移的其他关系”概念的界定提供解释依据。司法实践对于关联方的认定范围大于法律明确列举的关联方。有法院认为本公司股东同时持有股份、本公司董事同时担任职责的其他公司为本公司的关联方；控股股东股权托管人的全资子公司也会落入公司关联方的范围。对于关联方的界定，需要结合规范文件以及司法案例综合认定，关键在于对“可能导致公司利益移转”概念的界定，且应采取实质重于形式的认定方式。

四、相关原理

关联董事的表决权回避规则

本案涉及董事与公司的关联交易，这是公司治理中无法避免的一个问题，其本质上是一种利益冲突的交易。考虑到我国的股权结构特征，在资本多数决的运作过程中，控股股东或公司管理层通过少数服从多数的议事规则滥用控制权损害公司和中小股东的利益的情形并不罕见。为防止公司表决权在运行中被公司控股股东或者公司管理层滥用，维护公司利益和中小股东的利益，对关联股东、关联董事的表决权进行相应的排除具有必要性。

关联交易本身可能有利于公司发展，不应该一律禁止，法律应采取有效手段对其加以规范，具体体现为关联方表决权的排除。从域外实践来看，《美国示范公司法》第8.63节(a)规定，为了第8.61节(b)(2)的目的，股东关于一项交易的行为是有效的，如果大多数投票支持这项交易的有投票权的股东在(1)说明董事有抵触利益的交易的通知发给股东后，(2)提供了(d)款规定的信息后，以及(3)向对该项交易投票的股东作了必要的信息公开(在公开以前该信息不为这些股东所知)。在美国公司法实践中对于自我交易有效性的判断主要是通过三种方式判断：一是在信息完全披露以及关联董事回避的情况下，该交易得到董事会或其某一个委员会的批准或认可；二是该交易按原来的§8.31的规定，要求利益相关的董事拥有的或控制的股份不得参与投票，经过了股东会的批准和认可；三是该交易对公司而言是公平的。三种方法均可以单独适用以证明关联交易的合法和有效性。美国公司法上虽然没有直接规定关联方表决权排除制度,但通过将关联方表决权回避作为判断关联交易效力的条件,体现了相同的理念。

案例50 对董事、监事和高级管理人员谋取公司商业机会行为的认定

《公司法》第183条解读

——林承恩与李江山等损害公司利益纠纷案①

【最高人民法院2014年公报案例】

《公司法》第183条

董事、监事、高级管理人员，不得利用职务便利为自己或者他人谋取属于公司的商业机会。但是，有下列情形之一的除外：

（一）向董事会或者股东会报告，并按照公司章程的规定经董事会或者股东会决议通过；

（二）根据法律、行政法规或者公司章程的规定，公司不能利用该商业机会。

一、案情介绍

2003年10月31日，新纶高科技集团股份有限公司（以下简称香港新纶公司）在香港依据《公司条例》注册成立，注册编号：868589。李江山、林承恩在香港新纶公司各占50%的股份。2004年5月9日，江西新纶公司在南昌县成立，注册资本2999万美元，法定代表人是李江山，香港新纶公司为唯一股东。

1998年5月13日，力高集团（香港）有限公司（以下简称力高公司）在香港依据《公司条例》注册成立。2004年5月12日，华通公司在香港依据《公司条例》注册成立，公司股东：李江山，持有6200股；涂雅雅，持有3800股。2004年9

① 《最高人民法院公报》2014年第11期。

月 24 日，万和公司在南昌县成立，公司股东为华通公司，法定代表人、董事长是李江山，董事是涂雅雅、李晓欣。2005 年 4 月，华通公司与力高公司签订《股权转让协议》，华通公司向力高公司转让在万和公司的 85% 股权。2005 年 5 月 8 日，南昌市对外贸易经济合作委员会批复同意该股权转让。

2004 年 3 月 11 日，香港新纶公司（甲方）与江西省南昌县小蓝工业园管理委员会（乙方）签订《合同书》，约定乙方以挂牌方式依法出让 700 亩商住用地给甲方。2005 年 12 月 7 日，甲方香港新纶公司，乙方南昌县国土资源局，丙方万和公司签订《补充协议书》，内容为：三方共同确认甲方根据甲乙双方于 2005 年 9 月 19 日签订的《协议书》向乙方提供的 700 亩项目用地土地出让金预付款人民币 6000 万元整系丙方所有，其全部权益也归丙方。

2006 年 3 月 27 日，万和公司提交了《竞买申请书》，并获得了竞买资格证书。2006 年 4 月 7 日，南昌县国土资源局与万和公司签订《南昌县挂牌出让国有土地使用权成交确认书》，确认万和公司以每亩 17.5 万元竞得 NCX2006006 号国有土地使用权，宗地位于南昌县范围内，象湖路以北，金沙二路以西，抚河故道以南，土地面积 700 亩。

林承恩作为香港新纶公司的股东，以香港新纶公司的董事李江山违背董事的忠实义务，损害公司利益提起股东代表诉讼。

本案的争议事实在于，李江山在本案中的行为是否剥夺了香港新纶公司的商业机会，构成违反忠实义务的行为，进而损害了香港新纶公司的合法权益？

林承恩诉称，案涉 700 亩土地使用权是否应当认定专属于香港新纶公司的商业机会。根据香港新纶公司与南昌县小蓝工业园管理委员会于 2004 年 3 月 11 日签订的合同书，该 700 亩土地使用权的交易机会属于香港新纶公司。

李江山辩称，南昌县国土资源局出让的 700 亩土地使用权，被万和公司摘牌获得，不属于香港新纶公司可期待的商业机会。

二、判决结果与理由

1. 判决结果

一审法院江西省高级人民法院作出（2010）赣民四初字第 4 号民事判决，认为，李江山利用万和公司，谋取了属于香港新纶公司的商业机会，应当承担损害赔偿责任。

二审最高人民法院作出(2012)民四终字第15号判决,认为,林承恩没有提供充分证据证明李江山单独或者与他人共同采取了欺骗、隐瞒或者威胁等不正当手段剥夺或者谋取了本属于香港新纶公司的商业机会,故其有关李江山损害香港新纶公司合法权益的诉讼请求依法不能成立。

2. 判决理由

本案的核心问题是,公司的股东是否属于公司的关联方,其与公司的交易是否为关联交易。本案判决确定的裁判规则是,公司的控股股东或者实际控制人是公司的关联方,公司股东不因持有公司的股权而成为公司的关联方,其与公司之间的交易并非关联交易,因此有效。

最高人民法院认为,关于李江山是否剥夺了香港新纶公司的商业机会,取决于案涉700亩土地使用权是否应当认定为专属于香港新纶公司的商业机会。

首先,关于该机会是否当然专属于香港新纶公司。根据香港新纶公司与南昌县小蓝工业园管理委员会于2004年3月11日签订的合同书,该700亩土地使用权当初确实是要给予香港新纶公司的。但是,香港新纶公司要获得这一商业机会并不是无条件的。无论是从香港新纶公司与南昌县小蓝工业园管理委员会约定的合同条件看,还是从南昌县国土资源局作为国有土地管理部门确定的挂牌出让方式、资质及交易条件看,案涉700亩土地使用权都并非当然地专属于香港新纶公司的商业机会。

其次,关于香港新纶公司或者林承恩为获取该商业机会是否做出了实质性的努力。林承恩、李江山分别占有香港新纶公司50%的股份,该公司成立之目的即在江西成立江西新纶公司及设立房地产企业运营房地产项目。但在林承恩、李江山设立江西新纶公司之后,林承恩于2005年1月15日向李江山明确表示放弃在江西的项目并要求李江山退还投资款。林承恩在长达5年的时间里对香港新纶公司及江西新纶公司不闻不问,也从未承担过任何法律义务和责任。最终满足700亩土地使用权的合同约定条件及挂牌交易条件,是李江山等共同合作和努力的结果,与林承恩、香港新纶公司无关。

最后,关于李江山、涂雅雅、华通公司在本案中是否采取了剥夺或者谋取行为。林承恩对香港新纶公司可能获得700亩土地使用权的商业机会是明知的,李江山没有隐瞒这一商业机会,也没有采取欺骗手段骗取林承恩放弃该商业机会。林承恩的保本撤资行为必然使香港新纶公司面临对中方违约的境地,李江山在本案中的行为，系为避免香港新纶公司违约而采取的合法补救行为，为维护其自身以及各方权益而采取的正当经营或者交易行为。

因此，终审法院认为本案被告并未谋取属于公司的商业机会，不构成对忠实义务的违反，不应承担赔偿责任。

三、案例解读

1. 法律规定

本案是与董事谋取公司商业机会相关的案例。2018 年《公司法》第 148 条规定了董事、高级管理人员不得实施的行为，其中第 5 项规定，未经股东会或者股东大会同意，董事、高级管理人员不得利用职务便利为自己或者他人谋取属于公司的商业机会，自营或者为他人经营与所任职公司同类的业务。但对于何为属于公司的商业机会，何种行为属于谋取该机会，何种情形应定义为利用职务便利，2018 年《公司法》欠缺具体的规定，导致了司法实践中适用该条规范的难题。

新《公司法》第 183 条为新增条文，将 2018 年《公司法》第 147 条第 2 款中关于禁止篡夺公司商业机会的规则独立，将监事纳入禁止篡夺公司机会的义务主体范围，增加了公司机会的报告义务，将董事会新增为有同意权的决策机构，同时还新增了“公司不能利用该商业机会”的情形作为不得利用公司机会的例外规则。新《公司法》第 185 条规定了在董事会对董事、监事和高级管理人员等主体利用公司机会事项表决时，关联董事不得行使表决权，第 186 条和第 188 条规定了违反不得谋取公司商业机会义务应承担的责任。禁止篡夺公司机会的基本理念在于如果某一商业机会理应属于公司所有，这种公司机会对于公司而言就构成广义上的公司财产，董事、监事、高级管理人员不能为自己抢夺该“财产”。董事、监事、高管基于其在公司中的地位可以接触到大量的商业信息，若他们并非为了公司利益篡夺公司机会，即构成忠实义务的违反。

2. 法律适用

本案中，最高人民法院确认了属于公司的商业机会以及谋取行为的判断标准。

首先，对于何种商业机会属于公司的商业机会，最高人民法院主要考虑的因素为公司是否满足确定地获得该机会所需满足的条件以及是否为满足特定条件作出努力。本案中香港新纶公司实际上并未履行获得涉案土地使用权所需履行的义务,且由于原告和被告的合作破裂,香港新纶公司实际上也不可能具备充足的资金满足获得该商业机会的条件。此外,本案涉及土地使用权的"招拍挂"程序,因此最高人民法院考虑了土地使用权挂牌出让方式、资质及交易条件,认为本案商业机会并非专属于香港新纶公司,还有其他符合条件的主体有可能取得该商业机会。最高人民法院还考虑了公司是否为获得该商业机会尽了合理努力。本案中,香港新纶公司未为最终获得该商业机会尽合理的努力,被告以及他人获得该商业机会是出于他们自身的努力,和香港新纶公司无关。

其次,关于何为谋取行为,最高人民法院认为该董事应采取欺骗、隐瞒或者威胁等不正当手段,使香港新纶公司在不知情的情况下放弃该商业机会,或者在知情的情况下不得不放弃该商业机会。

在新《公司法》下,不得谋取商业机会义务主体从原来的董事、高级管理人员扩张至包括监事。此外,新《公司法》规定了董事、监事和高级管理人员不得利用商业机会的除外情形:一是该董事、监事和高级管理人员按照公司章程的规定向董事会或者股东会报告,并经董事会或者股东会决议通过,也即公司有权机关同意该公司人员获得该商业机会,同意放弃该商业机会;二是根据法律、行政法规或者公司章程的规定,公司不能利用该商业机会。

就本案而言,争议起于公司商业机会的认定,新《公司法》目前仍然欠缺对本条规定的"属于公司的商业机会"的界定。依据最高人民法院的案例,该商业机会是指董事、监事、高级管理人员、公司的控股股东或者实际控制人利用其身份或者公司资源获取的,或者他人向公司提供的,与公司正在从事或者将要从事的经营活动有关的商业机会,且该商业机会对于公司来说取得是可能的,也即公司满足取得该机会的条件。本案最高人民法院对"属于公司的商业机会"的认定可以为新《公司法》第 183 条的适用提供指引。在认定本案的商业机会非属于公司的商业机会后,无须进一步判断该商业机会是否经过股东会、董事会决议放弃。

3. 本案延伸思考

(1)如何认定商业机会规则中的抗辩事由

至于抗辩事由,除了有关于公司同意的基础和法律上不能的情形外,是否还应增加其他情形。

法律不能指的是根据法律、行政法规或者公司章程的规定,公司不能利用该商业机会。新《公司法》将“公司不能”限制在“法定”不能利用的情形下,即仅在根据法律、行政法规或公司章程的规定,公司不能利用该商业机会的情形,如公司的经营范围属于法律、行政法规限制的项目,如证券、银行、保险等特定行业范围,公司章程也可能对经营范围有明确限制,公司利用这类超出经营范围的商业机会将违反法律、行政法规或公司章程的情形下,董事、监事、高管当然可以径行利用公司不能利用的机会。

存在疑问的是,对方明确拒绝与公司交易的情形能否作为抗辩事由。第三方拒绝不应构成“正当利用公司机会”的例外事由。将对方拒绝与公司交易作为例外情形可能增加公司管理层与第三方共谋和欺诈、损害公司利益的风险。因此,即使存在第三方拒绝与公司交易的情形,仍应经过公司同意的程序由公司作出是否放弃的决定。

(2)董事、监事和高级管理人员如何向董事会报告商业机会

董事、监事和高级管理人员利用公司商业机会应向董事会或者股东会报告,并经董事会或者股东会决议通过。新《公司法》明确了公司同意权的前置披露程序,利用该机会的董事、监事、高管负有向公司报告的义务,具体需要报告具体商业机会为何,公司是否有利用可能性,是否存在公司放弃该商业机会会损害公司利益的可能性等。新《公司法》增加董事会作为同意权主体,董事会或股东会决议规则与自我交易的规则相同,即经普通决议通过,关联董事应就该决议回避表决。此外,在无关联关系董事人数少于 3 人时,为确保决议的公正性,该交易事项应提交股东会审议。

四、相关原理

公司机会理论

公司机会理论是英美普通法上的重要理论。评估一项机会是否属于公司

时,主要考量如下方面的因素:第一,该机会的获得是凭借公司能力还是个人能力,若是董事、监事或高级管理人员以个人能力获得机会,则该机会不属于公司机会。一般情形下,董事、监事、高管在任职期间获得的机会均应被视为公司机会,具体而言,法院在判断该机会是否属于公司机会时会考虑董事、监事和高级管理人员是否凭借其职位获得该信息、是否利用了公司设备或财产以发现、获得或争取该机会、该机会涉及的事项是否属于公司的经营范围、该机会对公司是否具有重要性、公司是否具有利用该机会的资源或能力等因素。第二,董事、监事和高级管理人员是否与公司构成竞争,具体包括是否利用该机会与公司竞争或发展自己的业务或者将该机会出售给公司等情形。

就域外实践而言,对于"属于公司的商业机会"的判断,美国的判例法实践中较为主要的标准包括"利益或期待标准"、"经营范围标准"、"公平性标准"与"两步分析法"。

"利益或期待利益标准"是指如果公司对该机会具有利益或期待利益,该机会就属于公司的商业机会,该利益或期待利益必须以现存的法律利益为基础。该标准下界定的公司机会范围较窄,存在过分偏向公司董事、监事、高管利益的问题,对公司的保护不足。

"经营范围标准"是指落入公司经营范围内的机会均属于公司的商业机会。这种标准发源于早期公司商业目标较为单一的时代,现代公司通常具有广泛的经营范围,因此,经营范围应包括公司正在从事或者将要从事的经营活动有关的事项,该标准下公司机会的范围较宽泛,对于公司管理层的要求即更加严格。

"公平性标准"是出于公平性考虑该机会应属于公司。但司法实践中对于公平性标准的认定可能缺乏操作性。

"两步分析法"是"经营范围标准"与"公平性标准"的折中标准,即先通过经营范围认定是否属于公司机会,再通过公平性的判断认定个人利用该机会对于公司是否公平。为了明确"公平性标准"的具体适用,司法实践中对公平性的判断又主要通过结合是否"利用公司资源"这一因素进行认定。这种标准既避免了"利益或期待利益"标准的过于宽松,又通过公平性判断缓解"经营范围标准"对管理层过于严格的缺陷,值得参考。

案例51 董事、监事和高级管理人员的竞业禁止义务

《公司法》第184条解读

——李某、深圳市华佗在线网络有限公司损害公司利益责任纠纷案[①]

【最高人民法院2021年再审案例】

《公司法》第184条

董事、监事、高级管理人员未向董事会或者股东会报告,并按照公司章程的规定经董事会或者股东会决议通过,不得自营或者为他人经营与其任职公司同类的业务。

一、案情介绍

深圳市华佗在线网络有限公司(以下简称华佗在线公司)设立于2013年6月3日,股东为张某(持股90%)和张某斌(持股10%),张某、张某斌为美谷佳公司代持上述股份。友德医公司设立于2014年8月7日。

2014年1月10日,广东省第二人民医院(以下简称省二医)和华佗在线公司签订《合作框架协议》,约定双方合作共建广东省医学影像阅片中心平台、检验分析中心平台和互联网医院、应急无线医疗建设项目。李某和省二医提交了省二医盖章的落款日期为2014年9月23日的《通知函》和美谷佳公司盖章的落款日期为2014年9月25日的《通知函回复》。《通知函》和《通知函回复》载明省二医与华佗在线公司终止合作。

① 最高人民法院民事判决书,(2021)最高法民申1686号。

2014年11月20日，友德医公司与省二医签订《友德医网络医院合作协议》，约定双方视对方为广东省内唯一的合作方，双方共同合作组建“友德医”网络医院，并对用户提供网上诊疗、双向转诊等医疗服务。2016年1月10日，李某出具《情况说明》，其上载明其系友德医公司、赢医通公司的实际控制人。

友德医公司获得原属华佗在线公司的网络医院项目后，宜华地产向友德医公司增资6000万元（对应友德医公司10%的股权），宜华地产另向谷糠公司支付6000万元购买其持有的友德医公司10%的股权。

本案的核心争议事实为，李某在担任美谷佳公司法定代表人、董事长、总经理及技术团队主要负责人期间，是否通过其实际控制的与华佗在线公司具有同类业务的友德医公司，将华佗在线公司与省二医合作创建的网络医院等项目据为友德医公司所有，谋取本属于华佗在线公司的商业机会。

华佗在线公司、美谷佳公司诉称，美谷佳公司股东李某在担任美谷佳公司法定代表人、董事长、总经理期间，滥用股东权利，利用关联关系和职务便利，谋取属于华佗在线公司的商业机会，违反了对美谷佳公司、华佗在线公司的忠实和勤勉义务，损害了公司利益。

李某辩称，即使其存在华佗在线公司和美谷佳公司所称的损害公司利益的行为，其损害的也仅是华佗在线公司的利益，其系美谷佳公司的股东、法定代表人、董事长、总经理，并非华佗在线公司股东，也未在华佗在线公司任职，故其行为未违反《公司法》第20条第2款、第148条的规定。

二、判决结果与理由

1. 判决结果

一审深圳市中级人民法院作出（2017）粤03民初2038号判决，判决：（1）李某于一审判决生效之日起10日内向华佗在线公司支付赔偿金2916万元；（2）驳回华佗在线公司、美谷佳公司的其他诉讼请求。

二审广东省高级人民法院作出（2019）粤民终1027号民事判决，维持一审判决结果。

再审最高人民法院驳回李某再审申请。

2. 判决理由

本案涉及公司董事违反竞业禁止义务的问题。

关于公司董事李某是否违反了对美谷佳公司、华佗在线公司所负忠实义务和竞业禁止义务的问题。最高人民法院先对忠实义务和竞业禁止义务的对象进行分析,进一步分析李某是否实施了损害原告利益的行为,是否违反竞业禁止义务。最后对李某承担的损失赔偿责任进行认定。

首先,李某对美谷佳公司负有忠实义务和竞业禁止义务。2015 年 4 月 28 日之前,李某担任美谷佳公司的法定代表人、董事长和总经理。根据《公司法》第 147、148、149 条的规定,李某在作为美谷佳公司的董事、总经理期间对美谷佳公司负有法定的忠实义务和竞业禁止义务,不得篡夺美谷佳公司的商业机会。李某对华佗在线公司亦负有忠实义务和竞业禁止义务。公司法关于董事对公司所负的忠实义务、竞业禁止义务应不限于董事所任职的公司自身,还应包括公司的全资子公司、控股公司等,如此方能保障公司及其他股东的合法权益,真正实现公司法设置忠实义务、竞业禁止义务的立法本意。本案中,美谷佳公司是华佗在线公司的全资股东,双方利益具有显见的一致性,李某对美谷佳公司所负的忠实义务和竞业禁止义务应自然延伸至美谷佳公司的子公司华佗在线公司。

其次,李某实施了损害华佗在线公司利益的行为。本案中,华佗在线公司于 2014 年 1 月已经获得和省二医合作网络医院项目的商业机会,省二医系在与友德医公司于 2014 年 11 月 20 日签订《友德医网络医院合作协议》后,转而与友德医公司合作网络医院项目并终止与华佗在线公司就网络医院项目的合作。根据李某出具的《情况说明》中关于其代表的美谷佳公司技术方、创始人团队和牧某民等资本方在经营美谷佳公司、华佗在线公司过程中出现矛盾等陈述,可以证明李某在担任美谷佳公司董事长、总经理及技术团队主要负责人期间,未经美谷佳公司股东会同意,另行操控友德医公司将华佗在线公司与省二医合作的网络医院项目交由友德医公司经营,损害了华佗在线公司及其母公司美谷佳公司的利益。李某违反了对美谷佳公司和华佗在线公司所负忠实义务和竞业禁止义务。

关于李某对华佗在线公司损失承担的赔偿责任问题。本案中,李某将其任职高管的美谷佳公司全资子公司华佗在线公司的业务交由其实际控制的友德医公司经营,损害了华佗在线公司的利益,违反了对华佗在线公司所负忠实义务和竞业禁止义务,李某由此获得的收入归华佗在线公司所有,以弥补华佗在线公司的实际损失。但在华佗在线公司损失标的系商业机会难以准确认定数额且李某的个人获益和美谷佳公司及其股东的实际损失亦无法认定的情况下，终审法院综合考虑友德医等公司的运营成本，网络医院项目的发展前景和技术团队，资本团队对网络医院项目的投入、贡献情况，酌定李某向华佗在线公司赔偿2916万元以弥补华佗在线公司和美谷佳公司及其背后投资人的实际损失及合理期待利益。

三、案例解读

1. 法律规定

本案与公司董事竞业限制义务有关。原《公司法》第148条第1款规定了董事、高级管理人员禁止实施违反忠实义务的行为，其中第5项规定，未经股东会或者股东大会同意，董事、高级管理人员不得利用职务便利为自己或者他人谋取属于公司的商业机会，自营或者为他人经营与所任职公司同类的业务。但对于何为自营或者为他人经营与所任职公司同类的业务，原《公司法》欠缺具体的规定，导致了司法实践中适用该条规范的难题。

新《公司法》第181条将董事、高级管理人员自营或者为他人经营与所任职公司同类的业务的行为从禁止性规定中删除，在第184条对该类情形作出了特别的规定，董事、监事、高级管理人员未向董事会或者股东会报告，并经董事会或者股东会决议，不得自营或者为他人经营与其任职公司同类的业务。第185条规定了在上述事项经董事会或者股东会决议时，关联董事不得行使表决权，第186条和第188条规定了违反不得谋取公司商业机会义务应承担的责任。

2. 法律适用

本案的核心问题是，公司的董事是否对公司的全资子公司负有忠实义务，董事会将全资子公司的合作项目交由其控制的公司经营，是否构成对全资子公司忠实义务的违反。本案判决确定的裁判规则是，公司董事对公司全资子公司负有忠实义务，违反竞业禁止义务的，应赔偿全资子公司的损失。

最高人民法院在判断董事是否违反忠实义务下的竞业禁止义务时，考虑了以下的因素。

第一，关于李某实际控制的友德医公司是否与美谷佳公司和华佗在线公司经营的是同类业务。最高人民法院并未在案例中直接进行论证，而是通过认定友德医公司将华佗在线公司和省二医合作的网络医院项目据为己有进行间接论证。被告在诉讼过程中辩称，友德医公司和省二医合作的网络医院业务不同于华佗在线公司和省二医合作的业务范围，故不属非法获取华佗在线公司的商业机会。法院认为，2014 年 1 月 10 日华佗在线公司和省二医签署的《合作框架协议》约定合作内容包括“广东省医学影像阅片中心平台、检验分析中心平台和互联网医院、应急无线医疗建设项目”。2014 年 10 月 27 日至 2014 年 11 月 14 日，多家媒体对华佗在线公司与省二医合作开展的网络医院项目进行报道。而 2014 年 11 月 20 日，友德医公司与省二医签订《友德医网络医院合作协议》，约定“共同合作组建友德医网络医院，并对用户提供网上诊疗、双向诊疗等医疗服务”，省二医与友德医公司合作网络医院项目并终止与华佗在线公司就网络医院项目的合作。两个合作均涉及网络医院，因此法院认定友德医公司确实获得了原本由华佗在线公司与省二医合作的网络医院项目机会，进而认定李某实际控制的友德医公司与美谷佳公司和华佗在线公司经营的是同类业务。

第二，最高人民法院关注李某是否向美谷佳公司和华佗在线公司披露其控制的公司实施竞业。最高人民法院认为，李某作为美谷佳公司股东，在担任美谷佳公司董事长、总经理及技术团队主要负责人期间，在未向美谷佳公司股东会披露的情况下，另行操控友德医公司，将华佗在线公司与省二医合作的网络医院项目交由友德医公司经营，违反了忠实义务以及竞业禁止义务。

因此，最高人民法院综合李某实际控制的友德医公司是否与美谷佳公司和华佗在线公司经营的是同类业务以及李某是否向公司披露上述信息，判断李某是否违反忠实义务以及竞业禁止义务。

新《公司法》规定与最高人民法院关注披露程序的态度保持一致，相较于原《公司法》规定，新《公司法》第 184 条强调，董事、监事、高级管理人员自营或者为他人经营与其任职公司同类的业务时向董事会或者股东会报告的义务，其实施竞业需经董事会或者股东会决议。相较于原《公司法》，新《公司法》补充了关联董事表决权回避制度，避免董事利用表决权不当影响决议内容。就本案而言，李某实际控制的友德医公司，与美谷佳公司和华佗在线公司经营的是同类业务，且并未向公司披露上述信息，未经股东会或董事会决议，因此违反忠实义务以及竞业禁止义务，应承担赔偿责任。

3. 本案延伸思考

董事忠实义务的对象是否仅限于公司，还是可能扩张到包括其他主体？

最高人民法院在本案中扩大了董事忠实义务对象范围，也即扩张至公司的全资子公司。在本案中，李某担任美谷佳公司的法定代表人、董事长和总经理。李某在作为美谷佳公司的董事、总经理期间对美谷佳公司负有法定的忠实义务和竞业禁止义务，不得篡夺美谷佳公司的商业机会，是依据法律规定可以直接得出的结论。华佗在线公司为美谷佳公司的全资子公司，母公司的董事对公司的全资子公司是否负有同样的忠实义务，法律并未明确规定。最高人民法院通过目的解释的方法，认为李某对华佗在线公司亦负有忠实义务和竞业禁止义务。其认为，公司法关于董事对公司所负的忠实义务、竞业禁止义务应不限于董事所任职的公司自身，还应包括公司的全资子公司、控股公司等，如此方能保障公司及其他股东的合法权益，真正实现公司法设置忠实义务、竞业禁止义务的立法本意。母公司与全资子公司的利益具有显见的一致性，因此母公司董事对母公司所负的忠实义务和竞业禁止义务应延伸至公司的全资子公司。

四、相关原理

董事、监事和高级管理人员违反竞业限制义务的责任

对于董事、监事、高级管理人员违反竞业限制义务的责任问题，首先需要解决何为“竞业”这一问题。新《公司法》未对“竞业”建立起实质判断标准：新《公司法》仅将“竞业”规定为“同类业务”，停留在形式标准层面，可能无法适应快速发展的商业实践变化。考虑到竞业限制的目的，有观点提出应在条文中增加“存在竞争关系”这一要件，可以将存在替代性的相似业务纳入限制范围，将虽为同业但在时空上不存在竞争关系的业务排除，更准确地规范董事等从事竞业的行为。

当董事、监事、高级管理人员违反竞业限制义务，公司可能同时行使归入权并要求其承担赔偿责任，如何处理这两个请求的关系，值得讨论。

新《公司法》规定了董事、监事和高级管理人员违反忠实义务和竞业禁止义务的赔偿责任，“董事、监事、高级管理人员违反前款规定所得的收入应当归公司所有”，“董事、监事、高级管理人员执行职务违反法律、行政法规或者公司章

程的规定,给公司造成损失的,应当承担赔偿责任”。根据新《公司法》的规定,董事、监事和高级管理人员违反忠实义务和竞业禁止义务时,应判令董事、监事和高级管理人员因此获得的收入归公司所有,以弥补公司的实际损失。但实践中,董事、监事和高级管理人员获得的收入究竟是多少,公司或者代表公司诉讼的股东往往难以证明。比如,在本案中,原告认为友德医公司获得原属华佗在线公司的网络医院项目后,友德医公司的公司价值确实得到了资本市场的高度认可,具体体现为宜华地产向友德医公司增资6000万元,宜华地产另向谷糠公司支付6000万元购买其持有的友德医公司10%的股权,即在与宜华地产的交易中,友德医公司20%的股权价值被评定为1.2亿元,基于此,华佗在线公司和美谷佳公司认为宜华地产支付的该1.2亿元应认定为李某个人收入,进而主张李某向华佗在线公司赔付1.2亿元。但该观点违反了法人财产独立性,且在相当因果关系的证明上也存疑。

法院考虑到涉案交易的特殊性,认为无法查证友德医公司非法获得原本属于华佗在线公司的网络医院项目后,李某个人在宜华地产收购友德医公司20%股权的交易中所获得的具体收入,进而从美谷佳公司现任股东的实际损失角度来确定被告董事的赔偿责任,值得肯定。法院综合考虑了宜华地产的定价依据、友德医公司和谷糠公司的运营成本、网络医院项目的发展前景、李某及其技术团队和牧某民等资本团队对网络医院项目的投入、贡献情况,确定被告董事向公司的赔偿数额。因此,在董事个人收入难以证明时,公司可能无法行使归入权,法院需要综合考虑个案因素,确定被告的赔偿责任,以保障公司和股东的实际损失以及合理期待利益。

案例52 关联董事的表决回避

《公司法》第185条解读

——贵州东圣恒泰矿业投资管理有限公司、兖矿贵州能化有限公司公司关联交易损害责任纠纷案①

【最高人民法院2017年终审案例】

《公司法》第185条

董事会对本法第一百八十二条至第一百八十四条规定的事项决议时，关联董事不得参与表决，其表决权不计入表决权总数。出席董事会会议的无关联关系董事人数不足三人的，应当将该事项提交股东会审议。

一、案情介绍

2012年1月30日，兖矿贵州能化有限公司(以下简称兖矿公司)、安顺永峰煤焦集团有限公司(以下简称永峰公司)、金最公司及恒盛公司共同签署《贵州东圣恒泰矿业投资管理有限公司出资协议书》，制定《公司章程》，共同以货币出资方式投资设立贵州东圣恒泰矿业投资管理有限公司(以下简称东圣公司)，金最公司出资9000万元，股权比例45%；兖矿公司出资8000万元，股权比例40%；恒盛公司出资2000万元，股权比例10%；永峰公司出资1000万元，股权比例5%。

2013年12月1日，东圣公司作出《第一届第二次董事会决议》，其中决议第3项内容为“审议并批准董事潘某提交的《关于收购贵州海隆矿业投资有限公

① 最高人民法院民事判决书，(2017)最高法民终416号。

司议案》”;第6项内容为“一致同意由公司法定代表人××负责组织收购贵州海隆矿业投资有限公司工作,并代表东圣公司与相关方签订系列收购文件”。同日,董事长××主持召开了东圣公司临时股东会议,并作出《临时股东会议决议》:“全体股东一致同意东圣公司收购贵州海隆矿业投资有限公司,收购具体工作由××负责组织实施,并授权××代表东圣公司与相关各方签订相关文件。陶某、李某某、××、张某某作为股东代表签字。”

同日,金最公司(甲方)、东陶公司(乙方)与东圣公司(丙方)、海隆公司共同签署了《股权转让协议》。金最公司、东陶公司拟将其持有的海隆公司股权转让给东圣公司,东圣公司同意受让。股权转让款10000万元,为承债式转让,在协议生效后的3个工作日内支付股权转让定金8000万元;在协议生效后6个月内支付股权转让余款2000万元并负责使海隆公司能有资金归还债务。股权转让款支付完成且海隆公司归还其全部债务后,金最公司、东陶公司不再持有海隆公司股权。《股权转让协议》项下的交易款项支付至金最公司账户。协议签订次日,东圣公司将8000万元定金汇入了金最公司账户。

决议作出期间,东圣公司法定代表人、董事××,是恒盛公司股东代表,亦是东陶公司法定代表人。东圣公司董事潘某,亦是金最公司法定代表人。东圣公司董事贾某某,亦是海隆公司董事长、法定代表人兼总经理。东圣公司董事、财务总监李某涛,同时兼任海隆公司财务总监。

兖矿公司、永峰公司向法院提起诉讼,认为东圣公司《第一届第二次董事会决议》第3、6项及《临时股东会议决议》无效。

本案的核心争议事实是,东圣公司《第一届第二次董事会决议》第3、6项及《临时股东会议决议》是否因关联方未回避表决无效。

兖矿公司、永峰公司诉称,本案决议事项为关联交易事项,应回避的关联股东或董事不仅不回避,甚至相互串通,该决议无效。

被告公司辩称,涉案决议并不违反法律规定,且各方董事及股东代表均参加会议并一致同意表决通过,对决议内容未提出异议应为有效。

二、判决结果与理由

1. 判决结果

一审贵州省高级人民法院作出(2015)黔高民商初字第14号民事判决,确认东圣公司董事会于2013年12月23日作出的《第一届第二次董事会决议》第3项和第6项内容无效；确认东圣公司于2013年12月23日作出的《临时股东会议决议》“全体股东一致同意东圣公司收购贵州海隆矿业投资有限公司，收购具体工作由××负责组织实施，并授权××代表东圣公司与相关各方签订相关文件”内容无效。

二审最高人民法院撤销贵州省高级人民法院（2015）黔高民商初字第14号民事判决，认为法律并未对关联方行使表决权作出限制，并不能因此认定其行为构成滥用股东权利，驳回兖矿公司、永峰公司的诉讼请求。

2. 判决理由

最高人民法院认为，对于决议无效的法律规定，应当依据2018年《公司法》第22条进行判断。因此，本案的核心问题是，东圣公司《第一届第二次董事会决议》第3、6项及《临时股东会议决议》内容是否因关联董事、关联股东未回避表决而无效。

东圣公司董事会、股东会作出关于收购贵州海隆矿业投资有限公司并授权××组织收购工作的决议，参与表决的董事及股东代表与决议事项有关联关系，确属于公司关联交易。但涉及关联交易的决议无效，还需要违反2018年《公司法》第20条第1款“公司股东应当遵守法律、行政法规和公司章程，依法行使股东权利，不得滥用股东权利损害公司或者其他股东的利益”和第21条第1款“公司的控股股东、实际控制人、董事、监事、高级管理人员不得利用其关联关系损害公司利益”的规定判定，也即须判定公司决议是否系股东滥用股东权利，以及是否损害公司或其他股东利益，而不能仅因涉及关联交易，辄认定股东会、董事会决议当然无效。

本案中，东圣公司董事会及股东会决议作出时，各方董事及股东代表均参加会议并一致同意表决通过，对决议内容未提出异议。参与表决的董事及股东代表与决议事项虽具有关联关系，但法律并未对其行使表决权作出限制，并不能因此认定其行为构成滥用股东权利。

就案涉决议内容而言，其中关于收购海隆公司并授权××组织收购工作的内容并未涉及具体的交易条件等事项，现有证据不能证明该决议内容损害了公司或其他股东的利益。故案涉董事会及股东会决议并不具备违反法律、行政法规的情形，不构成东圣公司董事及股东恶意串通，利用关联交易损害公司及股东利益的情形。

三、案例解读

1. 法律规定

本案涉及公司关联交易中关联董事表决权回避的问题。2018 年《公司法》对关联董事在决议时是否应进行表决权回避并未作出规定。新《公司法》第 185 条规定，董事会对本法第 182 条至第 184 条规定的事项决议时，关联董事不得参与表决，其表决权不计入表决权总数。出席董事会的无关联关系董事人数不足三人的，应当将该事项提交股东会审议，对关联董事的表决权回避进行了明确的规定。新《公司法》扩大了自我交易与关联交易的范围。此次《公司法》修订之前，我国自我交易规则的规制对象仅限于直接自我交易，即董事、高管未经同意与公司订立合同或者进行交易，忽略了对间接自我交易的规制。新《公司法》扩大了关联人的范围，改善了自我交易的狭隘适用情况。具体而言：首先将董事、监事、高管间接与公司进行交易纳入自我交易的范围，同时将董事、监事和高级管理人员的近亲属直接或间接控制的关联企业明确纳入了关联人的范围，还保留了“与董事、监事、高级管理人员有其他关联关系的关联人”作为兜底，将实践中董事、监事和高级管理人员通过各种隐形手段规避同意权规则进行关联交易损害公司的情形纳入规制范围。

2. 法律适用

本案的核心问题是，关联董事并未回避表决，是否会对公司决议的效力造成影响，也即是否会因为关联董事对涉及关联交易的董事会决议行使了表决权而导致该决议无效。在原《公司法》背景下，本案确定的裁判规则是法律未禁止关联董事、股东对关联交易事项进行表决，案涉董事会决议、股东会决议有效。

首先，就关联董事的表决权回避而言。最高人民法院认为，由于法律并未直接规定禁止董事在关联交易中行使表决权，因此即使关联董事对股权转让事项行使了表决权，也不会影响决议的效力。最高人民法院还考虑的一个重要因素是，公司董事会及股东会决议作出时，各方董事及股东代表均参加会议并一致同意表决通过，对决议内容未提出异议。在对关联董事行使表决权未回避这个问题上，贵州省高级人民法院，即本案的一审法院，体现的是与最高人民法院截然相反的态度,认为本案东圣公司董事会及股东会决议中的关联交易事项涉及东圣公司部分股东及董事的个人利益,但上述东圣公司股东或者董事明知存在关联关系却不回避,并利用其股东或者董事的权利行使表决权,违反了原《公司法》的第21条关于关联交易的禁止性规定。

新《公司法》第182条对关联董事应回避作出了规定,但也不能直接得出关联董事未回避即导致董事会决议无效。第182条的处理方案为,即使董事参与表决,该表决权不计入表决权总数,如果除去关联董事表决权后,该决议获得过半数无关联关系董事表决通过,则该决议成立且有效;如果该决议无法获得过半数无关联关系董事表决通过,则应构成决议不成立的情形,而非决议无效,原因在于,该会议并未符合法律规定的决议成立条件。如果除去关联董事表决权后,无利害关系董事不足三人的,应提交股东会决议。

因此,就本案在新《公司法》背景下的适用而言,参与表决的董事及股东代表与决议事项具有关联关系,且法律并未对其行使表决权作出限制,该关联董事的表决权不应计算入内;如果因关联董事数量导致无利害关系董事不足三人的,还应提交股东会决议。如未有成立且有效的董事会或股东会决议,董事不得实施该关联交易,否则构成忠实义务的违反。

其次,就关联交易的实质公平性而言。最高人民法院关注关联交易本身的内容是否会损害公司或其他股东的利益,考虑到决议中关于收购贵州海隆矿业投资有限公司并授权××组织收购工作的内容并未涉及具体的交易条件等事项,最高人民法院认为依据现有证据不能证明该决议内容损害了公司或其他股东的利益。贵州省高级人民法院对决议内容的态度也与最高人民法院的态度截然相反,其认为,东圣公司董事会及股东会决议中的关联交易事项涉及东圣公司部分股东及董事的个人利益,但东圣公司有关联关系的股东或者董事不但不回避,反而相互串通,利用其股东或者董事的权利行使表决权,促成决议事项的形成及实施,因此决议无效,即依据关联董事未回避直接推定构成恶意串通,决议内容侵害公司以及其他股东利益。

依据新《公司法》的规定,新《公司法》第181条将董事、监事、高级管理人员自我交易等涉及利益冲突的行为从禁止性规定中删除,对于关联交易在第182条进行单独规定,只要董事关联交易提交给公司机关批准,则董事可以与公司进行交易,并不构成忠实义务的违反。从《公司法司法解释(五)》第1条第1款的规定来看,如果该关联交易并未实质上损害公司利益,则不应直接依据关联董事未回避认定该决议无效。就本案而言,在新《公司法》颁布的背景下,本案关于收购贵州海隆矿业投资有限公司并授权××组织收购工作的内容并未涉及具体的交易条件等事项,因此,依据现有证据不能证明该决议内容损害了公司或其他股东的利益。

3. 本案延伸思考

在关联交易中,如何对董事忠实义务的违反进行认定?

新《公司法》第180条第1款规定,董事、监事、高级管理人员对公司负有忠实义务,应当采取措施避免自身利益与公司利益冲突,不得利用职权谋取不正当利益。当董事、监事和高级管理人员控制公司或者其他关联方与公司交易时,此时董事、监事和高级管理人员与公司作为合同相对方,存在利益冲突,法院很可能认定董事、监事和高级管理人员存在违反忠实义务的行为,当公司因关联交易受损时,董事、监事和高级管理人员面临需向公司承担违反忠实义务的损害赔偿责任的风险。

在关联交易中,对于董事、监事和高级管理人员是否违反忠实义务,法院通常结合以下因素分析,董事、监事和高级管理人员是否履行了披露义务、案涉关联交易价格是否符合市场公允价格。首先,董事、监事和高级管理人员与公司缔结关联交易,须履行披露关联交易的义务。如果董事、监事和高级管理人员未履行披露义务,则构成董事、监事和高级管理人员忠实义务的违反,法院一般会认定其违反了公司章程和法律规定。其次,关于关联交易价格的公允性,法院一般会审查公司通常的采购交易模式、与关联方交易是否增加了采购成本、关联方是否享有额外利益等,判断关联交易对价是否高于市场价且不具备公允性,损害了公司的权益。如果关联交易不符合上述条件,法院一般会认定董事、监事和高级管理人员构成忠实义务的违反,如果关联交易发生在董事、监事和高级管理人员任职期间,且在董事、监事和高级管理人员被解除相应职务后,关联交易急速减少并消失,关联交易的发生及变化与董事、监事和高级管理人员的任职期间及职务变化存在同步性时,则法院一般会认为董事、监事和高级管理人员违反忠实义务的行为损害了公司的利益,法院确认了因果关系的存在。

四、相关原理

关联交易的表决权回避

董事关联交易表决权回避是为了保证决议的公平性，防止董事对关联交易决议事项施加不当影响。如果董事未回避且通过关联交易损害了公司利益，则应承担责任。一般认为，董事及高管因关联交易等损害公司利益的行为而向公司承担侵权责任基于其对公司的信义义务。值得讨论的是，在形成控制公司与从属公司法律关系的情形下，控制公司以及控制公司的管理层可能利用其控制权，侵害从属公司以及股东的利益，在此情景下，控制公司以及控制公司的管理层是否对从属公司负有特定义务。

如果控制公司是能够直接或间接地对从属公司施加实质性影响的公司，其在与从属公司进行交易的时候，往往会利用其对从属公司的这种影响力，迫使从属公司进行违背公平原则的不利益的经营，例如，让从属公司高价买入公司的财产，公司低价买入从属公司的财产，没有合理理由让从属公司为其他公司的债务承担担保责任等，以获取不当利益。从属公司在上述情形中沦为了控制公司牟取非法利益的工具，从属公司及其中小股东的利益不合理地受到了损失，公司法应当对这种情况做出约束。

从域外规定来看，《德国股份公司法》第311—318条详细规定了控制公司致从属公司发生不正当损害时的赔偿责任，并规定了控制公司负责人、从属公司董事及其监察人对从属公司的“正常与忠实管理人之注意义务”，如违背该义务应与控制公司对从属公司的损失承担连带赔偿责任，且发生争议时应由其承担举证责任。《巴西公司法》第117条规定，一名控股股东将对因其权力被滥用引起的任何损害负责。第245条规定，控制公司领导层的责任。那些不支持关联公司、控制公司、被控制公司损害本公司利益的公司领导者，应当确保公司之间的交易，如果有的话，将是公平的或者被充分的补偿。由于违反本条规定而导致公司损失，他们应当对公司负责。第246条规定，控制公司有义务对其违反第116、117条规定而给受控公司造成的损失进行赔偿。

案例53 董事、监事和高级管理人员违反勤勉义务的法律责任

《公司法》第188条解读

——顾华骏、刘淑君等11名投资者诉康美药业股份有限公司证券虚假陈述责任纠纷特别代表人诉讼案①

【最高人民法院2021年十大商事案件】

《公司法》第188条

董事、监事、高级管理人员执行职务违反法律、行政法规或者公司章程的规定,给公司造成损失的,应当承担赔偿责任。

一、案情介绍

2020年12月31日,顾华骏、刘淑君经11名原告共同推选为拟任代表人,就康美药业股份有限公司(以下简称康美药业)证券虚假陈述责任纠纷提起普通代表人诉讼,要求康美药业及马兴田、许冬瑾等22名被告(包括董事、监事、高级管理人员)赔偿其投资损失。康美药业披露的财报中存在虚增营业收入、货币资金等情况,广东正中珠江会计师事务所出具的审计报告存在虚假记载。经专业机构评估,扣除系统风险后投资者实际损失为24.59亿元。康美药业董事长马兴田、副董事长许冬瑾等组织策划财务造假。康美药业部分董事、监事、高级管理人员虽未直接参与造假,但签字确认财务报告真实性。

本案的核心争议事实为,案涉董事、监事和高级管理人员是否实施虚假陈述行为,原告投资损失与案涉虚假陈述行为之间有无因果关系以及各被告赔偿

① 最高人民法院发布2021年全国法院十大商事案件。

责任的认定。

原告诉称，被告马兴田、许冬瑾等直接实施虚假陈述行为，应赔偿原告投资差额损失、佣金、印花税及利息损失合计412228.20元；并请求判令被告康美药业实际控制人、董事、监事和高级管理人员等对原告的上述损失承担连带责任。

部分被告辩称，其不参与康美药业日常经营管理，不应承担赔偿责任。

二、判决结果与理由

1. 判决结果

一审广州市中级人民法院认为，康美药业董事长马兴田、副董事长许冬瑾等组织策划财务造假，广东正中珠江会计师事务所及相关审计人员违反执业准则，均应对投资者损失承担全部连带赔偿责任。康美药业部分董事、监事、高级管理人员虽未直接参与造假，但签字确认财务报告真实性，应根据过失大小分别在投资者损失的20%、10%及5%范围内承担连带赔偿责任。

2. 判决理由

本案涉及证券虚假陈述责任中董事、监事和高级管理人员的责任。与《公司法》中董事、监事和高级管理人员责任存在差异的是，案涉董事、监事和高级管理人员承担的责任是过错推定责任，但在勤勉义务的判断上是保持一致的。

马汉耀、林大浩、李石、罗家谦、林国雄、李建华、韩中伟、王敏均非财务工作负责人，过失相对较小，本院酌情判令其在投资者损失的20%范围内承担连带赔偿责任；江镇平、李定安、张弘为兼职的独立董事，不参与康美药业日常经营管理，过失相对较小，本院酌情判令其在投资者损失的10%范围内承担连带赔偿责任；郭崇慧、张某某为兼职的独立董事，过失相对较小，且仅在《2018年半年度报告》中签字，本院酌情判令其在投资者损失的5%范围内承担连带赔偿责任。

唐煦、陈磊未以董事、监事、高级管理人员的身份签名确认《2016年年度报告》《2017年年度报告》《2018年半年度报告》内容的真实、准确、完整，不存在虚假记载、误导性陈述或重大遗漏，不属于案涉虚假陈述行为人，不应当对投资者损失承担赔偿责任。

三、案例解读

1. 法律规定

本案涉及对董事履行勤勉义务的认定。对于董事的忠实义务和勤勉义务，2018 年《公司法》第 147 条第 1 款规定了董事、监事、高级管理人员应当遵守法律、行政法规和公司章程，对公司负有忠实义务和勤勉义务。第 149 条规定了董事、监事和高级管理人员违反上述义务对公司的赔偿责任。新《公司法》第 180 条第 2 款规定，董事、监事、高级管理人员对公司负有勤勉义务，执行职务应当为公司的最大利益尽到管理者通常应有的合理注意。第 188 条规定了董事、监事、高级管理人员违反上述义务的法律责任，董事、监事、高级管理人员执行职务违反法律、行政法规或者公司章程的规定，给公司造成损失的，应当承担赔偿责任。

本案涉及《证券法》第 85 条的规定，属于董事、监事和高级管理人员直接向投资者承担责任的情形，属于特别法上的责任，规定的是过错推定责任，即只有董事、监事和高级管理人员证明自己没有过错才能免责，排除一般《公司法》责任规定的适用，但《公司法》中关于董事、监事和高级管理人员忠实义务和勤勉义务的规定仍适用于对董事、监事和高级管理人员信义义务违反的认定。

2. 法律适用

本案的核心问题是，对于持续时间长、范围广的财务造假，未直接参与财务造假的董事、监事和高级管理人员是否构成勤勉义务的违反，应对投资者承担何种责任。本案确定的裁判规则是未直接参与造假，但忽视长期财务造假行为的董事、监事和高级管理人员构成勤勉义务的违反，按照其过错和对投资者损失的原因力承担比例连带责任。

对于勤勉义务违反的认定。法院认为，对于特定董事、监事和高级管理人员，虽然其并未具体分管康美药业财务工作，但康美药业公司财务造假持续时间长，涉及会计科目众多，金额巨大，其作为董事、监事或高级管理人员如尽勤勉义务，即使仅分管部分业务，也不可能完全不发现端倪。因此，虽然此类主体作为董事、监事或高级管理人员并未直接参与财务造假，却未勤勉尽责，存在较大过失，且均在案涉定期财务报告中签字，保证财务报告真实、准确、完整，因此构成勤勉义务的违反。

值得注意的是，法院在本案中创造性地适用了比例连带责任的处理方式。对于负责财务造假、虚假陈述的直接责任人员，应承担全部责任。对于非财务工作负责人，过失相对较小，法院判令其在20%范围内承担连带赔偿责任。对于兼职作为独立董事的主体，由于此类主体参与康美药业日常经营管理，过失相对较小，法院酌情判令其在10%范围内承担连带赔偿责任。一些兼职的独立董事过失相对较小，且仅在部分报告中签字，法院酌情判令其在5%范围内承担连带赔偿责任。

法院对勤勉义务的论述与新《公司法》第180条第2款新增的对勤勉义务的界定相契合。在本案中，独立董事、监事和高级管理人员虽然并不直接负责公司的财务，但考虑到康美药业公司财务造假持续时间长，涉及会计科目众多，金额巨大，董事、监事和高级管理人员如果为了公司最大的利益尽了管理者的合理注意，都应该注意到。但需注意的是，对于董事、监事和高级管理人员责任承担，新《公司法》并未确定可以根据董事、监事和高级管理人员的过失程度，按照其过错程度要求其承担比例连带责任。

3. 本案延伸思考

(1)虚假陈述责任中董事、监事和高级管理人员的抗辩事由

本案涉及对未直接参与财务造假的人员的勤勉义务违反的认定。对于董事、监事、高级管理人员勤勉义务违反的认定，最高人民法院考虑的因素包括公司财务造假持续时间、涉及会计科目数量、金额数量等。在虚假陈述中，即使董事、监事和高级管理人员未直接参与造假，但如果公司造假已经显而易见，董事、监事和高级管理人员不得以其未参与造假或者公司财务事务主张自己不应承担责任。董事、监事和高级管理人员构成勤勉义务的违反，未尽公司管理者的合理注意，应承担责任。

但是，如果董事、监事、高级管理人员未以职务身份签名确认具有虚假陈述内容的报告的真实、准确、完整，不存在虚假记载、误导性陈述或重大遗漏，该事实构成免责事由，该部分董事、监事和高级管理人员不属于案涉虚假陈述行为人，不构成勤勉义务的违反，不对投资者损失承担赔偿责任。

(2)虚假陈述中的独立董事责任

本案对独立董事责任作出了特别的认定，最高人民法院考虑到独立董事多为兼职，且可能无法直接接触财务事务，因此酌情判令其在特定范围内承担责

任,避免独立董事承担过重责任,抑制独立董事任职的积极性。

独立董事制度自2001年由证监会通过发布《关于在上市公司建立独立董事制度的指导意见》引进之后,经历了资本市场多年实践的检验。引入独立董事制度是为了矫正上市公司素质不够、治理不彰、一股独大现象严重的问题,希望能够通过独立董事制衡大股东掠夺公司及小股东利益的行为。但是,学界普遍认为我国独立董事制度实际运行情况不容乐观,在实践中出现了花瓶化、荣誉化、顾问化的问题,起不到监督董事、高级管理人员的作用,仅仅发挥了“咨询专家”的作用。可能的原因包括:第一,独立董事制度与监事会制度职能重叠,分工不清。两者共同负担对公司的监督职能,使两者之间产生了推诿扯皮、“搭便车”的情况,共同负责等同于无人负责,共同监督也造成了资源的浪费。第二,独立董事并不独立。独立董事的选任、薪资基本由大股东、实际控制人决定,致使公司实际控制人对独立董事的控制力较强,或大股东、实际控制人会选任与自己具有联系的人作为独立董事,缺乏独立性是独立董事无法发挥其独立监督作用的重要原因。第三,独立董事缺乏强有力的监督权限。虽然现在董事具有重大关联交易认可权、知情权等权限,但是董事会仍然可以决定进行相应的关联交易,独立董事能采取的措施仅有提请董事会召集股东大会或要求董事会对此予以公告,但是如果董事会并不理睬独立董事的要求,并没有任何法律责任。第四,独立董事履行职责缺乏激励。独立董事缺乏认真履职的激励也是造成独立董事成为“橡皮图章”的重要原因,独立董事在上市公司只领取较少的薪酬,缺乏正激励。

在本案中,对于独立董事追责对独立董事产生了非常强大的震慑作用,有利于解决实践中独立董事花瓶化、印章化的问题,让独立董事依法依规履职。同时,也应该在立法中明确独立董事的责任范围,防止过度打击独立董事任职热情,施加任职过高风险,本案法院对比例连带责任的适用可以为独立董事的责任限制提供一个选择。

四、相关原理

比例连带责任

本案中,法院在实际认定董事责任的过程中,根据不同董事的情况,综合参考任职时间点、任职期限、业务背景等因素，对董事的连带责任的比例进行认定。对于比例连带责任的适用，实践中存在较大的争议。有观点认为，比例连带责任的适用缺乏法律规范依据，且违背了民法的原理。也有观点主张，比例连带责任体系拿了比例原则，对董事施加的责任应能实现防范董事实施违反法律规定、公司章程等行为的目的，对董事施加的比例连带责任可以与其实现的目的相匹配，且避免对董事施加过重的责任，导致专业人士缺乏担任公司董事的积极性。

从外部关系上来看，比例连带责任既具有连带性，同时具有比例性。连带责任与按份责任是相对的，核心的差别在于，在一个或者多个债务人可能存在资产状况较差无法履行债务的风险时，连带责任将该风险分配给其余的债务人，但是按份责任将该风险分配给了债权人。在比例连带责任中，被告需要就原告未获得清偿部分按照其责任比例负责。从内部关系上来看，比例连带责任适用追偿权规则，即如果被告承担的责任超过了其内部责任份额，则其有权向有关责任人追偿。

比例连带责任在大陆法系国家或地区存有先例。根据《日本公司法》第423条第1款规定，公司役员若因懈怠职务导致公司遭受损失，需对公司承担损害赔偿责任。而《日本公司法》第430条规定了负有相同赔偿责任的公司役员之间成立连带责任关系。在2006年达斯金公司股东代表诉讼纠纷案中，法院为降低公司役员履职风险，创造性地将连带责任解释为比例连带责任，以限缩董事的赔偿责任。在该案中，法院综合考虑了被告役员的过错及其与损害之间的因果关系，对其中的两名役员判决其在5%的范围内承担公司105.61亿日元的损失，而剩余9名役员在2%的范围内与其他被告承担连带责任。

引入比例连带责任可以在责任人之间合理地分配责任。在确定责任比例时，必须区分不同虚假陈述事项，并以过错和因果关系为评估标准。对于所有对原告损失负有责任的个体或实体，需要明确其在总责任中所占的比例。这一比例的计算是基于各方的过错程度和导致损失的因果关系而进行的。最终，所有责任比例的总和必须为100%，以确保对被侵权人的全面保护和责任的公正分配。比例连带责任旨在确保每个责任方都按照其在导致虚假陈述问题中的作用程度负担相应的法律责任，以维护法律公正和赔偿的合理性。

案例 54 股东代表诉讼的前置程序

《公司法》第 189 条解读

——周长春与庄士中国投资有限公司、李世慰、彭振傑及第三人湖南汉业房地产开发有限公司损害公司利益责任纠纷案[①]

【最高人民法院 2020 年公报案例】

《公司法》第 189 条

董事、高级管理人员有前条规定的情形的，有限责任公司的股东、股份有限公司连续一百八十日以上单独或者合计持有公司百分之一以上股份的股东，可以书面请求监事会向人民法院提起诉讼；监事有前条规定的情形的，前述股东可以书面请求董事会向人民法院提起诉讼。

监事会或者董事会收到前款规定的股东书面请求后拒绝提起诉讼，或者自收到请求之日起三十日内未提起诉讼，或者情况紧急、不立即提起诉讼将会使公司利益受到难以弥补的损害的，前款规定的股东有权为公司利益以自己的名义直接向人民法院提起诉讼。

他人侵犯公司合法权益，给公司造成损失的，本条第一款规定的股东可以依照前两款的规定向人民法院提起诉讼。

公司全资子公司的董事、监事、高级管理人员有前条规定情形，或者他人侵犯公司全资子公司合法权益造成损失的，有限责任公司的股东、股份有限公司连续一百八十日以上单独或者合计持有公司百分之一以上股份的股东，可以依照前三款规定书面请求全资子公司的监事会、董事会向人民法院提起诉讼或者以自己的名义直接向人民法院提起诉讼。

---

① 《最高人民法院公报》2020 年第 6 期。

一、案情介绍

2004年经湖南省人民政府批准，湖南汉业公司变更为有限责任公司(台港澳与境内合资)，公司注册资本增加至人民币2500万元。其中周长春出资人民币250万元，持股比例10%；新时代投资有限公司出资人民币2250万元，持股比例90%。湖南汉业公司《中外合资经营企业章程》第15条规定：董事会由5名董事组成，其中1名由周长春出任，新时代投资有限公司委派4名，董事长由新时代投资有限公司指定。2011年12月29日，湖南汉业公司的法定代表人由范小汉变更为李世慰。湖南汉业公司董事会由李世慰(董事长)、彭振傑、庄学农、李美心、周长春组成。周长春主张李世慰作为湖南汉业公司法定代表人，彭振傑作为湖南汉业公司总经理，庄士中国投资有限公司作为湖南汉业公司实际控制人共同损害公司利益，认为其有权代表公司提起诉讼。

本案的争议事实在于，周长春未履行法律规定的提起股东代表诉讼的前置程序，是否影响其诉讼主体资格。

原告认为，本案不存在公司有关机关提起诉讼的可能性，其有权代表公司提起诉讼。

被告认为，原告未履行法律规定的提起股东代表诉讼的前置程序，本案非“情况紧急、损失难以弥补”的情形，原告无权依据上述规定提出股东代表诉讼。

二、判决结果与理由

1. 判决结果

一审湖南省高级人民法院作出(2017)湘民初18号民事裁定，认为周长春未履行法律规定的提起股东代表诉讼的前置程序，同时本案客观上也不具备“情况紧急、损失难以弥补”的法定情形，周长春无权依据上述规定提出股东代表诉讼，裁定驳回周长春起诉。

二审最高人民法院认为，周长春可以不经股东代表诉讼前置程序直接提起本案诉讼，裁定撤销一审裁定。

2. 判决理由

最高人民法院认为，一般情况下，股东没有履行前置程序的，应当驳回起诉。但是,该项前置程序针对的是公司治理的一般情况,即在股东向公司有关机关提出书面申请之时,存在公司有关机关提起诉讼的可能性。如果不存在这种可能性,则不应当以原告未履行前置程序为由驳回起诉。

其一,本案中,李世慰、彭振傑为湖南汉业公司董事,周长春以李世慰、彭振傑为被告提起股东代表诉讼,应当先书面请求湖南汉业公司监事会或者监事提起诉讼。但是,在二审询问中,湖南汉业公司明确表示该公司没有工商登记的监事和监事会。周长春虽然主张周益科为湖南汉业公司监事,但这一事实已为另案人民法院生效民事判决否定,湖南汉业公司明确否认周益科为公司监事,周长春二审中提交的证据也不足以否定另案生效民事判决认定的事实。从以上事实来看,本案证据无法证明湖南汉业公司设立了监事会或监事,周长春对该公司董事李世慰、彭振傑提起股东代表诉讼的前置程序客观上无法完成。

其二,庄士中国投资有限公司不属于湖南汉业公司董事、监事或者高级管理人员,因湖南汉业公司未设监事会或者监事,周长春针对庄士中国投资有限公司提起代表诉讼的前置程序应当向湖南汉业公司董事会提出,但是,根据查明的事实,湖南汉业公司董事会由李世慰(董事长)、彭振傑、庄学农、李美心、周长春组成。除周长春以外,湖南汉业公司其他 4 名董事会成员均为庄士中国投资有限公司董事或高级管理人员,与庄士中国投资有限公司具有利害关系,基本不存在湖南汉业公司董事会对庄士中国投资有限公司提起诉讼的可能性,再要求周长春完成对庄士中国投资有限公司提起股东代表诉讼的前置程序已无必要。

因此,终审法院认为,周长春主张可以不经股东代表诉讼前置程序直接提起本案诉讼的上诉理由成立。

三、案例解读

1. 法律规定

本案涉及股东代表诉讼。新《公司法》第 188 条规定了董事、监事、高级管理人员对公司的损害赔偿责任,但其赔偿责任应如何追究,是本条旨在解决的问题。当公司利益因董事、监事和高级管理人员的违法行为受到损害时,追究其赔偿责任的权利属于公司,但此时公司往往由与责任人存在利益关系的董事、高级管理人员操纵,从而可能怠于追究上述人员的责任。为了解决这种公

司丧失起诉能力的问题,即发展出股东代表诉讼的替代救济措施,

原《公司法》第151条规定了股东代表诉讼,董事、高级管理人员有本法第149条规定的情形的,有限责任公司的股东、股份有限公司连续180日以上单独或者合计持有公司1%以上股份的股东,可以书面请求监事会或者不设监事会的有限责任公司的监事向人民法院提起诉讼;监事有本法第149条规定的情形的,前述股东可以书面请求董事会或者不设董事会的有限责任公司的执行董事向人民法院提起诉讼。

监事会、不设监事会的有限责任公司的监事,或者董事会、执行董事收到前款规定的股东书面请求后拒绝提起诉讼,或者自收到请求之日起30日内未提起诉讼,或者情况紧急、不立即提起诉讼将会使公司利益受到难以弥补的损害的,前款规定的股东有权为了公司的利益以自己的名义直接向人民法院提起诉讼。他人侵犯公司合法权益,给公司造成损失的,本条第1款规定的股东可以依照前两款的规定向人民法院提起诉讼。

新《公司法》第189条第1款、第2款和第3款与旧法保持一致,增加了第4款规定,即"公司全资子公司的董事、监事、高级管理人员有前条规定情形,或者他人侵犯公司全资子公司合法权益造成损失的,有限责任公司的股东、股份有限公司连续一百八十日以上单独或者合计持有公司百分之一以上股份的股东,可以依照前三款规定书面请求全资子公司的监事会、董事会向人民法院提起诉讼或者以自己的名义直接向人民法院提起诉讼"。通过本款规定,新《公司法》引入了股东双重代表诉讼制度。

2. 法律适用

本案的核心问题是股东能否未履行前置程序提起股东代表诉讼。本案判决确定的裁判规则是公司未设监事会或监事,且公司董事会大部分成员和被告有关联关系时,应认定前置程序的履行已无可能性,允许股东未履行前置程序提起股东代表诉讼。

原《公司法》第151条规定了股东代表公司提起诉讼的前置程序条件,即需要向负责提起诉讼的公司机关进行书面请求,请求后者代表公司提起诉讼,只有该公司机关拒绝提起诉讼,或者公司机关收到前款规定的股东书面请求后拒绝提起诉讼,或者自收到请求之日起30日内未提起诉讼,或者情况紧急、不立即提起诉讼将会使公司利益受到难以弥补的损害的,股东方才有权为了公司的

利益以自己的名义直接向人民法院提起诉讼,该规定旨在避免股东滥用诉权、过分干预公司的经营管理,但在公司机关怠于行使其代表公司提起诉讼、维护公司正当权益时,赋予了股东代表公司提起诉讼的权利。

本案中,最高人民法院确定了股东未完成前置程序时,直接代表公司提起诉讼的条件。在本案中,股东声称其已经向公司监事提出书面请求,但经证据证实,该被请求主体并非公司的监事。因此,本案中股东并未完成《公司法》规定的前置程序,一审法院据此驳回股东的起诉。最高人民法院认为,《公司法》规定的前置程序针对的是公司治理的一般情况,即在股东向公司有关机关提出书面申请之时,存在公司有关机关提起诉讼的可能性。如果不存在这种可能性,则不应当以原告未履行前置程序为由驳回起诉。最高人民法院主要考虑了以下两方面因素:

第一,公司是否有工商登记的监事或监事会,股东能否客观完成前置程序。如果公司不存在工商登记的监事和监事会,无法要求股东向不存在的公司监事会或者监事提出书面请求,股东向监事会或监事提起股东代表诉讼的前置程序客观上无法完成。

第二,被告与公司的董事会中的大部分董事是否存在关联关系。在本案中,法院考虑到公司董事会一共 5 名董事,其中 4 名董事会成员均为被告的董事或高级管理人员,与被告具有利害关系,基本不存在涉案公司董事会对被告诉讼的可能性,因此再要求股东完成对被告提起股东代表诉讼的前置程序已无必要。

因此,当公司不存在有工商登记的监事会或监事,且公司董事会的过半数董事与被告有利害关系时,可以认为此时已经不具备股东完成提起股东代表诉讼前置程序的条件,应直接允许股东代表公司提起诉讼。

3. 本案延伸思考

(1)股东的双重代表诉讼问题

新《公司法》第 189 条相较于原《公司法》,增加了股东双重代表诉讼的规定。本条系在原《公司法》第 151 条基础上的补充性规定,主要确立了股东双重代表诉讼的制度。在原《公司法》下,股东代表诉讼的主体只能是公司直接的股东,而当前普遍存在的母子公司关系中,倘若子公司的董事监事或其他人侵害子公司的利益,只能由母公司来提起股东代表诉讼,但毕竟母公司也是一个法人机构，其若想提起股东代表诉讼也需要股东会或董事会进行决策，最终的结果很可能根本无法实现。子公司利益受损将影响母公司的利益，进而就会影响母公司股东的利益，倘若不能赋予母公司股东直接提起诉讼的权利，其所遭受的这种间接的损失便很难得到补偿，这也正是双重股东代表诉讼的核心价值所在。所谓的股东双重代表诉讼也就是允许符合条件的母公司股东代表子公司的利益，以自己的名义向法院提起诉讼，其本质上是普通的股东代表诉讼在母公司层面的一种重复适用。对于母公司的条件界定，新《公司法》采取了全资母子公司的方案。《公司法解释四（征求意见稿）》中曾经对股东双重代表诉讼有过规定，但最终版的意见中删去了该条，在该文件中对于母公司的界定是全资母公司，即只有全资母公司的股东才可以提起股东双重代表诉讼，与新法规定一致。

（2）股东代表诉讼胜诉利益归属

对于股东代表诉讼，还需要注意的是，股东此时虽然作为原告，公司作为第三人，但股东直接代表公司提起诉讼的案件，胜诉利益归属于公司，股东不得请求被告直接向其承担民事责任。股东依据新《公司法》代表公司提起诉讼的，如果其诉讼请求部分或者全部得到人民法院支持，公司应当承担股东因参加诉讼支付的合理费用。原因在于，此时利益直接受损方为公司，而非股东。虽然因为不法行为人侵占公司财产、怠于履行职务等行为给公司造成损害，会间接影响股东的利益，但股东与公司属于两个具有独立人格的主体，公司利益受损不能等同于股东受损，如果允许被告直接对该特定股东承担民事责任，可能会损害其他股东的利益，使该股东不当获益，在公司还负担债务时，直接入库可能还会损害公司债权人的利益。

四、相关原理

公司法上的股东代表诉讼制度的功能

股东代表诉讼制度源于19世纪初的英美国家的司法实践，是作为衡平法上的一项特殊制度而出现的，其功能在于保护公司利益免受董事、监事和高级管理人员等公司部人或其他第三人的侵害，同时也实现间接保护股东利益的目的。随后，大陆法系国家也引入这一制度，我国在2005年《公司法》修订时即引入了该制度。

股东代表诉讼的制度可以实现对公司管理层的事前监督。法律规定公司的董事、监事、高级管理人员对公司负有忠实、勤勉的信义义务,股东代表诉讼可以提升其违反信义义务的风险,起到一定预防作用。股东代表诉讼制度也具有对于公司和少数股东的事后救济功能。当公司利益因董事、监事和高级管理人员的不当行为受损后,股东的利益也间接受损,股东提起代表诉讼胜诉后的利益归属于公司,进而每个股东均会受益。此外,该制度也可以充实公司责任财产,对公司债权人的保护也有裨益。但是,如果代表诉讼被滥用,会对公司的正常经营管理带来不当影响。一是股东代表诉讼制度可能沦为原告及其律师牟利的手段,滥用该制度向公司"敲竹杠";二是可能给公司造成更大的成本,如诉讼成本、管理层的时间精力成本等;三是诉讼可能影响管理层的正常商业决策,妨碍其履行职责。

因此,为了防止滥诉,更好地发挥股东代表诉讼制度的功能,各国对股东代表诉讼均存在实体及程序限制。除了诉讼资格、前置程序等方面的限制,有的国家如美国、日本还规定了诉讼费用担保制度,以遏制股东滥诉行为。限制措施的严厉或宽松程度反映了立法对于股东代表诉讼的立场,这一立场往往与该国的公司治理现状有关。基于我国"一股独大"的公司治理现状,应采纳适当鼓励、便利中小股东提起代表诉讼的立法导向。

案例55 股东代表诉讼的调解

《公司法》第189条解读

——浙江和信电力开发有限公司、金华市大兴物资有限公司与通和置业投资有限公司、广厦控股创业投资有限公司、上海富沃企业发展有限公司、第三人通和投资控股有限公司损害公司权益纠纷案①

【最高人民法院2009年公报案例】

《公司法》第189条

董事、高级管理人员有前条规定的情形的，有限责任公司的股东、股份有限公司连续一百八十日以上单独或者合计持有公司百分之一以上股份的股东，可以书面请求监事会向人民法院提起诉讼；监事有前条规定的情形的，前述股东可以书面请求董事会向人民法院提起诉讼。

监事会或者董事会收到前款规定的股东书面请求后拒绝提起诉讼，或者自收到请求之日起三十日内未提起诉讼，或者情况紧急、不立即提起诉讼将会使公司利益受到难以弥补的损害的，前款规定的股东有权为公司利益以自己的名义直接向人民法院提起诉讼。

他人侵犯公司合法权益，给公司造成损失的，本条第一款规定的股东可以依照前两款的规定向人民法院提起诉讼。

公司全资子公司的董事、监事、高级管理人员有前条规定情形，或者他人侵犯公司全资子公司合法权益造成损失的，有限责任公司的股东、股份有限公司连续一百八十日以上单独或者合计持有公司百分之一以上股份的股

① 《最高人民法院公报》2009年第6期。

东,可以依照前三款规定书面请求全资子公司的监事会、董事会向人民法院提起诉讼或者以自己的名义直接向人民法院提起诉讼。

一、案情介绍

通和投资控股有限公司(以下简称通和控股)成立于1999年4月30日。其中浙江和信电力开发有限公司(以下简称和信公司)出资占出资比例的7.35%,金华市大兴物资有限公司(以下简称大兴公司)出资占出资比例的2.69%,恒信公司出资占出资比例的51.21%,广厦股份出资占出资比例的18.38%。

通和置业投资有限公司(以下简称通和置业)系2002年6月13日设立的有限责任公司,其中通和控股持有95%的股权,恒信公司持有5%的股权。2004年9月15日,通和控股分别与上海城市房地产有限公司、恒信公司签订股权转让协议,通和控股将其持有的通和置业35%、30%的股权出让。同年9月17日通和置业向当地工商行政管理部门办理了变更登记手续,恒信公司、上海城市房地产有限公司各持有通和置业35%股权,通和控股持有30%股权。

通和控股分别与上海城市房地产有限公司、恒信公司签订解除股权转让协议,均约定由于上海城市房地产有限公司、恒信公司未按股权转让协议约定支付股权转让款,各方同意解除股权转让协议。

2006年2月28日,通和控股作出2006年第二次临时股东会决议,通过了《关于委托广厦创业代公司追回部分应收账款的议案》,同意广厦创业全权行使通和控股的债权人权利,代为追回通和置业利润补偿款以及上海富沃企业发展有限公司(以下简称富沃公司)受让通和置业股权的欠款及利息,通和控股不再行使该项权利。2006年10月,通和置业经变更登记,广厦创业持有通和置业100%股权。

2007年3月12日、4月16日,和信公司、大兴公司等通和控股股东先后给通和控股发出《关于要求公司立即通过诉讼追回被违法占用资金和转移项目的函》和《关于要求公司立即通过诉讼追索应收债权,切实维护公司及其股东合法权益的紧急催告函》,要求公司通过诉讼向广厦创业、通和置业、富沃公司追回公司的巨额应收债权,追回被广厦创业侵吞的蚌埠新区发展股份有限公司股权转让款和分红等。2007 年 4 月 17 日,通和控股总裁徐泉函复和信公司、大兴公司等,称基于公司当时的状况及用章的审批程序,公司无法根据股东的要求提起诉讼,向通和置业、富沃公司和广厦创业追索公司的巨额应收债权。2007 年 4 月 25 日,和信公司、大兴公司共同向法院提起诉讼,请求通和置业立即向通和控股支付利润补偿款及利息;富沃公司立即向通和控股支付股权转让款及利息;撤销通和控股对广厦创业的委托代收的授权;若广厦创业已经收取部分债权,则应返还通和控股;通和置业、富沃公司、广厦创业承担诉讼费用。

二、判决结果与理由

1. 判决结果

一审浙江省高级人民法院作出(2007)浙民二初字第 5 号民事判决,判决通和置业于该判决生效之日起 10 日内支付通和控股补偿款;富沃公司于该判决生效之日起 10 日内支付通和控股股权转让款及利息;撤销通和控股对广厦创业的委托代收债权的授权;驳回原告和信公司、大兴公司的其他诉讼请求。

在最高人民法院二审审理期间,经过最高人民法院主持,各方当事人基于自愿、合法原则,经友好协商,达成调解协议,最高人民法院对该调解效力作出确认。认可调解书与法院判决具有同等的法律效力。

2. 判决理由

本案涉及股东代表诉讼以及诉讼过程中各方达成调解协议的效力确认问题。

首先,针对股东代表诉讼,一审法院认为,和信公司、大兴公司作为通和控股的股东,在公司怠于行使权利的情况下,依照 2018 年《公司法》第 152 条的规定,有权提起股东派生诉讼,其具备原告的主体资格。和信公司、大兴公司在本案中提起的诉讼分别涉及利润补偿款、股权转让款的支付以及解除委托关系等 3 项请求,而请求的对象虽涉及 3 个不同的主体,但由于原告的请求是以实现股权转让款这一同一标的作为其事实上的牵连而构成了必要的共同诉讼,该案可以合并审理。

其次,针对诉讼过程中各方达成调解协议的效力,二审最高人民法院认为该调解协议是各方当事人在自愿基础上的真实意思表示,不违反法律、行政法规的禁止性规定。调解协议的内容不仅经过了提起代表诉讼的股东即和信公司、大兴公司以及作为诉讼第三人的公司即通和控股的同意,而且也已经经过了通和控股中的其他所有股东的书面同意,所以调解协议没有损害通和控股及其股东的利益。最高人民法院对以上调解协议予以确认,调解书与判决书具有同等法律效力。

三、案例解读

1. 法律规定

本案涉及股东代表公司起诉第三人以及诉讼过程中各方达成调解协议的效力确认问题。原《公司法》第 151 条第 2 款规定了股东代表公司起诉第三人的条件,他人侵犯公司合法权益,给公司造成损失的,本条第 1 款规定的股东可以依照前两款的规定向人民法院提起诉讼。原《公司法》第 151 条第 1 款规定股东代表公司提起诉讼的条件是,股东向公司机关申请对特定主体提起诉讼,公司机关拒绝或者自收到请求之日起 30 日内未提起诉讼,或者情况紧急、不立即提起诉讼将会使公司利益受到难以弥补的损害的,股东有权代表公司提起诉讼。新《公司法》第 189 条前三款维持了和原《公司法》第 151 条一样的表述,另外增加第 4 款股东双重代表诉讼的规定,公司全资子公司的董事、监事、高级管理人员有第 188 条规定情形,或者他人侵犯公司全资子公司合法权益造成损失的,有限责任公司的股东、股份有限公司连续 180 日以上单独或者合计持有公司百分之一以上股份的股东,可以依照前三款规定书面请求全资子公司的监事会、董事会向人民法院提起诉讼或者以自己的名义直接向人民法院提起诉讼。

对于股东代表诉讼调解协议的效力确认问题,新《公司法》以及司法解释没有作出特别规定。《九民纪要》第 27 条对股东代表诉讼调解作出了规定,公司是股东代表诉讼的最终受益人,为避免因原告股东与被告通过调解损害公司利益,人民法院应当审查调解协议是否为公司的意思。只有在调解协议经公司股东(大)会、董事会决议通过后,人民法院才能出具调解书予以确认。至于具体决议机关,取决于公司章程的规定。公司章程没有规定的,人民法院应当认定公司股东(大)会为决议机关。

2. 法律适用

本案的核心问题是法院对股东代表诉讼调解协议的确认需满足哪些条件。本案判决确定的裁判规则是如果代表公司提起诉讼的股东、被告与被告公司债务人达成的调解协议是各方当事人在自愿基础上的真实意思表示，不违反法律、行政法规的禁止性规定，且该调解协议的内容经过了公司其他所有股东的书面同意，则法院应对调解协议予以确认。

本案的裁判思路与《九民纪要》第27条规定存在差异。本案中，最高人民法院并未要求该调解协议必须经过通和控股公司股东会决议、董事会决议通过，只要该调解协议经过公司以及其他股东的书面同意，即推定该调解协议没有损害通和控股及其股东的利益，认定该调解协议有效。依据《九民纪要》第27条，关于股东代表诉讼调解协议效力的确认的前提条件需经过公司的股东会、董事会决议通过，无须获得公司其他所有股东的书面同意。考虑到最高人民法院发布的《九民纪要》的性质为会议纪要性质，非正式法律规定和法源，其发挥的功能系为各级法院对股东代表诉讼及调解的司法裁判提供参考性意见，新《公司法》对股东代表诉讼调解协议的效力确认并未作出明确规定，因此调解协议是否必须满足《九民纪要》的规定始生效力，并不确定。

3. 本案延伸思考

对于股东代表诉讼调解制度，《民事诉讼法》、《公司法》以及相关的司法解释都欠缺对该制度的具体规定，因此，在实践中，对于原告股东可以与被告达成调解协议的前提条件为何？

针对原告股东与被告达成调解协议的前提条件，本案与最高人民法院发布的《九民纪要》第27条规定存在不同。本案中，最高人民法院认为，该调解协议由提起代表诉讼股东、公司以及第三人签订，即可认为该协议获得了公司的同意，再结合该协议经过公司其他股东书面同意，即可推定该协议不损害公司以及其他股东利益，为有效。《九民纪要》第27条规定对于获得公司同意的标准则界定为需经过公司股东会或者董事会决议通过。《九民纪要》规定存在将对调解协议与公司日常经营事项混淆的问题。之所以要求特定事项需经过股东会决议经过股东会多数决通过，是因为考虑到持有公司股权更多的股东，同时也承担了更大的风险，因此应坚持资本多数决原则，允许出资更多的股东利用股权优势地位通过对自己有利的公司决议。但在股东代表诉讼中,多数纠纷引起的原因是,控股股东利用股权或者利用其控制的董事、高级管理人员实施侵害公司利益的行为,且在实施行为之后控制公司不对自己或者自己控制的董事提起诉讼,才会导致公司的中小股东在向公司请求无门之后,代表公司对责任人提起诉讼。在该背景下,股东代表诉讼调解协议具有效力的条件为经过公司股东会、董事会决议,而无须获得公司其他所有股东的同意,可能会导致公司控股股东利用其股权影响调解协议的效力,对公司中小股东再次形成压迫。进一步来说,被告控股股东、董事、监事或者高级管理人员,可以通过调解协议满足提起代表诉讼的特定股东的利益,而无须考虑该调解协议可能存在其他中小股东的利益,此举会不当侵害未代表公司提起诉讼的公司中小股东的利益。因此,股东代表诉讼调解协议的效力确认以获得公司的董事会、股东会为前提条件的规定,存在偏离规范设置的初衷的风险。

从域外法的规定来看,《德国股份公司法》规定,只有在向董事提起损害赔偿请求权 3 年之后,依照股东会的决议,且不存在持有公司 10% 股份的股东书面反对意见情形下,公司才能撤回代表诉讼。① 域外规定,对于股东代表诉讼调解,注重对公司未参加代表诉讼股东的利益保护。

四、相关原理

股东代表诉讼调解制度的功能

《民事诉讼法》第 96 条规定,人民法院审理民事案件,根据当事人自愿的原则,在事实清楚的基础上,分清是非,进行调解。但是在涉及商业纠纷的股东代表诉讼中,要求人民法院要查明纠纷的事实,对该协议是否未侵害公司以及公司其他股东利益进行实质判断存在困难。一方面,考虑到公司日常经营和决策涉及大量商业相关专业知识和特别考虑,收集证据的难度相较于普通民事纠纷较高;另一方面,对于公司内部经营决策,法官很难作出准确判断,要求法官查明纠纷事实、分清是非可能存在法官过度干预公司经营决策、商业自治的风险。

---

① 参见朱芸阳:《全球化与本土化互动中的股东派生诉讼》,法律出版社 2015 版,第 71 页。

因此，在股东代表诉讼的纠纷中，为了尽快解决公司内部纠纷，避免对公司正常经营造成不利影响，如果调解协议各方承诺本调解协议是各方真实、自由的意思表示，如协议载明“各方一致同意，本协议经各方签字或盖章”，并已经经过公司股东会通过或公司其他股东同意，可以认为该协议是基于各方当事人自愿自主作出，推定调解协议没有损害通和控股及其股东的利益，对该调解协议予以确认，有利于各方当事人有效率地解决涉及公司经营的纠纷，且保障公司以及其他股东的利益，实现股东代表诉讼制度的功能。

CHAPTER 07

第七章

公司债券、财务与会计

案例56 债券持有人会议的决议程序与表决办法

《公司法》第204条解读

——凯迪生态环境科技股份有限公司与方正证券承销保荐有限责任公司公司债券交易纠纷上诉案①

【最高人民法院2020年终审案例】

《公司法》第204条

公开发行公司债券的,应当为同期债券持有人设立债券持有人会议,并在债券募集办法中对债券持有人会议的召集程序、会议规则和其他重要事项作出规定。债券持有人会议可以对与债券持有人有利害关系的事项作出决议。

除公司债券募集办法另有约定外,债券持有人会议决议对同期全体债券持有人发生效力。

一、案情介绍

2011年6月1日,阳光凯迪新能源集团有限公司(以下简称为阳光凯迪公

① 最高人民法院民事判决书,(2020)最高法民终708号。

司）召开董事会并作出《关于同意为凯迪生态公司11凯迪债提供担保的董事会决议》，出席本次董事会的全体董事一致通过了如下决议：同意为凯迪生态环境科技股份有限公司（以下简称凯迪生态公司）的本次发行提供无条件不可撤销的连带责任保证，保证范围为本次发行应当偿付的不超过11.8亿元及利息、违约金、损害赔偿金、实现债权的费用和其他应支付的费用。2011年6月21日，凯迪生态公司制定《债券持有人会议规则》。同日，凯迪生态公司与民族证券公司签订《债券受托管理协议》，授权民族证券公司为受托管理人，作为本次公司债券全体债券持有人的代理人处理本次公司债券的相关事务，维护债券持有人的利益。2011年8月1日，阳光凯迪公司作为凯迪生态公司11凯迪债的担保人出具《担保函》。

2018年5月7日，凯迪生态公司董事会发布《关于中期票据无法按时兑付本息的公告》。2018年5月8日，鹏元评估公司发布《信用评级观察名单公告》，载明：鹏元评估公司决定将凯迪生态公司主体长期信用等级由AA下调为C。2018年5月11日，民族证券公司向凯迪生态公司发送《关于敦促凯迪生态公司为11凯迪债追加担保及落实偿债保障措施的函》，要求凯迪生态公司提供为11凯迪债在两个月内提供担保，如果凯迪生态公司未回复，则视为拒绝提供担保，民族证券公司将根据11凯迪债债券持有人的授权，宣布11凯迪债加速到期，并要凯迪生态公司和担保人阳光凯迪公司提前兑付债券本息。

自2018年5月21日起，凯迪生态公司董事会陆续发布公告，披露了阳光凯迪公司因涉及多起诉讼、仲裁案件，其持有的上市公司股票等财产已被冻结及多次轮候冻结。

2018年5月29日至30日，11凯迪债2018年第一次债券持有人会议召开，并于2018年5月31日发布《关于11凯迪债2018年第一次债券持有人会议决议公告》，其中包括要求11凯迪债加速到期。

本案核心争议事实为：11债券持有人会议决定11凯迪债加速到期，该决议是否有效，民族证券公司作为债券受托管理人，能否请求凯迪生态公司、阳光凯迪公司连带向民族证券公司支付债券本金和利息。

民族证券公司起诉称，债券持有人会议作出的决议符合债券发行文件规定，内容不违反法律法规，应为有效，民族证券公司作为债券受托管理人，有权请求凯迪生态公司、阳光凯迪公司连带向民族证券公司支付债券本金和利息。

凯迪生态公司、阳光凯迪公司辩称，债券持有人会议召开违反债券发行文件规定，内容违反法律法规，应为无效。

二、判决结果与理由

1. 判决结果

北京市高级人民法院作出（2018）京民初 202 号民事判决，本案符合《募集说明书》规定的加速到期的情形，支持原告诉讼请求。

二审最高人民法院认为，根据《担保函》第 9 条和《募集说明书》第 4 节第 2 项第 9 条，凯迪生态公司不提供新的担保，凯迪债加速到期的条件已经成就，民族证券公司无须等到 2018 年 7 月 11 日才宣布债券加速到期，维持一审判决。

2. 判决理由

本案涉及债券持有人会议的召开以及决议效力。

第一，关于债券持有人会议召开程序的合法性。法院认为，本案中，债券发行人凯迪生态公司存在履约能力困难的情形。根据《债券持有人会议规则》，在发生发行人未能按期支付本期债券利息和/或本金、担保人发生重大不利变化、其他对债券持有人权益有重大影响的事项，应召开债券持有人会议。本案中，民族证券公司作为债券受托管理人，召开债券持有人会议。虽然该召开债券持有人会议的通知时间与规则不符，但该不符已经经过债券持有人会议表决并通过的《关于豁免本次债券持有人会议提前 15 日发出会议通知的议案》同意豁免该规定。出席本次会议的债券持有人及代理人所持本期债券面额占本期债券持有人所持有表决权的比例，符合《债券持有人会议规则》。因此，民族证券公司召集的 11 凯迪债第一次债券持有人会议符合《募集说明书》及《债券持有人会议规则》的程序性规定，所作出的决议亦达到出席会议的本期未偿还债券持有人所持表决权的 1/2 以上通过的规定，故 11 凯迪债第一次债券持有人会议作出的议案具有程序上的合法性。

第二，就决议的内容而言，债券持有人会议决议的内容为 11 凯迪债加速到期。法院认为，依据《全国法院审理债券纠纷案件座谈会纪要》第 21 条第 2 款规定，债券持有人以发行人出现债券募集文件约定的违约情形为由，要求发行人提前还本付息的，人民法院应当综合考量债券募集文件关于预期违约、交叉违约等的具体约定以及发生事件的具体情形予以判断。案涉《担保函》第9条和《募集说明书》第4节第2项第9条均约定,在债券到期前,担保人发生分立、破产等足以影响债券持有人利益的重大事项时,债务人应在两个月内提供新的担保,债务人不提供新的担保的,债券持有人有权要求债务人、担保人提前兑付债券本息。担保人阳光凯迪公司的财产因涉及多起仲裁案件已被多次轮候冻结,其持有的凯迪生态公司股票价格已跌破平仓线。同时,凯迪生态公司于2018年5月7日、8日发布了其关于6.9亿余元中期票据违约的情况和因其涉嫌信息披露违规被证监会立案调查的情况;5月9日案涉债券信用等级被下调;5月11日凯迪生态公司被核查出违规挪用资金4.02亿元。上述事实足以表明债务人凯迪生态公司存在无力清偿案涉债务的可能,属于案涉协议约定的担保人发生足以影响债券持有人利益的重大事项。据此,民族证券公司于5月11日向凯迪生态公司发送追加担保函,要求其追加担保并于两个工作日内回复意见,符合合同约定。然而,凯迪生态公司在收到函件后未予回复,也未表示追加担保的意愿或计划,实际上也未追加任何担保。凯迪生态公司不提供新的担保,11凯迪债加速到期的条件已经成就,民族证券公司无须等到2018年7月11日才宣布债券加速到期,其于2018年5月30日召开债券持有人会议通过决议案涉债券于2018年5月31日加速到期,具备合理性。

综合上述两个方面,法院认为本案中债券持有人会议作出的债券加速到期决议有效,债券受托管理人有权根据规则以及债券持有人会议授权向债券发行人和担保人请求偿还债券本金和利息。

三、案例解读

1. 法律规定

本案涉及债券持有人会议作出决议的程序与内容的合法性。针对公开发行债券持有人会议,2018年《公司法》并未作出规定,关于债券持有人的规定散见于《证券法》《公司债券发行与交易管理办法》《上海证券交易所公司债券上市规则》等法律法规或者规范性文件中。新《公司法》对债券持有人会议作出了具体的规定,第204条规定公开发行公司债券的,应当为同期债券持有人设立债券持有人会议,并在债券募集办法中对债券持有人会议的召集程序、会议规则和其他重要事项作出规定。债券持有人会议可以对与债券持有人有利害关系的事项作出决议。除公司债券募集办法另有约定的之外,债券持有人会议决议对同期全体债券持有人发生效力。

根据本条规定,公司债券募集办法有权约定对全体债券持有人具有重要性的事项,规范列举了债券持有人会议的召集程序、会议规则和其他重要事项,体现了法律对公司和债券持有人意思自治的尊重。该条明确了债券持有人会议的职权,即其可以对与债券持有人有利害关系的事项作出决议;同时,该条明确规定债券持有人会议作出的决议的效力,即除公司债券募集办法另有约定之外,债券持有人会议决议对同期全体债券持有人发生效力。

2. 法律适用

本案的核心问题是债券持有人会议作的债券加速到期决议是否有效,本案判决确定的裁判规则是债券持有人会议召集的通知程序的瑕疵可以通过债券持有人会议决议补正,债券加速到期决议系与债券持有人有利害关系的事项,债券持有人有权作出决议,该决议有效。

首先,对于债券持有人会议作出决议的程序而言。关于债券持有人可以参与表决的事项,依据《债券持有人会议规则》,当出现发行人未能按期支付本期债券利息和/或本金、担保人发生重大不利变化、发生其他对债券持有人权益有重大影响的事项时,应当召集债券持有人会议。2018 年 5 月 7 日,凯迪生态公司董事会发布公告,承认其无法按时、足额兑付 11 凯迪 MTN1 债券本息;阳光凯迪公司亦因涉及多起诉讼、仲裁导致其持有的凯迪生态公司股票等财产被司法冻结、股票跌破平仓线,符合《募集说明书》及《债券持有人会议规则》规定的应当由债券持有人会议作出决议的情形,因此根据《募集说明书》《债券持有人会议规则》规定,民族证券公司有权召集债券持有人会议。

新《公司法》第 204 条第 1 款对债券持有人可以参与表决的事项作出了规定,即债券持有人会议可以对与债券持有人有利害关系的事项作出决议,此为法律的明确授权。对于如何定义“有利害关系的事项”,本案中所涉及的发行人未能按期支付本期债券利息和/或本金、担保人发生重大不利变化等可以为该定义提供参考。

关于召集和表决程序,法院结合《募集说明书》《债券受托管理协议》《债券持有人会议规则》等与债券发行、持有相关的文件综合是否符合债券持有人会议召开情形、召集主体、召集通知时间、决议通过比例等事项是否符合文件规定进行认定。依据《募集说明书》,民族证券公司作为债券受托管理人,负责召集债券持有人会议。就召集的通知时间而言,虽然与文件中提前15日规定不符,但该不符已经经过债券持有人会议表决并通过的议案豁免该不符。依据文件规定,债券持有人会议须经本期未偿还债券本金总额50%以上的债券持有人(或债券持有人代理人)出席方可召开,作出的决议需由达到出席会议的本期未偿还债券持有人所持表决权的1/2以上通过的规定,本案中作出的议案均符合上述文件作出的规定。

新《公司法》第204条第1款规定,公司债券募集办法有权约定对全体债券持有人具有重要性的事项,债券持有人会议决议通过比例应属于对全体债券持有人具有重要性的事项,公司债券募集办法可以自行约定。本案中,债券发行的文件规定,作出的决议须由达到出席会议的本期未偿还债券持有人所持表决权的1/2以上通过,对作出表决的主体作出了限定。对于表决主体和表决比例,出于对债券持有人与公司的契约自治安排的尊重,应允许当事人变更,但表决通过比例不得低于半数。

其次,就议案内容的合法性而言,法院结合《全国法院审理债券纠纷案件座谈会纪要》以及《募集说明书》、《担保函》等与债券发行、持有相关文件中的规定进行认定,认为11凯迪债在2018年5月31日加速到期的条件已经成就。《全国法院审理债券纠纷案件座谈会纪要》第21条第2款规定,债券持有人以发行人出现债券募集文件约定的违约情形为由,要求发行人提前还本付息的,人民法院应当综合考量债券募集文件关于预期违约、交叉违约等的具体约定以及发生事件的具体情形予以判断。案涉《担保函》第9条和《募集说明书》第4节第2项第9条均约定,在债券到期前,担保人发生分立、破产等足以影响债券持有人利益的重大事项时,债务人应在两个月内提供新的担保,债务人不提供新的担保的,债券持有人有权要求债务人、担保人提前兑付债券本息。在凯迪生态公司承认其无法按期清偿本息,且存在被证监会立案调查、债券信用评级下调、违规挪用资金情形时,民族证券公司于5月11日向凯迪生态公司发送追加担保函,要求其追加担保并于两个工作日内回复意见,但凯迪生态公司在收到函件后未予回复,也未表示追加担保的意愿或计划,实际上也未追加任何担保。因此,法院认为,在债务人凯迪生态公司以及担保人阳光凯迪公司均存在前述多起影响其履约能力的重大事实、已严重缺乏实际履约能力的情况下,凯迪生态公司上述行为足以表明其已不能履行合同义务，应认定其已构成预期违约情形，民族证券公司有权在履行期限届满前要求其承担违约责任，即根据案涉《担保函》和《募集说明书》的约定要求凯迪生态公司提前兑付债券本息，债券持有人无须在凯迪生态公司两个月后未提供新的担保时才能要求提前兑付债券本息。可见，对议案内容合法性涉及对债券发行、持有相关文件的解释。

新《公司法》第 204 条未对债券持有人会议作出决议的内容的合法性要求进行具体规定，但债券持有人会议作出决议的内容，不应违反法律、行政法规的强制性规定以及公序良俗。

3. 本案延伸思考

(1)债券持有人会议的召集与主持

就债券持有人会议的召集和主持而言，目前，我国《公司法》未作出规定，将来可以补充相关内容。本案中法院依据当事人签订的文件来进行判断。可以把公司债券的发行人、债券的受托管理人、单独或合计持有债券总额 10% 以上的债券持有人作为债券持有人会议的召集人。《公司债券发行与交易管理办法(2023)》第 55 条规定了债券受托管理人应当召集债券持有人会议的几种情形，债券受托管理人在法定情形下应当召集债券持有人会议，债券受托管理人应当召集而未召集债券持有人会议时，单独或合计持有本期债券总额 10% 以上的债券持有人有权自行召集债券持有人会议。域外也存在类似规定，如《日本商法典》第 717 条、第 718 条规定，公司债管理人可以召集，持有相当于某类别公司债总额(已偿还额除外)的 1/10 以上公司债的公司债权人可以请求公司债管理人召集债权人会议。《韩国商法》第 491 条专门规定了公司债债权人会议的召集人，包括持有公司债总额的 10% 以上的公司债债权人。

关于债券持有人会议主持的问题。在实践中，大多数发行人公告的募集说明书中都会约定“谁召集，谁主持”的规则。我国宜延续使用“谁召集，谁主持”的规则，这也有利于提高召集人召集会议的积极性。

(2)债券持有人会议的法定最低出席比例

关于债券持有人会议法定最低出席比例，虽然《公司法》未作出规定，但考虑到各个公司有其特殊的安排，《公司法》不适宜对此作出限制规定，由当事人自行决定。本案中，法院依据债券发行的相关文件来进行判断，依据文件规定，债券持有人会议须经本期未偿还债券本金总额 50% 以上的债券持有人(或债券持有人代理人)出席方可召开。

我国与债券发行和上市相关的法律法规都未规定债券持有人会议的法定最低出席比例。其原因在于担心规定法定最低出席比例会影响债券持有人会议决议的效力。从域外来看,规定了债券持有人会议的法定最低出席比例的也较少,如我国台湾地区"公司法"第263条第2款规定,前项会议之决议,应由代表公司债债券总额3/4以上债权人之出席。应尊重当事人意思自治,将债券持有人会议的最低出席比例交由发行文件规定。

(3)公司债券发行人及关联方回避表决

就持有公司债券的发行人及其关联方的回避表决而言,持有公司债券的发行人及其关联方的回避表决制度可以在我国未来公司法中加以规定。从我国实践看,《上海证券交易所公司债券上市规则》第4.3.10第2款规定,债券持有人为发行人、发行人的关联方或债券清偿义务承继方的,应当回避表决。《深圳证券交易所公司债券上市规则》中亦有类似规定。上述法规和规范性文件都认为,债券持有人为发行人、发行人的关联方或债券清偿义务承继方的,应当回避表决。从域外规定来看,普遍规定了持有公司债券的发行人及其关联方的回避表决制度。例如,《日本商法典》第723条第2款规定:"虽有前款的规定,但发行公司债公司对其持有的自己的公司债没有表决权。"《法国商法典》则将发行人及其关联方的要求限制为持有10%以上股份,该法第228-61条规定:"每位公司债债权人均有权参加会议,但占发行公司债公司10%以上股份的公司不得以其拥有公司债而参加会议的表决。每位公司债债权人有权获得大会报告和对会议进行监督。"

四、相关原理

债券持有人会议决议的内容的效力

新《公司法》增加了对债券持有人会议效力的规则,即除公司债券募集办法另有约定的,债券持有人会议决议对同期全体债券持有人发生效力。就债券持有人会议决议的效力而言,该内容对同一债券的所有债券持有人有效,且该决议内容应符合法律法规和当事人约定。

首先,债券持有人会议决议应对同次债券的所有债券持有人有效。债券持有人会议是为全体债券持有人的利益而召开的,决定全体债券持有人利害关系的会议,经由法定和约定程序作出的决议,理应对全体债券持有人有效。域外公司法普遍规定债券持有人会议决议对同次债券的所有债券持有人有效。例如,《日本商法典》第716条规定了公司债权人会议的权限,该条规定,公司债权人会议,可对本法律规定的事项及有关公司债权人利害的事项作出决议。同时,在第734条第2款规定:“公司债权人会议决议,对持有该类别公司债的所有公司债权人,有效。”

其次,就债券持有人会议决议内容的合法性而言,债权持有人会议决议属于决议的一种,应受《民法总则》法律行为制度的规制。即遵守相关法律法规,不得违反公序良俗,应符合当事人的约定。

从域外来看,有确立了对债券持有人会议决议的内容进行审查的制度,如《日本商法典》第733条规定,符合以下某情形之一的,法院不得认可公司债权人会议决议:(1)公司债权人会议召集程序或其决议方法违反法令或第676条为募集使用的有关该发行公司债公司事业及其他事项的说明资料所记载或记录事项时;(2)决议通过不正当的方法成立时;(3)决议明显不公正时;(4)决议违反公司债权人的一般利益时。前述考虑因素可以为我国债券持有人会议作出的决议效力的认定提供参考。

案例57 不按出资比例分配利润的股东会决议的效力

《公司法》第210条解读

——四川国栋建设集团有限公司、王某鸣与公司有关的纠纷案①

【最高人民法院2020年再审案例】

《公司法》第210条

公司分配当年税后利润时，应当提取利润的百分之十列入公司法定公积金。公司法定公积金累计额为公司注册资本的百分之五十以上的，可以不再提取。

公司的法定公积金不足以弥补以前年度亏损的，在依照前款规定提取法定公积金之前，应当先用当年利润弥补亏损。

公司从税后利润中提取法定公积金后，经股东会决议，还可以从税后利润中提取任意公积金。

公司弥补亏损和提取公积金后所余税后利润，有限责任公司按照股东实缴的出资比例分配利润，全体股东约定不按照出资比例分配利润的除外；股份有限公司按照股东所持有的股份比例分配利润，公司章程另有规定的除外。

公司持有的本公司股份不得分配利润。

一、案情介绍

2017年7月17日，四川国栋建设集团有限公司（以下简称国栋建设集团）

① 最高人民法院民事裁定书，（2020）最高法民申3891号。

召开临时股东大会,并形成《临时股东会决议》,载明公司存在股权代持的情况。公司创始人王某鸣认可以其他股东代持的股票为基本依据,并根据各股东具体的情况进行利润分配,决议未按照各股东出资比例分配利润。公司名义持股股东在享受本次分得利润后自愿将现合计持有国栋建设集团45%股份回赠给赠与人王某鸣本人。当日,国栋建设集团召开临时股东大会,并形成《2016年利润分配股东会决议》。该次决议载明公司召开了关于利润分配等相关事宜的临时股东会会议,公司应到股东7人,因2人在外,实到股东5人,代表公司总股本的75%股权,代表到会股东的100%股权,到会股东全体表决通过利润分配决议,无人弃权或反对。《临时股东会决议》"公司股东(签字并加盖指印)"处,刘某琼、王某衡并未签字捺印,王某鸣等其他5位国栋建设集团股东签字并捺印。

本案的争议事实在于,《2016年利润分配股东会决议》内容是否有效,是否应以该决议作为基础进行利润分配。

原告刘某琼、王某衡诉称:(1)确认《2016年利润分配股东会决议》无效;(2)判令国栋建设集团按照《公司股东分配2016年度利润数额计算表》向刘某琼、王某衡分配盈余147996261.65元;(3)王某鸣对国栋建设集团归还刘某琼、王某衡股权及盈余分配承担连带责任等共7项诉讼请求。

被告公司辩称,《2016年利润分配股东会决议》符合法律规定,应为有效。

王某鸣提出第三人独立诉讼请求:请求确认刘某琼、王某衡持有的国栋建设集团股权均为王某鸣所有。

二、判决结果与理由

1. 判决结果

四川省成都市中级人民法院于2019年9月19日作出(2017)川01民初3338号一审民事判决,认为《2016年利润分配股东会决议》内容有效,公司应以该决议作为利润分配基础并进行分配,国栋建设集团于本判决生效之日起15日内向刘某琼、王某衡支付税后利润及资金占用利息。

四川省高级人民法院于2019年12月20日作出(2019)川民终1116号二审民事判决,维持一审判决。

最高人民法院于2020年12月11日作出(2020)最高法民申3891号民事裁定,认为国栋建设集团《2016年利润分配股东会决议》内容未违反《公司法》

利润分配规则,公司应当按照该决议向股东进行利润分配,驳回再审申请。

2. 判决理由

最高人民法院认为,国栋建设集团《2016 年利润分配股东会决议》未按照股东出资比例分配利润,对未签字的股东无效,公司应当按照股东实缴出资比例向股东进行利润分配。2018 年《公司法》第 34 条规定,股东按照实缴的出资比例分取红利……但是,全体股东约定不按照出资比例分取红利或者不按照出资比例优先认缴出资的除外。由于股东享有的分红权属于股东自益权,系股东为自己利益而行使的权利,因此,公司一般应按股东实缴出资比例分配红利。若公司决定不按出资比例分配利润,则必须经过全体股东约定,不得采取多数决的方式决定,其目的在于防止占多数股份股东分配方式因违滥用股东权利和公司资本多数决的原则侵害小股东的合法利益,以大股东股权上的优势侵害小股东享有的分红权利。此外,国栋建设集团《公司章程》第 13 条第 4 项亦约定"股份按出资比例分取红利"。据此,当国栋建设集团股东会约定不按出资比例对公司利润进行分配时,须经公司全体股东同意。而刘某琼、王某衡并未在《2016 年利润分配股东会决议》上签字,则该决议上载明的股东分配比例,并未经过全体股东一致同意,因此,该决议载明的利润分配比例并不符合 2018 年《公司法》第 34 条的规定以及《公司章程》的约定,故对刘某琼、王某衡并不产生约束力。

三、案例解读

1. 法律规定

2018 年《公司法》第 34 条规定了在有限责任公司中,股东按照实缴的出资比例分取红利,但是,全体股东约定不按照出资比例分取红利的除外。2018 年《公司法》第 166 条规定了一般的股东利润分配规则:"公司分配当年税后利润时,应当提取利润的百分之十列入公司法定公积金。公司法定公积金累计额为公司注册资本的百分之五十以上的,可以不再提取。公司的法定公积金不足以弥补以前年度亏损的,在依照前款规定提取法定公积金之前,应当先用当年利润弥补亏损。公司从税后利润中提取法定公积金后,经股东会或者股东大会决议,还可以从税后利润中提取任意公积金。公司弥补亏损和提取公积金后所余税后利润，有限责任公司依照本法第三十四条的规定分配；股份有限公司按照股东持有的股份比例分配，但股份有限公司章程规定不按持股比例分配的除外。股东会、股东大会或者董事会违反前款规定，在公司弥补亏损和提取法定公积金之前向股东分配利润的，股东必须将违反规定分配的利润退还公司。公司持有的本公司股份不得分配利润。”

新《公司法》第 210 条为公司法修订后的股东利润分配规则，作出的调整包括以下方面：

第一，新《公司法》第 210 条删除了 2018 年《公司法》第 166 条有关任意公积金提取的规定。

第二，新《公司法》第 210 条第 3 款整合了 2018 年《公司法》第 34 条的规定，直接规定有限责任公司股东依照实缴的出资比例进行分配；同时，该款还弥补了此前 2018 年《公司法》对股份有限公司利润分配规则的缺漏，明确规定股份有限公司按照股东所持有的股份比例分配利润。

第三，新《公司法》第 210 条删除了 2018 年《公司法》第 166 条有关股东利润返还责任的规定。

2. 法律适用

本案的核心问题是，经公司持有表决权 75% 的股东表决通过的、不按照股东出资比例进行利润分配的决议，是否因违反 2018 年《公司法》第 34 条规定无效？本案判决确定的裁判规则是，公司不按照股东出资比例进行利润分配决议的，应经过全体股东一致同意，不符合该要求的决议不符合 2018 年《公司法》第 34 条规定，对未签字同意的股东不发生效力。

最高人民法院认为，公司分配利润的方式应符合 2018 年《公司法》第 34 条法律规定，第 34 条规定，公司一般应按股东实缴出资比例分配红利。若公司决定不按出资比例分配利润，则必须经过全体股东约定，不得采取多数决的方式决定，其目的在于防止大股东滥用股东权利和公司资本多数决的原则侵害小股东的合法利益。此外，国栋建设集团公司章程第 13 条第 4 项亦约定“股份按出资比例分取红利”。据此，当国栋建设集团股东会约定不按出资比例对公司利润进行分配时，须经公司全体股东同意。而刘某琼、王某衡并未在《2016 年利润分配股东会决议》上签字，因此本案该决议上载明的股东分配比例，并未经过全体股东一致同意，因此，该决议载明的利润分配比例并不符合 2018 年《公司法》

第34条的规定以及《公司章程》的约定，故对刘某琼、王某衡并不产生约束力。

新《公司法》适用背景下，本案的裁判结果不会变化，新《公司法》第210条系对2018年《公司法》第34条和第166条规定的整合，本案涉及的法律内容没有实质变化。由此，公司分配利润需符合以下要求：

首先，公司应在弥补以前亏损、提取法定公积金之后仍有盈余。就本案而言，本次分配决议是依据该公司的财务报表及企业所得税汇算报告，公司在履行了法定程序之后仍有盈余，该盈余为各股东分配的对象。

其次，有限责任公司按照股东的出资比例分配，股份有限公司按照股东持有的股份比例分配；但是，有限责任公司股东一致同意不按出资比例分配的，股份有限公司章程规定不按持股比例分配的除外。就本案而言，考虑到国栋建设集团是有限责任公司，依据第210条第3款，国栋建设集团股东会约定不按出资比例对公司利润进行分配时，须经公司全体股东同意。由于部分股东未在决议上签字，未表示同意，因此该决议对未签字股东不发生效力。

本案中最高人民法院在对股东会利润分配决议的效力进行分析时，除了考虑公司分配利润应符合按股东实缴出资比例分配这一因素之外，还考量了如下因素。

第一，会议召开程序和表决方式是否符合法律和公司章程规定。国栋建设集团公司章程规定，股东会的利润分配方案须经半数以上表决权的股东同意通过。本案中，临时股东会由占公司股权75%的股东出席并进行表决。《2016年利润分配股东会决议》系经过代表国栋建设集团75%股权的股东同意而形成的分配决议，符合国栋建设集团公司章程的规定。刘某琼、王某衡虽未参加该临时股东会，但事后对股东会的召开进行了认可。因此，虽召集程序与决议程序存在瑕疵，但该决议是经过公司占75%股权股东同意，符合《公司法》及该公司公司章程的有关规定，且剩下25%的股东事后对该决议内容进行了确认，因此并没有对决议内容产生实质性影响，该临时股东会决议的召集程序与决议程序符合法律规定。

第二，公司分配利润时，是否已经履行了2018年《公司法》第166条规定的"有盈余可分"的要求。在该临时股东会上一致审议并由75%股权的股东通过了公司2016年度财务报表及企业所得税汇算报告，并在此基础上，决议将税后利润进行全部一次性分配。因此，国栋建设集团向股东分配利润符合《公司法》

有盈余才能分配的要求。

3. 本案延伸思考

(1)决议对部分股东无效时,该部分股东是否可以强制分配利润?

在公司利润分配决议对未签字股东相对无效时,该股东应如何要求公司向其进行利润分配?从司法实践来看,原则上,在此种情形下法院不应直接驳回其诉讼请求,而是应该结合该利润分配决议是否属于有利润分配决议作进一步判断,如果公司已经按照决议方案进行了完税,并将税后利润进行分配,法院应判决以该决议确定的利润总额为基础,判决公司按照未签字古铜的实际持股比例分配利润。

(2)违法分配的赔偿责任

本案一审期间,原告刘某琼及王某衡曾主张要求大股东王某鸣就国栋建设集团的违法分配承担连带责任,但2018年《公司法》并未规定在公司违法分配时股东应对原告的损失承担连带赔偿责任。新《公司法》第211条明确规定,公司股东、董事、监事、高级管理人员对公司违法分配如果存在个人责任的,应向公司承担返还或赔偿责任。新《公司法》第211条项下的股东、董事、监事、高级管理人员所承担的是对公司的损害赔偿责任,而非对公司股东的赔偿责任,本质上是《公司法》赋予公司的一种事后性救济,公司股东不能依据该条要求对违法分配存在责任的行为人对自己承担直接的赔偿责任。

在公司股东、董事、监事、高级管理人员对公司违法分配存在个人责任的情形下,公司可以起诉,追究有关主体的赔偿责任,有限责任公司的股东或者股份有限公司中符合一定持股比例要求的股东可以通过股东代表诉讼制度代表公司向责任人提起诉讼。此外,小股东可能可以依据新《公司法》第21条规定,要求控股股东承担赔偿责任。

四、相关原理

公司利润分配的概念

一般情形中,公司利润分配是指公司通过股东会决议,在弥补亏损并提取法定公积金后,将向股东支付税后利润。有观点认为,公司利润分配不限于前述情形,应建立起“大分配”这一概念,诸如公司回购股东股权、公司股东抽逃出资等均构成公司的利润分配。在“大分配”的概念下,公司利润分配指的是公司财产向股东的无偿转移,“大分配”概念的确定有利于规制《公司法》尚未规定,但构成公司财产向股东不当转移的行为。

《美国标准商事公司法》的规定体现了“大分配”这一概念,其将利润分配规定为与股份相关的、公司向股东或者股东利益直接或间接的财产价值的转移或者债务承担。从该规定来看,公司股权回购、对公司股东债务的减免、公司对股东购买公司股权提供的资金上的援助等行为均构成公司法上的分配,应适用与公司分配相关的规范。

相较于狭义的公司利润分配概念,“大分配”概念有利于将可能导致公司利益向股东不当转移的行为纳入法律规制的范畴,防止因“分配”外延较小导致法律无法应对商事实践中出现的新的分配类型,使公司股东得以利用法律漏洞进行违法分配,损害公司其他股东和公司债权人的合法权益。

在“大分配”概念下,有观点提出了新的规制公司违法分配行为的标准,即偿债能力测试标准。美国法是适用偿债能力模式的典型,相较于资本维持原则下的严格债权人保护模式来说,偿债能力标准放宽了对于公司分配的要求,重点考量公司分配后的资产是否足以支付公司债务。如果公司分配行为并没有对债权人的利益产生实质影响,则无须对此设置过多限制。偿债能力测试标准同时加强了对公司董事的责任,公司进行分配的,公司董事须进行判断公司分配时是否具有偿债能力,董事必须将所有的公司债务(包括任何或有债务或预期债务)都考虑在内,并且确认分配时的公司状况,应没有理由认为公司将无法偿付债务。如果事后债权人证明公司分配时已经不具有偿债能力,则董事存在对债权人承担赔偿责任的风险。

案例 58 利润分配请求权是否随股权转让而转让

《公司法》第 212 条解读

——甘肃乾金达矿业开发集团有限公司与万城商务东升庙有限责任公司盈余分配纠纷案①

【最高人民法院 2023 年公报案例】

《公司法》第 212 条

股东会作出分配利润的决议的,董事会应当在股东会决议作出之日起六个月内进行分配。

一、案情介绍

2013 年 7 月 30 日,甘肃乾金达矿业开发集团有限公司(以下简称乾金达公司),持有万城商务东升庙有限责任公司(以下简称万城公司)52.5% 股份。

2014 年 3 月 27 日,万城公司股东紫金矿业集团股份有限公司、巴彦淖尔紫金有色金属有限公司及乾金达公司三方召开股东会议,并形成万城股字〔2014〕2 号股东会决议,决定:公司 2013 年度实现利润总额 227050779.10 元,可供股东分配的利润为 218930221.51 元,本年度已分配支付利润 162000000 元,剩余未分配利润 56930221.51 元暂未支付,决定 2014 年 6 月之前,将这部分剩余未分配利润分配完毕。2014 年 6 月 25 日,紫金矿业集团股份有限公司、乾金达公司召开 2014 年第二次临时股东会,并形成《临时股东会议纪要》,该会议纪要第 6 条为:会议同意对万城公司 2013 年未分配利润在 7 月底之前进行分红,2014

① 《最高人民法院公报》2023 年第 1 期。

年按季度分红。

2015 年 9 月 24 日，乾金达公司将其持有的万城公司 52.5% 股权转移登记到乾金达公司下属全资子公司乾金达资产管理公司名下。2015 年 12 月 17 日，乾金达资产管理公司 100% 的股权从乾金达公司名下转移登记到案外人赵金堂名下。

2017 年 10 月 10 日，乾金达公司要求万城公司向乾金达公司支付 2015 年 6 月 18 日前的利润 34732804.98 元。

本案的争议事实在于，乾金达公司转让股权后，是否有权要求万城公司向乾金达公司依据转让前公司作出利润分配决议向其支付利润，该利润分配请求权诉讼时效是否届满。

乾金达公司诉称：请求判令万城公司给付乾金达公司 2013 年度未付的利润款、2014 年度未付的利润款，利润分配请求权并未随着股权转让而转让，公司应支付上述利润款。

万城公司辩称：原告的诉求属于债权请求权，适用于诉讼时效，无论是从原告举证的 2014 年 7 月底以及 2014 年按季分配，还是从 2015 年 6 月 18 日原告转让其股权开始计算，其诉讼时效都已届满。

二、判决结果与理由

1. 判决结果

内蒙古自治区巴彦淖尔市中级人民法院于 2019 年 2 月 19 日作出（2018）内 08 民初 60 号民事判决，万城公司给付乾金达公司 2013 年度应分得的利润 29888366.29 元及利息并驳回乾金达公司其他诉讼请求。

内蒙古自治区高级人民法院于 2019 年 7 月 8 日作出（2019）内民终 349 号民事判决：驳回乾金达公司的诉讼请求。

最高人民法院于 2021 年 12 月 17 日作出（2021）最高法民再 23 号民事判决，维持内蒙古自治区高级人民法院（2019）内民终 349 号民事判决。

2. 判决理由

最高人民法院认为，本案为在股东会作出利润分配决议后，股东向公司请求支付利润相关的纠纷。在判断股东是否有权要求公司支付利润时，要考虑是否存在具体的利润分配方案、权利主体以及盈余分配期限等问题。

首先,股东要求公司分配利润的必要条件是提交载明具体分配方案的股东会决议。具体的利润分配方案应当包括待分配利润数额、分配政策、分配范围以及分配时间等具体分配事项内容。判断利润分配方案是否具体,关键在于综合现有信息能否确定主张分配的权利人根据方案能够得到具体利润数额。如公司股东会决议确定了待分配利润总额、分配时间,结合公司章程中关于股东按照出资比例分取红利的分配政策之约定,能够确定股东根据方案应当得到的具体利润数额的,该股东会决议载明的利润分配方案应当认为是具体的。

其次,具体的利润分配请求权不随股权的转让而转让。载明具体分配方案的股东会决议一经作出,抽象性的利润分配请求权即转化为具体性的利润分配请求权,从股东的成员权转化为独立于股东权利的普通债权。股东转让股权时,抽象性的利润分配请求权随之转让,而具体的利润分配请求权除合同中有明确约定外并不随股权转让而转让。当利润分配方案载明的分配利润时间届至而公司未进行分配时,权利人可以直接请求公司按照决议载明的具体分配方案给付利润。

最后,关于利润分配的期限,最高人民法院依据股东会决议作出认定。本案中,2014 年 3 月 27 日,万城公司形成万城股字〔2014〕2 号股东会决议,决定分配公司 2013 年度未分配利润,并载明了具体利润分配方案。根据万城股字〔2014〕2 号股东会决议及其后的《临时股东会议纪要》,明确了 2013 年度未分配利润应当在 2014 年 7 月底之前分配完毕。因此,分配的期限依据会议规定为 7 个月。期限的界定影响固定为债权的利润分配请求权诉讼时效的起算。在本案中,最高人民法院认为,当期限届满而万城公司仍未分配利润时,乾金达公司所享有的利润分配请求权即受到侵害,因此,其行使具体利润分配请求权的诉讼时效期间应当从 2014 年 8 月 1 日起算。

三、案例解读

1. 法律规定

2018 年《公司法》并未规定公司股东会利润分配决议的履行期限,《公司法司法解释(五)》第 4 条规定,"决议没有载明时间的,以公司章程规定的为准。决议、章程中均未规定时间或者时间超过一年的,公司应当自决议作出之日起一年内完成利润分配”。

新《公司法》第212条在法律层面上确定了公司股东会利润分配决议的履行期限，第212条规定公司股东会利润分配决议的履行期限为6个月，公司章程或股东会决议另有规定除外。第212条明确了董事会应当在股东会决议作出之日起6个月内进行分配，改变了《公司法司法解释(五)》规定的一年期限的规定。

2. 法律适用

本案的核心问题是公司股东会作出公司利润分配决议后，原股东转让股权的，原股东能否根据该利润分配决议请求公司分配利润？本案判决确定的裁判规则是股东抽象的利润分配请求权通过公司利润分配决议成为具体的利润分配请求权，股东具体的利润分配请求权不随股权的转让而转让，原股东能根据公司利润分配决议请求公司支付利润，具体的利润分配请求权是债权，诉讼时效从利润分配期限届满之日起算。具体而言，总共有以下3个问题：

第一，是否存在具体的公司利润分配方案，也即公司利润分配决议内容是否足够具体。最高人民法院认为，依据《公司法司法解释(四)》第14条，股东请求公司分配利润的，须提交载明具体分配方案的股东会或者股东大会的有效决议。因此，司法解释不仅要求股东会或者股东大会通过利润分配决议，而且要求利润分配方案内容具体。原则上，一项具体的利润分配方案应当包括待分配利润数额、分配政策、分配范围以及分配时间等具体分配事项内容，判断利润分配方案是否具体的关键在于能否综合现有信息确定主张分配的权利人根据方案能够得到的具体利润数额。

本案中，万城股字〔2014〕2号股东会决议通过了万城公司《2013年度利润分配方案》，确定了万城公司2013年度待分配利润总额，并决定“2014年6月份之前，将这部分剩余未分配利润分配完毕”。之后的《临时股东会议纪要》将利润分配时间变更为2014年7月底之前。上述方案中确实没有写明各股东分配比例以及具体计算出各股东具体分配数额。然而，万城公司章程第10条股东权利条款中规定了“按照出资比例分取红利”，能够确定万城公司2013年利润分配是按照股东持股比例进行分配的。最高人民法院综合上述事实认为本案的股东会利润分配决议足够具体。

第二，公司股权转让不会导致具体的利润分配请求权的转让。公司利润分配决议一经作出,抽象性的利润分配请求权即转化为具体性的利润分配请求权,权利性质发生变化,从股东的成员权转化为独立于股东权利的普通债权,不必然随着股权的转让而转移。除非有明确约定,否则股东转让股权的,已经转化为普通债权的具体性的利润分配请求权并不随之转让。因此,股东转让股权后,仍能就转让前公司股东会作出的利润分配决议请求公司支付利润。

第三,公司的具体利润分配请求权为债权,适用诉讼时效的规定,诉讼时效的起算时点为股东会利润分配决议履行期限届满时。根据《公司法司法解释(五)》第4条规定,公司章程和决议可以决定公司决议分配的期限,但是最长不得超过1年。在股东会利润分配决议履行期限届满时,即应认定股东知道或者应当知道其具体利润分配请求权受到侵害,诉讼时效开始起算。

新《公司法》第212条规定公司董事会应在6个月内履行利润分配的决议,并允许公司章程和股东会决议对该期限进行变更。在本案中,据万城股字〔2014〕2号股东会决议及其后的《临时股东会议纪要》,明确了2013年度未分配利润应当在2014年7月底之前分配完毕。根据新《公司法》第212条的规定,股东会决议通过的7个月的利润分配期限有效,7个月履行期限届满后,股东具体利润分配请求权这一债权的诉讼时效开始起算。

3. 本案延伸思考

公司能否以公司章程或者股东会决议变更新《公司法》规定的利润分配决议履行期限?

《公司法司法解释(五)》第4条规定了公司完成利润分配的时限,旨在解决公司虽然作出股东利润分配决议但迟迟不履行的问题,让股东能够真正实现其利润分配请求权。根据该条规定,公司可以改变司法解释规定的履行期限,但不得超过1年,如果决议中载明的利润分配完成时间超过公司章程规定时间的,股东可以依据《民法典》与新《公司法》中决议可撤销的规定请求人民法院撤销决议中关于该时间的规定。

该条强化了中小股东的利润分配请求权,司法解释规定公司原则上必须在股东会分红决议作出之日起1年之内完成分红,章程规定超过1年的,均不产生法律效力。

新《公司法》第212条规定董事会应当在股东会决议作出之日起6个月内进行分配,但并未授权公司章程或者股东会决议可以另外规定利润分配期限。

存在的问题是,公司能否通过公司章程或股东会决议变更法律规定的 6 个月期限?

有观点认为,应尊重公司意思自治,允许公司通过公司章程或者股东会决议另外规定利润分配期限,但不得超过 6 个月,这是保障股东利益所需。

有观点认为,应将新《公司法》规定和司法解释的规定结合起来,进行体系解释,公司可以通过公司章程、股东会决议对法律规定的履行期限进行缩短或者延长,但可以延长的履行期限最长不得超过 1 年;如果公司章程、股东会决议未作出明确规定,根据新《公司法》第 212 条,履行期限应为 6 个月。如果公司延长决议履行期限超过 1 年,公司决议该部分内容可以被撤销,该部分撤销不影响其他部分的效力,但是如果该分配时间与决议其他部分密不可分,则可能不能单独撤销分配时间,具体情况还需结合个案作出判断。

我们认为,在司法解释规定与新《公司法》冲突时,应优先适用新《公司法》规定。本条规定的分配期限系法定分配期限,章程或股东会决议可自治约定短于 6 个月的分配时间,但不应超过本条规定的 6 个月法定期限。

四、相关原理

抽象利润分配请求权

学理上,股东的利润分配请求权可以区分为抽象利润分配请求权和具体利润分配请求权。具体利润分配请求权是指股东凭借公司已经作出的利润分配决议,请求公司支付利润的权利。抽象利润分配请求权是股东基于成员资格享有的股东权利,属于股权组成部分。抽象利润分配请求权因无法确定具体的利润分配金额而不具有可执行性,因此,法院一般仅支持股东行使具体利润分配请求权的诉讼请求权,原因在于,在公司股东会作出公司利润分配决议时,股东的具体利润分配请求权产生于作为成员权的抽象利润分配请求权,载明具体分配方案的股东会决议一经作出,具体利润分配请求权已经脱离利润分配请求权及股东成员资格独立存在,性质上与普通债权不存在差别。

抽象利润分配请求权并非绝对得不到支持。根据《公司法司法解释(四)》第 15 条规定,股东未提交载明具体分配方案的股东会或股东大会决议,请求公司分配利润的,人民法院应当驳回其诉讼请求,但违反法律规定滥用股东权利导致公司不分配利润，给其他股东造成损失的除外。因此，如果存在违反法律规定滥用股东权利导致公司不分配利润情形的，法院有权强制公司分配股利。有观点认为，可以将《公司法司法解释（四）》第 15 条规定纳入股东压迫的规制范畴。在比较法上，界定股东压迫有三种思路：一是多数股东实质性地挫败少数股东的合理期待，这种标准被称为股东合理期待原则；二是股东压迫是对股东间提高的信义义务的违反，此标准为股东信义义务标准；三是把股东压迫理解为繁重的、苛刻的、不正当的行为，违背了公平交易标准和股东信任的游戏规则。这三种思路看起来的确都在界定股东压迫，其效果也有相似之处，但是背后的法理构造、构成要件以及在部分案型中的适用结果仍有细微的不同。其中，第一种思路，即股东合理期待原则在英美法系得到非常普遍的适用，并且在中国的司法实践中已经出现；第二种思路面临着理论和实践上的诸多分歧；第三种思路对司法救济设定的门槛较高，在实践中较少被采用。就《公司法司法解释（四）》第 15 条的适用而言，如果存在股东变相分配公司利润、为了不分配利润故意不召开股东会等情形的，应认定存在股东压迫，判令公司向股东分配利润。

CHAPTER 08

第八章

公司增资与减资

案例59 公司非同比例减资的适用条件

《公司法》第224条解读

——华宏伟诉上海圣甲虫电子商务有限公司公司决议纠纷案①

【最高人民法院2019年度优秀案例】

《公司法》第224条

公司减少注册资本,应当编制资产负债表及财产清单。

公司应当自股东会作出减少注册资本决议之日起十日内通知债权人,并于三十日内在报纸上或者国家企业信用信息公示系统公告。债权人自接到通知之日起三十日内,未接到通知的自公告之日起四十五日内,有权要求公司清偿债务或者提供相应的担保。

公司减少注册资本,应当按照股东出资或者持有股份的比例相应减少出资额或者股份,法律另有规定、有限责任公司全体股东另有约定或者股份有限公司章程另有规定的除外。

---

① 全国法院系统2019年度优秀案例分析获奖案例(二等奖),最高人民法院《关于公布全国法院系统2019年度优秀案例分析评选结果的通报》(法办〔2019〕359号)。上海市第一中级人民法院民事判决书,(2018)沪01民终11780号。

一、案情介绍

2018年3月1日,上海圣甲虫电子商务有限公司(以下简称圣甲虫公司)作出如下股东会决议:(1)同意圣甲虫公司的注册资本从6313131元减少至6102693元,减资后各股东认缴注册资本及持股比例为:夏宁认缴2500543元,占40.97%;华宏伟认缴1544912元,占25.32%;杨某认缴449495元,占7.37%;××合伙企业认缴681818元,占11.17%;××公司认缴420875元,占6.90%;××2合伙企业认缴505050元,占8.28%。(2)同意圣甲虫公司向埃米公司返还投资款500万元。(3)同意修改章程,修改后的章程见附件一。(4)授权圣甲虫公司的执行董事夏宁代表圣甲虫公司履行一切未完成本次减资所必要的行为,包括但不限于办理债权申请登记、减少注册资本的工商变更手续等。

以上事项表决结果:同意股东为5名,占总股数75.53%,不同意股东为1名,占总股数24.47%。股东夏宁、杨某在上述决议上签字,案外人顾立平代表华宏伟签字并注明"不同意,属违法减资,程序不合法"。

华宏伟提起诉讼,请求确认圣甲虫公司2018年3月1日股东会决议第1、3、4项不成立,第2项无效。

本案的争议事实在于:涉案股东会决议中非同比减资内容是否违反《公司法》对减资的规定?其效力如何?

华宏伟诉称:案涉决议第1、2、4项涉及公司股权结构的重新调整,未经全体股东一致同意,违背了公司法"同股同权"的基本原则,应属决议不成立;圣甲虫公司将资本公积金返还给个别股东的做法损害了其他股东和公司债权人的利益,故主张案涉决议的第2项无效。

圣甲虫公司辩称:案涉股东会决议符合2018年《公司法》第43条的规定,同时也未违反公司章程的约定,决议作出的程序也不存在任何瑕疵,故案涉决议合法有效。

二、判决结果与理由

1. 判决结果

上海市浦东新区人民法院于2018年8月2日作出(2018)沪0115民初

32686 号民事判决，驳回原告华宏伟全部诉讼请求。

上海市第一中级人民法院于 2019 年 2 月 1 日作出(2018)沪 01 民终 11780 号民事判决，撤销一审判决，案涉股东会决议第 1、3、4 项不成立。圣甲虫公司尚处于持续亏损状况，如果允许圣甲虫公司向埃米公司返还 500 万元投资款，将导致公司的资产大规模减少，损害了公司的财产和信用基础，也损害了公司其他股东和公司债权人的利益。因此，华宏伟主张案涉股东会决议的第 2 项无效具有事实和法律依据，应予支持。

2. 判决理由

上海市第一中级人民法院认为：减资分为同比例减资和不同比例减资两种情况。不同比例减资，会直接突破公司设立时的股权分配情况，实际上是以多数决的形式改变了公司设立时经发起人一致决所形成的股权架构。故对于不同比减资，应经全体股东一致同意，否则股东会决议不成立。

本案中，涉案股东会决议的第 1、3、4 项均涉及减资后股权比例的重新分配以及变更登记，在未经华宏伟同意的情形下，视为各股东对股权比例的架构未达成一致意见，该股东会决议第 1、3、4 项符合《公司法司法解释(四)》第 5 条第 5 项规定的“导致决议不成立的其他情形”。上诉人华宏伟主张涉案股东会决议的第 1、3、4 项不成立的诉讼请求于法有据，应予支持。

股东会决议由公司向股东返还减资部分股权对应的原始投资款，实际是未经清算程序通过非同比减资的方式变相向个别股东分配公司剩余资产，不仅有损公司其他股东的利益和公司的财产权，还严重损害公司债权人的利益，因此，相关决议内容应属无效。

三、案例解读

1. 法律规定

2018 年《公司法》第 177 条规定了公司的减资程序，公司需要减少注册资本时，必须编制资产负债表及财产清单。公司应当自作出减少注册资本决议之日起 10 日内通知债权人，并于 30 日内在报纸上公告。债权人自接到通知书之日起 30 日内，未接到通知书的自公告之日起 45 日内，有权要求公司清偿债务或者提供相应的担保。

相较于2018年《公司法》第177条,新《公司法》第224条新增了公司减资公告方式,即公司通过企业信息公示系统公告公司减资事项。该条新增了公司减资应当按照股东出资或者持有股份的比例相应减少出资额或者股份的规定,同时明确了除外情形,法律另有规定、有限责任公司全体股东另有约定或者股份有限公司章程另有规定时,公司可以进行非同比减资。

2. 法律适用

本案的核心问题是有限责任公司股东会决议所作的不同比减资决议是否存在效力瑕疵事由。本案判决确定的裁判规则是突破公司设立时的股权分配情况需经过全体股东一致同意,不同比减资决议仅经过公司2/3以上多数表决权通过的,违反设立公司时股东的意思,公司不同比减资决议不成立。

一审法院认为,案涉的减资决议已由2/3以上多数表决权通过,《公司法》已规定减资决议只要超过2/3的股东同意即可通过,因此,该决议并无不成立之情形。终审法院则持完全相反的态度,终审人民法院认为,股权是股东享受公司权益、承担义务的基础,不同比减资的存在会直接突破公司设立时的股权分配情况,如果允许公司股东会决议通过多数决决定改变全体股东设立公司时的股权架构,有违公司设立时股东的意思。因此,本案所作不同比减资决议应经全体股东一致同意。如果该事项未经过全体股东一致同意,构成决议不成立的事由。

在新《公司法》适用背景下,新《公司法》第224条第3款明确规定了应按照股东出资或者所持股份的比例相应减少出资额或者股份,法律另有规定、有限责任公司全体股东另有约定或者股份有限公司章程另有规定的除外。因此,在有限责任公司中,非同比减资决议如果仅经2/3以上表决权的股东通过,该非同比减资决议内容违反了新《公司法》第224条第3款这一法律的强制性规定,会议的表决结果未达到公司法规定的通过比例,非同比减资内容不成立。

3. 本案延伸思考

对赌协议是否也存在非同比减资问题,能否适用新《公司法》第224条规范对对赌协议进行规制?

对赌协议,又称"估值调整协议",是指投资方与融资方在达成股权融资协议时，同时对目标公司未来经营业绩或公司上市等事项作出约定，在目标未能达到或实现时，由目标公司或其股东按约定比例或数额，对投资方进行现金补偿或按约定条件回购股权的合同。在我国实践中，对赌协议主要应用于风险投资领域，是在普通投资合同基础上特别约定和设置对赌条款的投资合同。对赌协议降低了投资者的投资亏损风险、又便利了融资方的融资，很快发展为当下商事交易十分常见的投资安排。但是，因对赌协议不仅事关合同双方的交易安排，更关系资本领域公司的资本维持，事关投资者、公司其他股东、公司债权人之间的利益平衡问题，其法律适用争议很大。

对赌协议存在违反股东平等原则的风险。在股权回购型对赌协议中，往往约定当对赌事项发生后，目标公司回购特定股东的股权，所实现的效果与非同比减资并无实质差别。公司向特定股东回购股权，会导致各股东股权比例发生明显变化。此时，可以类推适用新《公司法》第 224 条对对赌协议进行规制，除非法律另有规定或者股东会一致同意，公司作出履行对赌协议、回购公司股东股权的决议不成立。关于该不成立决议的外部效力问题，有观点认为，由于对赌协议中的投资人并非善意相对人，因此公司决议不成立会影响对赌协议的效力，也有观点认为公司决议不成立仅仅是对对赌协议的履行造成阻碍，不会影响对赌协议本身的效力，该问题有待进一步研究。

四、相关原理

股东平等原则的内涵

公司法中的股东平等原则是指对于股东之间的法律关系，法律对股东之间的权利义务一视同仁，按股东持股比例享有权利和承担义务，不歧视任何股东。平等股东原则对于维护股东权益、防止大股东的独断专行，具有十分重要的意义，并成为各国公司法的共同基石。

传统的股东平等原则是指股东间的绝对的形式上平等，即只要拥有股东身份，在公司内享有平等的权利，并以此身份行使股东的各种权利，不考虑股东个体间有何不同。但随着经济模式的发展，更多的人认识到股东平等原则应是一种实质平等，即股东平等原则不排除在股权具体内容上有所区别。例如，股权有普通股和优先股之分，立法上存在诸多限制大股东权利、保护中小股东权益的条款。这种内容上的区别并没有否定股东的平等原则。

公司法中股东平等是以每一位股东所持股权或股份的比例作为衡量标准的一种平等,具体包括形式平等和实质平等。前者最典型的表现即为“一股一权”原则,凡是持有相同类型股份和相同股份数量的股东,依法享有同等的权利、承担同等的义务,其本质是资本平等。后者强调股东依照其所持有的股份类型以及股份数量获得平等待遇,在一定程度上突破了资本平等的限制。但不可否认的是,将股东分为不同的类型后同等对待,是考虑到不同股东自身情况、客观需求的情况下对其实质平等的认可。若只追求形式平等,那些短期投资者、从始至终怠于履行股东会职权的投资者只是花费资本取得了自己并不需要的权利,这种资源的闲置与浪费给公司运营带来负担,也使实践中的股东不平等难以被发现,其利益更难获得保障。引入类别股制度正是在完全平等地对待所有股东与尊重公司自治之间取得了平衡,体现了实质上的股东平等原则。要求公司不同比减资需经过股东一致同意,禁止大股东凭借多数表决权实施不同比减资,体现了股东平等原则中的形式平等与实质平等,保护了中小股东的合法权益。

案例60 公司违法减资后的股东责任

《公司法》第226条解读

——江苏万丰光伏有限公司诉上海广力投资管理有限公司、丁烜焜等买卖合同纠纷案①

【最高人民法院2018年公报案例】

《公司法》第226条

违反本法规定减少注册资本的，股东应当退还其收到的资金，减免股东出资的应当恢复原状；给公司造成损失的，股东及负有责任的董事、监事、高级管理人员应当承担赔偿责任。

一、案情介绍

2010年2月1日，江苏万丰光伏有限公司（以下简称万丰公司）与上海广力投资管理有限公司（以下简称广力公司）签订《硅料销售合同》一份，约定万丰公司向广力公司供应原生多晶硅10吨，单价395元，共计人民币395万元，但万丰公司供货完毕后广力公司只付款124万元。协议订立后，广力公司还款35万元，未能依照《还款计划》归还仍欠付本金236万元。

2010年11月19日，广力公司作出股东会决议减资，注册资本由2500万元减少至500万元，丁一、丁烜焜持股比例不变。广力公司作出减资决议后未通知原告万丰公司。2011年1月20日，广力公司存于工商档案的《有关债务清偿及担保情况说明》载明，该公司在上海商报刊登了减资公告。后广力公司办理

① 《最高人民法院公报》2018年第12期。

了工商变更登记手续。

本案的争议事实在于，被告公司股东丁一、丁烜焜是否应在减资范围内对被告广力公司的债务承担补充赔偿责任。

原告万丰公司诉称：被告广力公司应按计划还款，并认为被告丁烜焜、丁一作为抽减出资的股东，应对债务承担赔偿责任。

被告丁烜焜、丁一辩称：没有事实和理由要求丁烜焜、丁一对公司的债务承担连带赔偿责任，丁烜焜、丁一不应当对被告广力公司的债务承担任何责任。

二、判决结果与理由

1. 判决结果

江苏省镇江市中级人民法院一审判决：广力公司支付货款及利息，股东被告丁烜焜、丁一对被告广力公司上述款项不能给付部分，在其减资范围内承担补充赔偿责任。

江苏省高级人民法院于 2015 年 6 月 3 日作出（2015）苏商终字第 00140 号民事判决：驳回上诉，维持原判。

2. 判决理由

江苏省高级人民法院认为，注册资本作为公司资产的重要组成部分，既是公司从事生产经营活动的经济基础，亦是公司对外承担民事责任的担保。注册资本的不当减少将直接影响公司对外偿债能力，危及债权人的利益。公司在股东认缴的出资期限届满前，作出减资决议而未依法通知债权人，免除了股东认缴但尚未履行的出资义务，损害了债权人利益。债权人起诉请求股东对公司债务在减资范围内承担补充赔偿责任的，人民法院应予支持。

广力公司、丁烜焜、丁一在明知广力公司对万丰公司负有债务的情形下，在减资时既未依法通知万丰公司，亦未向万丰公司清偿债务，违反了原《公司法》第 177 条的规定，也违反了原《公司法》3 条“有限责任公司的股东以其认缴的出资额为限对公司承担责任”的规定，损害了万丰公司的合法权益。判决广力公司股东丁烜焜、丁一对广力公司债务在其减资范围内承担补充赔偿责任，既符合上述公司法人财产责任制度及减资程序的法律规定，又与《公司法司法解释（三）》第 13 条第 2 款关于“公司债权人请求未履行或者未全面履行出资义务的股东在未出资本息范围内对公司债务不能清偿的部分承担补充赔偿责任的，人民法院应予支持”的规定一致，合法有据。

三、案例解读

1. 法律规定

在原《公司法》中并未就公司违法减资时的有关主体的责任承担作出明确规定，在确定公司违法减资时股东和负责的董事、监事和高级管理人员的责任时通常类推适用《公司法司法解释（三）》关于股东抽逃出资或未履行或者未全面履行出资义务的相关规定。

新《公司法》新增第226条，规定违反本法规定减少注册资本的，股东应当退还其收到的资金，减免股东出资的应当恢复原状；给公司造成损失的，股东及负有责任的董事、监事、高级管理人员应当承担赔偿责任。该条对违法减资情形下股东以及负责任的董事、监事和高级管理人员的责任承担作出了具体规定，弥补了长期以来的法律规定层面上的空白。公司违法减资时，股东应当退还其收到的资金，减免股东出资的应当恢复原状，体现了入库规则，该责任为无过错责任。如果给公司造成损失的，股东及负有责任的董事、监事、高级管理人员应当承担赔偿责任，该责任为过错责任。

2. 法律适用

本案的核心问题是公司在股东认缴的出资期限届满前，公司减资时未依法通知债权人的，当公司存在无法清偿到期债务的情形时，公司的债权人能否请求减资的股东承担责任？本案判决确定的裁判规则是股东认缴出资期限届满前，公司通过免除其出资债务减资且未通知债权人的，构成违法减资，公司的债权人有权请求被免除出资义务的股东承担补充赔偿责任。本案存在两个问题。

第一个问题是，公司无法清偿到期债务时，公司债权人能否请求未履行或者未完全履行出资义务的股东承担责任。本案中，广力公司注册资本减资为500万元，减少的2000万元是丁焆焜、丁一认缴的出资额，广力公司、丁焆焜、丁一在明知广力公司对万丰公司负有债务的情形下，在减资时既未依法通知万丰公司，亦未向万丰公司清偿债务，违反了《公司法》减资的规定。最高人民法院认为，依据《公司法》规定，公司减少注册资本时，必须编制资产负债表及财产清单,应当自作出减少注册资本决议之日起10日内通知债权人,并于30日内在报纸上公告。债权人自接到通知书之日起30日内,未接到通知书的自公告之日起45日内,有权要求公司清偿债务或者提供相应的担保。《公司法》在明确公司股东的有限责任制的同时,也明确应依法保护公司债权人的合法权益。公司注册资本既是公司股东承担有限责任的基础,也是公司的交易相对方判断公司的财产责任能力的重要依据,公司股东负有诚信出资以保障公司债权人交易安全的责任。基于广力公司的法人资格仍然存续的事实,最高人民法院判令广力公司向万丰公司还款,广力公司股东丁烜焜、丁一应对广力公司债务在其减资范围内承担补充赔偿责任,该做法既符合上述公司法人财产责任制度及减资程序的法律规定,又与《公司法司法解释(三)》第13条第2款关于"公司债权人请求未履行或者未全面履行出资义务的股东在未出资本息范围内对公司债务不能清偿的部分承担补充赔偿责任的,人民法院应予支持"的规定一致。

原《公司法》并未直接规定股东违法减资对公司的责任,大多数法院在确定违法减资的股东对公司和公司债权人的责任承担时通常类推适用《公司法司法解释(三)》第13条关于股东抽逃出资或未履行或者未全面履行出资义务的相关规定。

新《公司法》第226条明确了违法减资时股东对公司的责任,该规定体现了入库规则,即股东对公司承担责任,而非对债权人直接承担责任。新《公司法》第226条中股东退还出资、继续履行出资的责任应系无过错责任,前述责任本质上是恢复原状的责任,该责任不以过错成立为要求。在公司无法清偿债务时,公司债权人向股东追究责任的需依据《公司法司法解释(三)》中的规定要求股东承担补充赔偿责任。

第二个问题是,如果公司免除的是公司股东尚未届期的出资义务,根据新《公司法》第226条规定,股东出资期限未届满的,股东是否需对债权人承担责任,请求权基础是《公司法司法解释(三)》第13条第2款还是第14条第2款?虽然本案中最高人民法院类推适用的是《公司法司法解释(三)》第13条第2款,但股东存在未履行或者未全面履行出资义务的情形的前提是股东的出资期限届满,但本案中,公司免除的是公司股东尚未届期的出资义务,股东原本的出资期限尚未届满,认定本案中股东存在未履行或者未全面履行出资义务的情形存在困难。更切中肯綮的请求权基础应为《公司法司法解释(三)》第14条第2

款，公司违法减资下股东的行为与抽逃出资类似，都是违反法律规定从公司处获得资金，或者被免除债务。因此，在新《公司法》适用的背景下，股东可以依据新《公司法》第226条以及《公司法司法解释（三）》第14条第2款要求未履行返还财产、恢复原状债务的股东对其承担补充赔偿责任。

3. 本案延伸思考

公司违法减资时，董事是否应承担责任？

股东为公司违法减资承担责任的观点被广为接受，但董事、监事、高级管理人员是否应当承担赔偿责任一度存在争议。在原有公司法实践中，公司减资纠纷案件频发的重要原因之一就是缺乏对董事高管责任的法律规制。显然，公司想要完成减资离不开董事高管的协助，由于立法缺位，司法实践中很少判决董事高管承担相应责任。即使公司非法削减资本，董事和高管也不会被追究责任。

经营权与所有权逐渐分离是现代公司发展趋势，董事高管地位在公司制度发展中得到强化，为规范董事、监事和高级管理人员行为，实现权与责相匹配，就应当确立董事、监事和高级管理人员在特定情形下的责任，比如公司违法减资时相关主体的责任。为防止董事高管滥用职权，怠于监督公司资本状况，新《公司法》第226条明确了董事、监事和高级管理人员在公司违法减资时的责任。具体而言，公司未履行债权人保护程序，实为董事、监事和高级管理人员未尽应有的勤勉义务，公司未履行法定程序减资，导致债权人无法及时申报债权，而公司财产又不足以清偿到期债务的，存在过错的董事、监事和高级管理人员应当承担相应的赔偿责任。对董事高管应采取过错责任原则归责，原因在于：董事、监事和高级管理人员不是减资的直接受益人，如果按照无过错责任归责，不仅有失公平，而且会打击董事高管的管理、决策热情，不利于公司经营发展。在减资过程中董事、监事和高级管理人员的过错主要表现为未核实公司通知债权人情况以及协助公司办理减资登记。董事高管承担补充赔偿责任。公司组织架构决定了董事、监事和高级管理人员只是公司经营管理人员，公司具有独立人格。所以，债权人权益因公司减资行为受到侵害时，公司应承担直接责任，在公司无法履行债务时，董事、监事和高级管理人员承担补充赔偿责任。

四、相关原理

公司减资制度的功能

作为公司资本退出的手段,减资制度具有重要的价值和丰富的内涵。减资规则的设计是一国立法者把握减资本质、平衡减资所影响的利益群体、回应商业实践的需求与保障债权人权益的兼顾的过程。减资制度所包含的利益博弈主要在于公司、股东、债权人利益的冲突问题,为了平衡减资过程中各方群体的利益,一方面要严格保护债权人利益不因减资而受损,另一方面也应当允许公司在不损害债权人利益的基础上有充分的自治空间,允许股东获得充分的投资回报。

原《公司法》没有区分不同的减资情形,忽略了不同的减资形式对债权人以及股东造成的差异化影响,一刀切地适用严格的减资规范,影响公司减资效率。新《公司法》规定了简易减资制度,在原《公司法》第177条普通减资程序的基础上增加了简易减资程序,确立了公司弥补亏损情况下更为简化的减资操作,提高了减资效率,在兼顾债权人利益的同时体现了对公司自治的尊重,进一步扩大了公司经营的自主空间,提高了公司资本的灵活性,也维护了股东的投资利益,提高了投资者的投资热情。简易减资制度,是指公司以法定公积金、资本公积金弥补亏损后,仍有亏损的,以亏损数额为限,相应地减少公司的注册资本数额,但不向股东分配,也不免除股东缴纳出资或者股款义务的制度。作为对原《公司法》减资程序的补充,简易减资制度平衡了债权人与公司、股东的利益,消除了公司弥补亏损情况下的减资障碍,降低了公司减资程序的运行成本,实现了股东的投资利益,丰富了减资的类型。

案例61 股东行使公司增资优先认缴权的条件

《公司法》第227条解读

——绵阳市红日实业有限公司、蒋洋诉绵阳高新区科创实业有限公司股东会决议效力及公司增资纠纷案①

【最高人民法院2011年公报案例】

《公司法》第227条

有限责任公司增加注册资本时,股东在同等条件下有权优先按照实缴的出资比例认缴出资。但是,全体股东约定不按照出资比例优先认缴出资的除外。

股份有限公司为增加注册资本发行新股时,股东不享有优先认购权,公司章程另有规定或者股东会决议决定股东享有优先认购权的除外。

一、案情介绍

2001年7月,绵阳高新区科创实业有限公司(以下简称科创公司)成立。科创公司于2003年12月16日召开的股东会议,以75.49%比例表决通过的关于"吸纳陈木高先生为新股东"的决议,其内容为科创公司新增股份615.38万股,且由公司外部人陈木高出资800万元认购科创公司新增615.38万股股份。2003年12月18日,科创公司与陈木高签订了《入股协议书》,吸纳陈木高增资入股。2003年12月22日,陈木高将800万元股金汇入科创公司的指定账户,完成入股。2003年12月22日,绵阳市红日实业有限公司(以下简称红日公司)

① 《最高人民法院公报》2011年第3期。

向科创公司递交了《关于要求作为科创公司增资扩股增资认缴人的报告》，该报告的主要内容为：主张蒋洋和红日公司享有优先认缴出资的权利，愿意在增资扩股方案的同等条件下，由红日公司与蒋洋共同或由其中一家向科创公司认缴新增的800万元资本。

2005年3月30日，科创公司向工商部门申请办理公司变更登记，内容为公司股东陈木高变更为福建省固生投资有限公司。

2005年12月12日，蒋洋和红日公司向一审法院提起诉讼，请求确认科创公司2003年12月16日股东会通过的吸纳陈木高为新股东的决议无效，确认科创公司和陈木高2003年12月18日签订的《入股协议书》无效，确认其对800万元新增资本优先认购，科创公司承担其相应损失。

本案的争议事实在于，科创公司2003年12月16日股东会通过的吸纳陈木高为新股东的决议以及《入股协议书》是否有效，红日公司和蒋洋是否能够行使对科创公司2003年股东会决议新增800万资本行使优先认缴权。

蒋洋和红日公司诉称：科创公司2003年12月16日股东会通过的吸纳陈木高为新股东的决议和《入股协议书》侵犯了红日公司和蒋洋对公司新增资本的优先认缴权，应为无效，红日公司和蒋洋能够对科创公司2003年股东会决议新增800万资本行使优先认缴权。

科创公司辩称：2003年12月16日股东会决议和《入股协议书》合法有效，红日公司和蒋洋未及时行使优先认缴权，其请求行使优先认缴权的主张不应被支持。

二、判决结果与理由

1. 判决结果

四川省绵阳市中级人民法院作出(2006)绵民初字第2号民事判决，驳回红日公司、蒋洋的诉讼请求。

四川省高级人民法院作出(2006)川民终字第515号民事判决：(1)撤销四川省绵阳市中级人民法院(2006)绵民初字第2号民事判决；(2)判令科创公司于2003年12月16日作出的股东会决议中关于吸收陈木高为股东的内容无效；(3)科创公司与陈木高签订的《入股协议书》无效；(4)蒋洋和红日公司享有以800万元购买科创公司新增的615.38万股股份的优先权；(5)蒋洋和红日公司

将800万元购股款支付给科创公司等共八项判决。

最高人民法院于2010年11月8日作出(2010)民提字第48号判决:(1)撤销四川省高级人民法院(2006)川民终字第515号民事判决,撤销四川省绵阳市中级人民法院(2006)绵民初字第2号民事判决;(2)科创公司2003年12月16日作出的股东会决议中由陈木高出资800万元认购科创公司新增800万元资本的决议内容中,涉及新增资本20.03%的部分无效,涉及新增资本79.97%的部分及决议的其他内容有效,并驳回其他诉讼请求。

2. 判决理由

最高人民法院认为,在民商事法律关系中,公司作为行为主体实施法律行为的过程可以划分为两个层次:一是公司内部的意思形成阶段,通常表现为股东会或董事会决议;二是公司对外作出意思表示的阶段,通常表现为公司对外签订的合同。出于保护善意第三人和维护交易安全的考虑,在公司内部意思形成过程存在瑕疵的情况下,只要对外的表示行为不存在无效的情形,公司就应受其表示行为的制约。

首先,2003年12月16日科创公司作出内容为公司新增800万资本且由公司外部人陈木高认缴新增资本的股东会决议,对于该决议效力,最高人民法院认为,在其股东红日公司、蒋洋明确表示反对的情况下,股东会未给予红日公司和蒋洋优先认缴出资的选择权,径行以股权多数决的方式通过了由股东以外的第三人陈木高出资800万元认购科创公司全部新增股份615.38万股的决议内容,侵犯了红日公司和蒋洋按照各自的出资比例优先认缴新增资本的权利,违反了法律规定。科创公司2003年12月16日股东会议通过的由陈木高出资800万元认购科创公司新增615.38万股的决议内容中,涉及新增资本中14.22%和5.81%的部分因分别侵犯了蒋洋和红日公司的优先认缴权而归于无效,涉及新增资本中79.97%的部分因其他股东以同意或弃权的方式放弃行使优先认缴权而发生法律效力。

其次,2003年12月18日科创公司与陈木高签订的《入股协议书》系科创公司与该公司以外的第三人签订的合同,应适用原《合同法》的一般原则及相关法律规定认定其效力。虽然科创公司2003年12月16日作出的股东会决议部分无效,导致科创公司达成上述协议的意思存在瑕疵,但作为合同相对方的陈木高并无审查科创公司意思形成过程的义务,科创公司对外达成协议应受其表示行为的制约。《入股协议书》是科创公司与陈木高作出的一致意思表示，不违反国家禁止性法律规范，且陈木高按照协议约定支付了相应对价，没有证据证明双方恶意串通损害他人利益，应属有效。

最后，就股东能否对公司新增资本行使优先认缴权，最高人民法院认为，公司新增资本时，股东有权优先按照实缴的出资比例认缴出资。从权利性质上来看，股东对于新增资本的优先认缴权应属形成权。现行法律并未明确规定该项权利的行使期限，但从维护交易安全和稳定经济秩序的角度出发，结合商事行为的规则和特点，人民法院在处理相关案件时应限定该项权利行使的合理期间，对于超出合理期间行使优先认缴权的主张不予支持。本案红日公司和蒋洋在科创公司2003 年12 月16 日召开股东会时已经知道其优先认缴权受到侵害，且作出了要求行使优先认缴权的意思表示，但并未及时采取诉讼等方式积极主张权利。在此后科创公司召开股东会、决议通过陈木高将部分股权赠与固生公司提案时，红日公司和蒋洋参加了会议，且未表示反对。红日公司和蒋洋在股权变动近两年后又提起诉讼，争议的股权价值已经发生了较大变化，此时允许其行使优先认缴出资的权利将导致已趋稳定的法律关系遭到破坏，并极易产生显失公平的后果，因此最高人民法院驳回原告行使优先认缴权的诉讼请求。

三、案例解读

1. 法律规定

原《公司法》第 34 条规定，公司新增资本时，股东有权优先按照实缴的出资比例认缴出资。但是，全体股东约定不按照出资比例优先认缴出资的除外。

新《公司法》第 227 条对有限责任公司中股东的优先认缴权和股份有限公司中股东对公司新增股份的优先认购权分别进行规定。就有限责任公司而言，公司增加资本时，股东在同等条件下有权优先按照实缴的出资比例认缴出资。但是，全体股东约定不按照出资比例优先认缴出资的除外。就股份有限公司而言，股份有限公司为增加资本发行新股时，股东不享有优先认购权，公司章程另有规定或者股东会决议决定股东享有优先认购权的除外。相较原《公司法》第 34 条规定，新《公司法》第 227 条增加了股东行使增资优先认缴权应当以“同等条件”作为前提的规定；同时明确股份有限公司增发资本时，股东原则上不享有优先认购权，但允许股份有限公司在公司章程或股东会决议中作出相反规定。

2. 法律适用

本案的核心问题是,公司新增资本时,股东会以多数决通过吸收新股东并由新股东认购新增的全部资本的决议时,该决议是否有效?反对该决议的股东是否有权对公司新增资本享有优先认缴权?本案确定的裁判规则是在公司新增资本的决议内容中,如果有股东反对引入新股东,该决议不是完全无效,而是在反对股东的持股比例范围内因侵害该股东优先认缴权无效。同时,其他股东对于新增资本的基于其实缴出资比例享有的优先认缴权应属形成权,如果其他股东未在合理期间内行使优先认缴权,则该权利消灭。具体而言:

第一,公司新增资本时,股东会以多数决通过吸收新股东并由新股东认购新增的全部资本的决议时,该决议效力为何。最高人民法院认为,公司新增资本时,股东的优先认缴权应限于其实缴的出资比例。2003 年 12 月 16 日科创公司作出的股东会决议,在其股东红日公司、蒋洋明确表示反对的情况下,未给予红日公司和蒋洋优先认缴出资的选择权,径行以股权多数决的方式通过了由股东以外的第三人陈木高出资 800 万元认购科创公司全部新增股份 615.38 万股的决议内容,侵犯了红日公司和蒋洋按照各自的出资比例优先认缴新增资本的权利,违反了上述法律规定。原《公司法》第 22 条第 1 款规定:“公司股东会或者股东大会、董事会的决议内容违反法律、行政法规的无效。”根据上述规定,科创公司 2003 年 12 月 16 日股东会议通过的由陈木高出资 800 万元认购科创公司新增 615.38 万股股份的决议内容中,涉及新增股份中 14.22% 和 5.81% 的部分因分别侵犯了蒋洋和红日公司的优先认缴权而归于无效,涉及新增股份中 79.97% 的部分因其他股东以同意或弃权的方式放弃行使优先认缴权而发生法律效力。

依据新《公司法》第 227 条,在有限责任公司中,公司增加资本时,股东在同等条件下有权优先按照实缴的出资比例认缴出资。但是,全体股东约定不按照出资比例优先认缴出资的除外。就本案而言,原告对公司新增 800 万元资本按照其实缴的出资比例 20.03% 行使优先认缴权,公司股东会决议让公司新股东认缴全部新增资本的,违反了新《公司法》第 227 条,且不存在全体股东约定不按照出资比例优先认缴出资的情形,该决议涉及陈木高认购新增资本 20.03% 部分无效,但由于决议内容具有可分割性,决议内容该部分无效不影响其他部分的效力。

第二,公司股东会决议侵害股东优先认缴权后,被侵权股东应如何行使其优先认缴权。最高人民法院认为,虽然科创公司 2003 年 12 月 16 日股东会决议因侵犯了红日公司和蒋洋按照各自的出资比例优先认缴新增资本的权利而部分无效,但红日公司和蒋洋是否能够行使上述新增资本的优先认缴权还需要考虑其是否恰当地主张了权利。股东优先认缴公司新增资本的权利属形成权,虽然《公司法》没有明确规定该项权利的行使期限,但为维护交易安全和稳定经济秩序,该权利应当在一定合理期间内行使,并且由于这一权利的行使属于典型的商事行为,对于合理期间的认定应当比通常的民事行为更加严格。本案红日公司和蒋洋在科创公司 2003 年 12 月 16 日召开股东会时已经知道其优先认缴权受到侵害,且作出了要求行使优先认缴权的意思表示,但并未及时采取诉讼等方式积极主张权利。在此后科创公司召开股东会、决议通过陈木高将部分股权赠与固生公司提案时,红日公司和蒋洋参加了会议,且未表示反对。红日公司和蒋洋在股权变动近两年后又提起诉讼,争议的股权价值已经发生了较大变化,此时允许其行使优先认缴出资的权利将导致已趋稳定的法律关系遭到破坏,并极易产生显失公平的后果,故最高人民法院对红日公司和蒋洋行使对科创公司新增资本优先认缴权的请求不予支持。

虽然新《公司法》第 227 条并未明确规定有限责任公司股东行使优先认缴权的期限,但是,如果被侵权股东怠于采取诉讼方式主张权利,应认定其未能在合理期限内行使优先认缴权,鉴于对维护交易安全和稳定经济秩序的考虑,法院应认定被侵权股东不得主张行使优先认缴权。

3. 本案延伸思考

(1)部分股东放弃优先认缴权应如何处理?

在本案中,最高人民法院认为,股东会决议中涉及新增股份中 79.97% 的部分因其他股东以同意或弃权的方式放弃行使优先认缴权而发生法律效力。新《公司法》第 227 条对部分股东放弃优先认缴权如何处理未作出明确规定。有观点认为,对于部分股东放弃的权利对应的增资部分,应允许其他股东行使优先认缴权,也有观点认为,对于部分股东放弃的权利对应的增资部分,其他股东无权行使优先认缴权,依据法律规定,股东在同等条件下有权优先按照实缴的出资比例认缴出资,因此,其他股东仅能按照实缴的出资比例行使优先认缴权。宜交由公司自治,如果股东会决议包含公司增资内容以及第三人以特定价格认购公司增资的内容,此时应尊重公司安排,其他股东不能对部分股东放弃增资的部分行使优先认缴权。

(2)损害股东合法权益的股东会决议无效

本案涉及股东会决议部分无效的认定问题。公司的经营运行和管理决策必须在法律与行政法规允许的范围内进行,而对于决议的内容违反法律、行政法规的,一方面这种违法性常常对股东的权益会产生较为不利的影响,另一方面由于其违法性程度较为严重,一般也会对社会公益等其他利益产生消极影响,因而各国立法均将这种决议的效力规定为无效。新《公司法》第 25 条规定,股东会决议、董事会决议内容违反法律、行政法规规定的无效。此处的违反法律、行政法规,是指违反法律、行政法规的强制性规定,因为法律、法规的强制性规定必须得到遵守,否则行为即告无效,违反法律、行政法规规定的股东会决议从决议作出之时即为无效。如果股东会决议内容可以分割,则部分无效不会导致全部无效。《民法典》第 156 条规定,民事法律行为部分无效,不影响其他部分效力的,其他部分仍然有效。股东会决议属于法律行为的一种,也适用该规定。如果公司股东会决议决定新增资本并由引入的外部投资者认缴全部新增资本,但有股东明确表示反对时,该决议中涉及反对股东部分的内容侵犯了反对股东按照各自的出资比例优先认缴新增资本的权利无效,该无效属于部分无效,不会影响外部投资者认缴其他新增资本部分内容的效力,后者仍然有效。

四、相关原理

不同类型公司中的股东增资认缴优先权

我国《公司法》关于公司增资时原有股东认缴新股的权利,针对有限责任公司和股份有限公司作出了区别规定。对于有限责任公司而言新增资本时,股东享有的优先认缴权是一项股东固有的基本权利,其有权要求按照实缴出资比例认缴出资的权利。公司增资时,保障公司原有的股东有权优先认缴新股,有利于保护公司的封闭性,股东可以通过其享有的优先权认缴新股并带来实质收益,同时维持自己的持股比例,保持在公司决策和管理过程中表决时所代表的表决权比例。而对于股份有限公司,法律并未当然赋予股东在增发新股时的认缴优先权,但允许公司通过股东大会决议或者公司章程创设该权利。

出现这一差距,主要是因为这两类公司在股权流动性和股东保护方面存在差异。有限责任公司的封闭性较强,这也导致了股东股的权流动性弱,股东退出公司路径不畅通,退出公司的成本高。此外,有限责任公司的股东比较固定,股东之间往往可能相互知悉彼此身份,并存在一定程度的信赖、股东之间的关系较为紧密。因此,在公司需要增加注册资本时,应赋予股东优先认缴权,以维系股东之间的关系,维持股东股权比例利益,防止大股东通过增加注册资本的方式恶意排挤或压制小股东。相比之下,股份有限公司的股东数量多,公司具有较强的开放性,股份流动性较强,股东退出公司的路径畅通,此外,由于股份有限公司可能存在无记名股票股东,如果统一规定股东享有优先认缴权,存在不具有操作性的问题。因此,新《公司法》并未直接规定股份有限公司的股东享有这一权利,而是让股份有限公司进行自治。

CHAPTER 09

第 九 章

公司解散与清算

案例 62 清算义务人未履行清算义务的责任

《公司法》第 232 条解读

——深圳市国烨置业有限公司、开封东京经贸有限公司借款合同纠纷再审案①

【最高人民法院 2019 年终审案例】

《公司法》第 232 条

公司因本法第二百二十九条第一款第一项、第二项、第四项、第五项规定而解散的，应当清算。董事为公司清算义务人，应当在解散事由出现之日起十五日内组成清算组进行清算。

清算组由董事组成，但是公司章程另有规定或者股东会决议另选他人的除外。

清算义务人未及时履行清算义务，给公司或者债权人造成损失的，应当承担赔偿责任。

① 最高人民法院民事判决书，(2019)最高法民再 169 号。

一、案情介绍

1993年3月5日，广东省韶关粤丰物业开发公司（以下简称粤丰公司）与开封东京经贸有限公司（以下简称东京公司）约定，东京公司向粤丰公司投资500万元。

1993年3月29日，粤丰公司变更为广东省韶关粤丰物业开发总公司（以下简称粤丰总公司），1995年粤丰总公司申请办理注销，并在工商档案登记材料中明确表示，债务由新成立的公司承担。1995年10月，粤丰总公司未经清算即被注销。注销后，粤丰有限公司成立。深圳新粤丰实业发展公司、湖南省浏阳湘顺物业公司、广东省韶关顺达房地产开发有限公司、张某光、张某龙、张某虎为粤丰有限公司的股东。粤丰有限公司在2002年即被吊销营业执照。

2001年5月14日，深圳新粤丰实业发展公司变更为深圳市国粤置业发展公司，后深圳市国粤置业发展公司更名为深圳市国烨置业有限公司（以下简称为国烨公司）。

本案的事实在于，公司股东国烨公司是否是粤丰有限公司的清算义务人，应否对本案债务承担连带责任？

东京公司诉称：粤丰有限公司吊销后未依法清算，故国烨公司、张某光、张某龙、张某虎、广东省韶关顺达房地产开发有限公司、湖南省浏阳湘顺物业公司作为粤丰有限公司股东，应依法承担共同还款责任。

国烨公司辩称：国烨公司不应对本案债务承担连带责任，没有证据证明粤丰有限公司承继了粤丰总公司的债务，也没有证据证明新设立的公司就是粤丰有限公司，且粤丰有限公司也从未出具过任何文件说明其代替粤丰总公司承担其债务。国烨公司之所以未提供粤丰有限公司的财产、会计账册、主要文件，系因国烨公司仅系粤丰有限公司占股2.94%的小股东，从未参与过粤丰有限公司的日常经营，从未掌握过粤丰有限公司的财产、会计账册、主要文件等。

二、判决结果与理由

1. 判决结果

河南省开封市中级人民法院于2017年5月17日作出（2015）汴民初字第276号一审民事判决，对东京公司要求粤丰总公司将占有的175万元应予返还的诉讼请求予以支持。河南省高级人民法院二审于2018年6月11日作出(2017)豫民终1172号民事判决,驳回上诉,维持原判。

最高人民法院于2019年9月19日作出(2019)最高法民再169号民事判决,维持河南省高级人民法院(2017)豫民终1172号民事判决。

2. 判决理由

最高人民法院认为,就国烨公司应否对案涉债务承担连带责任的问题又包含两方面,即粤丰有限公司是否系粤丰总公司重新登记的企业以及《公司法司法解释(二)》第18条公司股东为公司清算义务人的规定是否具有溯及力。

首先,本案中已查明事实可以认定粤丰有限公司系粤丰总公司重新登记的企业,双方之间存在承继关系,而粤丰总公司在工商档案登记材料中亦明确表示"原有人员安置和设备、设施、物资等保持现状,原企业的债务由重新登记的企业承担",故原审据此认定粤丰有限公司与粤丰总公司之间为承继关系,并判决其对粤丰总公司的债务承担清偿责任,并无不当。

其次,依据《公司法司法解释(二)》第18条的规定,有限责任公司的股东均系该公司解散后的清算义务人,而国烨公司作为深圳新粤丰实业发展公司的承继者,亦为粤丰有限公司的清算义务人,且应对粤丰有限公司财产及状况承担举证责任。在本案审理中,包括国烨公司在内的六股东均未提供粤丰有限公司财产、账册、重要文件等证据,也未合理解释公司财产的去向,亦未证明东京公司的损失非其未及时清算所造成。原审基于股东怠于清偿的消极行为以及公司休眠状态等事实因素,认定粤丰有限公司已无法进行清算,并无不当。故原审参照适用《公司法司法解释(二)》第18条的规定,认定国烨公司和粤丰有限公司的其他股东应对粤丰有限公司的债务承担连带清偿责任,并无不当。

三、案例解读

1. 法律规定

原《公司法》之中并未直接对清算义务人的赔偿责任作出具体的规定,此类争议法院多是适用原《公司法》第189条之中的"清算组成员应当忠于职守,依法履行清算义务"判例清算义务人的对债权人的赔偿责任,以及《公司法司法解释(二)》第18条的规定以进行解决。《公司法司法解释(二)》第18条规定,有限责任公司的股东、股份有限公司的董事和控股股东未在法定期限内成立清算组开始清算，导致公司财产贬值、流失、毁损或者灭失，债权人主张其在造成损失范围内对公司债务承担赔偿责任的，人民法院应依法予以支持。有限责任公司的股东、股份有限公司的董事和控股股东因怠于履行义务，导致公司主要财产、账册、重要文件等灭失，无法进行清算，债权人主张其对公司债务承担连带清偿责任的，人民法院应依法予以支持。上述情形系实际控制人原因造成，债权人主张实际控制人对公司债务承担相应民事责任的，人民法院应依法予以支持。

新《公司法》第232条第3款中新增此项规定："清算义务人未及时履行清算义务，给公司或者债权人造成损失的，应当承担赔偿责任。"明确指出了，在未及时履行清算义务情形下，清算义务人对公司债权人的损失赔偿责任。

2. 法律适用

本案的核心问题是，有限责任公司股东是否是公司的清算义务人，未履行清算义务是否对公司债权人与公司承担连带责任？本案确定的裁判规则是根据《公司法司法解释(二)》第18条，有限责任公司的股东均系该公司解散后的清算义务人，未提供粤丰有限公司财产、账册、重要文件等证据，也未合理解释公司财产的去向，构成怠于履行清算义务的行为，公司无法清算的，股东与公司对债权人承担连带责任。

首先，对于公司清算义务人的认定。最高人民法院以《公司法司法解释(二)》第18条作为裁判依据，认为有限责任公司的股东均系该公司解散后的清算义务人，而国烨公司作为深圳新粤丰实业发展公司的承继者，亦为粤丰有限公司的清算义务人，且应对粤丰有限公司财产及状况承担举证责任。

其次，本案涉及清算义务人未履行清算义务对债权人承担责任的认定。最高人民法院认为，在本案审理中，包括国烨公司在内的六股东均未提供粤丰有限公司财产、账册、重要文件等证据，也未合理解释公司财产的去向，亦未证明东京公司的损失非其未及时清算所造成，结合股东怠于清偿的消极行为以及公司休眠状态等事实因素，本案可以认定粤丰有限公司已无法进行清算，依据《公司法司法解释(二)》第18条的规定，国烨公司和粤丰有限公司的其他股东应对粤丰有限公司的债务承担连带清偿责任。

虽然在新《公司法》适用下，股东并非当然的有限公司清算义务人，但如果公司章程或股东会决议另有规定或约定，股东仍可能成为清算义务主体。新《公司法》第232条第3款规定，清算义务人未及时履行清算义务，给公司或者债权人造成损失的，应当承担赔偿责任。所谓未及时履行，本条所指之“未及时”应包含两大类情形，包括“逾期不成立清算组进行清算的”以及“成立后不及时清算的”。第232条第3款适用的前提是清算义务人怠于履行清算义务给公司或债权人造成损失，在本案中体现为导致公司无法清算，债权人存在损失，因此清算义务人与股东应与公司承担连带责任。

在新《公司法》的背景下，就本案而言，依据新《公司法》第232条，股东国烨公司非粤丰有限公司的清算义务人，不承担清算义务，除非公司章程或股东会决议另有规定或约定。第232条将清算义务人和清算组成员从股东、董事等限缩为董事。第232条之所以限缩清算义务人的范围，包括如下原因：第一，股东在实践中存在难以认定的问题。由于存在股份代持情形下的名义股东、被冒名登记的股东、股权合意转让后暂未登记的股东等，清算相关的诉讼案件中，实践中往往难以对股东身份进行确定。第二，要求有限责任公司股东均对公司清算承担义务欠缺合理性，在原有法律框架下，将股东作为清算义务人更多的是考虑到股东对公司实际事务的掌控，以及股东应当享有公司的剩余权利而衍生出的义务。但是，在公司经营由股东会中心向董事会中心的演变过程中，股东与公司日常经营之间的距离愈发遥远，赋予其清算义务逐渐缺乏合理依据。第三，股东作为清算义务人和清算人缺乏主观能动性，难以实现制度价值。公司清算主要面临的是债权人与公司之间的利益冲突，公司内部又主要涉及股东与职工之间的利益冲突，由于公司在偿还债务后的剩余财产由股东享有，股东是清算过程中矛盾最为尖锐和集中的一方。对于经营出现问题之公司，股东常常不愿意启动清算程序，或者在清算过程中出现故意隐瞒债务之行为，将其作为清算义务人或清算人，极易导致司法纠纷增多。

3. 本案延伸思考

如果董事基于内部管理原因，而没能及时履行清算义务人的义务，是否可以同时追究控股股东或有关人员的责任？此种情形下，如何确定责任人以及责任的范围？

本案中，股东怠于清算与公司财产的灭失存在因果关系，但如果由于控制股东的原因造成的董事无法及时履行职责，在现行制度下要求其承担全面赔偿有违公平。

新《公司法》第 232 条明确规定有限责任公司的清算义务人为公司董事，该规定导致了有关司法解释股东责任、清算组成员责任、清算义务人责任的适用可能会出现混乱，即董事作为清算义务人如何继续适用《公司法司法解释(二)》第 18 条值得注意。《九民纪要》第 14 条、《公司法司法解释(二)》第 18 条第 2 款规定的“怠于履行义务”，是指有限责任公司的股东在法定清算事由出现后，在能够履行清算义务的情况下，故意拖延、拒绝履行清算义务，或者因过失导致无法进行清算的消极行为。可见，在原《公司法》长期施行股东清算义务人制度之下，相关解释都将清算组成员、清算义务人以及股东责任进行了混同，司法判例也将“公司未经清算即注销”以及“清算组成员责任”加以了笼统适用。但在本条施行之下，有关法律、司法解释、司法文件的配套修订应当加快进度，同时区分股东责任以及清算组成员责任。

我们认为，在认定清算义务人责任时，应综合判断未及时组成清算组的具体原因，追究实际责任人员之责任，即需要严格区分怠于履行义务是清算组成员对于自己职权的失职，还是受到公司或实际控制人的干扰，否则很容易出现控股股东恶意转嫁义务的情形。我们认为，本条规定的清算义务人所承担的不作为责任，须可归责于清算义务人本身，如公司清算系股东滥用控制权，或怠于清算，则仍应由股东对债权人承担连带清偿责任。司法实践中，可以着重从审查具体的有责义务人是否具有故意拖延、拒绝履行清算义务，或者因过失导致无法进行清算的消极行为等方面进行举证和判断。

四、相关原理

清算义务人和清算组的责任区分

原《公司法》并未明确规定清算义务人的责任。《民法总则》首次提出“清算义务人”这一概念。清算义务人指基于与法人之间存在的特定法律关系而在法人解散时对法人负有依法组织清算的义务主体。清算组则为是由义务人发起组成的、在公司清算的过程实际负责具体清算事宜的主体，两者存在差异。

就职责而言，依据新《公司法》第 232 条规定，清算义务人的义务为在公司出现解散事由的 15 日之内组成清算组进行清算的义务。根据新《公司法》第

234 条的规定，清算组在清算期间行使的职权包括清理公司财产，分别编制资产负债表和财产清单；通知、公告债权人；处理与清算有关的公司未了结的业务；清缴所欠税款以及清算过程中产生的税款；清理债权、债务；处理公司清偿债务人的剩余财产；代表公司参与民事诉讼活动等。

就义务主体而言，新《公司法》第 232 条规定董事为清算义务人，就清算组的组成成员而言，从清算实践来看，清算组的成员包括自然人，如公司董事，也可能包括公司章程或者股东会决议另外选定的主体，如律师事务所、清算事务所、会计事务所。

综上，从文义解释出发，清算义务人的义务就是依法承担启动公司清算程序、组织公司清算的义务。实质更类似一个“清算发起人”，只要其及时组成了清算组，那么，原则而言就不应该苛责其赔偿责任，清算组成立以后清算义务人的责任即告终结。清算义务人在成立以后如果成为清算组成员，如公司章程或者股东会决议未另行规定的情形下，公司董事根据新《公司法》第 232 条既为清算义务人，同时也是清算组成员，其应就清算组成员的责任承担责任。

案例 63 申请公司强制清算的主体资格

《公司法》第 233 条解读

——香港邦泰国际(集团)有限公司与邯郸金叶餐饮娱乐有限公司强制清算案①

【最高人民法院 2011 年再审案例】

《公司法》第 233 条

公司依照前条第一款的规定应当清算,逾期不成立清算组进行清算或者成立清算组后不清算的,利害关系人可以申请人民法院指定有关人员组成清算组进行清算。人民法院应当受理该申请,并及时组织清算组进行清算。

公司因本法第二百二十九条第一款第四项的规定而解散的,作出吊销营业执照、责令关闭或者撤销决定的部门或者公司登记机关,可以申请人民法院指定有关人员组成清算组进行清算。

一、案情介绍

1997 年 10 月 28 日,香港邦泰国际(集团)有限公司(以下简称邦泰公司)与河北省烟草公司邯郸分公司(以下简称邯郸烟草公司)设立邯郸金叶餐饮娱乐有限公司(以下简称金叶公司)。

邦泰公司和邯郸烟草公司就投资、出资、开业等问题发生争议,邦泰公司于 2001 年 3 月 1 日向中国国际经济贸易仲裁委员会申请仲裁,2003 年 5 月 12 日,

① 最高人民法院民事裁定书,(2011)民提字第 269 号。

仲裁委员会作出(2003)贸仲裁字第0126号裁决:解除合资合同;双方当事人依据《投资方式确认协议书》对合营公司所作的实际投入,在合营公司的清算过程中确定,并依法返还(包括折价支付)给实际出资方。

仲裁裁决作出后,邯郸烟草公司和金叶公司分别在2003年5月23日、6月11日致函邦泰公司,邀请邦泰公司的时任法定代表人来邯郸协商清算事宜,进行普通清算。邦泰公司于同年6月12日向邯郸市对外经济贸易局申请进行特别清算。邯郸市商务局于2004年2月17日作出批准金叶公司进行特别清算通知,同意对金叶公司进行特别清算。河北省商务厅作出冀商复决〔2004〕第2号行政复议决定,撤销邯郸市商务局的上述通知。双方经历多次复议、诉讼,最终作出(2005)冀行终字第28号行政判决确认撤销河北省商务厅的决议。

2009年10月12日,邦泰公司对金叶公司提起强制清算,请求法院依法指定清算组,对金叶公司进行清算。

本案的争议事实在于,公司股东是否有权向法院申请对金叶公司进行强制清算。

邦泰公司诉称:邦泰公司为金叶公司的股东,有权向法院申请对公司进行强制清算。

邯郸烟草公司以金叶公司实际控制人的名义提出异议:认为邦泰公司不具备金叶公司的股东资格,不应受理邦泰公司的强制清算申请。金叶公司答辩认为邦泰公司不是实际股东,不享有股权,不具备申请强制清算的资格。

二、判决结果与理由

1. 判决结果

河北省邯郸市中级人民法院于2010年9月4日作出(2009)邯市法清字第3-1号民事裁定不予受理邦泰公司强制清算申请。

河北省高级人民法院于2010年12月16日作出(2010)冀民二终字第92号民事裁定,驳回上诉,维持原裁定。

最高人民法院于2011年12月27日作出(2011)民提字第269号裁定,撤销河北省邯郸市中级人民法院(2009)邯市法清字第3-1号民事裁定及河北省高级人民法院(2010)冀民二终字第92号民事裁定;并指令河北省邯郸市中级人民法院受理邦泰公司对金叶公司的强制清算申请。

2. 判决理由

最高人民法院认为,要确定人民法院是否应当受理邦泰公司强制清算申请,必须解决两个问题:(1)邯郸烟草公司、金叶公司是否有权对强制清算申请人的资格提出异议;(2)生效法律文书是否已经确认邦泰公司为金叶公司股东。

其一,最高人民法院《关于审理公司强制清算案件工作座谈会纪要》第10条指出:公司股东、实际控制人等利害关系人可以申请参加人民法院召开的听证会。股东和实际控制人虽然不是案件的当事人,但可以对强制清算申请发表自己的意见,包括提出异议。因此,一、二审法院审查邯郸烟草公司提出的异议,并无不当。另外,不论金叶公司是否在一、二审时提出过异议,金叶公司作为被申请人在本院再审时已经提出了异议,由于法律没有规定提出异议的期间,故对其异议也应予以审理。

其二,金叶公司和邯郸烟草公司提出的异议事项,即邦泰公司的身份已经为生效法律文书确认。已经发生法律效力的仲裁裁决和(2001)邯经初字第20号民事判决均确认邦泰公司和邯郸烟草公司合资成立了金叶公司,合资合同和公司章程已经得到批准机关批准,且金叶公司已经领取了营业执照,因此,邦泰公司是金叶公司股东的事实已经为两份生效法律文书所确认,根据《公司法司法解释(二)》第7条第2款应予受理邦泰公司的强制清算申请。

综上,一、二审裁定未认定生效法律文书已经确认邦泰公司为金叶公司的股东,因金叶公司提出异议就不受理邦泰公司的强制清算申请,属于认定事实不清,适用法律错误,应予撤销。邦泰公司申请再审的理由成立,予以支持。

三、案例解读

1. 法律规定

原《公司法》第183条规定:"逾期不成立清算组进行清算的,债权人可以申请人民法院指定有关人员组成清算组进行清算。人民法院应当受理该申请,并及时组织清算组进行清算。"《公司法司法解释(二)》第7条第2款规定,公司股东申请人民法院指定清算组对公司进行清算的,人民法院应予受理。

新《公司法》第233条明确了公司利害关系人申请司法强制清算的适用条件。新《公司法》第233条将强制清算申请人范围由"债权人"扩大至"利害关系人”,可以包括公司股东、董事、职工等。

2. 法律适用

本案的核心问题是,设立合资公司的一方是否有权请求法院对公司进行强制清算?本案确定的裁判规则是,如果该主体作为公司股东的身份经过生效的法律文书确认,应认定该主体有权向人民法院申请对公司进行强制清算。

首先,终审法院认为目标公司的营业执照已被吊销。依据新《公司法》第233条第1款,申请强制清算的前提条件是公司出现了新《公司法》第232条第1款规定的应当清算的情形,本案情形符合第232条第1款所规定的应予清算的实体条件,即公司营业执照被吊销,且该情形出现后又出现了公司清算僵局,终审法院认为本案存在应当清算的情形。

其次,就原告是否有资格向法院申请对公司进行强制清算。被告认为,原告并未实际出资,因此并非公司的股东。最高人民法院认为,根据《公司法司法解释(二)》第7条第2款规定,公司股东申请人民法院指定清算组对公司进行清算的,人民法院应予受理,以及最高人民法院《关于审理公司强制清算案件工作座谈会纪要》第13条指出:“被申请人就申请人对其是否享有债权或者股权……提出异议的,人民法院对申请人提出的强制清算申请应不予受理。……但对上述异议事项已有生效法律文书予以确认……的除外。”原告为公司股东这一事项已经为生效法律文书确认,虽然被告公司以及另一股东对申请人的资格提出异议,但人民法院仍应受理清算原告申请。

具体而言,已经发生法律效力的仲裁裁决和(2001)邯经初字第20号民事判决均确认邦泰公司和邯郸烟草公司合资成立了金叶公司,合资合同和公司章程得到批准机关批准,金叶公司领取了营业执照。作为金叶公司领取营业执照重要依据的河北省人民政府颁发的《中华人民共和国台港澳侨投资企业批准证书》,也载明金叶公司的投资者为邯郸烟草公司和邦泰公司。仲裁裁决的第2项更加明确:邦泰公司和邯郸烟草公司依据《投资方式确认协议书》对合营公司所作的实际投入,在合营公司的清算过程中确定,并依法返还(包括折价支付)给实际出资方。可见,邦泰公司是金叶公司股东的事实已经为两份生效法律文书所确认。尽管上述生效法律文书均未确定邦泰公司的实际出资金额,但是,公司股东是否实际出资在清算中主要是影响其剩余财产分配权,原告邦泰公司不因此丧失股东地位和申请清算的权利。因此,虽然本案中被告对申请人对公司是否有股权提出异议，但由于原告为公司股东这一事实已经为生效法律文书确认，人民法院对原告提出的强制清算申请应予受理。

依据新《公司法》第 233 条，可以向人民法院申请对公司强制清算的主体为利害关系人，可以涵盖股东、债权人、董事、监事和高级管理人员等主体，原告具备向人民法院申请对公司强制清算的主体资格。在本案中，公司的营业执照已被吊销。依据新《公司法》第 233 条第 1 款，申请强制清算的前提条件是公司出现了新《公司法》第 232 条第 1 款规定的应当清算的情形，且公司清算义务人未成立清算组，因此本案情形符合新《公司法》第 233 条规定，邦泰公司作为公司股东，系公司利害关系人，有权向法院申请对金叶公司进行强制清算。

3. 本案延伸思考

清算义务人对债权人承担损害赔偿责任是否应适用因果关系举证责任倒置规则？

本案中仅涉及申请公司强制清算的主体资格的认定，在法院指定清算义务人之后，在清算的过程中容易引发清算义务人未履行清算义务给债权人造成损害的纠纷。司法实践中，清算义务人所应承担的赔偿责任的具体认定也是强制公司清算类纠纷的审理重点。清算赔偿责任是一种侵权责任，《民法典》侵权责任编以及新《公司法》第 232 条并未直接规定该种责任是否适用因果关系举证责任倒置规则。有观点认为，对于清算义务人的赔偿责任中因果关系的认定，应采取举证责任倒置的审查方式，具体而言，在债权人要求清算义务人承担赔偿责任时，债权人无须对因果关系的成立承担初步的举证责任，由清算义务人就因果关系不成立进行反证，如其证明程度未能达到高度盖然性，法院应认定因果关系成立。客观上，债权人作为外部人员通常难以详细掌握公司的实际运营情况以及财产、财务信息，因此要求清算义务人证明不存在因果关系，符合公平原则的要求，过分苛责债权人的举证责任可能会导致本条规定的赔偿责任难以实现。

四、相关原理

强制清算与破产清算

公司强制清算与公司破产清算为不同的清算程序。新《公司法》第 239 条规定了公司出现依法解散事由应清算而不清算时，人民法院可以根据有权主体的申请强制清算，公司不必然存在资不抵债的情形。破产清算则适用于《企业破产法》的规定，以破产企业不能清偿到期债务，资不抵债为前提。

二者的差异主要体现在以下方面：

第一，清算程序的前提条件不一样。强制清算的条件是公司清算义务人董事未组成清算、启动清算程序以及有权主体向法院申请。破产清算是以企业存在企业不能清偿到期债务且资不抵债或者明显丧失清偿能力为前提。

第二，清算程序关注的重点不同。在强制清算中，清算重点为终止企业业务、了结企业的债权债务关系，最后向股东分配企业剩余财产。鉴于破产清算中公司处于资不抵债的状况，因此，清算重点为将企业有限的财产在债权人之间进行合理分配。

第三，清算申请主体不同。强制清算是自公司解散事由出现之日起 15 日内，如果公司逾期不成立清算组进行清算，或虽然成立清算组但故意拖延清算或者违法清算可能严重损害债权人或者股东利益的，利害关系人或者作出相关决定的部门或者公司登记机关可以申请人民法院指定清算组对公司进行清算。破产清算的申请人为公司出现资不抵债时公司的债权人或债务人。

强制清算也可能在特定情形下向破产清算进行转换，若清算组审核债权、变现公司财产、追收债权等过程中发现公司变现后的资产无法全额偿还全部债务，根据《公司法司法解释(二)》第 17 条、新《公司法》第 237 条第 1 款、《企业破产法》第 7 条第 3 款，强制清算转化为破产清算的，必须满足两个条件：一是申请破产清算的主体为清算组；二是公司资不抵债，无法清偿到期债务。在符合上述条件之下，如果法院受理破产申请，那么，强制清算程序应告终结，相关的清算义务应当已转给破产管理人，在此之前义务人已经完成的清算事项，原则而言应予承认其效力。